5·12

汶川十周年记忆

中国灾害防御协会 编

中国社会出版社
国家一级出版社·全国百佳图书出版单位

2008·5·12

图书在版编目（CIP）数据

汶川十周年记忆／中国灾害防御协会编．—北京：中国社会出版社，2018.11

ISBN 978-7-5087-5680-6

Ⅰ.①汶…　Ⅱ.①中…　Ⅲ.①抗震—救灾—概况—汶川县　Ⅳ.①D632.5

中国版本图书馆 CIP 数据核字（2018）第 237092 号

书　　名：汶川十周年记忆
编　　者：中国灾害防御协会

出 版 人：浦善新
终 审 人：尤永弘
策划编辑：浦晓晶
责任编辑：李冬雁

出版发行：中国社会出版社　**邮政编码**：100032
通联方式：北京市西城区二龙路甲 33 号
电　　话：编辑室：（010）58124825
销售部：（010）58124848
传　真：（010）58124824
网　　址：www.shcbs.com.cn
shcbs.mca.gov.cn
经　　销：各地新华书店

中国社会出版社天猫旗舰店

印刷装订：中国电影出版社印刷厂
开　　本：185mm×260mm　1/16
印　　张：21.5
字　　数：380 千字
版　　次：2018 年 11 月第 1 版
印　　次：2018 年 11 月第 1 次印刷
定　　价：128.00 元

中国社会出版社微信公众号

汶川十周年记忆
编 委 会

序

2008年5月12日，四川省龙门山地区发生8级特大地震。这是中华人民共和国成立以来破坏性最强、波及范围最广、救灾难度最大的一次灾害性地震，称为汶川地震。面对这场特大地震灾害，全党全军全国各族人民在党中央、国务院和中央军委的坚强领导下，众志成城，迎难而上，开展了中国历史上救援速度最快、动员范围最广、投入力量最大的抗震救灾斗争，最大限度地挽救了受灾群众的生命，最大限度地降低了灾害造成的损失。在随后进行的恢复重建中，全国人民在党中央、国务院的坚强领导下，全面落实党和国家关于灾后恢复重建的方针政策和工作部署，在全国支援和灾区人民的共同努力下，全面完成了恢复重建各项任务，取得了灾后恢复重建的全面胜利。

岁月荏苒，时光如流。十年前满目疮痍的废墟，而今已是繁荣昌盛、和谐文明的乐土。这种翻天覆地的巨变，归功于灾区人民的砥砺奋进，归功于举国上下的全力支援，归功于具有中国特色的社会主义制度的优越性。汶川地震灾区巨变的十年，充分展示了中华民族压倒一切困难而不被任何困难所压倒的勇气与中华儿女团结一致、共赴时艰、创造历史的伟大力量。为此，中国灾害防御协会组织有关同志编写了一批展现汶川地震灾后恢复重建进展的文章，并结集成书。

汶川地震的救援和救灾行动，已经有许多文章、书籍面世，本书主要选取了几个特殊视角来反映四川地震灾区紧急救援行动及恢复重建过程中经济、社会、生活各个方面所发生的巨大变化，并展现了这十年来，中国在灾害防御中的前进步伐，拾集那些曾经被遗漏的防灾救灾的重要事件。

十年前，我们记得在北川中学废墟上曾飘扬着一面红旗，我们还记得子弟兵和群众在救灾行动中血浓于水的情谊，我们难忘全国各族人民心系灾区、捐款捐物的场景，更难忘各省（自治区、直辖市）对口支援灾区时那恢复重建的热烈场面……十年后，我们看到的是安昌镇上的北川新城，新建的羌族风格的新村新寨，让我们牢记地震灾害历史的纪念馆、科普馆，果林茶山，那竹海清溪，青山秀水的美丽家园……

我们以家乡的发展、人民的康乐、国家的强盛，来告慰在汶川地震中罹难的人们，我们将不忘初心、砥砺前行，创造更加美好的未来。

谨以此书，纪念汶川地震十周年。

本书编委会

2018 年 5 月

目录

CONTENT

目录

汶川为何发生 8 级大地震

何永年

2008 年 5 月 12 日，我国四川龙门山地区发生里氏 8 级特大地震，命名为汶川地震。

根据中国地震局台网中心的数据，汶川地震的里氏震级达 8.0Ms、矩震级达 8.3MW；震源深度 14 千米；这次地震波及大半个中国及亚洲多个国家和地区，北至辽宁，东至上海，南至我国香港、澳门及泰国、越南，西至巴基斯坦均有震感。2008 年 5 月 12 日汶川地震造成了 69227 人死亡，17923 人失踪，374643 人受伤，直接经济损失将近 9000 亿元人民币，是中华人民共和国成立以来破坏力最大的地震，也是 1976 年唐山 7.8 级地震后伤亡最严重的一次地震。

汶川地震发生在四川省的西北部，成都平原的西北缘，属于龙门山地区。龙门山为四川盆地与川西高原的天然界线，是一座具有 5000 年文明历史的天下名山。中华民族著名的治水英雄大禹就诞生在龙门山。龙门山山形陡峭，溪谷纵横，植被茂盛，是中国著名的风景名胜区。这样一个风光如画的地域怎么会遭遇如此强烈的破坏性地震呢？下面，我们根据现代地球科学的研究结果，向读者作简明的介绍。

大家知道，我们的家园——地球是不平静的，自从它形成以来，一直不停地运动着。除了在宇宙空间围绕太阳公转以及本身自转以外，地球从内心到外表也都以不同的形式运动着。其中，地震是地球运动的一种重要的表现形式。根据全球地震活动统计，地球上每年的大小地震多达数百万次，平均每年都会发生 10 多次到 20 多次的 7 级以上强烈地震，发生两三次，甚至更多一些的 8 级及 8 级以上的特大地震。当这些强烈地震和特大地震发生在人口密集或分布有工程设施的地方，就会给人类社会带来巨大的损失。

根据地震活动的统计研究，人们发现，地球上地震的空间分布存在一定的规律，也就是地震活动主要集中于三个带（区），即环太平洋地震带、亚欧地震带（又称“地中海-印度尼西亚地震带”）和大洋中脊带（洋脊地震带）。

这三个地震带中，环太平洋地震带发生的地震占全球地震的80%左右，而且环太平洋带又是火山活动带，所以又有“火圈”的称呼。亚欧地震带为15%左右，其余的地震发生在大洋中脊带和东非裂谷等处。

经过多年研究，科学家们发现，地震活动的呈带（区）密集的分布特点与地球浅表部位的岩石圈板块构造以及板块构造之间的相对运动密切相关。

一、地球的板块构造和板块运动

科学研究结果表明，地球内部为圈层状结构。这就是我们经常提到的地壳、上地幔、下地幔、外地核和内核等。地球内部主要由岩石构成，一般我们把地壳以下部分称之为固体地球。

地球表层的地壳不同部位的厚度是不同的，一般大陆地壳较厚，海洋地壳较薄。地壳连同其下的上地幔顶部，因为是固态的岩石，所以又称为岩石圈。岩石圈并非是完整的一层，而是裂成了若干大的块体，这些块体就是我们常说的岩石圈板块，简称板块。

根据目前的认识，地球上有六大板块和几个次一级的较小板块。如果再细分一下，六大板块又可以分成大陆板块、海洋板块和复合板块三类。它们是：亚欧板块、美洲板块、非洲板块和南极洲板块（以上为大陆板块），太平洋板块（海洋板块）以及印澳板块（陆海复合板块，也有人称之为印度洋板块）。次一级的小板块有：阿拉伯板块、菲律宾板块、加勒比板块、纳兹卡板块、可可板块等。

地球各大岩石圈板块之间不停地运动着，而且不同板块边界之间的相对运动方式各不相同，在学术上产生了一系列术语；这些术语各有自己的含义，不同学者的看法也不尽相同，这里对三种主要的活动方式作简要介绍。

（一）离散型边界运动

离散型边界，又称生长边界、扩张板块。运动形式是板块两侧相互分离 。离散型边界见于洋中脊或洋隆，有的学者从海底地貌的角度，给出了洋中脊或海岭等名称。这类边界运动往往引发浅源地震、火山活动、高热流上涌等。大西洋中脊、东太平洋中隆等都属于此种类型。地表面积的一半以上是由沿离散型边界的火山作用产生的。

（二）汇聚型边界运动

汇聚型边界，又称消亡边界，两个相互汇聚、消亡的板块之间的边界。可分两个亚类：俯冲边界和碰撞边界。

1. 俯冲型运动

俯冲型边界有一侧的板块俯冲到软流圈，并受热熔融并最终成为地幔的一部分，由于陆壳物质的密度较小，洋壳的密度较大，发生俯冲的板块通常是大洋板块，俯冲作用通常会形成海沟、岛弧、弧后盆地的地貌组合，如日本岛弧-海沟、千岛岛弧-海沟、汤加岛弧-海沟等。

2. 碰撞型运动

碰撞型运动指板块边界两侧通常都是大陆板块，两者不会发生俯冲而进入地幔，而是相对推挤，最终发生地壳的变形缩短并“焊接”在一起，在板块的结合处形成一系列的山脉。例如欧亚板块与印度板块相互碰撞，形成了高耸的喜马拉雅造山带。

（三）剪切型运动

剪切型边界又称平错型边界、走滑运动，这种板块边界运动是既不使岩石圈生长，也不消亡，只有一种边界两侧的剪切错动（走滑运动）。

下表是板块边界运动的主要类型和特点的归纳：

板块边界运动的基本类型表

类型	演化形式	板块地壳性质	岩石圈演化	板块运动方向	应力状态
离散型	大洋裂谷	洋壳—洋壳	大洋岩石圈生成	垂直板块边界的背离运动	拉张
	大陆裂谷	陆壳—陆壳	大陆岩石圈分裂		
汇聚型	洋内弧沟系、陆缘弧沟系、陆间海地缝合线	洋壳—洋壳 陆壳—洋壳 陆壳—陆壳 洋壳—陆壳	大洋岩石圈消亡，大陆岩石圈生长	垂直板块边界的相向运动	挤压
剪切型	转换断层	陆壳或洋壳	不生长、不消亡	平行板块边界的走滑运动	剪切

板块间的相对运动，不管何种形式，都会造成两侧板块岩石层的强烈摩擦，像俯冲型的运动，随着向深处插入，温度越来越高，热量越聚越多。在这种位置上便容易导致岩石破裂，发生地震；或者使岩石发生部分熔融，形成岩浆囊，遇到裂隙，岩浆上涌，造成火山喷发。目前人们对在地下较深处的地震成因有不同看法（如岩石破裂说、矿物相变说，尚无明确定论），但沿着板块边界地震密集、活动火山密集的现象是肯定的。

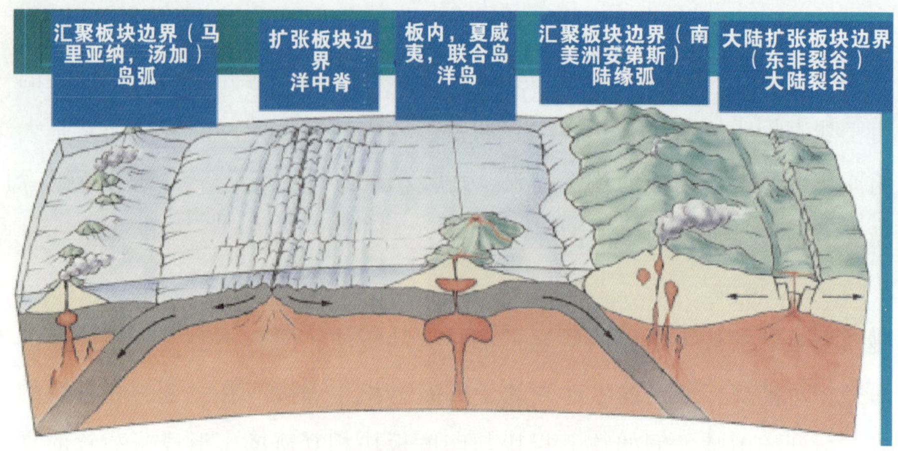

图 1　板块间相对运动方式简图

这里，我们顺便提一下“深震”的问题。在我国的吉林省东部汪清、珲春一带，经常发生震源深度大于 300 千米的地震。关于那里深震的成因，一些学者认为，那是由于太平洋板块在日本海沟向亚欧板块俯冲，洋底的板块插入越来越深，到达我国延边地区，深度超过 300 千米，两个板块之间的强烈摩擦，引起那里岩石的破裂，深震由此发生。

这种俯冲插入大陆岩石圈之下的大洋岩石圈，称之为贝尼奥夫带。

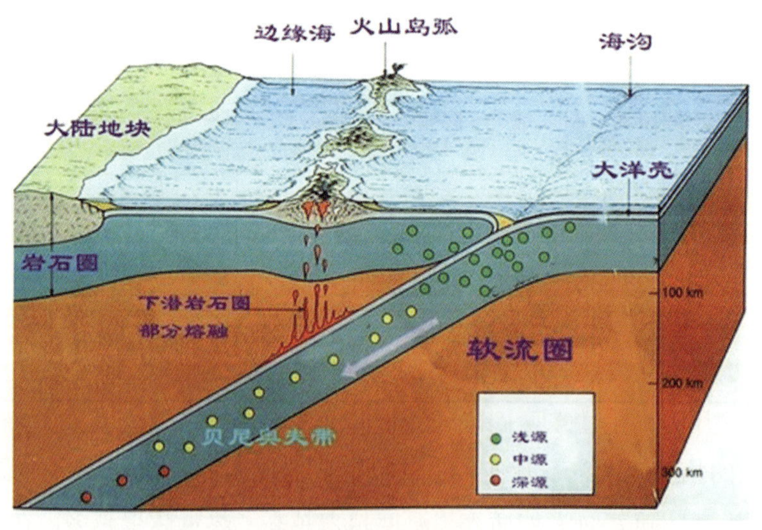

图 2　深震与板块俯冲的关系示意图

二、受到太平洋板块和印度-澳大利亚板块（印度洋板块）“夹攻”的中国大陆

根据前面介绍的全球板块构造格局，我们可以清楚地看到，作为亚欧板块东部组成部分的中国大陆处于太平洋板块和印澳板块（实际作用于中国大陆的是印澳板块的北部组成部分印度板块）“东西夹攻”之中。

东边板块的俯冲和西面板块的推挤产生巨大的作用力使得中国大陆处于强烈的挤压状态之下，但凡哪个部位作用力超过岩石层的强度，发生破裂，就会产生地震。这就是中国大陆为何地震活动频繁的主要原因。

有人问，中国大陆内部为什么地震也那么多呢？那是因为中国大陆内部地壳和深部构造发育着许多“裂缝”（断裂带），存在强度较低的部位。在巨大的压力下，当压力超过岩石强度时，很容易发生破裂和错动，发生地震。特别是我国的一些大型断层构造带，多是地震多发带。

现在，我们先不说中国大陆东部经受太平洋板块和菲律宾板块的板块俯冲的情况，把重点放到西部，关注印度-澳大利亚板块的印度次大陆向北推挤与亚欧板块的青藏高原碰撞的情况。

一般认为，早在 6000 万年以前的第三纪始新世时期，印度板块开始与亚欧板块碰撞到了一起，巨大的推挤作用力导致青藏块体隆升，逐步形成了向东西方向延伸的喜马拉雅山脉。两大板块间的这种推挤碰撞一直持续；根据现代大地形变观测资料，印度板块“威势不减”，以每年 30 毫米左右的速度向北挺进。正是这种作用，致使喜马拉雅山脉和青藏高原不断抬升。大家熟知的珠穆朗玛峰每年上升（数值为 0. 33—1. 27 厘米）这个事实正是两个板块之间碰撞挤压的后果之一。

印度板块与亚欧板块的碰撞挤压，除了引起青藏高原的隆升外，同时还把巨大的作用力（压力）沿着东西向的碰撞带向两侧传递，结果是引起西缘的帕米尔高原和东侧的横断山脉强烈变形，积聚了巨大的能量，使得兴都库什-帕米尔地区成为亚欧地震带上著名的地震区，横断山也是地震频繁发生的地带。

印度板块与亚欧板块之间的强烈推挤碰撞以及青藏高原隆起的过程中，巨大的变形和构造力向东作用到我国的横断山脉。横断山的东缘便是东北—西南走向，绵延 500 多千米的龙门山构造带。龙门山构造带内部由三条主要断裂带（也有人认为是四条）组成，其东南缘是相对比较坚硬的四川盆地。这样，来自西面因板

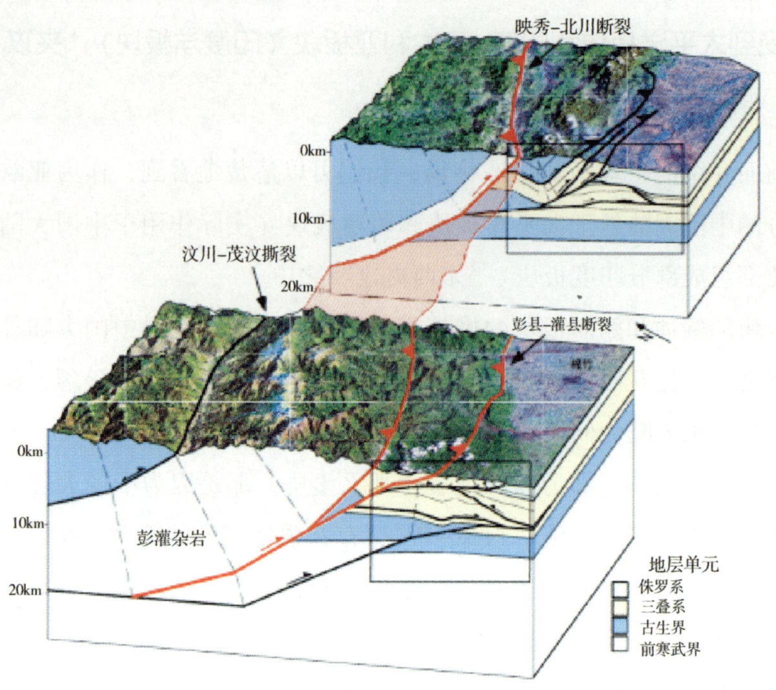

图 3　龙门山的地质构造位置：发生汶川 8 级大地震的根本原因

块碰撞推挤产生的巨大变形力遇到四川盆地的阻隔，致使龙门山构造带处于高应力状态之下。当构造应力场发生变动而调整时，龙门山构造带内的几条断裂带就比较容易发生破开或错动，发生地震。这就是汶川 8 级地震发生在这里的根本原因。当然，由于科学水平等多方面的原因，哪条断裂带，在哪个部位以及何时发生多大地震等问题，目前阶段还难以作出比较正确的判断。

根据上述论述，我们不难明白，包括汶川等城市在内的广大龙门山地区，由于它们所处的大地构造位置，容易发生地震，甚至是比较强烈的地震。事实上，龙门山地区在近代史上就发生过多次中强地震。龙门山地区的防震减灾工作任重而道远。

2008 年汶川 8 级大地震已经过去了 10 年。这 10 年我们国家发生了巨大的变化。国家的实力增强、人民的生活改善，特别是灾区重建的伟大成就，都是有目共睹的。今天我们贯彻落实习近平总书记治国理政的一系列指示，满怀信心地迎接中华的腾飞！

■ 链接

汶川地震是修建三峡水库引起的吗?

汶川地震后，社会上流传过一种说法，认为汶川 8 级地震与三峡水电站的修建有关，是水库的蓄水“诱发”了汶川地震。

这个问题，实际上涉及的是“蓄水诱发地震”的问题。

现有资料表明，世界上自从修建大型水库以来，确实存在库区附近地震活动性明显增强的例子。有些原先没有地震的地方，修建水库并蓄水后，出现了地震活动；也有原先地震活动微弱的地方，地震活动增强了。这就是大家关注的“水库地震”。

从国内外有关水库诱发地震的科学研究的结果看，有关专家普遍承认的水库诱发地震七八十起，它们仅占世界大坝会议已登记的 3.5 万座水库的 2‰—3‰。但是不容忽视的是，随着大坝坝高的增加，发生水库诱发地震的比例也相应增加，坝高超过 200 米的水库，发生诱发地震的实际比值为 34%。

世界上最著名的水库诱发地震案例是印度科依纳（KOYNA）水库的诱发地震。这个水库 1954 年开工建造，1963 年完工。库容量 27.8 亿立方米，水库面积 116 平方千米，坝高 103 米，大坝体积 130 万立方米。水库修建之前，认为那里是无震区，当地也没有地震的记载。但是科依纳水库竣工并蓄水后，附近地区就小震不断，在 1964—1965 年，最高一周地震次数达 40 多次。水库在 1965 年蓄满水，之后地震次数增多，强度加大。1967 年 12 月 11 日在大坝附近发生了 6.5 级的地震，震中烈度为Ⅷ度。地震的震源就在水库大坝附近离地面 9—23 千米的地方。在印度科依纳水库诱发地震之前，人们认为水库诱发地震的强度不会超过 6 级。但是科依纳水库诱发地震之后，这个指标修正为 6.5 级。

又如美国的 OROVILLE 水库诱发地震，最高震级 5.7 级；埃及阿斯旺水库诱发地震的最高震级为 5.7 级；非洲赞比亚的卡利巴水库诱发地震最大震级为 6.1 级和 6.0 级等，这些大型水库诱发的地震震中位置一般都在库区和大坝附近，距离库区最大距离为 60—70 千米。

我国广东河源的新丰江水库，1960 年建成后也曾发生过诱发地震。1962 年曾发生 6.1 级诱发地震。幸好事先对新丰江水库的大坝进行过加固处理，没有造成大的破坏，酿成灾害。

所以，上述事实说明，水库蓄水确实可能诱发地震。在人类修建人工水库的历史上，最大的诱发地震发生在印度孟买附近的科依纳水库，最大震级为6.5级。同时，水库诱发地震的地震位置（震中）一般是在水库附近，由于水库下面的地质构造和断层产状等因素，有时离开水库一段距离，据统计最大距离可以达60—70千米。根据现今地震科学认识水平，三峡水库远离龙门山构造带，距离超过700千米，即使是三峡水库的库尾区重庆，距离汶川也有300多千米；同时汶川地震震级高达8级，与国内外大型水库诱发的地震最高震级差距甚大。这些事实表明，认为“汶川地震是由于三峡水库的修建引起的”说法是没有科学根据的。

吸取汶川地震经验，科学有序开展地震应急工作

修济刚

今年是汶川地震10周年，抚今追昔，10年前汶川地震救灾应急的情景依然历历在目。汶川地震救灾中所表现出的万众一心、齐心协力、互相支援、血浓于水，人民利益高于一切的救灾画面，仍然清晰地印在我们的脑海里。

但在应对破坏性大地震这样的突发事件来说，毕竟缺乏经验。虽然我们有优越的救灾体制作为保障，但汶川地震的处置中有很多需要反思的地方，给我们提供了例子，带给我们许多的经验、教训和启示。这些经验教训让我们思考，10年来，在地震应急的实践中，应急工作不断得到改进和完善。

首先，在应急处置的观念上，有了很大的改变。10年前，面对地震灾害，我们提出的口号比较多的是“不惜一切代价”“地震就是命令”，这在一定的情形下是必需的，是以人为本的体现。但现在，以人为本的观念要有更深刻的内涵，我们更强调的是科学救灾、统一指挥、互相协作。其次，10年来，应急信息技术有了飞跃的发展，使我们能够在很短的时间内得知地震的时间、地点、强度、深度，更重要的，是能够得到可能遭到灾害的快速评估。这些技术的发展，才使得科学救灾、统一指挥、互相配合有了实现的可能。最后，国家对应急工作更加重视，在体制机制上更加强化了应急管理的组织结构，今年国务院机构调整，专门成立了应急管理部，从组织结构上使得资源整合，发挥体制优势，更好地应对灾害等突发事件。这三个方面，可以说是吸取了汶川地震等一些重大自然灾害应对中的经验教训，经过实践得出的结果，使得我们国家今后应对自然灾害等突发事件更加科学、高效。

结合汶川地震10周年的纪念活动，我主要从三个方面探讨地震应急管理工作和震后政府应对的问题：一是介绍国家防灾减灾救灾的体制机制，二是地震应急管理工作的主要内容，三是震后应对处置的一些做法和启示。

一、国家防灾减灾救灾体制机制的基本精神

中共中央、国务院在2016年12月19日下发了《关于推进防灾减灾救灾体制机制改革的意见》，2017年1月10日向社会公布。

新的体制机制总体要求，注意做到“两个坚持和三个转变”。两个坚持是：坚持以人民为中心的发展思想，正确处理人和自然的关系，正确处理防灾减灾救灾和经济社会发展的关系；坚持以防为主、防抗救相结合，坚持常态减灾和非常态减灾相统一。三个转变是：努力实现从注重灾后救助向注重灾前预防转变，从应对单一灾种向综合减灾转变，从减少灾害损失向减轻灾害风险转变。

三个转变，体现了灾前和灾后统一考虑，防灾减灾救灾综合考虑，降低风险整体考虑。

确定的基本原则有五条：

坚持以人为本、切实保障人民群众生命财产安全。

坚持以防为主、防抗救相结合。

坚持综合减灾、统筹抵御各种自然灾害。

坚持分级负责、属地管理为主。

坚持党委领导、政府主导、社会力量和市场机制广泛参与。

这五条原则，第一条，是防灾减灾救灾工作的基本宗旨，是出发点，是一直坚持的。第二条，以防为主、防抗救相结合，是防灾工作，特别是我们所从事的防震减灾工作一直遵循的原则。

后三条，是近几年实际工作中总结经验后得出的，是体制机制改革需要注意的着力点。

一是强调综合性，要充分利用资源，做到资源共享，合理配置，合理利用，避免浪费，提高效率。2018年的国务院机构调整，就是充分落实中共中央、国务院文件精神的具体体现。

二是属地管理的原则。这是多次救灾实践中得出的经验，特别是自2013年4月四川芦山7.1级地震救灾行动之后，不断总结逐步形成的。属地管理，特别是像破坏性地震这种灾害发生后，以所在省级党委政府为主，统一指挥、协调各方，是行之有效的管理机制。

三是党委政府领导下，动员社会力量参与。

这也是近些年来，因社会志愿者在救灾行动中所发挥的作用越来越大而提出的

新问题。如何引导、组织好社会力量参与减灾救灾行动，是一项新的救灾工作内容。

另外，意见还就如何健全统筹协调体制、健全属地管理体制、健全灾后恢复重建工作制度、完善社会力量和市场参与机制、充分发挥市场机制作用、全面提高综合减灾能力等各方面，提出了具体要求。

我们讨论地震应急管理，也就是讨论在实际工作中如何落实意见提出的要求。

二、地震应急管理的基本内容

关于地震的应急管理工作，一般应包括震前预防和准备、震后响应、处置、恢复四个阶段，每个阶段都要求采取有力的管理措施，以最大限度地减轻损失，保护生命和财产安全，促进经济社会稳定和可持续发展。

（一）震前的预防和准备

平时（震前），要重点注意做好以下几方面的工作。

1. 建立指导防震减灾工作的组织机构

各级政府首先要成立防震减灾的指挥和协调机构。具体形式是成立抗震救灾指挥部，或者是以领导小组、联席会议等方式，加强对防震减灾工作的领导。

国务院有防震减灾联席会议机制，各省（自治区、直辖市）、市也应相继建立这种协调机制。平时协调防震减灾方面的工作内容，不断提升抗震设防能力，抓好城乡规划、民居建设和重大工程的抗震设防管理，明确政府各相关部门的责任，避免管理缺位。平时强化应急准备，健全预案体系，增强救援力量，开展应急演练，储备救灾物资，提升地震应急管理能力。地震发生时，转为抗震救灾指挥部，指挥抗震救灾。按照机构调整的精神，地震应急划归应急部门协调管理，以便于统一集中指挥。

2. 查明地震地质构造、合理规划城乡建设

要重视活动断层等地下结构的探测。特别是在人口密集的城市和城市圈附近，要查明地下状况，包括地基情况、活断层分布等，有条件的城市应开展地震小区划工作，给出大比例尺的、更加精细的具体场地条件下的设防参数，以及是否有地震活动断层通过、砂土液化评定等地震地质灾害评估结果，为城市土地利用规划和一般建设工程抗震设防提供科学合理、细致全面的依据。

加强对居民点、道路等具有潜在威胁的滑坡、崩塌、泥石流等地质灾害点的监测预警。通过排查整治降低地震灾害风险。

3. 提高建构筑物的抗震设防能力

减轻地震灾害，最重要的是建构筑物能够具备一定的抗震能力。对于城市一

般工业与民用建筑，主要是根据全国地震区划图来进行抗震设防，政府相关部门要加强监管，保证抗震设防要求的落实。对于重大工程、可能发生严重次生灾害的建设工程，应专门开展地震安全性的评估。对于农村地区来说，各地应结合新农村建设、扶贫、移民搬迁等，采取相应措施，加大危旧房抗震加固改造，改善农村不设防的局面。

各有关行业和领域要加大对地震灾害源进行排查整治。交通、电力、通信等基础设施的隐患排查，核设施、大中型水库、输油气管线等重大工程设施和次生灾害源的地震风险评估及隐患排查，都要列入工作日程。

4. 做好防震减灾应急的思想准备

各级政府、各有关部门要有处理紧急事务、应急处置的意识，这是做好应急管理的前提和基础。应对地震灾害，一定要有“宁可备而不震，不可震而不备”的认识，“只要有1%的可能，就要做100%的准备”，这是防震减灾要坚持的底线思维。

具备应急意识，有两个含义：第一个含义是要从震前到震后综合考虑减轻灾害的问题，而不仅局限于地震之后，应该把地震预测预防、地震应对准备和地震紧急处置到善后安置作为一个整体来考虑，加强应急管理工作。第二个含义是不能仅限于政府某几个部门来应急，应督促政府各部门、教育宣传社会公众，都要具备应急意识。只有全社会具备危机和应急意识、掌握必需的应急知识、具备相应的应急能力，在地震来临时，才可以把损失降到最小。

5. 完善防震减灾的体制机制和预案

预案准备，具体来说是“三制一案准备”。“三制”就是应急管理的体制、机制、法制，“一案”就是应急预案，做好“三制一案”建设，是地震应急管理必备的核心内容。

地震应急的体制，就是分级负责，属地管理。属地管理是指以发生地震的所在省委、省政府为主，统一协调指挥救灾行动。救援部队、武警、消防、外省支援、志愿者等，都在指挥部的协调下统一行动。

这种管理体制，可以形成集中统一领导，在处理应急事务时最能发挥出优越性。在党委、政府统一指挥下，令行禁止，高效救灾。

地震应急的机制，是指建立有效的协调指挥机制以及服务于地震应急应对各种工作有效的运行方式。从国务院到省（自治区、直辖市），一般都建立了联席会议制度或领导小组制度，由相关部门参加，平时定期研究防震减灾工作，地震发生后协调救灾行动。

法制，是指针对地震应急工作制定的法律法规制度，使得应急行动有规可依、有法可循。

“一案”，是各级政府、各部门、各单位、各企业等制订的地震应急预案。

近年来我国地震应急管理“三制一案”建设工作取得重要进展，在应对地震灾害中发挥了重要作用。各级政府及有关部门建立健全了抗震救灾领导体制。军地间、部门间、区域间应急协作机制逐步完善，2008年修订颁布了《中华人民共和国防震减灾法》。目前，由各级政府、各有关部门、相关企事业单位和社区地震应急预案组成的较完备的纵向到底、横向到边的预案体系初步形成。党的十八大之后，在总结以往做法和经验的基础上，健全完善了“属地为主、分级负责、相互协同”的抗震救灾新机制。

但我们也要清醒地看到，地震应急管理体制、机制和法制建设有待进一步加强，防灾减灾区域协调能力不高，一些应急预案的针对性、实用性、衔接性不强，演练不够，有些方面尚缺乏预案。因此，我们还要坚持不懈地抓好“三制一案”建设。

在体制机制方面，还要加强各级抗震救灾指挥机构建设，在处置过程中打破部门界限，衔接、统筹、调动各种资源，尽可能减少应急处置的指挥层次，实现快速反应、高效运转。各地要进一步落实“相互协同、分级负责、属地为主”的要求，不断完善信息报告和共享机制、应急联动机制、信息发布和舆论引导机制等。在法制方面，加快有关地方性法规的制定修订力度，加大有关法律法规实施的检查力度。在预案方面，要加强预案之间的衔接，进一步完善应急预案体系。加强应急预案管理，规范预案编制、修订和执行工作，指导基层组织和单位编制（修）订应急预案，增强预案的针对性、实用性和可操作性。定期组织开展预案演练，着力加强跨部门、跨行业、跨区域的综合性演练，不断提高协同应对突发事件的能力。

6. 地震应急救援的队伍准备

做好地震应急工作，需要专业和兼职的队伍，包括应急管理者队伍、各专业抢险救援队伍、相关企事业单位的技术力量，以及社会志愿者队伍。专业救援队伍以公安、武警、军队为基本力量，各专业抢险救援队伍为骨干和突击力量，企事业单位专兼职队伍和志愿者队伍为辅助力量。

2001年，国家地震灾害紧急救援队正式成立，并很快具备了国内外救援能力，成为联合国测评认定的国际重型救援队之一，已经参与了汶川地震、印尼地震海啸、海地地震等 20 多次国内外紧急救援行动。在云南和甘肃还有西南和西北两支依托军队和武警的专业救援队。

除国家地震救援队外，按照“一队多用”的原则，全国 31 个省（自治区、直辖市）均相继建立了地震灾害紧急救援队，目前省级地震应急救援队伍已达 80 余支（分别在武警、消防和安监部门），超过 1.2 万人。

还要大力加强各专业抢险救援力量尤其是以搜索、营救人的生命为主的队伍建设，比如地震专业救援队、矿山救护、医疗队建设，配备必要的装备器材，加大训练培训力度，提升专业救援水平，完善救援队伍现场工作机制，提高各类应急救援队伍综合协同应对能力，形成分工协作、优势互补的应急救援格局。

基层应急救援队伍是先期处置的重要力量，能承担多种任务。我们应支持市县因地制宜地组建综合性的基层救援队，既承担日常消防、救灾，还能参加工程结构坍塌、崩塌、滑坡等救援，队伍配备必要的地震救援装备，定期接受地震专业救援的培训。

按照国家新的防灾减灾救灾体制机制，救援队将在综合减灾方面发挥作用，在处置自然灾害以及各种需要救援的突发事件发生时，能够及时应对。

7. 做好地震应急保障物资的准备

做好应急保障物资准备，是为了保证应急救援工作的需要和灾区群众应急安置的基本生活需要，主要包括救灾物资、避难场所、应急救援装备、医疗设备、通信设备、抢通保通装备等。

目前，国家、省、市、县四级救灾物资储备体系已经基本建立，但地震重点危险区多处在地形复杂、交通不便、老少边穷地区，如发生破坏性地震，形成山体滑坡、泥石流等次生灾害时，易造成交通、通信中断，在这些地区，救灾物资运输投送成为制约抗震救灾行动的瓶颈。目前，边远地区震后 72 小时需自我保障的急救药品、饮用水、食物、帐篷等仍然不足。有关地方应综合考虑当地地形、地貌、气候、交通、民族等因素，建立健全市、县、乡三级救灾物资储备体系，扩充存储，丰富种类，向基层合理前置，提高应急保障的有效性、时效性。

加强地震应急避难避险场所的建设。随着城市化程度的提高，对应急避难避险场所的建设提出的要求也越来越高，目前，全国各地已建成符合标准的各类地震应急避难场所近 6000 个，总面积 3.6 亿平方米，可容纳 1.2 亿人。但一些场所功能尚不完备，一些地区还缺乏实用性、可操作性强的运转和管理的方案，所以要在完善功能和方案上下功夫。一些市、县、乡镇掌握的应急通信、供电、救灾物资有限，对社会的重要应急救援物资，例如大型工程机械、应急供电设备、卫星通信设备等缺乏掌握。因此，基层政府应加强卫星电话等应急通信设备的配备和应用，对本辖区应急救援物资摸底了解、动态掌握。

8. 建立和完善应急信息平台技术体系

科技成果的应用可以不断提高处置突发事件的能力和效率，先进设备设施和成熟技术应用往往成为应急救援成败的关键，特别是应急平台作用越来越明显。这对于整合资源、统一指挥、迅速反应、正确决策具有重要意义，已成为各级政府应对处置地震灾害事件的必要的设施和装备。

目前各省份以及部分市县的地震部门，已经建立或正在建立地震应急指挥技术系统，该系统具备震情速报、灾害预估、辅助决策、信息通告、基础数据调用等多项功能，一旦发生破坏性地震，这个系统能快速、自动进行预判、处理，迅速对地震可能造成的影响范围、损失破坏程度以及伤亡情况作出大致估计，对指挥决策是有力的支撑。特别是信息的快速准确传递，是作出决策的基本依据。所以，建议各级政府一定要在资源整合基础上，重视信息平台建设。

9. 做好防震减灾方面的宣传培训和演练

随着经济社会的发展进步，社会和民众更加关注地震及地震灾害，对自身居住环境的地震安全也产生了极大需求。提高全民地震应急意识、普及防震减灾知识，培育自救互救能力，是提高地震应急管理整体水平的重要内容。

这些年来，各级政府和有关部门在提高公众防震避险意识和自救互救技能方面，做了不少工作，有针对性地开展了形式多样的防震减灾知识宣传普及活动，科普宣传作用明显，全社会的防震减灾意识有所增强。

例如，汶川地震时，部分灾区震前积极开展防震减灾科普宣传取得了实效。四川省 6 个重灾市（州）共建设了 92 所防震减灾科普示范学校，把防震减灾知识列入教学内容，经常开展地震应急演练，11.7 万师生防震减灾综合素质普遍提高。大部分示范学校几乎做到了零伤亡。四川德阳孝泉中学成功避险是防震减灾科普宣传发挥减灾实效的典型案例，1300 余名学生在震时短暂惊恐后，迅速镇定下来，在老师带领下，仅用 3 分钟就全部有序疏散到操场，随后高中教学楼轰然倒塌，其余校舍都成为严重危房，而师生则无一伤亡。

总体上说，社会公众忧患意识仍然淡薄，应对地震灾害的准备依然不足，还有许多工作要做。

应注意加大对领导干部、专业技术人员培训的力度。根据培训对象的不同，

图 1　2014 年 10 月云南景谷地震灾区，临沧市平村完小地震后几天即在帐篷里恢复上课

图 2　雅安中学震后迅速疏散

培训的侧重点也有所不同。仅培训还不够，还需要进行有针对的演练，尤其是很多政府领导、应急管理人员、专业人员等没有亲身经历过地震灾害事件，缺乏感性认识，很难深刻了解地震事件中出现的各种情况，虽然培训可以获得必要的知识，但无法获得经历真实事件的心理状态。通过开展演练，能给参与者留下深刻印象，增强地震灾害应对能力。

10. 做好应对地震灾害社会动员的准备

现在，应对突发事件已经由过去政府包揽转变到政府主导、社会协同、公众广泛参与的新局面。近年来的重特大地震灾害发生后，企事业单位、社会组织、志愿者等积极参与抗震救灾工作，深入灾区做了大量细致的工作，为抗震救灾工作作出了重要贡献，已成为政府主导地震应急管理的有益补充。在汶川地震、玉树地震中都涌现出许多值得称颂的志愿服务人员。

政府一方面要为社会力量参与地震应急管理提供良好的路径和机会，激发社会潜能转化为应急能力，整合社会资源共同应对地震突发事件；另一方面，地震突发事件需要有序应对，社会动员必须有组织、有秩序地进行，需要通过标准化建设和资格认证来引导和规范，动员社会各界依法、理性开展应急志愿服务，不能杂乱无章、失去控制。此外，社会动员还需要考虑补偿机制，保护其长久参加地震应急管理的积极性，需要考虑建立紧急情况下工具、物资征用和补偿制度。

因此，要依靠我们的政治优势和组织优势，强化企事业单位和基层组织的责任和作用，建立社会组织参与协同的机制，形成强大的应急管理社会动员能力，充分发挥群众团体、社会组织、基层自治组织及志愿者、公民在突发事件预防和处置等方面的专业特长和独特作用。

以上 10 个方面，是各级政府在做好地震应急工作方面应该给予充分重视的。

防患于未然，“宁可备而不震，不可震而不备”。

除了这些以外，还应注意加强应急准备的督导检查。从2014年起至今连续4年，国务院抗震救灾指挥部组织了对地震重点危险区应急准备情况的督察检查，详细了解情况，指出存在的问题并督促整改落实。从实际效果看，督察成效明显，有力地促进了应急准备工作的落实。

（二）震后不同阶段的工作内容

地震后的救灾主要分为应急处置、过渡安置和恢复重建阶段。

新的地震救灾体制机制要求属地管理、分级负责和相互协调。其核心点是在应急行动中追求“科学、有序、有效”。

1. 应急响应阶段

应急响应工作是保障抗震救灾决策的有效性和正确性的重要环节，这一阶段主要包括震情报送、灾情评估和灾害等级判定、灾情快速获取、启动应急预案、信息发布等。

一旦发生地震，地震部门首先要将地震基本信息及时上报当地党委、政府，通报各有关部门。目前各省级地震部门都建立了应急指挥技术平台，可以在震后尽快给出灾情快速评估和灾害大致范围，由于时间要求快，可能出现偏差，但对及时救灾，意义重大。同时地震部门向党委政府提出应对的具体建议。

党委政府得到地震信息后，根据地震级别和地震部门的灾害初步评估与工作建议，启动相应级别的应急预案，启动抗震救灾指挥部，迅速布置开展救灾工作，派出人员赴现场，组成现场指挥部协调灾区救灾，同时，依托民政部门和地震部门的灾情信息员快速收集灾情。地方各级政府及有关部门也迅速了解震情灾情，及时报告上级政府或同级抗震救灾指挥部。

这个阶段的关键点是信息，只有具备信息平台，才能有灾害预估的结果和地点的判定，才能争取最快的救援时间和最高的救援效率。

2. 应急处置阶段

各级指挥机构人员快速赶赴指挥部后，有序组织和指挥抗震救灾工作，这一阶段主要包括人员抢救、伤员救治、受灾群众临时安置、基础设施抢修、卫生防疫、次生灾害防范、维护灾区社会秩序、信息发布等。

指挥部需要决策和处理下列事项：

第一，协调驻地官兵、武警部队参加抢险救灾；调遣地震专业救援队伍、公安消防部队等灾害救援队伍、民兵、预备役部队赴灾区迅速解救被困群众。

第二，迅速向灾区调遣医疗救护队伍和药品器械，组织抢救、治疗、转运伤员，开展灾后卫生防疫工作。

第三，派遣民政等部门紧急搭建帐篷，部署饮用水和食品等生活必需品的供给，转移安置受灾群众，妥善安排受灾群众的基本生活。对可能出现的群众情绪要及时做好应对、解释、安抚等工作。

第四，派遣建设、交通、电力、通信、水利、广电、供水等部门及时组织抢修损毁基础设施，确保抗震救灾工作顺利进行。

第五，派遣地震、国土资源、环保、气象等部门及时组织风险隐患排查，全面做好余震及各类衍生次生灾害的防范应对。

第六，调集公安民警、武警等官兵加强治安巡逻守护，交通管制、严密防范，严厉打击刑事犯罪和治安违法行为，深入开展矛盾纠纷排查化解，有力维护灾区社会治安稳定。

第七，迅速启动突发事件宣传报道应急机制，及时、准确、公开透明发布相关信息，做好宣传和舆论引导工作。民政、地震等部门要及时掌握详细的灾情，随时向指挥部报告。

此外，民政、财政等部门要及时下拨救灾资金，全力保障抗震救灾资金需求。

这阶段的关键点是属地管理、统一指挥和分级负责。

属地管理，是指由各省级指挥部统一管理，协调参加救援的部队、武警、公安、外省支援的救援队伍等，所有的条条管理都由地方统一协调，这是汶川、玉树等多次地震现场得出的经验。分级负责，体现在市、县两级上，承担安置受灾群众工作的艰巨任务。

3. 过渡安置和恢复重建阶段

在全力做好抗震救灾各项应急工作的同时，一般在10—15天后，要研究考虑受灾群众的过渡安置问题。过渡安置，是指在恢复重建完成之前，受灾群众的基本生活条件的保障方面的政策、条件等。

过渡安置一般在三个月到半年，需要因地制宜，当地政府根据条件，制定一些过渡安置的政策，使得受灾群众在完全恢复住房等条件之前衣食住行有保障。

根据当地情况，及时谋划、全面推动灾区工农业生产恢复和灾后重建。这一阶段主要包括前期调查评估，编制灾后恢复重建规划，制定恢复重建政策、工农业生产恢复、居民损毁房屋恢复重建等工作。

主要应包括：

第一，组织技术力量开展灾害范围调查、损失评估、建筑物损坏调查、地震地质考察和资源环境承载能力评价等工作，为重建规划的制订提供科学依据。

第二，在实地调查评估的基础上，及时开展灾害恢复重建规划的编制，广泛听取灾区干部群众和社会各界的意见和建议。

第三，制定完善恢复重建政策措施，从政府投入、税费优惠、用地保障、转移安置、倒房重建等方面出台优惠政策措施。

第四，加强分类指导，优先恢复供电、供气、供水等生命线工程企业，抓紧抢修农牧业生产和服务设施，强化动物疫情防控措施，全力帮助灾区农牧民恢复生产，抓好灾区商业网点恢复，维护灾区市场供应和物价稳定。

第五，建立健全恢复重建实施机制，安排倒毁房屋恢复重建配套资金，全面落实和完成恢复重建规划提出的各项工作任务。

三、近几年地震应对处置的启示

近几年，我先后带队赴新疆、四川、甘肃、云南等重特大地震现场开展应急工作，每次地震后，对地方政府应对处置的做法进行一些梳理分析，从中也得到一些可供总结借鉴的经验启示。下面，我就其中几点认识和体会与大家交流。

启示一：注重信息平台的建设和应用

地震之后快速准确的信息，是科学有效指挥应急救灾行动的关键。

随着科学技术的进步，利用各种新技术，快速、准确、全面地收集和传递地震和地震灾害的各种信息的能力不断提高，为救灾行动提供支持。

一是地震要素的速报，包括时间、地点、深度、震级等；二是地震灾害影响的速报，包括仪器测定的烈度分布图；三是在数据库支持下的地震灾害预测，以及其他相关的信息。在这些信息的基础上，地震部门可以作出地震应急救灾的决策建议，报告给省、市级地方党委和政府。党委和政府据此作出应急救灾的行动决策。

例如，2013 年 7 月的甘肃岷县漳县 6.6 级地震发生之后，省委、省政府的正确决策，就是根据省地震局的信息和建议作出的，取得了很好的效果。

启示二：抗震救灾更加注重科学指挥

几次地震启示我们，根据不同性质、不同规模的地震灾害情况，要分级启动应急预案，派遣相应管理和协调人员开展应急指挥工作，做到有责、有位、有效。科学指挥，就是要注意统一协调管理，不要交叉重叠；科学指挥，就要避免过多的没有指挥任务的领导同志到现场；科学指挥，就是要令行禁止、调度顺畅、各级政府能相互良好衔接。

统一指挥，最重要的一条是要执行“属地管理”的原则。属地，指的是地震震中所在的省份，由省政府统一指挥，国务院部门配合。包括来自各方的援救力量，也由省指挥部统一安排任务。无论是志愿者、医疗队，都要服从当地指挥部的领导。这是保证救灾顺利、有效的重要经验。

统一指挥，还体现在没有直接救灾任务的领导在初期不到现场。

例1：2013年4月20日芦山7.1级地震发生之后，除了和救灾有直接关系的国务院、省、市领导，以及相关部门的领导之外，其他的领导都不到现场，也不以慰问、考察等名义到灾区来，从而为抗震救灾提供宝贵的交通资源和人力资源，专心投入救灾行动中去。

芦山地震是第一次这样做，群众并不认为非要领导到现场才好，而是希望尽快解决当前面临的困难。所以，各级领导各司其职，在各自岗位上以不同的形式来关注和支持救灾行动，而不是一定要到现场才行。芦山震后，李克强总理和汪洋副总理一同到现场视察，其他领导都不到灾区，整个应急行动由四川省委、省政府在雅安统一协调指挥，中国地震局、民政部等部门派出各自的队伍在现场协助工作。

例2：2014年甘肃岷县6.6级地震发生后，中国地震局和民政部等部门分别启动应急响应预案。国务院根据震级级别、灾害预估计，及时派出由有关部委组成的救灾工作组，到现场协助甘肃省委、省政府抗震救灾。国家领导同志下达救灾指示，并不先到现场，而是根据灾情，由负责具体工作的协调组赴现场开展工作。

整个救灾行动的管理组织，是由省委、省政府负责的。国家部委工作组协助省指挥部工作，现场协调跨省份的工作任务，现场解决急迫的问题。甘肃省一级的应急工作也是如此。由分管应急工作的副省长冉万祥在地震现场任指挥长。省委书记和省长到现场考察灾情，两天后返回兰州，其他省级领导都在各自岗位，不到现场。5天后，由分管民政的副省长王玺玉到现场，任现场指挥长，组织第二步安置工作。这样，现场的指挥就很有秩序。没有许多当地同志陪同

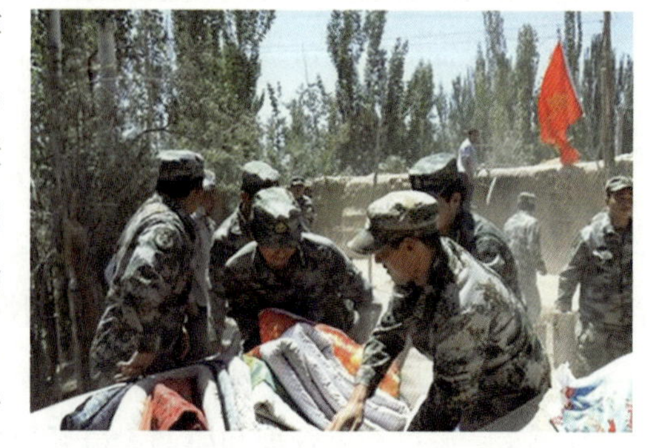

图3　新疆和田皮山地震有序救援

上级领导，在现场的指挥部成员有序协调，指挥抗震救灾。甘肃省各委办局都有负责人在现场，负责协调各自管理范围内的工作。仅此做法，就省去了许多不必要的道路拥堵。此时，救灾行动真正需要的是能起到指挥作用的人，如救援人员、物资运送、交通疏导等。甘肃岷县漳县地震的应对，充分吸取了芦山 7.1 级地震应对中这条好经验，更加完善、顺畅。从国务院到省政府，强调的是科学、有效、有序的应急行动。

图 4　新疆皮山地震临时安置点

例 3：2014 年云南鲁甸 6.5 级地震发生后，省领导靠前指挥，深入极震区，灾区群众看到省长在身边，很踏实。两天后省指挥部撤离到县城，在县城指挥全省力量抗震救灾，不同的时间段、不同的指挥所要在自己最便于指挥的指定的位置。

例 4：2015 年新疆皮山 6.6 级地震发生后，救援队的派遣有序安排。根据需求，仅派 2000 多人的救援力量到现场，其他队伍待命；一周后，根据现场情况，不再继续派遣医疗队，而是增加卫生防疫人员到现场。根据现场需求，合理调配队伍，皮山地震应急工作组织得当、效率高。

这几个例子，体现了应急管理科学应对的观念，具体地落实在统一领导、分级负责和协调配合上。

启示三：交通管制是应急救援初期的关键措施

在地震发生后紧急应对工作中，交通问题至关重要，多次地震应急反应都面临这个问题。保障交通是抢险救灾的基本条件，各地情况复杂，不可简单划一，但事实证明，震后立即施行一定的管制是必要的，也已达成共识。几次地震后在交通管制方面积累了宝贵的经验，而且一次比一次做得好。主要是，破坏性地震发生后，要尽快根据道路交通状况实施管制，先让救人的车辆进入，再分轻重缓急让其他车辆进入。救援车辆也要根据路况和需求，调配适合的车型放行，同时，要安排足够的人力疏导交通，确保救灾道路畅通。

例子：看看 2013 年 4 月芦山地震的管制情况。

地震发生在上午 8：02。从成都到雅安的高速路，在中午时已经实行管制。

到了雅安，去芦山县的路因巨石挡道封闭了，所有车辆只能绕道，也就是说，成都、雅安通往芦山县的道路，这段时间只剩下这一条，这条路成为救灾的生命之路。

尽管此刻大都是救灾车辆，但也造成了拥堵。有救护车、消防车、工程抢险车、运送救援队伍的车、公安、运送抢修机械，甚至拉着挖掘机、铲车的大型运输车等，排成长龙，越走越慢，在双河口附近，车辆终于走不动。我们去现场，100多千米的路走了近10个小时。

芦山县城，位于川西山地，县城所在地芦阳镇，是相对大些的坝子，往北通往极震区龙门、宝盛、太平几个乡也仅是一条路，“串联”起这几个乡。大量的救援车辆，首先要去这些极震区去抢险救人，可见，交通疏导是多么重要的举措。

副省长、省公安厅长侍俊同志负责协调应急交通。他说，地震后关键是两点，一是交通通畅，二是救人，其他都往后排。由此，一天后，大量运送物资的车辆被拦截停留在名山县境内等待，不许进入芦山县城，只允许带着工具的救援战士、各种救援队伍进入，因为震后第一要务是救人。再有就是，考虑到通往极重灾区乡镇的道路就那么一条，乡镇村子里没有那么多楼房和大型建筑，因此大型救援车辆没有必要盲目进入。所以，限制大型车辆进入极重灾区，已经进入的陆续撤出。这几个措施的实施，缓解了交通压力，保障了芦山县城进出道路的通畅，从而保证了后面各种救援行动的进行。

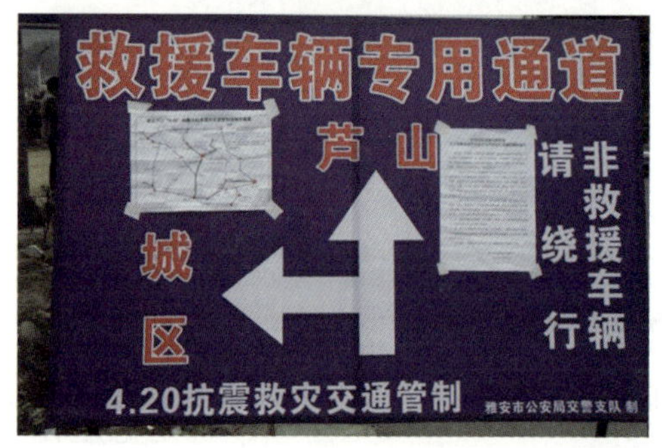

图5　芦山地震交通管制

图6　芦山地震的交通疏导

这次地震在交通管制方面的经验教训是：一是管制是必需的，时间还应该再提前些，应该在震后立即实施。二是要管理车辆有顺序地进入灾区，在保证交通通畅前提下，先救人，再顾及生活。运送物资的让道给救人的。当地的灾情不需要太多重型机械和车辆时，就要限制。

2014年云南鲁甸地震、云南景谷地震现场的交通管制，都做得很好，很及时。

启示四：救援工作不留死角，不放弃一丝希望

地震后的救援行动，首先是搜救被压埋的人员。经过国内外多次地震的情况统计，强烈地震之后，70%的压埋人员是通过自救逃生的，20%左右的压埋人员是由周边人员互救脱身的，大约10%的压埋人员被压埋较深，需要专业救援才行。几次地震现场的经验告诉我们，破坏性地震的现场救援行动即使已经没有什么生存迹象了，也要坚持在重灾区巡查，此时主要是帮助群众清理废墟、寻找贵重物品，有救援队伍在灾区工作，群众会感到踏实。7天后，救援逐渐转入临时安置阶段，救援行动基本结束。

图7 云南鲁甸地震时的交通管制

例子：2013年4月芦山地震，造成较大面积的破坏，Ⅷ度以上地区1600多平方千米，在此范围内都有可能造成人员的伤亡。地震后，预估死亡人数至少在百人以上，根据预案，救援人员迅速奔赴灾区实施救援。这次地震的极震区，主要涉及芦山县的5个乡镇、几十个村子。陆续来到现场的部队和各行各业的专业、业余的救援队伍，3天后还保留着1万多人的规模。此时除失踪24人外，常住人口全摸排清楚了，只是流动人口、旅游人员或者志愿者的情况不明。这种情况下，搜救人员继续入村进户，仔细搜索，拉网摸排，对各处坍塌废墟做检查，不留一处死角。此时，基本已经没有新的伤员救出，统计的死亡人数也逐渐趋于稳定，在190人左右。

一般人在压埋状态下存活的时间是7天，所以，为了不放弃任何一丝希望，救援行动要持续到7天以上。一方面，部队在村镇巡查，仔细搜索，同时帮助受灾群众整理废墟，搭帐篷，安置群众，等等；另一个很重要的方面，就是稳定社会，稳定人心。受灾之后，群众看到解放军在这里，就会感受到政府的关心和救助，心里是踏实的。从国务院到省、市、县级政府，统一政令，地震后坚持搜救排查，一直坚持7天。虽然这次地震的规模远不能和2008年汶川8.0级地震比，但也属于强烈地震之列，依然将搜救行动持续了一周。到4月27日8：02，全省举行了哀悼仪式，为在地震中遇难的同胞默哀3分钟。同时，也将地震后的救援行动由救援转为重点安置群众的阶段。

这次地震的搜救工作，高度体现了“以人为本”原则，不放弃任何救人的机会，即使在筛查多遍的情况下，仍然坚持，直到生命能维持的极限时间之后才结束。

启示五：发挥管理体制在应急救灾中的巨大优势

多次地震应急经验表明，震后尽快派市、县两级领导和直属机关干部下到乡

图 8　芦山地震，救援队伍进村入户排查，不留死角

图 9　芦山地震救援

镇、村组基层，协助基层干部抗震救灾，是非常有效的经验和措施，等于迅速布置了应急管理的巨大网络，涵盖所有社会角落，能够切实保证救灾工作顺利进行。一是使得抗震救灾工作耳聪目明，对基层的情况摸得清楚，对灾情和救灾需求能够及时掌握，及时上报；二是让村组群众踏实，感受到政府的直接关怀和帮助；三是让基层干部得到直接的指导和支持，形成合力，在特殊时期开展工作更加有力度、有效率。

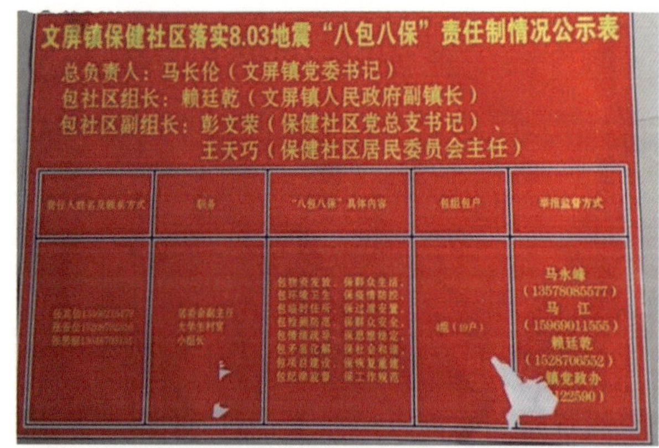

图 10　云南鲁甸地震时，进村工作组的“八包八保”

例子：在 2014 年 10 月云南景谷地震中，市、县、乡三级干部进村入户，包村包户。整个救灾工作提出“八包八保”。即，包物资发放，保群众生活；包环境卫生，保疫情防控；包临时住所，保过渡安置；包监测防范，保群众安全；包情绪疏导，保思想稳定；包矛盾化解，保社会和谐；包项目建设，保恢复重建；包纪律监督，保工作不违规。省指挥部在灾区建立“包保”责任制，建立“市领导包县、市县领导包乡包村、乡村干部包组包户”制度，确保每个乡有一名市干部带队，每个行政村有一名县干部带队，工作队员进村包户。从省到乡的包保责任制落实，使得每一村、每一户都有责任人，这样尽最大可能调动地方的救灾资源，保证了救灾工作中灾情快速汇集、交通管控、人员安置、物资按需发放等工作快速有效，充分体现了集中力量办大事、基层组织战斗堡垒的作用和优势，为抗震救灾工作有序开展奠定了坚实的基础，积累了很好的经验。

地震后，政府派工作组进村入户，是做好地震后应急管理的有效措施和重要手段，是我们国家体制优势的体现。

启示六：物资发放根据需要投送，不缺位、不浪费，要尽快及时发放到位

救灾物资及时送到受灾群众手中，是稳定民心、解决困难的重要环节。救灾经验给我们的启示是，救灾物资要统一调配，按需要发放。一是下情上达，县乡干部进村与村干部一起，了解受灾群众在临时安置时期最需要什么、需要多少。二是通信和交通物资运输通畅，把需求报告指挥部，由指挥部负责送达，又快又不浪费。三是村里发放也要有一套管理办法，做到公平公正。这方面的经验教训告诉我们，必须发挥行政组织体系的优势，系统组织发放物资，做到迅速到位、合理适用、节约高效。

图 11　芦山地震时县城一处物资存放点

图 12　芦山地震时排队取水

例子：2013 年 4 月芦山地震后两天，交通逐渐通畅，物资发放在 3 天后逐渐规范。物资发放由指挥部统一协调，采取统一配置的方式。我到芦山县极重灾区太平镇时，韦镇长告诉我，所有安置情况由乡镇组织协调，需要什么就给县里打电话，县里安排运送。比如，需要多少帐篷、瓶装水、食品等，县指挥部会按照人数和乡镇提出的需求来派送。县指挥部的调用物资，并不放在本县，有好几百辆车的物资停在名山县待命，需要时就开进来送货。省指挥部保证交通通畅，保证物流供给，县里统筹全县安排，乡镇直接提出需求。救灾秩序很快地形成了，志愿者自行供应的救灾物品得到一定的引导和调控。所以，几天后，各村的帐篷就都到位、满足需要了，分发的瓶装水也避免了浪费。汶川地震时由于大量方便面、矿泉水的无序发放，在有的地方造成很大浪费。这次的统一调配物资模式，避免了大量浪费的现象。所以，随着搜救工作继续进行，由于统一调配运送物资，在安置阶段的工作还未完全展开时，许多乡镇的安置已经基本就绪了。这也成为芦山地震后的一条很好的经验，即在确保交通通畅的前提下，统一采取物流模式配置救灾物资，统一指挥协调，避免多头管理。

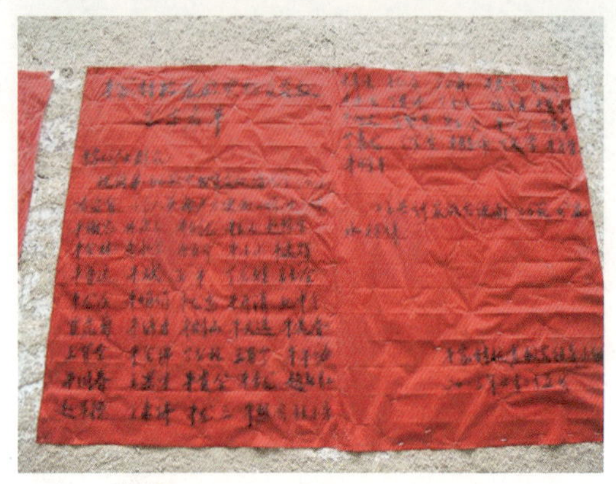

图 13　甘肃岷县漳县地震后，宕昌县牛家村发放物资公示

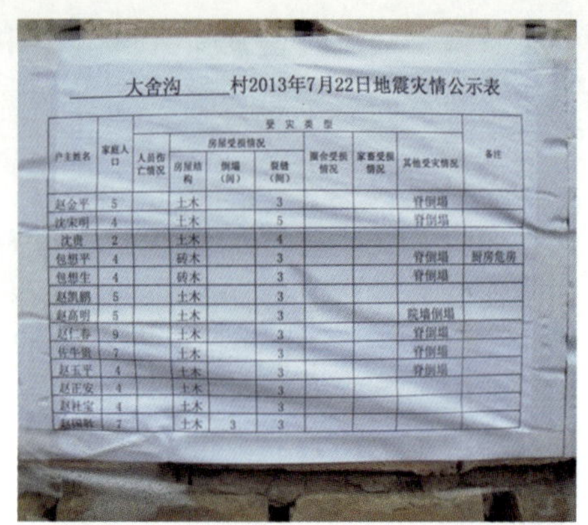

大舍沟村2013年7月22日地震灾情公示表

户主姓名	家庭人口	受灾类型							备注
		人员伤亡情况	房屋受损情况			圈舍受损情况	家畜受损情况	其他受灾情况	
			房屋结构	倒塌（间）	裂缝（间）				
赵金平	5		土木		3			脊倒塌	
[illegible]	4		土木		5			脊倒塌	
沈贵	2		土木		4				
包想平	4		砖木		3			脊倒塌	厨房危房
包想生	4		砖木		3			脊倒塌	
赵凯鹏	5		土木		3				
赵高明	5		土木		3			院墙倒塌	
[illegible]	9		土木		3			脊倒塌	
[illegible]	7		土木		3			脊倒塌	
赵玉平	4		土木		3			脊倒塌	
赵正安	4		土木		3				
赵社宝	4		土木		3				
[illegible]	7		土木	3	3				

图 14　岷县漳县地震后大舍沟村灾情调查公示

启示七：对志愿者队伍和社会力量参与救灾加强引导

近几次地震，地方政府逐步重视对志愿者的支持和引导工作。采取适当管理，既发挥了志愿者和慈善团体在救灾中的积极作用，又避免了分发不均、造成受灾群众相互攀比的问题。这条经验值得今后地震救灾时重视。

目前，志愿者救援队在全国发展得很快，有些组织在全国很有影响，如“蓝天”救援队、“厚天”救援队、“博爱”救援队、“曙光”救援队等，有统一着装、有专业的装备、有经常的专业训练，而且经费都是自筹的，是积极的、正面的、公益的，这些救援队成为专业救援的有力补充。对这些志愿者队伍，一是各有关部门要关心、支持、鼓励、指导；二是要加强管理，制定一些管理办法、规定，使得救灾行动更加有序和有效。

例 1：2013 年 7 月甘肃岷县漳县地震时，对志愿者的引导就做得比较好。地震后，一些志愿者来到灾区，帮助抗震救灾，同时带来一些物资发给受灾群众。省、市指挥部在地震当天布置工作时，就已经注意到这个问题，提出了要注意对志愿者和慈善团体发放物品的引导，特别是在县和乡镇两级。地震后的几天内，就是这么做的。

如漳县大草滩乡。陈书记说，23 日，漳县的一个老板送来 10 箱方便面和 5 箱水，按照乡里的建议，他直接送到山沟里指定的一个村子。另一位个体户，拉来 18 箱牛奶，交给村委会。兰州来的白老师，送来 18 箱矿泉水，交到村委会。志愿者的捐赠，一般由乡里接收、发放并记录下来，再上报县民政局。总之，尽量避免随意直接送给受灾群众，那样容易引起分配不均。

图 15　芦山地震后的志愿者服务站

例 2：2014 年 10 月云南景谷地震中，省市县抗震救灾指挥部注重协调、引导志愿者参与救灾，对志愿者等社会力量参与救灾的，加强引导而不是任由志愿者随意发放物资和捐款。志愿者组织和个人抵达灾区后，向当地抗震救灾指挥部报到，并由指挥部统一分配工作任务。志愿者组织和个人向灾区捐献的救灾物资，也是先与驻村干部联系、登记，再由驻村干部发放到受灾群众手中。这种方式有效避免了志愿者开展工作和发放物资的无序性，同时保证了志愿者组织和个人所捐献的物资合理、高效使用。如著名慈善人士陈光标，地震后立即赶到极震区的永平镇芒费村七七村民小组，按照要求把救灾物资交给村委会，登记造册后，由村委会统一发放。这方面景谷地震比以往地震现场做得都好。

启示八：积极做好宣传引导，及时准确发布救灾信息

地震发生后，各级指挥部加强新闻宣传工作，及时发布权威信息，全面报道和跟踪抗震救灾工作进展，回应社会关切，努力营造抗震救灾良好舆论氛围。一是以新闻发布会的形式，集中、正面、权威公布信息；二是回应社会关切。

例 1：2014 年 8 月云南鲁甸地震的新闻报道，组织得比较主动、有序。信息主要通过两个渠道传递，一是现场记者的报道；二是省、市两级现场指挥部的新闻发布会。尤其是政府救灾的各种决策、意见、措施，以及救灾遇到的问题、困难和解决的方案，各项工作的进展，还有媒体关心的一些数据等，在新闻发布会上，可以给出权威的说法，可以去除一些传闻和不实之词。新闻发布会发挥了很好的作用，使得地震之后关键的 7 天里，灾区没有出现什么谣言，群众情绪总体稳定。开始两天，那些没有联系上的边缘村组有情绪，随着工作组到村，情绪就稳定了。

在救援阶段基本结束、转入受灾群众过渡安置阶段的时候，适时安排专家在灾区现场解读房屋抗震，为什么有的房屋倒塌或损毁严重，有的完好，结构上有何不同，什么样的房屋是抗震的等，视频和文字在各大媒体传播，很受欢迎。同时，在北京也安排一些专家接受采访，网络上的点击率也很高。这都说明，在地震发生后，对群众关心的地震和抗震有关的热点问题，主动通过媒体作宣传和介绍是非常有意义的，能起到很好的社会效果。这正是落实国务院领导同志要求的：要“回应社会关切”。

例 2：2014 年 10 月景谷地震发生后，各级指挥部加强新闻宣传工作，及时发布权威信息，全面报道和跟踪抗震救灾工作进展，回应社会关切，努力营造抗震救灾良好舆论氛围。一是以新闻发布会的形式，集中、正面、权威公布信息。二是回应社会关切。如针对长海水库大坝裂缝事件，及时公布处置情况、处置进度和效果。针对前两天网上反映救灾不到位的情况，积极核实，尽快解决，对不实的信息及时解释。

图 16　景谷地震的现场发布会

及时发布信息的作用是能够使一些谣言不攻自破，对安定人心至关重要。

以上，我就地震应急管理工作，初步讨论了以上三个方面的内容。总的来说，地震灾害较重是我国经济和社会发展不可回避的客观现实，地震的发生突如其来、不可避免，但做好地震应急管理工作，却可以有效减轻地震灾害。汶川地震已经过去 10 年了，汶川地震应急救援工作留给我们的经验和教训，依然值得认真研究吸取，我们要举一反三，痛定思痛，不断总结，不断进步。希望我们能坚持不懈致力于加强地震应急管理能力建设，为减轻地震灾害不断地作出新贡献。

专业救援在汶川地震中的作用及10年来的发展壮大

一、汶川地震救援的经验和教训

2008年5月12日14时28分，四川省汶川发生了震惊中外的里氏8.0级特大地震，在党中央、国务院和中央军委的直接领导和指挥下，国家和各省份地震灾害紧急救援队、各地消防救援队、矿山和危化救援队、中国人民解放军、武警和四川省地震灾区各级政府以不畏牺牲的精神，科学施救，快速投入拯救生命的救援中，取得了抗震救灾的成功。

（一）专业救援概述

据统计，汶川特大地震中我国投入救援力量总人数约170000人，其中解放军约137000人，武警约20000人，矿山和危化救援队约4000人，消防与地震救援系统救援队约18000人，国内专业救援队有96支，约18000人，国际救援队有8支，是我国历次地震巨灾救援之最，也是我国首次接受国际救援队的救援。全国专业救援队包括国家地震灾害紧急救援队、23支省级地震灾害紧急救援队、41支矿山和危化救援队，以及除新疆、西藏之外所有省份消防总队、我国台湾和香港救援队等31个消防队。汶川特大地震救出人员总数87000余人，其中自救互救约70000人，中国人民解放军和专业救援队约救出17000人。汶川8.0级特大地震救援是我国有史以来救援难度最大、救援范围最广、成功搜救埋压人员最多、解救转移受灾群众最多、投入救援资源最多、专业救援队伍最多、专业救援技术水平最高的一次救援，开创了我国地震救援史上专业救援的先河，也开创了国际上山地异常困难情况下巨灾救援极为成功的案例，创近30年来国际专业救援成功营救幸存者人数之最。

（二）专业救援效果分析

1. 救援启动与响应

各专业救援队救援案例分析表明，汶川地震后，我国倾全国之力开展救援，在34个省级行政区中共有31个省、自治区和直辖市派出了救援队伍，其中四川省救援队总人数占救援力量的40%，由于他们反应迅速、熟悉灾区情况，救出人员总数达到总救出人员的60%，说明灾区地方救援队伍的救援能力极其关键（图1、图2）。

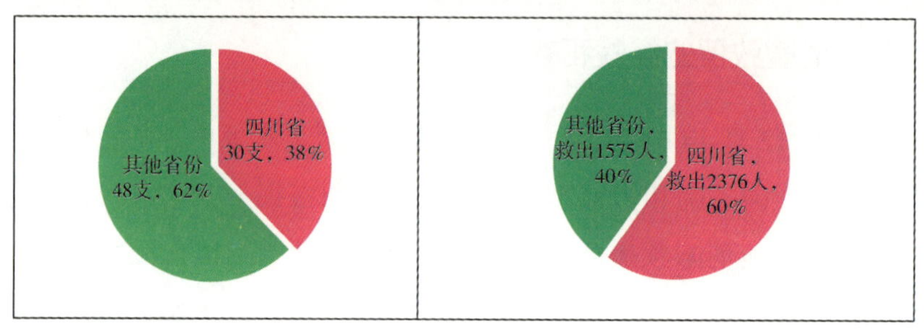

图1　救援队伍地域比例图　　图2　四川和非川省份队伍救出人数分布图

从获取的77支救援队伍材料来看，共有67支队伍在5月12日当天启动，占队伍总数的86.8%；其中震后2个小时启动的队伍有18支，占23.7%。仅从启动的绝对数量来看，2008年5月12日我国启动的队伍达到80%以上，启动效果很好。震后2小时有4支专业队伍到达灾区（成都消防队、绵阳消防队、德阳消防队、什邡市安全生产应急救援大队），截至12日24时只有8支队伍到达灾区（国家地震灾害紧急救援队和四川省内救援队）。

2. 国家地震救援队救援行动的开展

汶川8.0级特大地震发生后，国家地震灾害紧急救援队（以下简称国家地震救援队）迅速启动应急预案，救援队195名队员携带各类救援装备和12条搜索犬乘军用运输机于5月12日22时40分抵达成都太平寺机场。随后根据国务院抗震救灾总指挥部指示，国家地震救援队先后转战都江堰市、绵竹县汉旺镇、汶川县映秀镇、北川县城4个城镇，成功营救出幸存者49人，协助指导其他救援队营救出幸存者15人，帮助其他救援队定位幸存者36人，抢救军械库1座（抢救枪支76支、匕首35把），清理尸体1000余具。巡诊救治伤病员3080余人，现场消毒喷洒18000平方米。

总理温家宝、副总理李克强，中国地震局、成都军区和地方各级领导多次亲临国家地震救援队救援现场指导工作，对全体救援队员予以了极大鼓励。

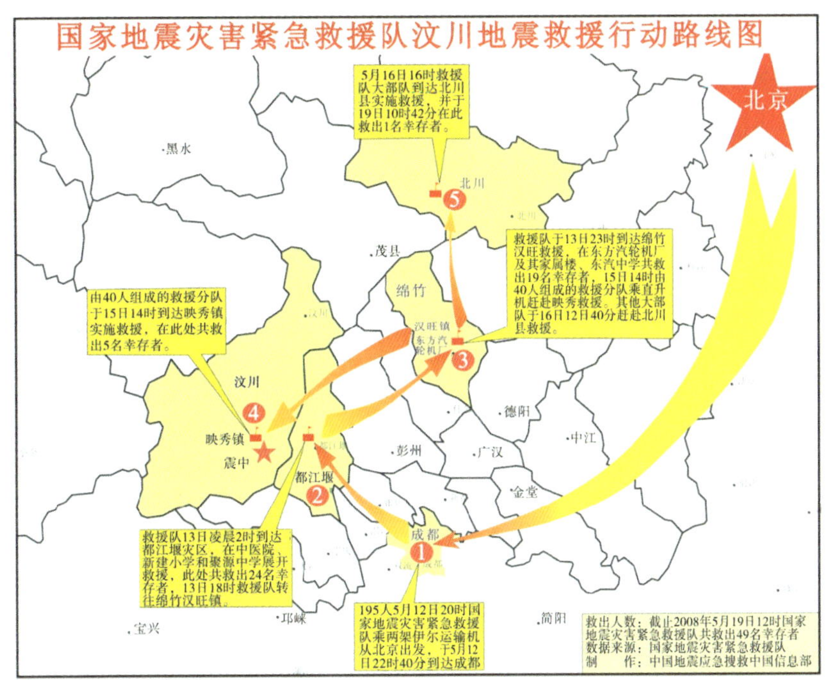

图3　国家地震灾害紧急救援队汶川地震救援行动路线图

国家地震救援队坚决贯彻落实温家宝总理提出的“全力抢救”“科学施救”的指示精神，不怕牺牲、不畏艰险，以最快的速度、最大的力度、最高的效率营救受困群众。国家地震救援队不仅承担了最艰险最需要的救援任务，而且坚持科学施救。所有救援行动过程未对埋压者产生二次伤害，实现救出人员100%存活。实现队伍关键时刻“拉得出、冲得上、过得硬、打得赢”的建设目标，得到灾区群众的真挚欢迎，无愧于国家地震灾害紧急救援队的称号。

——典型救援案例分析

国家地震救援队195人，在地震现场连续奋战，先后转战都江堰市、绵竹县汉旺镇、汶川县映秀镇、北川县城4个城镇，成功营救出幸存者49人，协助指导其他救援队营救出幸存者15人。现就都江堰聚源中学、中医院、新建小学的救援进行案例分析。

1. 都江堰聚源中学救援

国家地震救援队于13日凌晨2时左右到达聚源中学后，首先围绕倒塌的废墟进行了踏勘，向当地救援人员询问有关情况。据了解，该校共有700余名师生，地震时4层砖混结构的主教学楼两侧倒塌，中间有楼梯部分未倒，构成梯形建筑物废墟类型；西侧实验楼未倒，实验楼所有学生和主教学楼内两个室外上体育课的班级学生全部逃生；主教学楼北侧倒塌的教学楼下埋压了200—300名学生，南侧垮塌部分为教师办公室，据了解室内人员多数已逃生，南侧倒塌的建筑物被埋压人员较少。国家地震救援队到达聚源中学建筑物废墟之前，成都消防支队已在废墟中开展了较长时间的救援，表层和浅部的幸存者已被救出，剩下的是深部压埋的亟待被营救的幸存者，救援难度很大。

图4　聚源中学倒塌的主教学楼

救援队统一行动、协调组织、协同救援、提高效率，开展专业搜救。在指挥协调协同救援的同时，国家地震救援队对深埋废墟中的被埋压幸存者实施救援，建立生命通道进行营救，营救中成立了几个小组：废墟狭缝中营救实施组、外部协调指挥组、安全观察警示组、营救装备保障组、信息通信保障组和现场医疗急救组。国家地震救援队在聚源中学共救出5名幸存者。

2. 都江堰中医院救援

13日凌晨2时48分，国家地震救援队第二分队45名救援队员到达都江堰市中医院，迅速勘察废墟现场、收集信息、制订搜救计划。据了解，中医院倒塌废墟为6层楼，其中含地下一层，整个楼房在地震中呈叠层式垮塌，大量医务人员和病人被压埋在废墟中，从叠层式废墟的类型看，废墟中生存的空间较小，幸存者幸存的可能性较小。

在初步了解废墟情况后，救援队迅速采取了以下措施：一是将人员分成四组，每两组为一搜救小队；二是犬搜索组准备搜索，营救队员准备装备，装备保障队员负责装备协调；三是做好指挥搜救与对内外的协调。

救援队制订详细的救援方案，按照任务分工，首先派出犬搜索组，对叠层式的废墟进行全面搜索。根据现场救援规则和经验，为开展犬搜索，首先将废墟上的其他人员清理到场外，以保证犬搜索时锁定被埋压的幸存者；其后犬搜索组对整个废墟进行了全面搜索，然而由于废墟面积大、被埋压者埋得较深，犬搜索效果不佳。犬搜索不奏效，指挥员快速组织人工搜索，首先将废墟现场的大型机械熄火，让周围围观的群众和其他人员停止说话，整个废墟现场安静了下来；其后，搜索小组6名队员一字排开，形成拉网式搜索，组长一人面对废墟大声喊："有人吗？有人在吗？"其余5名队员仔细听。漆黑的夜幕下，照明的设备有限，废墟中危险无处不在，搜索工作非常困难。经过1个多小时的搜索排查，当搜救队员张健强搜索到住院部传染科病房时，在废墟的东南角一侧发现有微弱的声音传出："有人！我在这儿，快点救我！"搜索队员们听到是个女孩的声音，告诉她："我们是国家地震救援队，是专门来救你的！请你不要惊慌。"这是心理安慰，搜救队员问她："你旁边还有人吗？"受困者说："有！我的父亲还在这儿。""你父亲有没有受伤？"她说："有！我父亲的腿被预制板压住。"基本了解了受困者的位置、伤情，救援队员对她说："为了节省你的体力，从现在开始请你不要说话，一定要配合我们。"她说："好的！"

在了解了受困者的情况后，救援队员进入现场察看幸存者的位置，迅速制订了营救方案：营救队员8人分两组，每组4人，其中一组到被埋压者附近废墟找寻最佳营救点，筹划营救通道如何建立；另一组准备救援设备。被困者是被楼顶塌落的预制板、桌子、铁皮柜及砖块等埋压，但被一块门板保护住了生命，一些桌子和铁皮柜构成了赖以生存的空间。为建立营救通道，首先清理落在桌子和铁皮柜上的瓦砾，采用顶升设备，将倒塌预制板的横梁顶住，放入木块等进行支撑；其后用液压剪剪去阻挡营救通道的铁皮柜，运用支撑、扩张、剪切等救援方法，生命通道被一寸寸打开，距受困者的距离越来越近。第一名幸存者于凌晨5时13分被成功救出；另2名幸存者分别于13日5时57分和8时成功救出。

3. 都江堰新建小学救援

13日早晨8时，国家地震救援队接到指示，整个分队由都江堰中医院转场到距离约500米的新建小学。到达新建小学后，救援队领导迅速勘察营救现场，询问在废墟现场医护人员的情况，协调武警官兵扩大救援现场作业面，制订营救计划，一是废墟下幸存者的安全，二是营救时注意周围结构的稳定性，三是指定安全员。

新建小学的4层主教学楼整体倒塌，很多小学生被埋压在废墟中，建筑物废墟表层有很多学生的尸体，但也有很多被桌椅板凳及瓦砾所困的学生；看到废墟中埋压的幸存者多，为确保营救的顺利进行，救援队领导随即将原定的2组分为3组，要求加大多点营救力度，形成任务明确、分组实施的救援方案。

图5　新建小学建筑物废墟

9时50分，经过救援队员的不懈努力，李雨晴被成功救出，10时03分赵基松被成功救出。

当救援队员把赵基松抬出废墟，移交给医疗人员后，突然听到在横梁的正中间一名孩子说："我要喝水！"过去一看，原来是一个小女孩，她趴在地上，左手被凳子压着，背上是书包，左腿也被凳子压着，右侧是倾斜的预制板。面对这名营救难度大的女孩王佳琪，首先需要修改营救方案，在营救中既要考虑她的安全，也要考虑营救的方法。这时队员拿来了生理盐水液体及输液导管，告诉她，手不能动，用嘴吸就行了。举着液体的队员负责和她聊天，分散她的注意力，并且鼓励她，让她的心情慢慢平静下来，为实施营救的队员创造有利条件。

队员先把她身上书包里的书一一取出，而后用手动工具，把压在她左手最下面的凳子腿锯断，之后营救队员用止血带系了一个环，套在她的手和脖子上，这只是营救第一步；再往里，由于空间狭小、够不到，无法锯掉压在她左腿上的凳子腿。她身上的横梁与另一横梁间约有15厘米的距离，营救队员发现了这一营救空间，立即从横梁上面往下实施，但在横梁上还有一名露在外边的男孩尸体，他的脸和背都朝下，人已错位变形；营救队员把尸体放到尸体袋，移交给武警官兵，其后营救队员直接趴在横梁上，用撬杠轻轻把压在王佳琪左脚上的凳子撬松，用绳索套在凳子腿上，把凳子腿慢慢拉断，轻轻地将压在她身上的残片移走，13日12时07分，王念法、司洪波和李尚庆终于把王佳琪成功救出。

在新建小学，国家地震救援队共营救出15名幸存的小学生，在附近一居民楼成功营救出1名幸存者。

3. 救援效果总体分析

统计结果表明：①四川省各地消防救援队如成都、德阳、绵阳等在建筑物废墟中救出的幸存者数量多；其次为国家地震灾害紧急救援队；再次为矿山救援队和外省救援队；最后为部分省级救援队和国际救援队，其救出人员数量最少或没有。②到达时间早、熟悉民情和当地状况的救援队救出的幸存者最多，而到达时间晚，不熟悉民情和当地状况的救援队救出的幸存者少，甚至没有救出。③灾区救援力量分布不均，灾情信息畅通、道路畅通的地区，如都江堰，救援力量到达最早，出现救援力量集中，救出人员多；而沿龙门山中央断裂带和大型滑坡体带的城镇，救援力量到达较晚，一般在14日以后才有救援队进入，救出埋压人员少。

4. 埋压情况与救援效果分析

地震救援分为疏散、转移和简单、表层、浅层受困及深层受困救援，疏散转移中被困人员可以自由行动，只需要引导出危险区；简单被困的通常通过自救互救方式徒手就可以完成；表层、浅层受困则需借助一定的救援工具完成；而深层受困则难度最大、救援时间最长。统计表明，汶川地震救援中，专业救援队转移疏散53060人，占95%；营救埋压人员2845人，占5%；占总数5%的埋压人员中，表层、浅层占98%（2795人），深层埋压人员占2%（50人，以营救时间超过6小时计）。

5. 救援队时空分布分析

统计结果表明，2008年5月12日当天，有8支救援队抵达灾区并快速参与救援，5 月 13 日后到达灾区的队伍陆续增加，从时空分布上看，5 月 12—14 日，受龙门山山前断裂地表破裂-滑坡体带影响，大量道路中断、灾情信息不清等，导致专业救援队多集中于龙门山山前断裂以东区域，在都江堰、北川和汉旺救援力量相对集中；5 月 14 日后救援队逐渐向整个灾区扩展分布（图 6、图 7、图 8），20 日以后队伍多数进入休整和撤离阶段。

（三）救援中的不足与教训

（1）汶川地震救援初期，由于通信和大量道路中断，无法快速获取和传输灾情到前方指挥部，造成灾情分布和程度不清。海事卫星在 5 月 13—14 日也出现堵塞现象，无法对指令进行快速传送，救援队伍得不到准确的救援地点信息，无法到达最需要救援的区域，在一定程度上延误了最佳救援时机。

（2）由于灾情不清，通信不畅，造成救援决策能力降低；在前方快速获取信息能力和后方信息支撑服务能力方面存在较大不足，目前的技术系统尚不能对全国专业救援队提供全方位救援决策服务。

（3）救援队中缺乏适用于类似龙门山山地大灾区域灾情信息采集尤其是山区和极震区有效的视频和音频通信设备，尚不能快速构建和覆盖 3 万—5 万平方千米极震区区域的通信系统，救援队灾情获取和通信传输的专家少，难以通过自身的

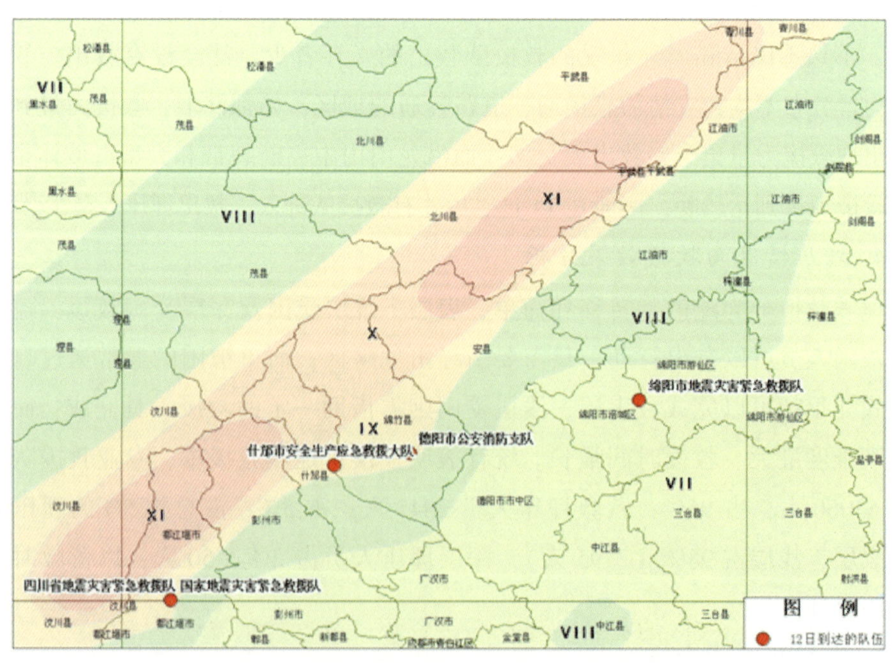

图 6　5 月 12 日地震专业救援队伍分布情况

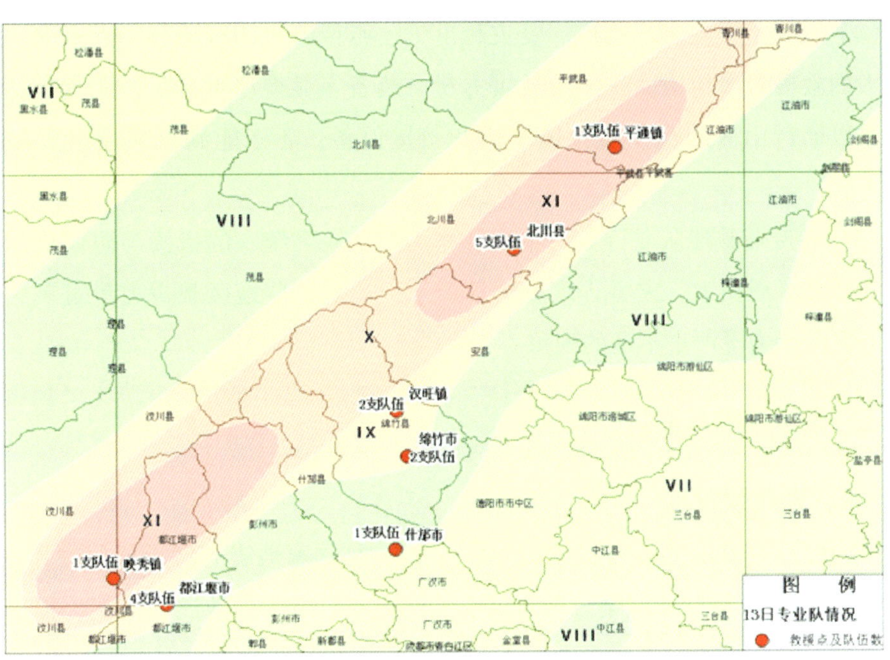

图7 5月13日地震专业救援队伍分布情况

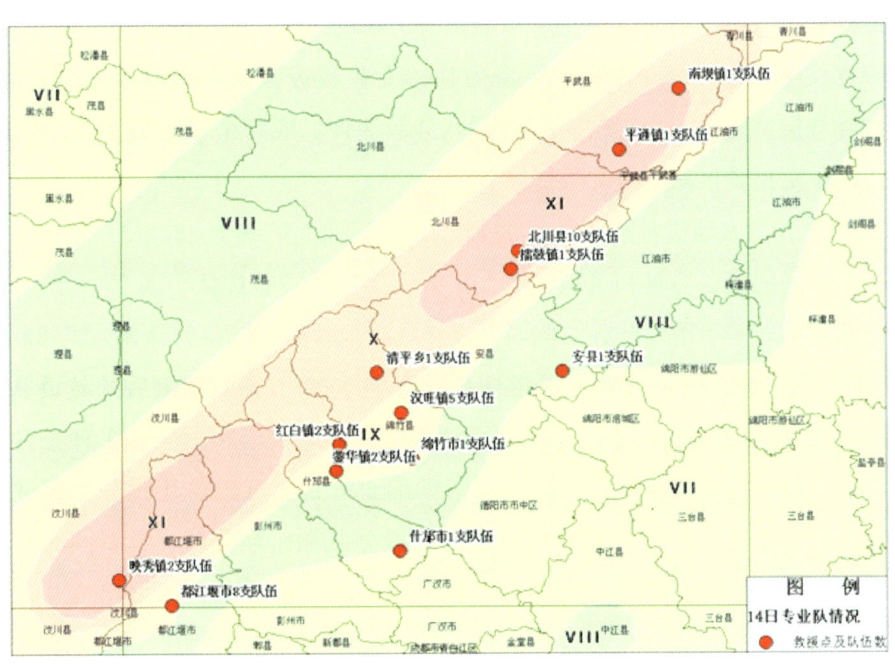

图8 5月14日地震专业救援队伍分布情况

能力充分了解整个灾区的灾情和布局救援资源，在救援队被埋压人员救援中缺乏有效的重灾区区域、埋压人员建筑物废墟位置等的科学指导。

（4）汶川地震灾害范围广、受灾程度大、亟待救援的区域和场点众多，与如此巨大的救援需求相比，我国的救援力量、装备等显得严重不足，尤其是适用于道路难以通行山区的轻便型救援车辆和救援设备，还不能满足强震巨灾的救援需要。

（5）各专业救援队以行业为主线各自为政，缺乏统一的指挥与协调机制和机构，在极震区面积大、灾害程度重的情况下，出现某些地区救援力量过剩，而大量重灾区救援力量严重不足的现象。

二、国家地震救援队的发展

（一）队伍建设

中国国际救援队（英文缩写 CISAR），对内称国家地震灾害紧急救援队，2001 年 4 月 27 日由时任国务院副总理温家宝授旗成立，由中国地震局、某工程部队和武警总医院联合组建，人数为 222 人。国家地震救援队主要任务是对因地震灾害或其他突发性事件造成建（构）筑物倒塌而被压埋的人员实施紧急搜索与营救。国家地震救援队按照“一队多用、专兼结合、军民结合、平战结合”的原则组建，形成一支反应迅速、机动性高、突击力强的专业救援队伍。2009 年 11 月 14 日，中国国际救援队通过了联合国重型救援队分级测评，成为全球第 12 支、亚洲第 2 支获得国际重型救援队资格的救援队。

2010 年，国家地震救援队在原编制 222 人基础上扩编为 480 人，并补充和新增科技含量高的装备器材和重型机械。扩编前国家地震救援队下属三个救援支队、一个搜索犬队、一个医疗队，可同时开展 3 处异地救援。装备共计 8 大类 300 余种 6000 多件套，另有 20 条搜救犬，累计投入资金 7000 万元。扩编后的救援队，借鉴历次救援行动特别是汶川地震救援经验，充分考虑城市和山区等多种条件下的救援特点，将队伍实行模块化和机动灵活的编组方式。可以模块化分解编成 3 支相对独立的重型救援队或多支不同功能的救援分队和医疗分队，具备同时在 3 处复杂城市条件下异地开展救援的能力，也可以同时实施 6 处一般城市或 9 处乡镇地区的搜索救援行动。对 8 大类装备进行扩充采购 13000 多件套，新增搜救犬 20 条，投入资金过亿元（图 9 为扩编后国家地震救援队的队伍组成示意图）。

（二）检测校准试验室建设

汶川地震后地震专业救援队伍发展很快，队伍数量明显增加，但大多数队伍目前在装备维护保养、装备效能与安全性检测和校准工作方面，缺乏专业的人员、

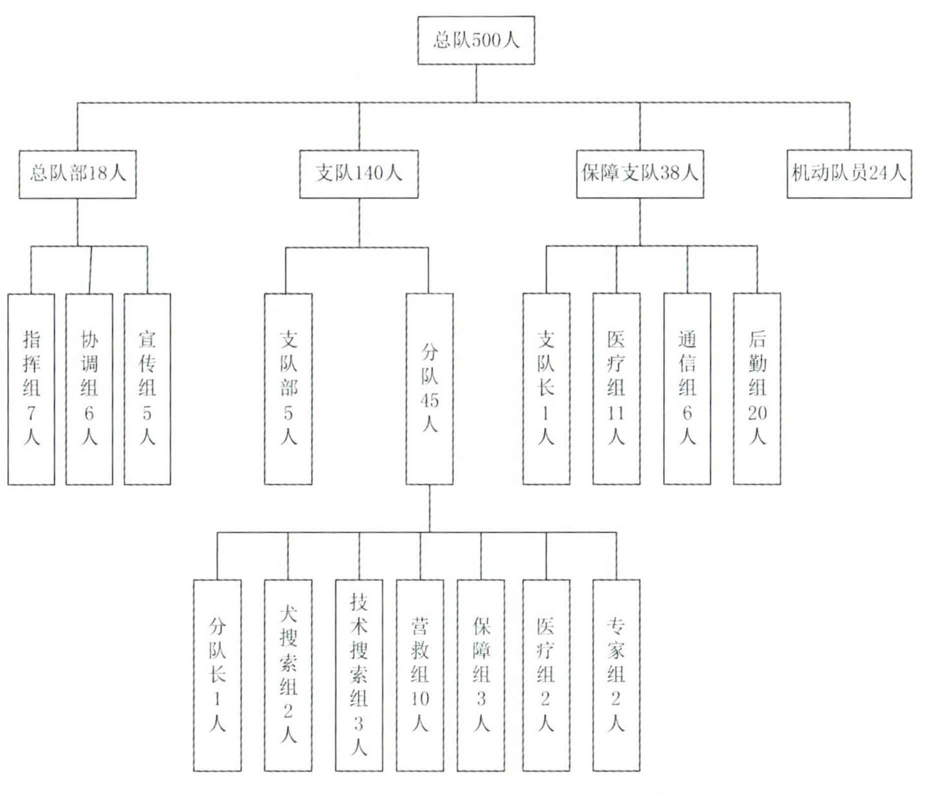

图9　国家地震救援队扩编后队伍组成（示意图）

设备和技术支持，难以形成有效的人才培养机制和队伍能力提升的有效途径。此外，国内地震救援装备生产技术水平有限，相关的售后服务能力更是一般，很难在专业维护、测试、校准等方面满足现阶段我国地震专业救援队伍装备建设的发展所需。科研院所数量少，覆盖面极小，服务机制不规范。我国在地震救援装备的专业维护、效能和安全性检测与校准方面的人才储备、技术水平、工作理念和社会服务能力方面相对薄弱和落后，有待加强。

实验室建设目的是为对国家地震救援队配备的液压、气动装备及内燃、液压破拆工具进行效能与安全性测试和校准，为装备是否仍保持额定效能、能否安全使用提供理论依据，提供专业、精准的检测与数据支撑，填补现有装备维护保养模式的缺陷和空白，提升队伍整体装备保障水平，提升队伍作战能力。此外，还有助于建立和培养一支专业的装备检测、校准技术支撑团队，全方位地提升国家地震救援队自我保障能力。

按照建设方案，现已完成一二期建设，具备液压破拆类、气动支撑类检测及气动支撑类附件（压力表）的校准能力。配备的检测校准设备如图10所示。主要检测、测试内容有：

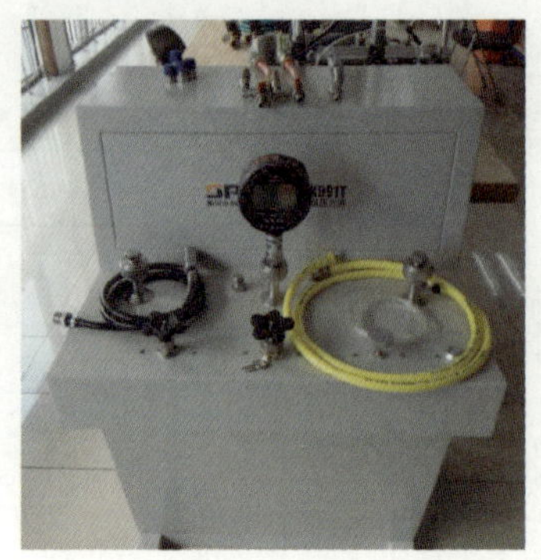

图 10 气动支撑类附件（压力表）校准设备

一期建设：压力、流量检测，剪切试验，牵拉力测试，扩张力测试，液压工具密致性测试，起重气垫密致性测试，接头抗拉试验，安全性能测试。

二期建设：气密性检测，减压阀校准，压力表校准，控制器校准，安全性能（安全阀）测试。

实验室第三期建设主要采用应力波方法测试破拆设备的冲击能力，通过测试来了解、调试破拆设备达到设计的性能指标，检测及测试内容为冲击频率和单次冲击力两项。

实验室建设完成后，可进行国家地震救援队的装备轮换检测和测试，实现装备平均 3 年检测或测试一遍，并能对在使用中有故障疑虑的装备进行随时检测、查找故障，保证国家地震救援队的装备技术性能、安全性能符合最佳的工作状态，提高救援装备使用的安全性、可靠性。

（三）地震应急救援装备“三高”测试基地建设

为提高我国应急救援力量在特殊地理、气候条件（高海拔、高温、高寒）下的应急处置和搜救能力，中国地震应急搜救中心正在进行应急救援装备在高海拔、高温、高寒情况下的性能测试工作，提出应急救援装备高海拔、高温、高寒地区适应性的改良和改进建议，提升应急救援装备的适应能力。

1. 高寒测试

2015 年，中国地震应急搜救中心与黑龙江省黑河市签署了合作建设“高寒试验场”协议并挂牌成立，对应急救援装备在高寒地区的使用效能进行测试实验工作。利用黑河市地震台网中心的综合楼 1 栋（两层框架结构，建筑面积约 500 平方米），设置办公、资料整理、装备存储、人员休整等机构。对现有救援队配备的搜索、通信、营救（破拆、顶撑、动力及照明）、后勤保障等装备进行室外不同温度情况下性能、效能测试工作。

2016年1月和2017年已经进行了两期救援装备高寒测试。2016年一期测试主要针对液压类破拆装备、海事卫星电话，进行了高寒情况下各项输出指标、通话及网络连通等项目的测试。依据测试结果，液压设备基本可在寒区（-31℃）使用，超出设备标称规定温度范围；通信装备海事卫星在-20℃以上可用，铱星基本可在寒区（-31℃）使用。2017年二期测试主要针对内燃类破拆装备、通信装备、个人装备进行了发动机启动、不同规格燃油及润滑油影响、各项输出指标，通话及网络连通，供暖及防寒防割性能等项目的测试。

2. 高温、高海拔测试

2017年广东省地震局进行了特殊环境（高温）地震应急救援专业训练基地改造项目立项建设。在新丰江地震台修建训练废墟1个，面积约450平方米，地上、地下各一层，模拟地震现场房屋破坏现状情况（高温、高湿），附加顶撑、破拆、搜救等演练科目，修建室外综合训练场地约1万平方米，满足户外集结、体能训练等要求。

高海拔测试基地建设尚处于调研阶段，拟选址区域位于西藏、青海等高海拔区域，测试现有装备在高原条件下的性能情况。

（四）国家地震紧急救援训练基地建设与发展

国家地震紧急救援训练基地是一座具有专业化、现代化并与国际救援领域发展需要接轨的训练基地，是我国第一所以培训地震灾害救援初、中、高级指挥员和搜救人员为主，兼有其他灾种应急救援培训功能的综合性培训基地。训练基地地处北京市海淀区苏家坨镇的凤凰岭下，占地面积194亩，建构筑物面积近3万平方米。

基地建有设施条件较为先进的17000平方米的教学综合楼、虚拟仿真训练馆和6700平方米的地震救援训练废墟（包括烟热训练室和真火模拟训练室）。教学综合楼包含体能训练区、教学办公区、学员宿舍区和教员公寓；虚拟仿真馆有动感影院、预案推演室、科普厅、小组训练室等设施，可以开展多种地震救援虚拟模拟训练和防震减灾科普宣传教育。此外还建有体能和技能训练场（室内外）、搜索犬舍及训练场、救援训练装备库、仪器设备维修室及附属工程。作为国内第一座，也是国际先进的综合性地震灾害搜救训练废墟建筑群，可以模拟出几乎所有的被埋压状况，演练各种搜救项目。

图 11　国家地震紧急救援训练基地

三、省级地震专业救援力量的发展

（一）省级地震专业救援力量现状

自 2001 年我国成立第一支地震灾害专业救援队——国家地震灾害紧急救援队以来，各级政府对地震灾害专业救援队伍大力支持、高度重视，汶川地震后，全国省级救援力量不断发展壮大，截至 2017 年底，全国 31 个省、自治区、直辖市共成立省级专业地震救援队 83 支，队员 15540 人。市、县级，社会和志愿者救援力量发展也十分迅速。这些队伍在汶川、玉树、芦山等地震灾害应对中起到了关键作用，最大限度地挽救了人民生命和财产损失，受到了党和政府的高度肯定，得到了社会广泛关注和赞誉。

（二）国内救援队标准化、规范化情况

2010 年 1 月，经国家标准化管理委员会的批准，中国地震局发出《关于成立国家标准〈地震现场紧急救援行动工作规范〉编制工作组的通知》（中震法函〔2010〕2 号），标志着《地震现场紧急救援行动工作规范》编制工作正式启动。

我国已经正式出台的地震应急救援方面的国家标准有《地震现场应急指挥管理信息系统》《地震现场应急指挥数据共享技术要求》《社区志愿者地震应急与救援工作指南》《地震应急避难场所场址及配套设施》《地震现场工作第 1 部分：基本规定》《地震现场工作第 2 部分：建筑物安全鉴定》《地震现场工作第 3 部分：调查规范》《地震现场工作第 4 部分：灾害直接损失评估》，但与日益增长的现实需求相比，地震应急救援标准仍严重缺乏。《地震现场紧急救援行动工作规范》是我国地震救援领域中第一个针对专业救援队伍的标准，其他部门如消防、安监等还没有类似的行动指南来规范救援力量的现场行为。

（三）省级地震专业救援队能力分级测评工作的开展

当前，地震灾害专业救援队伍体系在全国范围内已基本建立，绝大部分配备了适当的专业设备，接受过一定的专业培训，在十几年的建设过程中，各地充分发挥主动性和创造性，结合当地可能受到的地震灾害，依托军队、武警、消防、安监等力量形成了可靠可用的地震救援能力。

随着地震专业救援队伍建设发展突飞猛进的同时，问题也十分突出。各支队伍的组成、装备、能力参差不齐，队伍的专业化、标准化和体系化有待进一步提高，特别是队伍的实战、协调、组织能力有待进一步增强。部分地方政府和有关方面也看到地震专业救援队伍进一步发展所面临的问题，并且认为建立有关标准、规范是十分必要的。

针对我国地震灾害专业救援队发展现状和存在的问题，中国地震局震灾应急救援司组织专家，借鉴国际搜救界的成功做法，为进一步提高地震灾害专业救援队伍的能力，要建立健全相关标准和规范，开展省级地震灾害专业救援队的能力分级测评，并计划在5年内逐步形成全国地震灾害专业救援队伍的分级测评体系。这是继续推动全国地震灾害救援队伍建设的重要环节，能为市、县级以及社会、志愿者救援队伍的建设与发展提供指导。

开展地震灾害专业救援队能力分级测评，能够规范队伍建设，促进、规范队伍培训，形成紧密的协调工作机制，大幅提升队伍的专业能力；为震后灾区各级政府按照队伍的能力和特点，科学有效调动部署地震灾害专业救援队伍提供依据，为各级政府指导和支持地震灾害救援队伍能力建设提供参考；提高地震灾害专业救援队伍在救援现场相互协同、相互支援、统一高效开展人员搜救的能力。

自2015年提出地震灾害专业救援队能力分级测评工作以来，中国地震局震灾应急救援司组织专家对全国省级地震专业救援队伍情况进行了调研，编写了《中国地震灾害专业救援队能力分级测评工作指南》，明确了测评主要内容和测评工作流程，编制了地震灾害紧急救援队能力分级测评核查表（重/中型）。

中国地震局高度重视抗震救灾力量体系建设，为规范全国地震专业救援队伍管理，提升救援能力，决定从2016年起对国内地震专业救援队分批次实施分级测评。

（四）示范开展省级地震专业救援队能力分级测评

2016年中国地震局震灾应急救援司确定甘肃省地震灾害紧急救援队为全国第一支重型救援队能力分级测评示范单位，并组织专家历经一年时间，对甘肃省地震灾害紧急救援队进行了基本情况评估、培训、预演练评估以及最后的正式测评。

在中国地震局震灾应急救援司的精心组织下，甘肃省地震灾害紧急救援队（以下简称甘肃救援队）于2016年10月13—15日在兰州接受了为期3天的能力分级测评。来自中国地震应急搜救中心和武警总医院专家组成的评估组对救援队进行了全过程、全要素、客观、公正的考核测评。此次测评采用听取汇报、查阅文档、现场质询、检查装备和场地、观摩演练等方式，对救援队管理、搜索、营救、医疗和保障5个方面131项指标进行了测评。甘肃救援队于10月14—15日以远程驰援青海共和7.4级地震为假想情景，组织开展了一场33小时不间断救援演练，全方面展示了响应启动、灾情收集、出队决策、远程机动、行动基地搭建、搜索与营救、医疗支持和后勤保障等各个环节的能力。演练中甘肃救援队出动115名队员，携带4565件（套）装备器材，在省地震局和武警甘肃省总队联合领队、联合指挥下接受考核测评。省地震局和武警省总队26个部门共106人参加外围配合与保障；兰州市应急办、民政、地震、公安、卫生等24个部门76人联动参加演练；甘肃蓝天救援队、甘肃省无线电委员会、兰州市山地救援队、爱卡甘肃车友会、甘肃普拉多大队以及国芳百货超市等联动参与通信、运输、物资供应等保障。其间，中国地震局震灾应急救援司司长赵明指导评测专家组全程跟进评估，震灾应急救援司副司长尹光辉、中国地震应急搜救中心主任吴卫民、武警部队参谋部作战勤务指挥中心高级工程师钟小明现场指导。福建、山东、陕西、海南四省地震、武警、消防系统人员现场观摩。邀请国际搜索与营救咨询团专家杜威·辛德曼·佩克斯全程观摩指导。经过专家组全方位评估，被测的131项指标全部通过测评，甘肃救援队达到了中国重型地震救援队的能力要求，被中国地震局授予中国重型地震救援队资质证书和胸章，成为国内首支通过测评认证的重型地震救援队，标志着甘肃救援队救援能力已经与国际水平接轨，具备跨区执行重大地震灾害救援的能力。

甘肃省地震灾害紧急救援队通过重型地震救援队能力测评，对国内同类救援队起到了示范带头作用，对我国自主开展地震灾害专业救援队能力分级测评具有里程碑意义。在此之后，中国地震局进一步开展全国范围内的地震专业救援队伍能力分级测评，目前福建省地震灾害紧急救援队于2017年3月通过了测评，辽宁、内蒙古、河北、福建等省（自治区）相继开展了重型救援队测评的准备。中国地震专业救援能力分级测评已经在国内推行。2018年，通过国内专家的不断努力，目前中国地震专业救援队能力分级测评已经得到国际认可，并将为通过测评的国内队伍进行国际认证授牌。

（五）各省份地震救援训练基地建设

汶川地震后，全国各地都积极推进地震灾害紧急救援队的组建，同时也积极建设地震救援队伍培训基地，向专业队伍、志愿者队伍、公众等提供不同层次的培训，提高队伍能力及公众意识。截至2017年底，据统计全国共有21个省（自治区、直辖市）39个地震应急救援训练场地，其中江苏4个，黑龙江、四川各3个，天津、辽宁、吉林、浙江、福建、湖南、广东、宁夏、新疆、青海各2个，上海、安徽、山东、广西、海南、重庆、陕西、甘肃、搜救中心各1个。39个基地中，由地震部门单独建设或与其他单位合作建设的有16个（其中已建成9个，正在建设4个，通过立项2个，筹备建设1个），其他系统建设的有23个。表1为部分地震应急救援训练基地的基本情况。

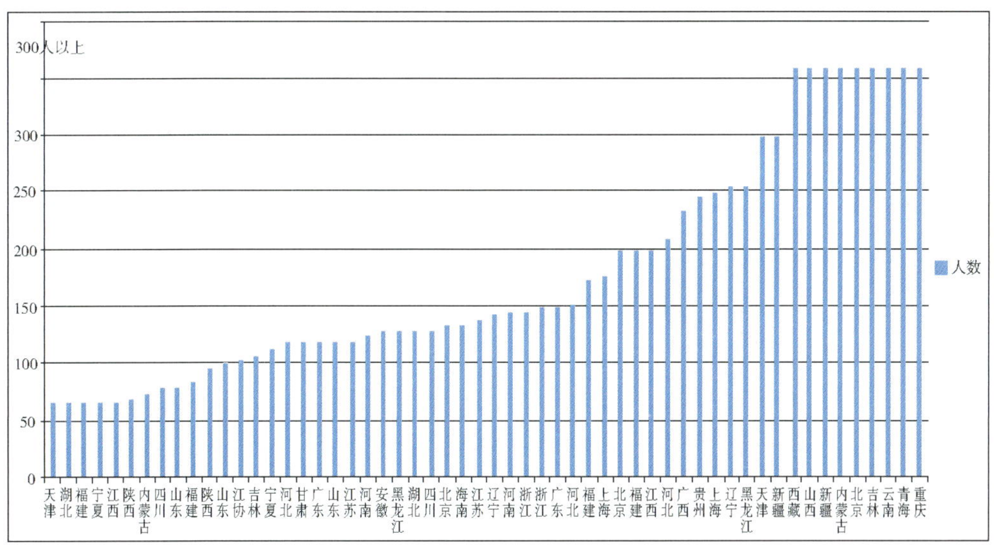

图12　全国31个省、自治区、直辖市地震救援队伍人数分布图（据不完全统计）

部分地震应急救援训练基地基本情况

序号	名称	建设单位	训练设施面积（平方米）	建成时间	培训范围	培训对象	训练设施
1	上海市地震局应急救援训练场地	上海市地震局	20000	2004	本系统本市	专业、志愿者	堆建、狭小空间、竖井
2	四川省省级应急救援专业队伍训练基地	四川省地震局	66700	2017	全国	专业、矿山、志愿者、公众	堆建、框架、斜楼、狭小空间、竖井、泥石流、犬搜索
3	山东省地震应急救援训练基地	山东省地震局	35000	2017	全国	专业、矿山、志愿者、公众	堆建、框架、斜楼、狭小空间、竖井、单兵、拓展

续表

序号	名称	建设单位	训练设施面积（平方米）	建成时间	培训范围	培训对象	训练设施
4	浙江省防震避险实训基地	浙江省地震局	24520	2019	全国	专业、志愿者、公众	堆建、框架、斜楼、狭小空间、竖井
5	陕西省防震减灾综合基地	陕西省地震局	58000	2017	本省	专业、志愿者、公众	堆建、框架、斜楼、狭小空间
6	辽宁武警应急救援队地震应急救援训练场地	辽宁省地震局	450	2016	本省	专业	堆建、框架、狭小空间、竖井
7	安徽省地震应急救援训练基地	安徽省地震局、安徽省预备役师	30000	2010	本系统本省	专业、志愿者、公众	堆建、狭小空间、竖井
8	甘肃兰州国家陆地搜寻与救护基地	甘肃省地震局、武警甘肃总队	19980	2012	全国	专业、志愿者、公众	堆建、框架、斜楼、狭小空间、竖井、泥石流、犬搜索、管道
9	黑龙江高寒地区地震应急救援模拟现场	中国地震应急搜救中心、黑河市地震局	1600	2016	全国	专业、志愿者、公众	堆建、框架、狭小空间、竖井
10	广西地震搜寻救护培训基地	广西壮族自治区地震局、武警广西总队、武警水电第一总队	5200	2018	本自治区	专业、志愿者、现场队	堆建、框架、斜楼、狭小空间、竖井、犬搜索、单兵

1. 兰州国家陆地搜寻与救护基地

兰州国家陆地搜寻与救护基地（以下简称兰州搜救基地）是国家组建的 8 个国家陆地搜寻与救护基地之一。基地位于兰州市榆中县连搭乡麻家寺，基地训练场占地面积 30 亩，总建筑面积 6692 平方米。

兰州搜救基地能够开展建筑物坍塌、构筑物坍塌、地震、山体滑坡、泥石流、坠崖、矿难等灾害事故的搜寻与救护工作；重点承担甘肃、陕西、宁夏、青海、内蒙古西部等省份自然灾害的搜寻与救护任务，并可响应配合国内外远程救援行

图13　兰州国家陆地搜寻与救护基地训练场全景

动。主要训练设施有：综合训练废墟，建筑面积2220平方米，层高3.9米。倾斜训练废墟，建筑面积495平方米，倾斜角度21°，层高2.8米，为1个单元3层的剪力墙住宅建筑。可控训练室，建筑面积720平方米，层高4.2米。透水矿道训练场，建筑面积145平方米，层高3.6米。单项技能训练场，建筑面积322平方米。埋压训练废墟，建筑总面积420平方米，其中建筑物埋压训练废墟210平方米，泥石流滑坡训练废墟210平方米，废墟训练管道143平方米。图13为兰州国家陆地搜寻与救护基地训练场全景。

2. 四川省省级应急救援专业队伍训练基地

四川省省级应急救援专业队伍训练基地位于成都市双流县公兴镇，占地面积约100亩，总建筑面积约23300平方米。该基地具有应急救援队伍专业训练和防震减灾综合知识宣传教育两大功能，主要包括防震减灾知识教育基地、救援综合训练区、救援单项训练区等。主要承担四川省地震应急救援专业队伍、志愿者队伍等培训、演练，并面向社会开展防震减灾科普宣传工作。

3. 陕西省防震减灾综合基地

陕西省防震减灾综合基地是集观测、速报、预警、训练、科研、实验、宣传等于一体的防震减灾综合基地，包括防震减灾综合基地、地震监测预测基础工程、震灾预防基础探测工程、地震应急救援系统、防震减灾公共服务系统，涵盖地震立体综合观测、地震预警、地震应急训练、地震监测技术保障等多项内容。基地规划用地面积95亩，主要建设内容包括地震立体综合观测与研究中心、地震烈度速报与预警中心、地震应急救援专业训练教学体验中心、西北地震仪器技术保障中心、工程抗震实验室等设施。

4. 山东省地震应急救援训练基地

山东省地震应急救援训练基地位于济南市历城区神武村以南、港西路以东，建筑面积约2.5万平方米。建设有地震救援训练综合楼、模拟地震废墟、救援训练斜楼、地震应急物资储备库、地震科普展馆等。

四、近几年救援实例

（一）2010年4月14日青海玉树7.1级地震救援行动（高原高寒条件下的救援行动）

国家地震灾害紧急救援队在地震发生后快速启动集结，并于当天赶到了玉树机场，随后根据国务院抗震救灾前指指示，直奔受灾最为严重的玉树市区，历时11天，在深埋的废墟中共营救出7名幸存者，挖掘遇难者遗体31具，协助确认90余处遇难者遗体位置。派出26个/次搜索营救小组、建筑物勘察和灾情调查小组，约450人次对玉树地震灾区的倒塌建筑物埋压幸存者进行重点、拉网式和地毯式排查，对80个以上重点建筑物倒塌废墟进行了重点排查，面上排查的一般倒塌建筑物超过300个；转战208个作业点，对约40个灾害严重小区，如结古镇南区、扎西大通、新建路、民族综合职业学校、赛马场附近、西北牛宾馆附近等严重灾害区，尤其是以土木结构为主居民区由专家进行了科学研判、搜索设备搜索和犬搜索；协助受灾群众从废墟中挖掘存折5个、搬运物资100余吨、抢救机密档案2处、重要建筑物鉴定3处，搭建帐篷3顶。截至2010年4月23日，救援队流动医院共接诊1457人，巡诊292人次，其中开展清创缝合等小手术65例次，内科危重病诊治58人次；开展超声检查106人次；累计营区、坍塌现场消毒喷洒3500平方米，进行心理疏导165人次；医治救援队内和友邻部队伤病员45人次，其中急性肺水肿（重症）2人；给灾区及友邻部队捐赠价值约400万元的医药物资。

1. 紧急启动

2010年4月14日晨7时49分，青海省玉树藏族自治州（北纬33.1度，东经96.7度）发生7.1级强烈地震，震源深度14千米，青藏高原东部地区、青海省大部、西宁等地有感，地震造成玉树结古镇等地区大量人员伤亡，截至4月23日17

时，地震共造成2220人遇难，70人失踪，受伤12135人，其中重伤1434人。

响应："灾情就是命令，时间就是生命。"在接到地震震情信息后，中国地震局迅速启动应急响应，按照党中央、国务院的决策部署，迅速投入抗震救灾行动；国家地震灾害紧急救援队联席会议办公室紧急协调救援行动，于14日11时下达了紧急启动和准备的命令。救援队各组成单位快速启动集结。

集结：4月14日下午14时30分左右，救援队各组成单位分别向南苑机场集结，在机场集结的队伍、装备和后勤保障物资有条不紊地开展，集结中凝聚着所有救援队员急切奔向灾区，快速开展救援的迫切心情。

快速集结到南苑机场参加救援行动的救援队队员共120人，其中中国地震局领队和专家25人，三十八集团军工兵团65人，武警总医院30人，并携带搜索与营救装备、通信和信息保障设备，9条搜索犬。

出发：在经过1个小时的紧张装机后，15时30分，2架满载救援人员和救援装备车辆的伊尔76运输机在南苑机场起飞，飞向党和政府、全国人民极为关注的玉树地震灾区。由于青海玉树海拔约4000米，原设计的载重量不能全部载运，考虑到救援急需，迫不得已，将救援队的帐篷、后勤保障用品，以及中国地震局所有队员的个人装备全部卸载，以保障飞机抵达玉树后在高原上的正常降落。

飞机上，救援队员围坐在救援车的车头附近，中国地震局震灾应急救援司负责此次行动的协调，组织研究行动方案，讨论地震灾害可能的影响范围，了解灾区背景材料和信息。20时，飞机抵达玉树机场。

2. 救援行动

14日晚20时抵达玉树机场后，救援队领导、专家团队和搜索营救分队进行了明确分工，分为2个小组。随后，根据运输车辆的运输能力限制，形成2个救援组前往玉树灾区。

搜救幸存者：第一分队于14日22时左右抵达玉树并连夜迅速展开救援，在集贸市场附近的民族宾馆废墟中营救出2名幸存者；由于没有交通工具，大部队在深夜1时才抵达玉树结古镇，尽管缺少御寒棉衣，但救援队员冒着严寒和强烈的高原反应连夜展开救援行动，对综合职业中学2处废墟、教育局附近废墟、玉树县政府附近废墟、市区南区以及禅古寺倒塌废墟进行了压埋人员生存环境的评估。4月15日晨，救援队派出3个搜索分队进行搜索，确定重点救援目标，搜索1组对市区南区进行重点救援目标确定，8点左右在西北牛宾馆4层建筑物倒塌的废墟中发现有生命迹象，经过搜索定位，确认在4层倒塌废墟的1层三角空间中有4名幸存者。中午12时许，4名被深埋的男性幸存者获救。同时，第二搜索组在禅古寺金顶确认没有生命迹象。4月16日，在市区集贸市场，救援队经过约8个小时的奋战，在深埋的废墟中成功营救出1名13岁藏族女孩。在扎西大通的一建筑物废墟中指导协同四川乐山消防部队清理出4名遇难者。4月17日，救援队在集贸市场的建筑物废墟深层耗时8个小时清理出1名遇难者。

重点目标搜救：抵达玉树后，救援队派出多个侦察小组，及时发现目标并进行重点搜救。连续搜救了禅古寺、扎西大通废墟、玉树集贸市场等地。在后来的几天里，救援队对建筑物废墟中的被埋压人员进行了重点排查。

按照胡锦涛总书记的命令，入乡到户彻排，不留死角。自4月20日开始，救援队在对玉树市区继续地毯式、重点目标排查的基础上，深入周围的偏远山区，开展入乡到户彻排，做到不留死角。4月20—23日，对巴塘地区的5个点，308省道沿线的5个点进行了排查，进入玉树周围乡村了解灾情，排查是否有幸存者，做到不留死角。

3. 玉树地震救援行动特点

此次救援任务是在高原寒冷、灾害损失大、灾情极为紧迫、环境十分险恶的特殊条件下进行的，是对救援队队员体能、救援指挥、安全性、苦与累、艰与险、生与死的严峻考验，整个行动具有以下特点。

（1）行动反应迅速。救援队启动迅速，到达玉树机场后，迅速与当地政府协调，连夜展开救援行动，成为抵达灾区现场最早的专业救援队。

（2）面对急难，连续突击。救援队始终奋战在受灾最严重、处境最危险、情况最复杂、搜救最困难的地区。4月14日晚，救援队按抗震救灾总指挥部指示，火速赶往受灾严重的民族宾馆紧急救援。面对强余震不断、危楼随时可能垮塌的危险，队员们忍受着高原反应的不适，顶着严寒，不到3个小时就成功救出2名幸存者。5月15日凌晨，又奉命赶赴西北牛宾馆展开救援，在其他救援队已无力施救的情况下，经5小时连续奋战，救出4名幸存者。救援队在实施救援的前3天里，每人每天仅能分到1瓶矿泉水和2包方便面，困了累了只能在废墟上小坐片刻。救援时，道路阻塞，没有车辆保障，救援队员每天都要早出晚归，徒步往返近20千米路，连续奋战3昼夜。超过“72小时黄金救援时间”后，救援队仍坚持与时间赛跑、与极限抗争，克服重重困难，不抛弃、不放弃，又进行了7天的拉网式、地毯式排查。

（3）发挥优势，科学施救。救援队每到一处执行任务都充分发挥专业技术优

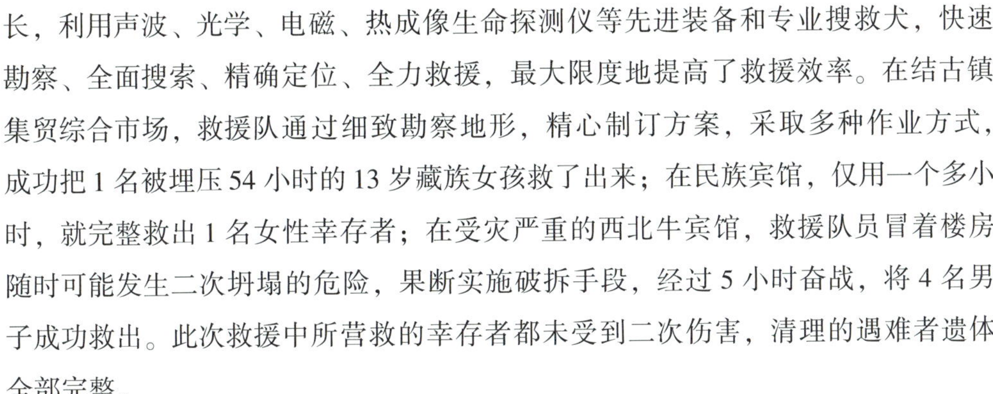

长，利用声波、光学、电磁、热成像生命探测仪等先进装备和专业搜救犬，快速勘察、全面搜索、精确定位、全力救援，最大限度地提高了救援效率。在结古镇集贸综合市场，救援队通过细致勘察地形，精心制订方案，采取多种作业方式，成功把1名被埋压54小时的13岁藏族女孩救了出来；在民族宾馆，仅用一个多小时，就完整救出1名女性幸存者；在受灾严重的西北牛宾馆，救援队员冒着楼房随时可能发生二次坍塌的危险，果断实施破拆手段，经过5小时奋战，将4名男子成功救出。此次救援中所营救的幸存者都未受到二次伤害，清理的遇难者遗体全部完整。

（4）处变有序，指挥果断。这次救援行动，任务紧迫、转场频繁，余震不断、环境险恶，机动受限、保障困难。为确保救援行动有序有力有效进行，在结古镇集贸综合市场救援一名13岁女孩时，为确保科学救援、确保被困女孩免受二次伤害，救援队采用了慎重安全的救援方法，在即将救出人员时，在场的上百名僧侣纷纷冲向现场，形势危急。救援队领导始终站在最危险的地方指挥救援，带头爬进废墟探查、营救幸存者，在遇到紧急情况时临危不惧，指挥果断。

（5）不惧高原严寒、缺氧、体能下降，连续奋战。玉树属于高原地区，海拔高，平均海拔4000米。从平原到达高原，跨度大，不休整身体很难适应，立即展开救援难度很大。各救援队和救援人员均不同程度地产生了高原反应，出现头痛、眩晕、腹泻、高血压、发烧等高原反应症状，甚至出现急性肺水肿、急性脑水肿等重症病人，对救援人员的体能造成了较大影响，给救援带来巨大压力，但救援队克服自身体能的不适，以及严寒等困难，全力以赴进行施救。

（6）克服重重困难，努力拼搏。由于玉树地处高原，周围城市分布距离远，西宁距玉树820千米，因此救援队在此次救援中的救援保障困难，在汶川地震等国内救援中均由总参作战部调动军区联勤部进行保障，而此次地震救援由地方支持，在救援早期救援队的机动能力有所降低，但救援队员时刻以快速救援埋压人员为己任，用双腿、战缺氧，奔驰在灾区的个个废墟上，以自己的行动谱写挽救生命的凯歌；救援队医疗队利用自身优势，积极与省人民医院、州藏医院、玉树县医院、兰州军区总医院等多家医院进行了协调。

（7）深处恶劣环境自我保障。此次玉树救援，救援队领导克服各种艰难困苦，根据形势多变的特点，及时为救援队提供了坚强的自我保障，使这支队伍保持了顽强的斗志。在救援早期，快速出击救援，快速协调生活保障；在撤离玉树期间，能积极考虑多变的恶劣天气，快速协调食品、有效协调飞机，使救援队安全撤离灾区，体现了救援队领导集体的智慧与处变不乱的过硬作风。

（8）救援信息动态更新及时，微博发挥作用。此次地震救援，前后方形成快速的信息互动，后方微博的建立，更是弘扬了救援队不怕困难、克服高原强烈的反应，不顾个人安危开展雪域大救援的精神；弘扬了中国地震局及其救援队组成单位的抗震救灾精神。

（二）2011 年 3 月 11 日日本 9.0 级地震海啸救援行动

2011 年 3 月 11 日，日本发生 9.0 级地震后，中国地震局立即启动国外特重大地震应急响应机制，根据灾情，中国地震局会同外交部与驻日使馆研判情况与对策报国务院。在经日方确认后，中国政府紧急派出由 15 名队员组成的中国国际救援队飞赴日本开展执行地震紧急救援行动。在灾情严重、不断上升的核电站机组爆炸危机的背景下，中国国际救援队成为抵达重灾区岩手县大船渡市的第一支国际救援队。队伍成员包括搜索救援、建筑结构、医疗、综合保障等方面专家，并具有丰富的国内外救援经验。

3 月 13 日（星期日）早上，中国国际救援队 15 名队员在首都机场集结完毕。救援队由中国地震局震灾应急救援司副司长尹光辉同志带队，（随队）携带搜索、营救、医疗和后勤等近 4 吨装备。在应对核泄漏危险方面，也制订了预防方案，并带有相关探测仪器，能保证救援队伍自身安全。中国地震局、外交部、军队、武警部队有关部门领导及日本驻我使馆官员在首都国际机场举行简短的送别仪式。

当日 12 时 15 分，救援队包机抵达羽田机场。我驻日使馆大使程永华、日本外务副大臣伴野丰在廊桥前迎接。日方在机场出口大厅举行了简短欢迎仪式。15 时，日本自卫队 C1 运输机抵达，救援队全体队员开始装载救援物资。17 时 15 分起飞。队员们克服疲劳和飞行颠簸等困难于 18 时 40 分抵达岩手县花卷机场。在我驻日本使馆石泽毅同志协助下，晚 20 时乘自卫队中巴赶赴大船渡市。因军用卡车只有 1 辆，救援物资需分两次运送。20 时 40 分，进入灾区，手机信号全部中断。21 时 40 分，抵达宿营地大船渡东高等学校操场。四周一片漆黑，仅靠车辆前大灯确认宿营地点并卸载救援装备和物资。22 时 30 分，尹光辉与总参作战部应急办姜克峰及石泽毅赴大船渡消防署开协调会，会上与日方研究商定开展的救援区域并了解震后灾情。抵达当晚，许多队员整夜未眠。搭建帐篷、整理装备器材、准备天亮后的救援行动。当时，灾区情况比想象的更糟，断电断水断通信，严重缺乏食品、燃料、饮用水。在人员少、任务重，环境恶劣的条件下，队员们克服了各种困难，以饱满的精神，投入了长达八天七夜的救援工作中。中国国际救援队按照任务分工，克服种种困难，与大船渡消防署、美英等国的国际救援队在大船渡市分区域开展搜救行动。

大船渡市属临海丘陵地带，当地居民约4万人，主要受灾地区位于沿海海湾地带，当地房屋因海啸振荡冲击，受灾情况十分严重。在震后海啸袭击后，经日本自卫队、当地警署搜救，已发现200余具尸体。救援队的营地三面环山，一面迎海，海风很大，5—6级的大风把帐篷吹倒了几次，室内外阴冷，气温只有2℃左右，余震不断，6级以上余震和海啸预警频发，核辐射危机越演越重。当地断水、断电、无通信信号，队员们只能利用自带设备发电照明。

3月14日早晨6点，中国国际救援队开始实施搜索救援。

初到现场，眼前的一切堪比灾难大片的经典镜头：轻型木质结构的民居刚刚扛过9级地震，又在随后的海啸中遭遇灭顶之灾，木屋底层多被海浪拍散，变成一堆堆和着淤泥的碎木板；二层大都维持着框架结构，随着滚滚黑浪在街道上横冲直撞，有的搁浅在树干上，有的侧翻在道路旁。

救援队分为3个小组开展排查行动，针对之前接到的求救信息疑似点进行了仔细排查，但未发现生命迹象。虽然海啸预警不断，但是救援队的每一名队员都很镇定。

当天下午，美国派出的140人救援队、英国派出的70人救援队将抵达大船渡，与中国救援队及当地消防力量进行联合搜索救援。

3月15日凌晨4点左右发生强烈余震。许多队员被震醒。6时30分出发，赴筐崎地区开展搜救工作。救援队已对20多个点进行认真排查，尚未发现幸存者。队员于上午9时左右，在45号国道旁一所半损毁的房屋内发现一具遗体，这名遇难者是当地居民，按操作程序，将遗体从废墟中抬出并交给当地消防部门。3月16日早上，最低气温-5℃，早上起来头发结冰。为保证帐篷不被压塌，队员半夜三次起来清扫积雪。由于福岛核电站再次爆炸，危机加深，中国地震局党组和陈建民局长时刻挂念，赵和平副局长组织并通过有关部门和使馆紧急向救援队运送防核服。

救援队根据灾区的特点，分为3个小组开展排查行动，针对之前接到的求救信息疑似点进行了仔细排查，但未发现生命迹象。虽然海啸预警不断，但是救援队的每一名队员都很镇定。

救援队员在现场及时了解情况，明确了两个搜索优先原则：对当地居民介绍有失踪和伤亡人员的区域，优先搜索；对海啸时海水最高处以上的房屋残部，优先搜索。这些都可以保证第一时间搜索最有可能存在生命迹象的废墟。救援队按照国际搜救规则对每一栋排查过的房舍作出标记。3月16日早上6时30分，队员准时出发。7时抵达港口南部区域搜救。这里是大船渡市水产品加工区域，也是中国研修生聚集区。搜救队一边搜救，一边向周边民众了解有关情况，同时向大船渡市政府了解当地中国研修生受灾及需要救助的整体情况。13时30分，在港口南部区域与美国队会合，协同搜救行动。16时30分，天气骤变，暴风雪加剧，环境越加恶劣，此时，日本消防本部要求各国和地区救援队撤离现场区域。17时30分，队员们返回营地。在返回营地途中，他们路过24小时“全家”便利店，有队员进店想购买一些物品。当便利店店长得知是中国救援队，感到温暖，立即表示免费赠送食品，被队员婉言谢绝。晚22时，在消防署开例会，美国搜救队队长对我救援队在搜救区域的合作表示感谢。美、英国际救援队向日方表示，根据国际惯例，超过72小时后将撤离大船渡前往其他城市搜救。经请示国内，我救援队与日方协商后表示，将继续留在大船渡市开展救援行动，哪怕有1%的希望也绝不放弃。日方同时告诉我队，经调查，大船渡市150名中国研修生全部安全，目前安置在市内各避难所内。救援队通过现场获取68名在日中国公民在当地的信息，并通过使馆和我队通信设备与国内有关部门和亲属取得了联系。通过现场搜救行动和掌握的信息，由于地震海啸灾害破坏的特殊性，特别是当地夜间气温一般在0℃以下，被困人员在无饮食和保暖情况下，难以坚持100小时时间，从灾后搜救情况看，当地消防力量在灾害发生后第一天搜救幸存者12名，第二天搜救幸存者3名，第三天开始就再没有发现幸存者，救援队经现场搜救和了解掌握的情况分析判断，随着时间的推移，被困人员生存渺茫。但救援队全体队员克服各种困难，面对恶劣环境，临危不惧、攻坚克难，采取前队快速排查与后队重点详搜相结合、人工排查与技术手段相结合的科学方法，实施精确、快速的地毯式搜排。在日方协调下，中国国际救援队在地震海啸重灾区岩手县大船渡市近4平方千米的重点区域进行了拉网式排查，发现遇难者遗体1具，排查确认房舍140余栋。在大型废墟现场，经日方人员协助，使用大型工程机械配合作业，搬移房屋损毁堆积物1150余立方米，挖出损毁汽车4辆。在救援行动期间，全体队员以科学施救的理念和专业素养，有效开展了现场的搜救行动，圆满完成国际人道主义救援任务。作为第一支抵达和最后一支撤离大船渡重灾区的外国专业救援队，获得了当地政府、民众和同行的高度评价。大船渡市长2次冒雨雪到救援队营地向中国救援队员表达他本人和市民的敬意。

中国国际救援队利用新浪网微博图文直播赴日救援行动，为公众和媒体提供实时准确的救援信息，正确引导公众舆论，开展科普宣传，转发寻亲求助信息，回答网友提问，平息网络谣言，影响人群数千万，受到广泛好评，新华社、央视等主要媒体均给予了报道。

在日本救援期间，日本当地政府和民众对我救援队的优良作风、敬业精神和专业素质给予高度评价。大船渡市市长户田公明先生两次来到中国国际救援队营地，代表岩手县大船渡市市民表达对全体中国国际救援队队员的诚挚谢意和慰问。中国驻日大使馆专程为救援队送来方便面、馒头、鸡蛋和饮用水等生活用品，表达了使馆同志的关爱。

3月20日9时30分，救援队部分人员赴大船渡消防署辞行。大船渡消防队员列队欢送，千叶本部长代表大船渡消防对我救援队表示感谢。10时，赴大船渡市政府辞行。大船渡市市长户田公明表示，中国救援队所付出的努力，大船渡市民终生难忘。14时15分，驻日本使馆和救援队共同举行仪式。胡胜才总领事代表程永华大使对救援队的工作表示感谢。14时40分，离营地赴岩手县花卷机场。临行前，同一宿营地的日本山形市、高知县几十名消防队员自发列队鼓掌欢送，并用中日文大声说："谢谢。"

当日，中国国际救援队圆满完成日本地震海啸的搜救任务，乘坐国航包机CCA057航班于当地时间3月20日20时50分从岩手县花卷机场启程回国。于北京时间21日00时05分抵达首都国际机场。

此次中国国际救援队赴日本参加地震海啸救援行动，历尽各种艰苦复杂环境和各种困难的考验，出色完成了任务。主要特点：一是面对复杂的地震后形成的海啸对当地建筑物的冲击，如何及时掌握当地建（构）筑物的分布和特性、海啸来临前人员逃生避险情况，实施针对性的搜索。二是面对人员少、搜救面积大、余震不断、各种保障条件十分简陋，特别是面对福岛核事故危机不断上升而真实情况日方披露少的情况下，全队如何保持身心健康持续作战并发挥和展示我专业救援队伍能力方面，提出了巨大考验和检验。整个救援行动通过全队齐心努力所经历的历程表明，用日方大阪消防署官员的话作诠释，中国国际救援队的优良作风、敬业精神和专业素质在他看来是国际一流水平。

（三）2013年4月20日四川芦山7.0级地震救援行动

北京时间2013年4月20日8时02分，四川省雅安市芦山县（北纬30.3度，东经103.0度）发生7.0级强烈地震，震源深度13千米，震中距离省会成都市约100千米。此次地震是2008年汶川地震之后在龙门山断裂带上发生的又一次逆冲型地震。地震造成雅安等10多个市（州）、100余个县（市、区）受灾。除了雅安市及成都市外，四川省其他地区及周边的重庆市、甘肃省、陕西省、贵州省及云南省也有震感。

地震发生后党中央、国务院高度重视，要求国家地震灾害紧急救援队紧急出动，赴灾区实施救援。国家地震救援队200人自21日抵达灾区以后，先后搜索排查芦山县、宝兴县、天全县及周边24个乡镇，医疗救治及健康检查群众2000余人、防疫消杀9万余平方米，并在灾区开展卫生防疫、卫生宣教和心理疏导等工作。

此次地震震级高、余震强，灾区地势复杂、地震地质灾害易发，人员伤亡相对较轻，但房屋倒损严重，特别是芦山地震灾区阴雨连绵，余震、滑坡、滚石等不断发生，造成道路交通受阻，救援难度增大。为做到科学、高效、有序地实施救援，保障自身安全，发挥专业优势，国家地震救援队坚持科学施救，采取了以下措施。

1. 统一指挥、分组行动

国家地震救援队具有多种编队分组的方案，具备最多可以在三地共9个点同时开展搜救的能力。本次地震的重灾区地处山区，人员居住分散、道路交通困难。国家地震救援队采取了统一指挥、分组行动的组织指挥模式。这一做法不仅提高了工作效率，而且有效地避免了大部队统一行动被困的问题，取得了实效。

2. 全面掌握、科学部署

积极收集、分析、研判地震震情、灾情和灾区基本交通、地形、人口等情况，了解各方救援力量分布和通信、信息是否恢复的状况，研判需要救援队开展搜救、排查、巡诊的区域，不留死角。此次行动中，除了通过现场了解收集信息外，救援队还与后方指挥部在信息方面积极沟通与协调。后方指挥部持续收集各类信息并制作图件，通过综合各类图件和影像，结合灾区专业救援力量分布情况，确定了救援行动的优先区域，为国家地震救援队行动部署提供工作建议，如芦山县隆兴乡、芦山县以南区域等地就是后方通过图件技术分析后确定的地点。这种前后方信息有机结合的模式，大大提高了搜索排查的科学性。

3. 追踪路况、避让风险

针对余震不断、滚石和山体滑坡时有发生的危险，实时对道路交通状况进行了研判，并参考气象预报意见，在危险路段行进时采取鱼贯而行的急行军对策，快速通过可能发生滑坡和滚石的路段，确保救援队伍在指定时间内安全到达救援地点。

4. 安全评估、快速行动

考虑这次震中地区民房损毁率高达90%的现实情况，在现场搜救时首先对房屋的结构安全性进行快速评估，然后选择结构相对稳定的部位，快速组织抢运群众的贵重物品、日常生活用品、衣物及粮食，为群众解决燃眉之急。行动中共安全鉴定房屋541处，转移物资3仓库、5车并1320余件，抢救被掩埋物资18处，清理书籍3000余册，协助受灾群众搭建帐篷57顶，抢修光缆150米。

5. 遥测搜索、精准定位

国家地震救援队联合中国科学院沈阳自动化研究所，使用小型空中搜索无人机（以下简称小飞机）对灾区现场进行勘察。小飞机具有低空飞行、随车机动、随时释放、定点悬停的能力，可对定点区域进行持续观测，同时能在夜间、小到中雨的环境中进行搜索。救援队利用小飞机在山区村镇中进行巡航，从空中快速获取重灾点的地理位置；救援队快速跟进、快速到达，提高了搜索的效率和精准度。在此次行动中，空中搜索小飞机低空排查建筑物50—60栋，共飞行58平方千米，获取了龙门乡、古城村、红星村、清仁乡和隆兴乡等地的灾后建筑物分布影像，并拍摄了这些村镇的全景图，提交当地政府用于抗震救灾决策。

6. 针对特点、保障有力

国家地震救援队赴四川芦山实施地震紧急救援任务共出动200人，携带装备物资约40吨，由两架军用运输机运抵灾区。此次救援行动救援队携带了两辆救援装备车、12条搜救犬、卫星通信设备、医疗设备和药品，以及食品和生活保障物资等装备，可以保证救援队在灾区现场实施连续救援，并满足队员的基本生活保障。此次为救援队携带的装备物资是根据国际重型救援队的配置标准，并结合此次救援行动中道路、交通、环境的特点进行了科学配置，以满足现场救援工作的需要。结合历次救援，特别是汶川地震救援经验，救援队赴四川芦山开展救援行动携带的车辆和装备充分考虑当地的地形、地貌和房屋结构特点。两辆救援装备车中，大型车可在城镇路况较好的地区开展救援工作；轻型车通过性强，可在路况复杂的山区开展工作。队伍携带的救援装备主要以轻、中型装备为主，不仅可以在空旷现场实施救援工作，还能够在狭小空间中打开通道开展营救工作。救援装备的配备，充分考虑到人装的有机结合，既满足救援能力的需要，又体现轻巧的特点，使救援装备在灾害现场救援中最大地发挥其效能。

（四）2015年4月25日尼泊尔8.1级地震国际救援行动

北京时间2015年4月25日14时11分尼泊尔（北纬28.2度，东经84.7度）

发生8.1级地震，震源深度20千米，震中位于博克拉以东74千米处。此次地震震级大、震源浅，共造成8866人死亡，22764人受伤，中国西藏、印度、孟加拉国、不丹等地均出现人员伤亡。尼泊尔境内30多个区受灾，受灾人口超过800万，大量房屋建筑和上千座寺院被毁或严重破坏，频发的滑坡、崩塌等次生地质灾害造成交通、通信等生命线系统破坏严重。地震灾区最高烈度为11（Ⅸ）度及以上，等震线长轴总体呈北西西走向。

1. 受灾国应急响应

地震发生后，尼泊尔政府迅速启动应急响应，在4月25日当天宣布进入紧急状态，拨款5000万卢比（约合312万元人民币）用于赈灾，快速组织军队和武警等力量开展紧急救援行动，全国约90%的军警投入震后救灾行动，灾区民众也在第一时间开展自救互救。由于此次地震中尼泊尔首都加德满都地区受灾严重，导致当地一些应急设施和应急组织机构瘫痪，给尼泊尔政府的救灾组织协调工作带来一定困难。尼泊尔内政部发言人在震后呼吁各国伸出援手，并向联合国发出国际援助请求。尼泊尔政府开通了位于加德满都的特里布万（Tribhuvan）国际机场，对各国救援队和援助人员提供免签等便利条件，同时为配合国际人道主义救援行动的组织协调和快速开展，尼泊尔政府成立了现场多国军方协调中心（MNMCC）并配合联合国现场行动协调中心（OSOCC）分别对尼泊尔地震灾区的军方和非军方救援力量进行协调，确保灾区现场救灾行动协调有序地开展。

2. 中国国际救援队救援行动

尼泊尔地震发生后，党中央、国务院高度重视，中国政府在对西藏自治区地震灾区积极开展自救的同时，第一时间派出中国国际救援队赶赴尼泊尔地震灾区实施国际人道主义救援。

中国地震局迅速启动响应并作出部署，工兵团和武警医院等相关单位也紧急启动救援行动预案。4月26日接到上级下达的出队命令后，一支由62名经验丰富的搜救队员、医护队员、地震专家和技术保障人员组成的中国国际救援队，仅用2.5小时就完成了在机场的快速集结，携带6条搜救犬、17吨救援物资和装备向尼泊尔地震灾区出发。

4月26日12时10分，中国国际救援队抵达尼泊尔加德满都机场。中国驻尼大使吴春太、尼泊尔政府和军方代表到机场迎接救援队并表示感谢，对救援队的快速响应给予赞誉，也简要介绍了尼泊尔地震最新灾情。随后，救援队领导前往尼泊尔军队设在加德满都国际机场的多国救援行动协调中心，与当地政府和军方人员沟通具体行动安排。当地军方高层请求中国国际救援队尽快赶往Bajaju新汽车站实施救援，救援队领导迅速询问Bajaju新汽车站的位置，该位置与救援队在飞机上分析的救援目标完全重合，其后由曲国胜带领的先遣队迅速果断出击。其他人员在驻尼使馆人员和尼泊尔军方人员的协助下办理入境手续、卸载物资装备、沟通营地选址等事宜，准备紧急赶赴灾区现场开展救援行动。随后，救援队在尼泊尔地震灾区开展了为期13天的救援行动，主要完成了以下工作。

（1）指挥果断、科学施救效率高

救援队紧急派出一支先遣分队携带2条搜救犬赶赴加德满都市区西北部地区开展搜索排查，经现场与当地受灾群众沟通和快速搜索，很快就在Bajaju新汽车站对面临街建筑物后面的倒塌建筑废墟内发现一名幸存者，并及时与大部队联系请求快速派出营救分队携带剪切、破拆、医疗等装备展开行动，其间发生了7.1级强余震，救援队员临危不惧继续救援，经过近2个小时的紧张营救成功救出第一名幸存者（图14）。在营救第一名幸存者的同时，先遣分队继续对周边区域进行搜排，并在距离第一名幸存者不远处的一座七层宾馆内发现新的生命迹象，确认了第二名幸存者的位置。由于该建筑物1—5层在地震中发生层叠式坍塌，而幸存者处于建筑物最底层，现场救援环境非常复杂，经过周密的快速分析，救援队制订了两套营救方案并同时开展行动，以提高救援效率，尽快将幸存者救出。方案1协调调用挖掘机对宾馆正面废墟进行清理，并依据手绘的宾馆结构图打通了地下室通道，但发现地下室为污水池，难以进行施救；方案2在倒塌建筑物的侧面垂直打穿接近4米的建筑物废墟，并向楼内开挖了近3米的生命通道，从发现幸存者后历经34小时最终成功将第二名幸存者救出（图15）。正是救援队的科学指挥、合理编组、有效施救、紧密合作、不畏个人安危，确保了队伍能在最短时间内成功救出2名幸存者。

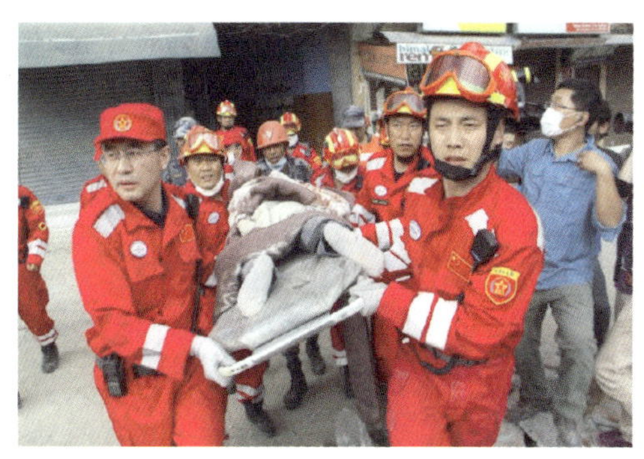
图14　救出第一名幸存者

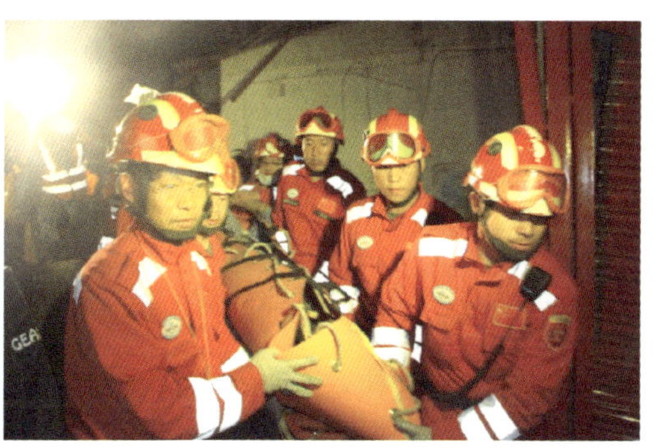
图15　救出第二名幸存者

（2）科学研判、宏观灾情把握准

救援队在尼泊尔地震发生后一直高度关注灾区宏观灾情分布，并进行了科学的分析研判，为救援行动的决策部署提供了重要支持。特别是在抵达尼泊尔地震灾区后，救援队在灾区现场与当地政府和军方紧密沟通联系，在开展搜救行动的同时对灾情进行了调查评估，分析给出了加德满都谷地重灾区和北部山区极重灾区的宏观灾情分布及特点，指出加德满都市区内大量古建筑和北部农村的土、石、砖房屋倒塌数量较多、分布较为分散，市区西北部地区沿河道两侧分布的高层建筑物多发生层叠式倒塌造成大量人员被埋压；北部山区极重灾区主要呈近东西向分布，长约300千米，区域内大量建筑物成片倒塌、滑坡体和雪崩大量分布、部分村庄和旅游营地消失，桥梁垮塌，交通、通信、电力中断，造成大量人员伤亡。基于对宏观灾情的分析研判，救援队对现场救援行动部署提出了具体建议，向国内后方指挥部提出了关于国际援助方面的建议，并向尼泊尔政府提出了恢复重建方面的建议，为救援队圆满顺利完成救援任务提供了可靠信息和重要支持。

（3）加强合作、协调作用发挥好

此次救援行动期间，按照OSOCC的工作部署，救援队作为分区协调负责人开展区域指挥协调工作。4月29—30日，救援队组织协调分区内的俄罗斯、法国、西班牙等救援队在加德满都市区西北部区域开展搜索排查和遇难者尸体清理行动。5月1—2日，救援队进一步扩大搜寻范围，组织协调新加坡、俄罗斯、马来西亚、中国深圳山地志愿者等救援队在加德满都外围西北部区域开展联合搜救排查与灾情评估分析等行动，救援队紧急派出行动分队赶赴丹丁白希-博卡拉地区建立协调中心，组织召开协调会议，与各救援队紧密合作圆满按期完成OSOCC分配的任务。同时，救援队还按照联合国的要求，派出队伍中的UNDAC队员前往OSOCC和接待撤离中心RDC协助开展工作。这是中国国际救援队历次行动以来协调任务最重的一次，通过与其他救援队合作开展联合行动，既展示了我救援队的过硬素质和良好形象，也学习到了其他救援队的先进经验和救援理念，有助于进一步提高队伍救援技能和水平。

（4）奔波巡诊、医疗救治送温暖

救援行动期间，医疗队员对队伍营救的2名幸存者开展了适当的心理安抚、简单的查看伤情和紧急的现场救治，确保了幸存者的安全并顺利移交当地医院；还对全体队员定期进行身体检查和适当医治，对营地进行定期消毒防疫，确保队员的健康安全。此外，医疗队员在灾区开展搜救排查期间和救援行动后期还对尼泊尔地震灾区进行了大量的医疗巡诊义诊，开展身体检查、医疗救治、消毒防疫、卫生宣教、心理疏导等工作，奔波在加德满都市区各帐篷村、北部山区、孤儿院、驻军等地方，最大限度给当地受灾群众提供医疗救治，发放医疗物资，满足受灾群众需求，缓解受灾群众痛苦，关注受灾群众心理健康，预防传染性疾病发生，为尼泊尔地震灾区的受灾群众及时送去了温暖和关怀，真心诚意地为受灾群众提供了细致周到的医疗服务，扩大了救援队的影响，也确保了灾区的医疗安全。

（5）严密组织、安全意识树得牢

此次尼泊尔地震震级高、震源浅、破坏性强，加之行动期间灾区余震不断、险象环生。特别是在营救幸存者过程中，针对余震不断的作业环境，救援队设立多名安全观察员、预先设定安全撤离路线、合理布置安全支撑点、采取必要的安全处理措施，正是由于多措并举的安全工作，确保了救援队全体人员在救援行动期间的安全。

（6）连续作战、善打硬仗作风强

此次救援行动期间正值尼泊尔的雨季，昼夜温差特别大，白天最高温度达37℃，夜间最低温度低至3℃，气候条件相对较差。特别是刚抵达机场，一些救援队员就直奔地震灾区开展搜救行动，昼夜不停连续奋战39个小时，这期间没有一个人喊苦叫累，都默默坚守在自己的岗位上。特别是在营救第二名幸存者的过程中，26日夜间救援现场突降暴雨，全体救援队员在现场指挥员的指导下，坚持冒雨作业，想方设法地尽快救出幸存者，最后当雨实在太大无法继续开展行动时，救援队员就在场地周围短暂休息，但一直陪着幸存者坚守在现场，其间还经历了几次余震，但救援队员一直坚持奋战直到把幸存者成功救出。第2名幸存者的营救过程是救援队成立以来救援难度最大、耗费时间最长的一次，救援队员先后进入坑道50余人次，挖掘建筑物废墟80余立方米，充分体现了救援队连续作战、善打硬仗的作风，赢得了当地群众的赞誉。

（7）专业高效、各项保障齐给力

救援行动的顺利开展离不开专业高效的各项保障工作。通信保障方面，队伍内部、前后方、与灾区各组织间的电话、网络等通信在行动中非常畅通，通过购买当地SIM卡在营地搭建了WIFI网络环境，并与国内后方救援队全员全装拉动演练现场进行视频连通。信息保障方面，在指挥部帐篷分门类布置了信息展示区域并进行定期更新，与国内后方、联合国组织方面及时保持信息沟通交流，定期传送现场简报和资料，还与国内外媒体保持联络，接受采访报道，及时发布行动进展，提高队伍的影响力。装备保障方面，及时为现场准备、调配、运送装备和油料，有力保障了现场救援装备的使用，利用休整时间按类别清洁、整理、维护、调试装备，还确保营地动力照明装备的正常运转，并实现了现场装备零故障。后勤保障方面，抵达灾区现场后及时选定和搭建了营地，积极与当地军方和有关人员沟通协调，有效地保障了队伍在吃、喝、用、住、行等方面的需求。这些充分体现了中国国际救援队的综合保障能力和水平。

中国国际救援队共对 18 个工作点 430 处建筑物进行了搜索排查，发现定位遇难者遗体 9 具，挖出遗体 3 具，抢救物资 910 余件，开展医疗巡诊接诊 7481 人次，有效救治受灾群众 3750 人次，发放价值 160 余万元的药品物资，防疫洗消面积达 17070 平方米。

根据尼泊尔政府和 OSOCC 的安排部署，救援队在 5 月 4 日接到灾区搜救行动结束救援队伍可以撤离的指示后，及时向国内报告了相关情况，在接到国内后方同意队伍撤离的批复后，救援队组织协调队伍整理和撤收物资。5 月 7 日下午，救援队将住宿帐篷、医疗物资、生活物资以及办公设备等捐赠给了在行动期间为队伍提供卫戍保障的加德满都谷地师。5 月 8 日一早救援队出发前往加德满都机场乘坐国航包机返回国内，尼泊尔地震国际救援行动圆满完成。

3. 救援行动的表现和影响

此次尼泊尔救援行动是中国国际救援队通过联合国 IER 国际重型救援队复测后首次开展国际救援行动，也是中国国际救援队执行国际救援任务准备时间最短、出动速度最快、救援目标判断最准、救援效率最高的一次国际救援行动，更是作为分区协调负责人担负国际救援协调任务最多和最重的一次国际救援行动，中国国际救援队不畏艰险的优良作风和科学专业的精湛技能，赢得了联合国、国际社会、尼泊尔政府和当地群众的高度赞誉和一致认可，充分展示了中国作为负责任大国的国际形象。

中国国际救援队不畏艰险的精神和科学专业的素养得到了尼泊尔政府、军方和人民的高度赞扬和肯定。尼泊尔总统亚达夫 4 月 30 日接受中国媒体联合采访时说，非常感谢中国政府和人民对尼泊尔地震灾区的无私援助，派出最好的救援队以最快速度赶来救灾，中国救援队的工作是最棒的，他们的工作是最出色的。加德满都救援现场指挥官、尼泊尔陆军指挥官 4 月 27 日下午专程到救援队营救第二名幸存者的工作现场慰问，他说："中国国际救援队是世界上最好的救援队之一，我也从事很多救援工作，但从没这样危险，你们的工作成果不可思议。"他并在 4

月29日接受媒体采访时表示："从他们抵达到现在，我们看到的，都是他们不顾个人安危、全力救援的身影。"此外，救援队营救幸存者时，近万名群众守候在工作场地外围，当幸存者被成功抬出废墟时，当地群众热烈欢呼，很多人流下了激动的泪水，纷纷向救援队鼓掌祝贺并竖起大拇指称赞。救援队救出的第二名幸存者在接受当地媒体采访时说："谢谢上帝，谢谢中国国际救援队。"

经过历时13天的奋战，中国国际救援队不辱使命、不负重托地圆满完成了尼泊尔国际救援任务。

（五）2017年8月8日九寨沟7.0级地震救援行动

2017年8月8日21时19分，四川九寨沟县发生7.0级地震。按照党中央、国务院决策部署，国务院抗震救灾指挥部和中国地震局立即启动地震应急响应，派出工作组赴四川灾区，指导协助四川省党委政府开展抗震救灾工作。

四川九寨沟7.0级地震是继汶川8.0级地震、芦山7.0级强烈地震之后的又一次强烈地震。地震发生在四川省阿坝藏族羌族自治州九寨沟县漳扎镇，位于东昆仑断裂东段塔藏断裂和岷江断裂交会处附近，震源深度20千米。地震造成四川省25人死亡，5人失联，525人受伤，34578户受灾，80817间房屋不同程度受损，紧急转移安置8.9万人；甘肃省2人受伤，3355户受灾，5753间房屋受损。灾区最高烈度为9度，6度区及以上总面积为18295平方千米，涉及四川省阿坝州九寨沟县、若尔盖县、松潘县、红原县，绵阳市平武县，甘肃省陇南市文县，甘南藏族自治州舟曲县、迭部县等4个市（州）8个县。

灾害发生后，在党中央、国务院坚强领导下，国务院抗震救灾指挥部，国务院有关部门，四川、甘肃各级党委政府坚决贯彻习近平总书记、李克强总理等中央领导同志重要指示批示精神，及时启动应急响应。指挥部各组成单位、解放军、武警部队协同配合、行动迅速，协助地方全力开展人员搜救、伤员救治、受灾群众紧急安置、道路电力电信抢险保通、震情趋势研判、灾害调查、次生地质灾害排查除险、新闻宣传与舆情防控等工作。四川、甘肃党委政府响应迅速、组织有力、措施到位，省州县迅速启动应急响应，就地开展抢险救援、疏散安置、物资调配、舆论引导等工作，团结带领灾区干部群众奋力救灾。

全力开展人员搜救。根据中央军委领导批示，会同中央军委联合作战指挥中心、武警总部共同组成80人国家地震灾害紧急救援队，紧急赶赴四川九寨沟执行救援任务，搜寻失联人员，解救遇险群众，搜寻转运遇难者遗体，转移物资财产，巡诊受灾群众598人，诊断治疗214人，安全评估房屋641户，排查山体隐患35处。

五、地震灾害救援工作的展望

针对我国地震灾害专业救援队发展现状和存在的问题，借鉴国际搜救界的成功做法，为进一步提高地震灾害专业救援队伍的能力，要建立健全相关标准和规范，队伍专业化、规范化建设的途径与措施包括以下几个方面。

（一）完善救援队伍建设及测评标准

2—3 年内开展省级地震灾害救援队分级测评体系研究，研究地震救援队分级和/或考核的指导性意见，启动分级和/或考核的试点工作，并相应地着手编制工作方案，研究分级和/或考核的相关制度和标准、演练脚本及能力分级测评的工作行动流程。定义我国地震救援队能力分级；编制我国地震灾害紧急救援队分级测评考核表、建立救援队能力测评的培训、指导和评估技术体系。

（二）开展救援队伍测评

中国地震局震灾应急救援司计划在 5 年内逐步形成全国地震灾害专业救援队伍的分级测评体系。这是继续推动全国地震灾害救援队伍建设的重要环节，能为市、县级以及社会、志愿者救援队伍的建设与发展提供指导。

开展地震灾害专业救援队能力分级测评，能够规范队伍建设，促进、规范队伍培训，形成紧密的协调工作机制，大幅提升队伍的专业能力；为震后灾区各级政府按照队伍的能力和特点，科学有效调动部署地震灾害专业救援队伍提供依据，为各级政府指导和支持地震灾害救援队伍能力建设提供参考；提高地震灾害专业救援队伍在救援现场相互协同、相互支援、统一高效开展人员搜救的能力。

3—5 年时间对我国现有地震灾害紧急救援队开展能力分级测评；通过对我国地震救援队能力分级测评引导各省级救援队完善队伍结构和协调指挥体系，提升在国务院抗震救灾指挥部框架下的行业管理水平，极大提升我国地震巨灾现场救援实战能力。

（三）加强救援队装备建设

应针对交通不便的高山峡谷区的救援，配备一批能适应山区道路的轻便型救援车或救援摩托，并在队伍中列装小型无人机等新型装备。

（四）强化队伍的模块化管理

参照国际救援队伍建设的管理、搜索、营救、医疗、后勤五大部，对队伍进行模块化管理与培训演练。并明确队伍各岗位的职责，作为队伍日常管理和任务执行的基本模式。

难忘，地震中用生命热爱人民的子弟兵

汶川告急、北川告急、青川告急、绵阳告急……

2008 年 5 月 12 日，注定要使我们用一生铭记。突如其来的汶川地震，震动了中国，震动了世界。那一瞬间，巴山蜀水在呻吟，祖国母亲在哭泣，大地在悲歌，那样令人神往的天府之国，顷刻间天崩地裂，无数的生命转瞬即逝，无数的房屋顷刻倒塌。汶川成为川之伤，成为国之殇……

10 年前，党中央调动了 13.7 万人民解放军、武警部队，投入这场抗震抢险之中，解放军、武警部队以最快的速度从空中、从水上、从陆地开赴灾区。他们临危不惧，顽强奋战，不顾余震、滚石的危险，夺路前行。12 日就奔赴灾区，14 日中午到达全部受灾县，15 日 24 时进入所有重灾乡。19 日到达灾区所有村庄，首批出动的 4500 名空降兵，全部写好遗书赶赴灾区…… 这场地震救援，再一次诠释了人民军队为人民的优良传统。在纪念汶川地震 10 周年之际，我们回望抗震救灾中军民鱼水深情，展示那些鲜为人知的爱民故事，见证那场灾难后军地救灾能力的提升，让后人永远记住这个历史，记住那废墟上的橘红、农田中的医疗方舱、门前屋后的防疫绿军装……

当年，宣传报道的抗震救灾参与部队大都是集团军和武警部队居多，而对生死营救中的“特种部队”和灾后部队支援灾区重建的跟进宣传报道偏少。如今，这里特意摘录一些记录那场灾难中人民军队和武警部队在不同层面专业救援的镜头和故事，以及灾后重建部队援建的辉煌成就，作为人民军队和武警部队专业救援、重建援建和巩固、深化、浓厚、拓展新时代军民鱼水情谊的补充、汇集。

一、废墟上的橘红

——记工化八十二旅抗震救灾背后的“神秘”故事

李　琼　王　爽

中国人民解放军工化八十二旅，是国家地震灾害紧急救援队的重要组成部分，是一支具有光荣传统、团结协作、训练有素、装备精良、富有成效的队伍；更是一支冲锋在抢险救援最前线的突击队和攻坚队。这支国家队，对外称中国国际救援队，对内称国家地震灾害救援队，于2001年4月27日成立，国务院副总理温家宝为其授旗，并发表讲话，指出这支队伍要“军民结合、军地结合、平战结合，一队多用”。

国家地震灾害紧急救援队，英文缩写为CISAR（以下简称救援队），主要任务是对因地震灾害或其他突发性事件造成建（构）筑物倒塌而被压埋的人员实施紧急搜索与营救。

自组建以来，这支救援队以蓬勃的生机和顽强的战斗力享誉世界，为拯救生命，展示国家形象，增进国际友谊作出了重要贡献。截至2017年8月，中国国际救援队已先后执行了新疆、四川、青海、甘肃、云南等地发生的地震及其他自然灾害的国内救援任务，实施了赴阿尔及利亚、伊朗、印度尼西亚、巴基斯坦、海地、新西兰和日本等国际救援行动，共成功营救63名幸存者。

2008年汶川地震发生后，CISAR携带着生命探测仪、液压气垫等专业救援设备和搜索犬于5月13日凌晨，以最快的速度出现在都江堰的受灾群众面前。他们身着橘红色救援服，后背印着醒目的“CHINA”字样，先后成功救出49名幸存者。

为便于读者更好地完整、全面、系统、历史地了解这支特殊的“国家队”，我们特意选取了工化八十二旅在遂行任务中的几组鲜为人知的故事，奉献给大家。

汶川：废墟之下，埋藏着委屈、绝望和希望

2008年5月12日下午，像往常一样进行训练的江中秋，“突然听说地震了。”大家一看新闻，得知四川发生特大地震。包括张建波在内的好几名四川籍队员立刻给家里面打电话，“当时网络已经断掉，联系不上了。”

因为灾情严重，本来确定50人救灾变成了“全营出动”。“几乎是一瞬间，所有人员都到齐，物资开始随车驶向南苑机场”。

在前往四川的“空中拖拉机”——俄制“伊尔76”上，江中秋听着领导介绍灾情、安排部署。这些飞机中的搜救队员，大多是2005年入伍的，将近80%的人从未经历过实战。而江中秋，入伍才不到半年。

飞机抵达太平寺机场已经是晚上12点多，天下着雨，卸完物资后，救援队连夜赶往绵竹医院实施救援。

图 1　在废墟中开展夜间救援训练

图 2　队员在狭小空间内搜索

图 3　在废墟中开展救援演练

图 4　队员们认真讨论行动方案

透过车窗，17 岁的江中秋、21 岁的黄继臣、24 岁的赵俊强看到“老百姓都往外头走，没有雨伞，有的披着雨衣，有的披着塑料袋子，有的没穿鞋子，到处都是哭声”。江中秋感到害怕，他只能“一遍又一遍对自己说不能害怕，不能退缩”。“委屈、悲痛、同情、无能为力……”无数难以名状的情绪让赵俊强的眼泪“止不住往下掉”。

抵达灾区后，救援队随即在“黄金 72 小时”内展开全程无休的救援，希望“能再救一个，多救一个”。

“犬也似乎感受到了人的急切，奔跑的速度也快了起来。”在映秀搜索时，一条叫“啸天”的史宾格犬，爪子被玻璃碴刺伤，血肉和泥沙糊在一起，被训导员抱离现场；搜救犬“利剑”进入废墟内部遇到余震被困，训导员魏建明直接冲了过去，余震结束后把废墟的一处洞口打开，“利剑”跑了出来，魏建明“抱了好久好久，心疼坏了”。

5 月 15 日，东汽中学高二学生薛枭终于被拉出废墟。抬上担架后，薛枭对着救出他的解放军说：“叔叔，我要喝可乐，要冰冻的。”现场所有人都乐了，这句话通过直播镜头，传遍了被悲伤笼罩的整个中国。现如今已经入职可口可乐成都公司的薛枭永远不会忘记那个场景，同样终生难忘的，还有江中秋。

救援“可乐男孩”薛枭时，废墟上外层的大型石板都已经被清理开，因为空间狭小不方便机械作业，为了防止二次坍塌，救援队决定实施徒手挖掘救援通道。身材瘦小的江中秋和向小龙、谭明华三人成为最合适的人选。

当江中秋从一个刚容下身子的洞口往里爬时，立刻看到一具眼睛外突、头发耷拉、头悬着的尸体，他倏地蹿出了洞口。班长张建强问他：“怎么啦？”

江中秋说：“班长……我怕……”

看着眼前瘦小的队员，张建强沉默了片刻，说：“没事，我们就在你后面呢！”

江中秋又爬了进去。

废墟内部结构复杂，余震随时可能发生，三人在狭小逼仄的空间内挖掘。遇到预制板等堵塞物，就用双手启动重型装备凿穿，由于体力消耗大，满头大汗的三人只能轮番倒。

中途休息时，一天未吃饭的江中秋和七八名战友蹲在警戒带，低着头，对着手里的单兵食品狼吞虎咽。当地几个老乡走了过来，“呼”一下把队员的食品打翻在地上，愤怒地吼着：“我们的孩子在里面被压着，你们不赶快去救人，居然还坐着吃东西！”

图 5　中国国际救援队做出动前动员

图 6　救援队在飞机上研究搜救方案

江中秋委屈的泪水在眼眶里打转：“我们又不是钢铁做的，我们也需要休息啊。”情绪有些失控的老乡完全听不进去，拉着战士们朝他们孩子被压的方向拽。

现场指挥的领导急忙上前安抚老乡们的情绪，老队员安慰江中秋和其他战士：“老乡失去亲人很痛苦，很焦虑，我们应当理解，有啥委屈，先往肚子里吞。”

“可乐男孩”被成功营救，让所有队员兴奋。

千里之外的山东济宁，江中秋的妈妈成络英正坐在客厅看着电视新闻，当看到身高 168 厘米、体重 58 公斤的江中秋在废墟下“拼了命似的”徒手挖掘，救出了可乐男孩时，江妈妈，一下子跪倒在电视机前，失声痛哭。

“国家需要他，他就得去。”时间到了 2017 年，江中秋已结婚生子，妻子王彩虹从来不在江中秋执行任务期间联系他。即使坐月子期间“同产房只有自己的丈夫没有在身边”；即使独自开着电动敞篷车，深夜两点去县城医院给发高烧的儿子看病，王彩虹都没有埋怨过江中秋。只是“一直默默关注着电视，看能不能在一群穿着有些发亮的橘红色衣服的人中找到他”。

新闻中，“橘红色”成为所有队员的家属们的期盼和寄托；废墟下，“橘红

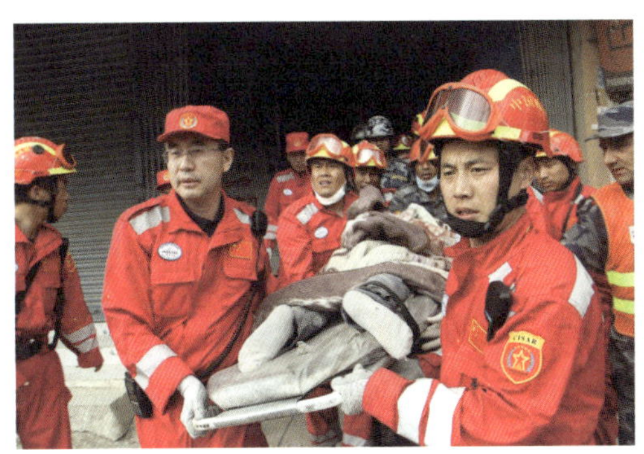

图 7　救援队救出第一名幸存者

图 8　救援队正在清理幸存者面前废墟

色”成为被深埋黑暗之中人的希望；灾难现场，“橘红色”越来越成为世人关注的焦点。汶川地震，救援队共成功营救出幸存者 49 人，发现幸存者 12 人（交由其他救援队营救），帮助确认定位幸存者 36 人次，清理遇难者遗体 1080 具。

2008 年后，救援队逐渐进入公众视野，一旦有灾情发生，几乎所有人，都希望能第一时间在废墟上看到这群穿着“橘红色”的人。

2008 年 5 月 29 日，汶川救援任务结束去往机场的路上，道路两旁都是举着横幅标语的百姓。车上，班长张建强递给江中秋一个橘子和一个蛋黄派：“给你。”

“嗯?”江中秋有些纳闷。

“今天你生日啊!”张建强说。

江中秋已然忘记，那天刚好是自己的农历生日。

这一天，他 17 岁。

北京：成长、告别与重整行装再出发

2009 年 11 月，中国国际救援队凭借出色的综合素质，通过联合国国际重型救援队分级测评，获得国际重型救援队资格认证，同时经联合国授权，具备在国际救援行动中组建现场协调中心和行动接待中心资格。

图 9　救援队到达废墟现场现地制订搜排方案

图 10　救援队员与当地群众沟通询问情况

此前，全球只有 11 支、亚洲只有 1 支（新加坡）国际重型救援队。达到这个标准，意味着在成立后的第八个年头，中国国际救援队完全可以在灾后 48 小时内抵达灾区，在倒塌建筑物尤其是钢混结构中开展高难度搜索和营救，在两个救援现场同时双线作业，在 10 天内每天持续 24 小时不间断进行救援。

2014 年 8 月，中国国际救援队通过联合国能力分级测评复测，再次得到联合国国际重型救援队资格确认。

伴着队伍成长，队员们也在进步。

救援队员大部分都是义务兵，退伍后，有人选择经商，有人选择考公务员，还有的则是选择到地方的省队担任教官，把自己的经验和技术带过去。

如果在地图上以北京为起点，画出队员们的去向，甘肃兰州、江苏南京、福建厦门……呈辐射状的线条汇集，凝聚为中国灾害救援的主要力量之一。

江中秋跟王彩虹商量后，“决定再干两年”。

救援队成立初期留下来的队员，只剩下贾树志和刘刚。两人在2004年德国国际救援培训——交通事故科目救援中，以1分47秒的快速营救纪录，夺得全球第一。

因为各项任务完成突出，刘刚已经被提干，带领新一批救援队员们开展训练。贾树志则担任搜救犬队队长，成为远近闻名的“犬王”。

留下来，便意味着要经历更多的离别。

“哭过太多次”，即使再多不舍，刘刚也慢慢习惯了。而贾树志却仍未习惯。他面对的，不仅是人的离去，还有犬的离去。

救援队基地的后山，有一个墓地。

墓地由救援队员们自发组织开辟，自费建造。12块大小不一的墓碑，整整齐齐排成两行。墓碑旁，几株幼嫩的青松傲然挺立，树下还躺着几撮新土。碑上，刻着一行行简单的字——“爱犬超强之墓”“爱犬哈利之墓”“爱犬战神之墓”……

“超强”是曾在阿尔及利亚发现幸存者的拉布拉多犬，“战神”是跟贾树志在汶川并肩战斗的比利时牧羊犬……高山缺氧、热带瘴热、废墟余震、泥石流难行，高强度高难度的地震救援过早消耗了救援犬的寿命。

从汶川回来后，“战神”的体力便日渐衰弱。肾脏衰竭、脊柱骨刺，无时无刻不折磨着它。陪它看病、陪它吃、陪它睡，贾树志还是未能陪它迈入2017年。

2016年9月，贾树志选了个晴朗的好天气，带着“战神”爬上定都阁，看了看北京城。最开始，他想带着它去天安门一趟，再看一眼曾并肩执行过安保任务的“阵地”，考虑到可能会引起过多注意，最终作罢。

从定都峰回来后，医院里，贾树志两眼通红，看着注射安乐后的“战神”在睡梦中离去。

据旅长庄乾江介绍，“战神”“超强”等搜救犬的故事，正根据日前制订的《地震灾害紧急救援队搜救犬队改建方案》，成为旅史的一部分。

正值深化国防和军队改革攻坚之年，面对转型，救援队回顾前路，砥砺斗志，制订三年规划。曾参加过汶川、鲁甸、海地、尼泊尔等10余次国内外重大地震救

图 11　救援队员与搜救犬观察废墟现场准备进行搜索

图 12　救援队员指挥搜救犬搜索废墟现场寻找生命迹象

援任务的霍树锋，最近正忙着审阅救援模拟训练、心理训练和医疗救护训练教室的建设方案。

在庄乾江的规划中，到 2018 年，救援队参加过骨干集训的队员将达到 60%，超过半数的队员不仅具备专业技术，还将承担起组织、管理等多方面的工作。组织专家对“新时期工程兵专业训练和救援训练如何协调开展”进行探索研究、每年不少于两次的救援综合演练等一系列举措，将使得救援队整体专业水平迈上新的台阶。

■ 链接

世界媒体眼中的“中国救援”

李习文　王　爽

出北京主城区一路向西北，在一个普通得不能再普通的部队营区，驻扎着一支足迹跨出国门、声名享誉世界的部队——中国国际救援队。

作为我国唯一一支联合国重型救援队，自2001年4月27日成立以来，中国国际救援队先后10次走出国门参与人道主义救援，在陌生国度的废墟之上与生命和时间赛跑。

在这里当兵从军，是一件特累但是特过瘾的事。官兵不仅身怀绝技，而且个个都是“有故事的人”。应对外国媒体这件在其他部队眼中的“稀罕事”，对这里的官兵来说，却是“家常便饭”。

“我们橘红色队服上印着‘中国救援’，这太‘吸睛’了，走到哪儿都有外国记者的‘长枪短炮’，时不时就有带有奇怪台标的话筒伸到面前。”中国国际救援队队长庄乾江说。

前几年，一部名为《转角遇见爱》的都市剧很流行。对于中国国际救援队官兵来说，他们这些年与世界媒体互动的一个个细节，足以构成一部大剧——“转角遇见‘洋记者’”。

形象无小事

在国际救援队，一连连长陶宗鹏有个无人不知的绰号：“拼命三郎”。但只要跟外国媒体打交道，这位“拼命三郎”就会表现出他细腻周全的一面。

2015年尼泊尔救援，是陶宗鹏第一次担任营救分队长执行任务。那天，先遣分队在废墟下发现压埋近30小时的幸存者。灾区突降暴雨，余震频繁袭来，他来不及穿上雨衣，顾不得余震危险，带领分队奔赴救援现场。

不承想，尽管还在下雨，但BBC、路透社等国外媒体的记者早就等在那里了，废墟旁到处都是三脚架、摄像机。行动前，陶宗鹏喊住了队员，开了动员会：“大家都看到了，我们代表着中国军人的形象，一定要注意细节，不要让外媒记者看笑话。留给大家的时间不多了，一定要在确保安全的前提下科学施救。”

经过34个小时的连续奋战，被困62个小时的幸存者被成功营救。这些瞬间，以及在这些瞬间中担当主角的中国军人，完整地进入了国际媒体的报道之中。

形象无小事——这个“铁律”是一代代队员传下来的。

王念法清晰地记得，第一次出国执行任务前培训时的情景。

培训课上，有专家提醒，国际救援可不单纯是走出国门“学雷锋”，还是国力的竞赛、形象的展示以及对政治素质的考验。“听课的时候感觉有些夸张，可等一下飞机，迎面看见各国和地区媒体的‘长枪短炮’，一下子就全明白了。”王念法说。

作为第一代国际救援队队员，王念法这次“开窍”，发生在2003年5月22日——中国国际救援队第一次走出国门、在阿尔及利亚北部沿海地震灾区闪亮登场的时刻。

灾情发生地，总是媒体聚集区。初登世界舞台的中国国际救援队官兵感受到了沉甸甸的压力。“抢险救灾的技战术我们在国内练了两年，心里有底；可怎样跟异国媒体打交道，这个之前没有想到的新情况，一下子成了心里一块石头。”王念法说。

图13　中国、法国、西班牙救援队准备进行联合搜排，正在进行方案制订

图14　在救援队营地举行升旗仪式

棘手的情况很快就来了。在10年前，伊朗巴姆发生了7.0级大地震。在接到救援请求之后，国际救援队紧急出动38人，奔赴巴姆实施人道主义救援。包括我国台湾地区救援队在内的十几支救援队伍也抵达灾区。安营扎寨已毕，正在准备开工，救援队队员陈剑往不远处的台湾救援队营区偶一张望，竟然发现一面青天白日旗升了起来。与此同时，不少外国记者也向这面旗帜聚拢过去，有的把摄像机都架好了。

急！陈剑放下手上的工具，转身就把情况向领队做了汇报。随后，救援队第一时间向有关部门报告了具体情况，给我驻伊朗大使馆与联合国现场协调联络中心的交涉争取到了宝贵的时间。在联合国官员要求下，台湾救援队最后撤下了青天白日旗，挂起了救援队队旗。

这样的“接触”“过招”多了以后，救援队官兵逐渐体会到，直面媒体的高度聚焦，就是自己执行任务的常态，因此需要把政治敏感和思想重视表现为细节上的讲究和专业。逐渐地，一些基础性、制度性的工作开始提上日程。国家地震局专家和老队员们一道总结，把遇见媒体来访时的处置流程、回答记者提问的方式方法等，形成规范。

从此，每次出国救援前，每名救援队员都会拿到一本应对媒体手册。老队员现身说法，把手册里一条条干货背后的“故事”分享出来。

亮剑不含糊

部分外国媒体对于中国国际救援队官兵的关注和兴趣，也有一些异样的味道。

“有时候，出国救灾的副产品就是‘救舆论’。”曾多次带队出征国外的刘向阳工程师对此深有体会，“众目睽睽之下，我们只有以出色的表现，证明杂音的荒谬。”

面对杂音和异味，光靠埋头干活也不行。有时候，国际救援队还得站到前台。

2010 年 1 月 13 日，海地发生里氏 7.0 级大地震。中国国际救援队火速集结登机，仅仅 33 小时之后，全体救援队员和所有装备物资就征服半个地球的距离，到达海地太子港，成为第一支人员装备全部到达灾区的国际救援队伍。热浪灼人，尸臭扑鼻，废墟狼藉，余震不断。就在这样的条件下，救援队队员顽强作战，成效显著。

就在此时，一家外国媒体忽然发出一条报道，称：中国国际救援队在海地“只救中国人”。这条报道没有信源、没有证据，但惹来议论纷纷。传到正在辛苦救灾的救援队官兵耳朵里，引发的是既委屈又愤怒的滋味。

怎么办？有人气愤地说，清者自清，我们身正不怕影子斜，继续救人，谣言就会不攻自破。可是，队长刘向阳思来想去，觉得不能这样被动：“我们就在海地，没有人比我们更知道事实。这种时候，我们不说话，就是失职。”队领导一边安抚队员们的情绪，确保救灾工作持续推进；另一边，一系列驳斥谣言、澄清真相的行动也在紧锣密鼓地推进。

刘向阳第一时间向外交部做了汇报，并在出席联合国人道主义事务协调办公室例行会议时，将我们救援的真实情况上报联合国，对这一不实报道严肃抗议、据理力争。

就像太阳驱散阴云，这一系列行动之后，那些无厘头的谣言再也不见了，反而是中国驰援海地的人道主义行动产生了更广泛的国际影响。联合国秘书长潘基文来到救援现场慰问中国国际救援队时说："非常感谢中国国际救援队艰苦而出色的工作。"

图 15　中国国际救援队在尼泊尔加德满都营地合影

佳话传天下

作为特殊的"和平使者"，中国国际救援队总是现身在危难之际、为解困纾难而来。他们走到哪里，就把我军文明之师、和平之师的形象传播到哪里，就把中国军人的好故事讲述到哪里，就把友谊和生命之光播洒到哪里。

震惊世界的印尼大海啸发生之后，中国国际救援队官兵又一次第一时间到达满目疮痍的灾区。印尼当地天气炎热，遇难者遗体很多，根本来不及及时处理，在高温之下已经开始腐烂，现场的气味、氛围，"靠语言是形容不出来的"。

一个难题是，在当地人的风俗和信仰中，遇难亲人尸体保留得完整，是一件极其重要的事情。做到这一点，对救援官兵来说，就是在极端的任务中又加入了极限的考验。

一天下午，结束连续 7 小时高强度工作、完成海滩清理任务的卢杰、朱金德、张如达和夏宏亮四名队员，拖着疲惫的双腿，准备返回驻地喘口气。一位 40 多岁的印尼妇女冲过来拦住了他们，双目淌泪，颤抖地指着不远处的一处废墟："中国朋友，帮帮我吧！帮帮我吧！"

废墟下掩埋的，是这位妇女丈夫的遗体。四名队员二话不说，跟她来到废墟现场，在她的指点下展开搜索。半小时的搜寻之后，他们终于发现了遗体的具体位置。

当时，已经是震后第 12 天，遇难者的遗体已经高度腐烂，取出难度极大。见到这种情况，那名妇女情绪失控了，不断哭喊，恳求救援队员能够保留逝去亲人的完整遗体。妇女的哭喊声，也将正在附近的许多记者、当地群众以及新加坡、墨西哥救援队的队员们，都吸引了过来。看到了遗体腐烂被压的实际情况，众人心中悲戚，但也只能无奈地摇头。

记者的镜头，众人的视线，聚焦在了四位中国国际救援队队员身上。经过短暂的思考，他们决定分组展开作业，由卢杰和张如达用军刀削树枝，夏宏亮和朱金德用军刀从两侧掘进。强忍着刺鼻的恶臭，工作了将近两小时，他们硬是用军刀把缠在尸体腿部的树枝削完，并在尸体旁边掘了深槽，把担架放在里面，将尸体完整地移了出来。

四位队员累得虚脱了。那位妇女把他们伤痕累累的手抱在怀中，久久不愿松开。周围的人群阵阵欢呼，墨西哥救援队的同行们把“Very good，China！”喊成了此起彼伏的口号。这感人的一幕，被在场记者的镜头记录了下来，快速流传，被称为“最温情的新闻”。

二、挺进西南抗震救灾　野战方舱竞显风流

——第二五五医院汶川抗震救灾10周年记

马凤宝　杜明杰　李莉颖

四川省汶川2008年特大地震，已经过去10周年了。在这场惊心动魄的抗震救灾斗争中，驻地唐山市的第二五五医院野战方舱医院奉命急行军2000多千米，挺进祖国大西南，遂行抗震救灾任务，第一次向世人展示和竞显风流，圆满完成了上级赋予的抗震救灾任务。其间，第二五五野战方舱医院先后接诊患者273592人、收治503人、手术1106人、巡诊18600人，心理疏导287人，卫生防疫1507万平方米，救治成功率100%。成功抢救了被困196小时的矿工赖元平和受困8昼夜、带领500多名村民走出深山成功自救，被公安部授予“一级英雄”的赵刚、姜明全两位民警，在全国引起巨大反响。

图16　2008年5月19日17时，北京军区第二五五医院野战医疗所携带二代医疗方舱到达汶川地震重灾区——四川省绵竹市，开始执行抗震救灾卫勤支援保障任务

然而，灾区很少有人知道“方舱医院”这个称谓，只记得地震后的第四天，开来了一支长龙般的车队，在绵竹景观大道旁的一片农田里，汽车

有序排开，医务工作者将车上的舱箱打开拼装，两个小时后，一所现代化的三甲医院呈现在人们面前。由于当时保密的原因，对“方舱”的宣传报道较少。“方舱”神秘的面纱始终没有解开。

图 17　2008 年 5 月赴汶川抗震救灾

其实，方舱的全称是“野战医疗方舱”，由军事医学科学院第七研究所研制，是我军卫生保障快速反应系统的最新成果。这套方舱由检验、特诊、X 线、

图 18　2008 年 5 月赴汶川抗震救灾出征动员

图 19　展开后的野战第二五五医院医疗方舱

ICU 重症监护室、手术室、供应、药房等 12 个重要功能单元舱组成，具有全方位的检伤分类、诊断、治疗、抢救、供应洗消等功能。经过严格训练，拉到指定地域，不到两小时，即可全面展开床位 200 张，同时进行 4 台手术，对 4 个危重伤员进行抢救。方舱设施先进，布局合理，自己发电、自己制氧，机动性能好，只要有 2 万平方米的场地，就能展开所有舱位，相当于一个浓缩的三甲医院。

图 20　5 月 21 日上午第二五五医院赴四川绵竹抗震救灾深入山村送医送药

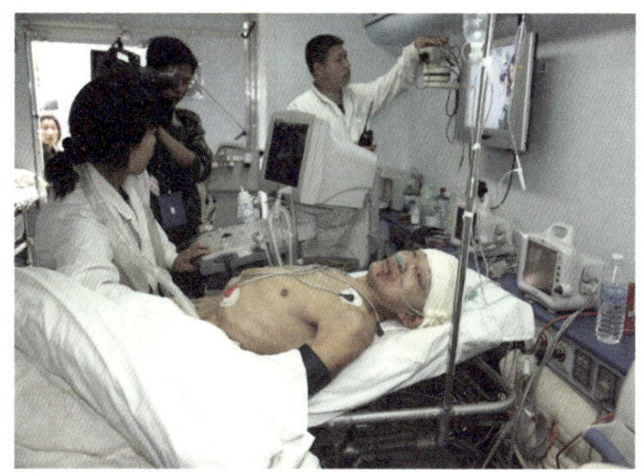

图 21　5 月 21 日 16 时第二五五医院野战医疗所对被困 196 小时的矿工赖元平实施远程会诊

汶川大地震发生后，当地的医院有的变成了废墟，有的变成了危房，医疗设备被毁，无法救治危重伤员。子弟兵冒着生命危险，从废墟里挖出来的幸存者，因为救治条件延误又失去了生命这是多么痛心和遗憾的事。于是，2008 年 5 月 16 日，第二五五医院接到上级命令，要求医院组成野战医疗所，拉上方舱，全员装备，奔赴抗震第一线。为此，中国军队的野战医疗方舱第一次出现在自然灾害的救援现场。

在之后的 92 天中，第二五五医院医疗方舱与死神展开争夺生命的赛跑，救治了一个个危重伤员，接生了 30 多个地震宝宝，在地震一线创造了抢救奇迹、治疗奇迹、生命奇迹，中共中央、国务院、中央军委授予第二五五医院“全国抗震救灾英雄群体”荣誉称号。以下，是第二五五医院野战方舱医院在汶川抗震救灾生死营救中的生动回放……

（一）“方舱”出击，为灾区人民送上生命之舟

1. 时间就是生命——10 个小时紧急集结，51 个小时远程开进，90 分钟快速展开

2008 年 5 月 16 日，接总部命令，第二五五医院野战医疗所携带战役卫勤快速支援系统，以野战方舱医院的形式，火速奔赴四川省执行抗震救灾任务。

图 22　在绵竹展开的第二五五医院新型野战医疗方舱

图 23　第二五五医院从灾区归建时，当地群众自发前来欢送

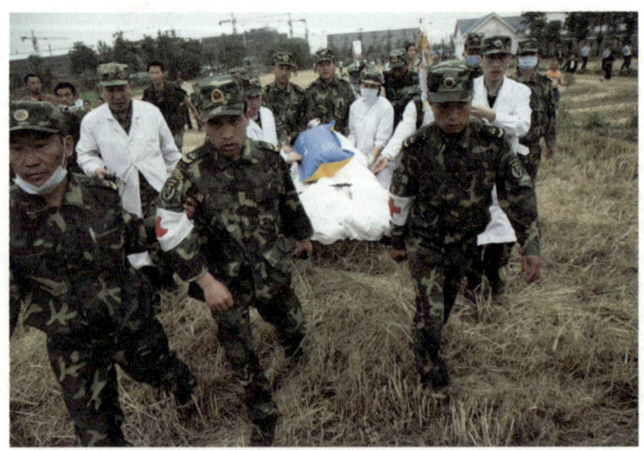

图 24　5 月 22 日第二五五医院野战医疗所紧急运送被困 196 小时的伤员赖元平

5 月 16 日，上级通知第二五五野战方舱医院立即做好准备，奔赴四川省灾区抗震救灾。接到命令后，第二五五医院立即按预案进行了抽组动员、物资筹措和编组装载，10 个小时后，160 余名官兵和 40 余台大重型装备就在唐山火车南站集结完毕。

第二五五医院驻在唐山，当然知道地震的惨烈，当然知道震区的危险。但是，全体官兵无一人提出困难，无一个家庭扯官兵的后腿！160 余名官兵以奇迹般的速度，仅用 10 个小时就精彩地完成了常规医院和野战医院之间的平战转换。

图 25　第二五五医院医疗方舱组成医疗队巡诊

从唐山到四川灾区，军列风驰电掣，一路向西。在行进的列车上，各部门抓紧时间推演展开预案、救治预案……51 个小时，完成 2000 多千米南北大跃动，按命令时限到达重灾区绵竹市。

图 26　第二五五医院野战方舱医院妇产科医务人员与在方舱医院降生的地震宝宝合影

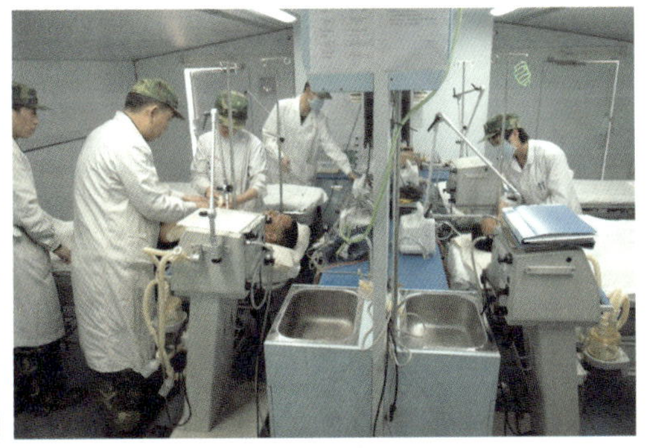

图 27　第二五五医院医疗方舱中的重症监护病房正在同时救治两名重伤员

当时绵竹市医疗机构全部瘫痪，21 万余名受灾群众分散在市区 42 个临时安置点上，36400 多名重伤员亟待救治和手术。尽管在第二五五医院到来之前，已有几支医疗小分队在灾区展开救治，但只能对一般伤员进行简单处理，大批重伤员要送到成都、重庆等地，情况十分严重。按上级部署，第二五五医院要快速建起一座集检验、急救、手术、住院和保障于一体，可以胜任三级甲等医院救治任务的大型现代化野战方舱医院。部队到达预定地点后，立即进行了野战医院的开设。90 分钟之后，灾区第一所功能齐备的现代化野战方舱医院就开设完毕，并开始收治伤病员。

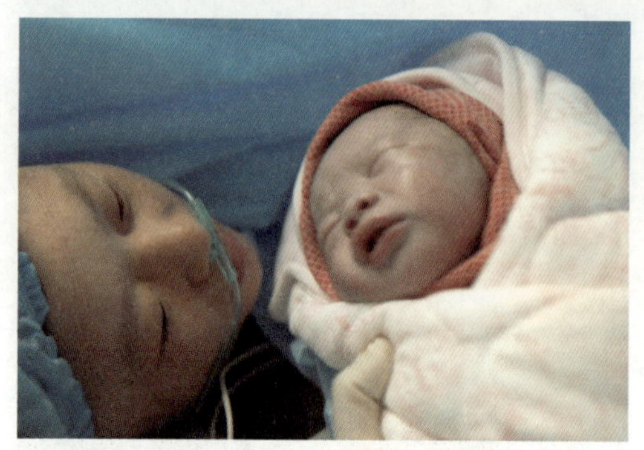

图 28　第二五五医院野战医疗所成功实施全军首例野战方舱剖宫产手术

图 29　第二五五医院野战方舱及医疗装备刚刚抵达四川绵竹

2. 用抗震速度与死神赛跑——第一时间开诊，15 分钟进餐，1∶80 护理

时间紧迫，野战方舱医院展开后，第一时间就开始收治伤员。在第一个 24 小时，就接诊救治了 436 人。

当时的震区，满目疮痍，余震不断，危重伤员太多。

第二五五医院作出的第一个规定是：医院全天候接诊、全天候手术、全天候治疗！

第二五五医院作出的第二个规定是：所有医护人员吃饭时间不得超过 15 分钟！

大家满怀着对灾区群众的深厚感情，展开了一场与死神争夺生命的赛跑。

图 30　2008 年 5 月 21 日 17 时 45 分，一批从汶川映秀镇附近乡村空运出来的受伤群众被转运到北京军区总医院医疗救援队保障区域内

图 31　2008 年 5 月 23 日上午 10 时许，北京军区总医院在汶川映秀镇接收一批来自附近紫坪乡的受伤群众

急诊科医生程如峰在接诊帐篷连续工作 15 个小时，光开处方一天就用掉一支水笔，耳朵被听诊器磨出了疖肿。

护理组的 39 名护士每人要负责 80 名伤病员的护理，每天从方舱到病区要往返上百趟，人人累得腿脚都出现水肿，迷彩服被汗水一遍遍地湿透。

放射组的 3 名技师每天要为上百名伤员拍照透视，按规定每检查一个病人后，必须离开放射舱 20 秒钟减少辐射，以免造成放射线对身体的伤害。但为了多检查一个病人，没有一个人遵守这项规定。连续 10 来个小时坚持在放射舱的张仕平技师，受 X 线辐射过量，白细胞从 8500 下降到 4800，头疼呕吐，仍然坚守岗位。

重症监护组只有 6 名医生护士，人少无法替换，只能寸步不离地守在重伤员的床前。为保持清醒，人人在兜里准备了风油精，实在困了累了，就在额头和太阳穴上抹一把，风油精的反复刺激和睡眠的极度缺乏，每个人的眼睛都出现了红肿。在灾区的每一天里，医护人员没有睡过一次安稳觉、从容地吃过一顿饭，每个同志都在不知疲倦地工作，大家无怨无悔！

3. 用奇迹创造奇迹——抢救奇迹、治疗奇迹、生命奇迹

“救人是重中之重”“早一秒钟，就可能多救一个生命”“有一丝希望，就要尽百倍的努力”……灾难之后，党和政府始终把对生命的尊重放在首位。这种尊重，是余震不断的震区大地上总书记坚毅的身影，是残垣断壁的废墟前总理动情的泪水，是十几万子弟兵奋不顾身的钢铁意志！

赖元平，一个平凡的名字，却在一个时间里登上了各大媒体的头条，因为他承载了太多的内涵！

5 月 20 日下午 2 点，空降兵救援队救出一名被困在井下 196 个小时的矿工——赖元平。当这名幸存者被紧急送到第二五五医院时，双眼紧闭，脉搏每分钟不到 50 次，血压降到 70—40mmHg，肾功能严重衰竭，右后脑被石头砸开的一条 5 厘米长的伤口，已经化脓生蛆，身体瘦得只剩一把骨头，44 岁的汉子看上去就像 70 多岁的老头。赖元平命悬一线，每分每秒都容不得耽搁。正在现场指挥的八分部副部长张建设要求：“196 个小时他都奇迹般地挺过来了，绝不能在我们手里出问题，我们一定要把他救活！”第二五五医院以最快的速度确定了最佳的救治方案。马上给他输血、输液、给氧、清创，夜里赖元平身体稍有好转，又开始发起了 39°高烧，守候的护士一遍遍用酒精给他擦拭身体降温。到天快亮时，赖元平脑后的伤口又突然流出带血的脓液，医护人员又及时组织救治，排除了可能出现脑积液的危险。经过一天一夜的紧张抢救，赖元平终于恢复了正常的呼吸、心跳。待各项生命体征趋于平稳后，医护人员又紧急开通方舱的远程会诊系统，与北京、南京两个军区总医院在内的 6 家军内医院专家进行会诊，实施巩固性治疗。完全脱离危险后，医院派医生空运一路护理送到成都军区总医院。成都军区总医院神

经外科专家顾建文感慨地说："抢救赖元平实际上是一次生命大接力，第二五五医院这一棒不仅接得好，而且传得好！"

在抢救赖元平的同时，医院又接收了两位"特别"的病人，绵竹市公安局警察赵刚和姜明全。这两位警察在地震发生后，辗转 8 天 8 夜，历尽千辛万苦，把 500 多名困在深山的群众带到安全地带，刚把群众带出来，他们两人因分别患有糖尿病和严重的心脏病，倒在了地上，昏迷不醒。送他们到医院的群众，哭着请求医生一定要把他们的恩人救活。两名英雄的事迹也深深地感染着第二五五医院的医护人员，三天三夜过去了，两位英雄在医护人员的精心救治下，终于转危为安。6 月 30 日，赵刚在出席中央电视台举办的《向祖国报告》"七一"晚会前，特意给医护人员打来电话，感谢医院给了他们第二次生命。

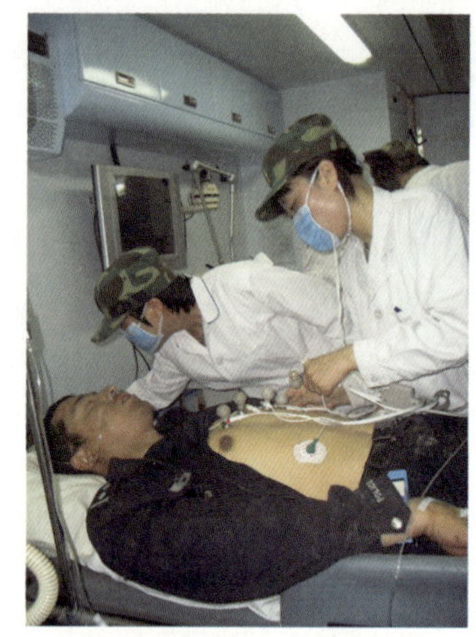

图 32　成功救治公安部一级英模赵刚、姜明全

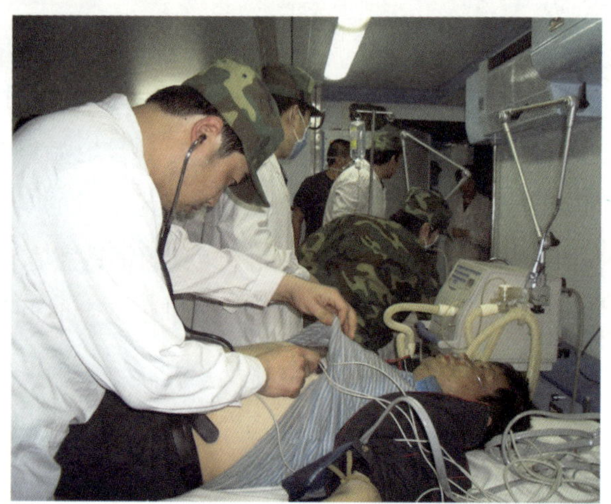

图 33　抢救被困九天的警察

野战方舱医院承载起灾区生命的希望，被群众亲切地称为"生命方舟"。来这里救治的每一名伤病员，总是对医护人员充满了无比的信任。5 月 25 日，家住兴隆镇川木村的临产孕妇韩静，由于胎儿脐带绕颈两周，需要手术分娩。焦急之中，夫妻俩一路打听来到第二五五医院。在野战方舱内进行剖腹产手术，在灾区这还是第一次，一时成为新闻焦点，20 多家新闻媒体的记者聚集在手术室外等候。26 日上午 9 点 56 分，随着一声响亮的啼哭，一个新生命在四面废墟的方舱医院里诞生。中央电视台现场向全国直播，无数的人无不为之感动。大地震可以摧毁家园，但阻挡不了生命的延续，那是灾区蓬勃顽强生命的象征，是灾区重生的希望！

第二五五方舱医院 160 余名官兵，在灾区战斗的 90 多个日日夜夜里，救治伤病员 25834 名，手术 1106 例。伤病员中有年过百岁的老人，有从废墟中救出的学生，有在抗震救灾一线中受伤的战士。依托先进的医疗方舱和医护人员精湛医术，怀着对灾区人民满腔的爱，让一个个徘徊在生死边缘的生命转危为安，实现了零差错、零感染、零死亡的目标，救治成功率达到了100%。

在第二五五医院医护人员奉命归建前夕，当地政府负责人动情地说："短短90天，你们在灾区创造了三个奇迹——抢救奇迹、治疗奇迹、生命奇迹。你们真不愧是新时代最可爱的人!"

4. 实现了三个"留下"——

留下不走的医院、留下唐山人的深情、留下军人的风采

在全力为灾区人民提供医疗保障的同时，第二五五医院深深感到，除了救治伤员，更重要的还是迅速恢复当地的医疗救灾功能，于是他们借鉴北京小汤山医院建院模式，为地方政府出谋划策，筹措医疗设备，重建了一所占地150亩、床位800张、日门诊量达2500—3000人的首家大型抗震救灾医院，为当地群众在灾后重建的过渡时期提供医疗服务创造了良好条件。与此同时，还发挥装备和人才优势，采取联合门诊、同台手术、共同救治的措施，确保过渡性临时医院建成后有充足的人才支撑，为灾区人民留下了一座"不走的抗震医院"。

在为灾区人民服务的同时，第二五五医院坚持"医院不仅是军队医院，也是唐山人民的医院；既要树好部队的形象，更要当好唐山人民大使"的理念，利用自身优势为驻绵竹灾区执行任务的唐山志愿者心理服务队、唐山红十字会、开滦医疗集团医疗队提供食宿和生活保障，实行优势互补，提供技术平台，进行强强联合，向灾区人民和部队介绍唐山风采，唐山市集川药业集团分两次送来价值200多万元的防蚊虫和皮肤科用药，第二五五医院把这些药品及时发放给各保障部队与受灾群众，把唐山人民对四川人民的关心、对子弟兵的深情厚爱转达给他们，送上唐山人民的祝福。

图34　后送伤员

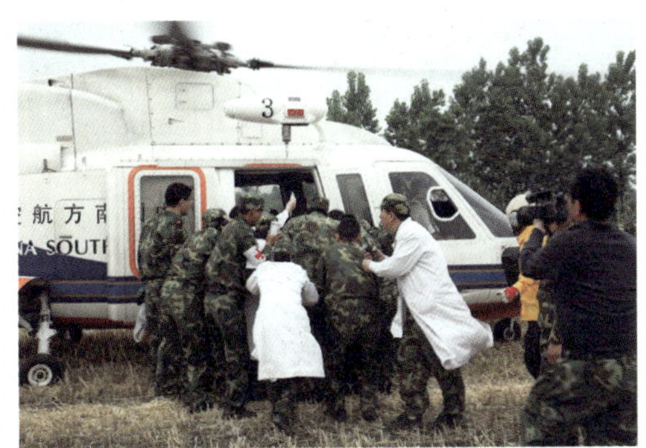

图35　后送伤员上飞机

在灾区的92个日日夜夜，全体官兵发扬特别能战斗、特别能吃苦、特别能奉献的精神，出色地完成了抗震救灾任务，赢得了良好口碑，与老百姓建立了深厚的军民鱼水情。在医护人员离开这片洒下忠诚与汗水的土地的那个早晨，当地群众和官兵们依依不舍，彩旗飘扬、锣鼓喧天、人流如织，鲜红的标语上写着“向人民子弟兵致敬”，深深地表达群众对官兵们的深情厚谊。一名群众拉着第二五五医院医务人员的手说：“解放军官兵虽然人走了，但留下了与绵竹人民亲人般深厚的感情和宝贵的精神财富，它必将化作绵竹灾后重建工作的巨大动力！”

在方舱医院得到救治的绵竹市板桥镇五星村村民强洪太，还特意给他们送来一面锦旗，上面写着：“古有诺亚方舟，今有医疗方舱。”诺亚方舟不过是《圣经》中讲述的一个虚幻的故事，而第二五五医院的方舱医院却是灾区真正的“生命方舟”！

（二）“方舱”在汶川之后的大灾中多次发力

——2010年4月14日，青海玉树发生7.1级大地震。生命的呼唤再一次吹响了出征的集结号，奉上级命令，第二五五医院迅速抽组卫勤力量，历经96小时，3600余千米，横跨冀、津、京、晋、内蒙古、宁、陇、青8省（自治区、直辖市），采取铁路输送和摩托化机动相结合的方式翻雪山达坂，穿戈壁险滩，顺利抵达玉树结古镇。这是我军野战卫勤力量第一次成系统、成建制地在高海拔地区实施医疗防疫救援行动。在高寒条件下方舱医院成功实施了灾区眼科显微手术，成功地从死亡线上夺回了溺水藏族儿童的生命，通过远程医疗会诊成功地救治了首例严重高原病患者，成功地在医疗方舱内实施了47例剖宫产、胆囊切除等大中型手术。方舱医院广大官兵受到了党和国家以及军队领导人的亲切关怀，北京军区联勤部表彰医院卫生营为2010年“为你骄傲”先进集体。野战医疗方舱被当地群众誉为雪域高原上的“生命方舟”。

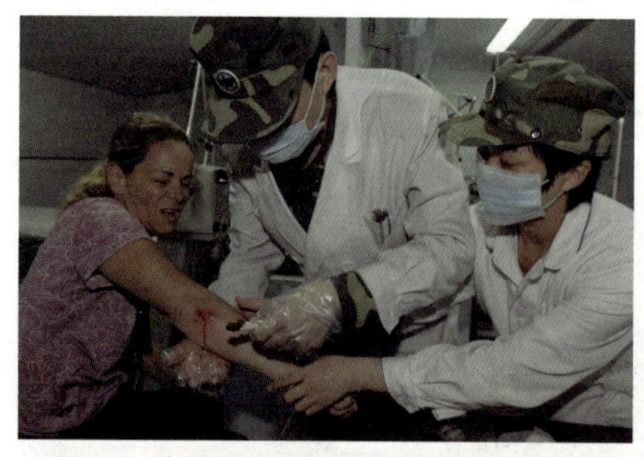

图36　在绵竹开设的第二五五医院野战医疗方舱不仅为受灾群众，还为在采访地震现场的中外记者提供医疗服务，图为医护人员在为一名美国记者处理伤情

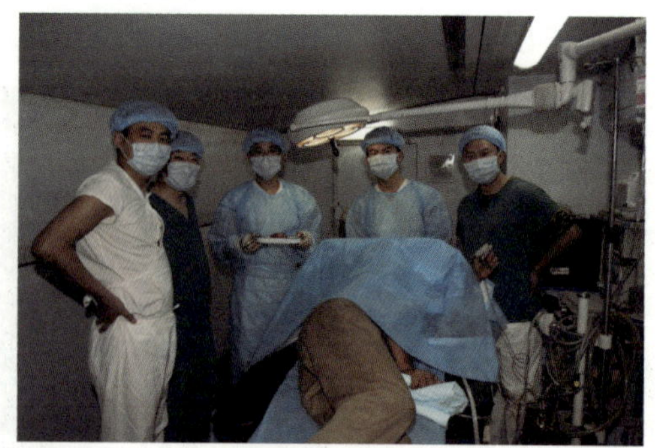

图37　外科组成功地为一名患病30多年的患者摘除头部皮下囊肿

——2011 年 4 月 12 日，河北省秦皇岛市抚宁县突发森林大火，火势迅速蔓延。4 月 17 日 6 时，第二五五医院奉命抽组应急医疗队奔赴抚宁执行应急医疗保障任务。医疗队进驻配置地域后，迅速在温泉堡民族学校完成场地设置展开，组织收容、接诊、后送等工作。同时，派出医疗小分队奔赴 7 个灭火现场及最偏远的大石窟、蚂蚁沟、东峪林场等地域进行巡诊。此次救火保障任务共救治官兵 430 余人、行车机动 900 余千米，发放药品 100 余种，圆满完成了上级赋予的任务。

（三）总结经验，为“方舱”的再次出击找到新动力

1. 实战检验：长途机动，军地协调至关重要

第二五五医院接上级命令，全员全装赴四川执行抗震救灾医疗保障任务后，立即启动抗震救灾紧急预案，迅速完成了人员抽组、物资补充、车辆维修、药品器材携带等任务，动用大重型装备 40 余台，在驻地火车站集结完毕，准备采取铁路输送的方式机动至任务地域。但是，按计划开始准备装载时，突然接到车站分管货运站长通知：大轿车因体积过大、相对质量较轻、捆绑固定不牢易发生颠覆事故，存在严重安全隐患，铁路部门无法运输。同时，由于受专列长度限制，计划中所要求的客车数量，不得不由 3 节改为 2 节。面对这种情况，医院领导立即调整方案，紧急向上级协调 2 台依维柯轻型乘用车替换大轿车，将原计划每 1 床 1 人调整为每 2 床 3 人、队员轮番休息的办法加以解决，从而保证了铁路输送的顺利进行。

图 38　唐山地震两孤儿 汶川救灾好姐妹——第二五五医院特诊科技师黄鹤、药剂科药剂师张宏，在唐山大地震成了孤儿，在党和军队的哺育下成长为军医。汶川地震后，两人在身体有病的情况下，坚决要求赴川参加救灾任务

图 39　医疗队在灾民安置点进行巡诊

出发前的小“插曲”，暴露出野战医疗所平时训练的短板。野战医疗所方案计划涉及机动、展开、救治、野战生存等方方面面，但是由于实战机会少、经过实

战检验的方案计划数量不多，尤其是铁路输送演练部队和装备涉及军地多家单位和部门协调配合，需要占用大量的铁路资源，真正的实兵演练很难进行，指挥员铁路输送知识与实战需要有差距。

2. 战前准备：知己知彼，百战不殆

执行此次任务共参加人员160余人，根据抗震救灾任务特点，又增带了价值81万余元的药品和耗材，从医院范围内抽调了电解质分析仪、血气分析仪、血球计数仪等检验设备，B超、便携式床旁X线机、野战洗片机等影像检查设备。实践证明，医院物资准备是充分的，尤其是这些设备在灾区发挥了不可替代的作用。

医院自接到命令后，从唐山到四川，数千里驰援，到达灾区后已有很多医疗队在组织开展救援。但是，这些医疗队暴露出很多问题，大多数医疗队的救援受到药品和设备的影响，仅能做到常规伤口处理、清创换药，甚至药品储备单一，食品供应不足，造成施救者同样需要救助。一些稍微有些规模的医疗队，因为在人员抽组上考虑欠佳，以外科医师为主，胸外科、脑外科和麻醉科医师占的比例偏大，内科医师较少，致使仅有的几个内科医师忙得不可开交，而外科医师由于出发时没能携带辅助检查设备，给疾病诊断、治疗带来很大困难。

事实证明，第二五五医院卫生营在汶川抗震救灾前虽未经历过大型实战考验，但18年来卫勤建设的探索发展使其积累了很多宝贵经验。在5月12日地震发生后到16日接到上级命令这期间，第二五五医院已经为奔赴四川抗震救灾做好了充足的准备。第一时间收拢人员，停止人员休假、在外人员一律召回，每天早上集合出操前通报当天汶川的灾情、救援情况、地理环境以及天气变化，同时开展当地常见病、多发病、流行病的情报收集工作。因地因时根据实际情况，合理携带药品、物品，合理抽组人员，为医疗方舱能在灾区发挥最大作用奠定良好基础。

（四）“方舱”医院卫勤建设走进新时代

在传承中发展，在发展中提高。医院党委认真贯彻落实习近平主席关于实现强军目标的系列讲话精神，紧紧围绕“战时完成多样化卫勤保障，平时发展差异化内涵质量，建成相辅互促的平战结合医院”的建设思路，扎实做好军事斗争卫勤准备。在全院开展了战斗力标准大讨论，经验做法被联勤部转发。在大讨论中全院官兵达成共识，做好军事斗争卫勤准备必须坚持全面建设高投入，必须坚持各项工作高标准，必须坚持执行任务高热情，形成了精武强能、素质立身的良好氛围。医院卫勤保障水平不断取得新的飞跃。

2011 年，医院承办了全军野战方舱医院建设研讨会，总结探讨方舱医院在建设、管理和执行重大任务等方面的经验和存在的主要问题，提出对策和建议，为今后医疗方舱的研制和方舱医院规范化建设提供理论依据和经验借鉴。

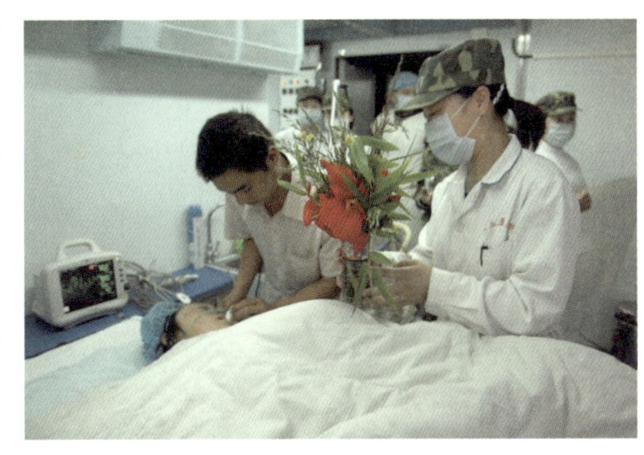

图 40　用花装扮病房

为进一步强化卫生营遂行多样化军事任务的能力和素质，全院官兵冬练三九、夏练三伏，严抠细训，军事素质和救治能力不断提高。2011 年 11 月，在全军后勤训练等级评定考核中，医院取得了 99 分的优异成绩，名列全军卫勤系统第一。

图 41　第二五五医院抗震救灾人员火线入党宣誓

针对新时期军事斗争准备的新要求，建设一支“拉得出、跟得上、展得开、救得下、治得好”，能全天候使用、全地域投送、多元化保障的卫勤劲旅，是医院的使命担当。“不怕考、考不怕、怕不考”是卫生营参训官兵的口头语。2012 年 10 月，医院在路南区率先被评为后勤训练一级团单位。

近年来，卫生营先后参加了“亮剑—2012”实兵演习、“卫勤—2014”后方医院演习，2015 年纪念中国人民抗日战争暨世界反法西斯战争胜利 70 周年阅兵保障。承担了野战方舱医院系统和野战帐篷医院系统部队试验，圆满完成巴基斯坦方舱展示任务。医院被后勤学院指定为卫勤专业教学训练基地。

1953—2018年，第二五五医院在历史的长河中已然走过65个春秋。65年的风雨历程，65年的艰辛探索，65年的不懈努力，全院官兵用热血和青春、生命和智慧、热忱和无私谱写出令人引以为荣的绚丽篇章，凝练出了“打不垮的老山作战精神、压不弯的抗震救灾精神、勇争先的卫勤先锋精神”，这三种精神已融入第二五五医院人的血脉，鼓舞着一代又一代第二五五医院人在新的强军路上奋力前行！

图42　灾区群众向方舱医院表示感谢

三、惊天动地战汶川　军民同心永相连

——原北京军区疾病预防控制中心参加汶川抗震救灾10周年记

李怀立、孙现富

（一）汶川抗震，披荆斩“疾”

有一段岁月见证了使命与担当，
有一个名字守护着安宁与希望，
有一种情怀承载着激情与梦想！

当历史的指针回到2008年5月12日，汶川突发强震，地震发生后不到24小时，原北京军区疾病预防控制中心接到上级命令，在执行奥运安保任务的同时，迅速抽调13人组成北京军区卫生防疫队搭乘军机紧急飞赴四川省成都市，到受灾较为严重的安县，全面投入灾后卫生防疫救援。

原北京军区疾病预防控制中心是国家级防疫救援队，是一支具有“三防”医学救援和卫生防疫指导的专业部队。自2005年成立以来，中心立足现有条件，紧贴任务需求，大力加强应急力量和战备建设，狠抓训练演练，扎实履行职能使命，圆满完成了历次演习和重大活动卫生防疫保障任务。也在不断实践中锻炼了部队的意志品质，提升了应急救援的综合能力，形成了一支素质高、能力强、完成任务好的应急救援力量。

图 43　疾控中心应急出征

为何抽调 13 人？因为当时北京正在准备即将开幕的奥运会。该中心承担了奥运安保“三防”医学救援任务，人手特别紧。即使如此，中心党委还是决定由中心的副主任李森林带队，组成“北京军区卫生防疫队”赶赴灾区，参加救援工作。

接到号令，防疫队立刻组织人员准备物资、药品和相关器材。5 月 16 日上午 9 时，北京军区卫生防疫队搭乘飞机赶到四川省成都市，后来又转车到达受灾较为严重的安县，全面投入灾后卫生防疫救援。

图 44　队员乘机出发

“四川，原本在我们心里是山清水秀，土肥物美。然而，展现在我们眼前的却是另外一番景象：到处都是倒塌的房屋，临时的帐篷，奔波的受灾群众，灾情比我们想象的还要严重。”李森林在日记中写道。

更让人忧心的是，当时马上进入雨季，老百姓对卫生防疫知识了解较少，给卫生防疫，特别是饮用水安全带来很大隐患。而当地检测机构的设备和仪器已受到严重破坏，根本没有检测水源水质的能力。

安县地处四川盆地西北边缘，地形复杂，水源众多，全县辖区面积1404平方千米。为了确保51万受灾群众尽快喝上放心水，在抵达灾区后，全体队员连续一周多昼夜奋战，对全县16个镇、4个乡、23个社区、275个行政村的所有水源进行检测和清洁消毒，确保了应急供水安全。同时，防疫队还对流经安县的6条大小河流进行了震后首次水质检测，排除了民众对河流污染的担忧。随后，又反复对安县各类水源进行了连续的动态监测，采集所有乡镇的水样共520个，检测项目8800多个，并按照平（战）时饮用水卫生标准，每天提交水质检测报告和卫生防护建议，及时消除了当地受灾群众对饮水安全的疑虑。

同时，防疫队在五个受灾群众临时安置点和三个救灾部队营区，选择了26个蚊蝇鼠密度监测点，定期进行有害医学昆虫动物的密度监测。以此为依据，及时调整药物配比，既保证消杀灭效果，又最大限度地减少用药，减轻环境污染，做到“环境科学消杀”。

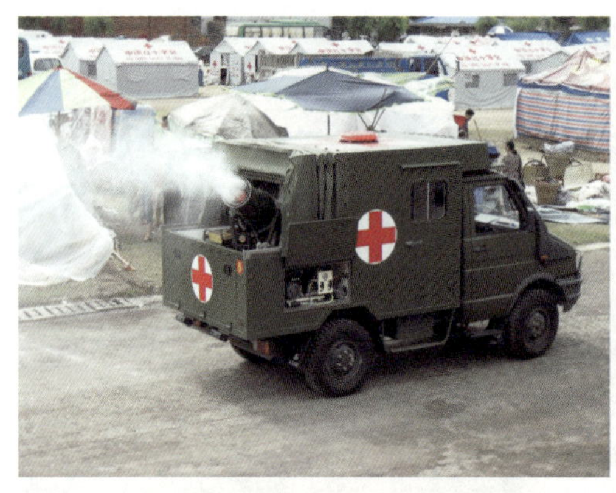

图45　对灾民安置点进行消毒

图46　临时党支部召开会议，及时传达上级精神，统一队员思想

针对当地部分防疫机构过度消毒的情况，防疫队多次利用当地救灾指挥部联席会议，宣传科学组织消毒的意义和方法，得到了其他援安防疫力量的支持并得以推广落实。

此次地震直接造成灾区地貌环境改变，城乡公共卫生设施毁坏，垃圾、粪便处理机制几近瘫痪，禽畜养殖场所随处可见动物尸体，许多房屋废墟和泥石埋没道路中，还有不少人的尸体难以移出。作为震后初期安县灾区唯一一支携带防疫喷洒车的专业队伍，预防队还担负起了全县大范围消杀灭工作。这是一项具有相当危险性，需要科学实施的艰巨任务。

在打通睢水至高川的公路战场上，消杀人员将从泥石中挖出的已经被埋10余天的遇难者遗体进行了细致的消毒。为了体现对死者生命的尊重，为了让死者家属们不再受到过大的刺激，队员们用背负式喷雾器贴近遗体进行工作，把喷雾尽量调整得柔和一些。把一具具遗体细致消毒并用尸袋装殓装车，死者身上携带的贵重物品和现金也用消毒液处理并通过现场公安人员交还死者亲属。付强同志作为一名专业人员，在消杀灭工作中表现尤为突出，乐于奉献，从无怨言。

任务期内，防疫队总计为灾区喷洒消毒药近1500万平方米，为480余个厕所和垃圾点喷洒杀虫药近2.6吨。由于当地村民散居在丘陵山地之间，临时的安置点帐篷紧密相连，许多需要喷药的地方，车辆根本无法靠近，大家就一次次地把喷药枪的皮管从车上拉下来，尽可能地延长喷药的距离，想方设法覆盖更大的面积。

队长李森林从工作设计到具体落实，坚持跟班作业，为全体队员做出了表率。队员王征在进驻灾区的当天因为痛风复发而难以行走，但他一边吃药，一边坚持工作。一边带领监测健教组开展野外宣讲，一边对每日工作进行统计和文件资料撰写。队员杜志辉、张玉国、魏刚、高显明白天采集水样，返回驻地后又连夜展开检验工作，面对前所未有的检测工作量，他们每天都要忙到后半夜三四点钟，才能将采集的水样检测完毕。防疫队制作的每日检测报告，为县委、县政府提供了科学的决策和防护依据。

图47　对垃圾场进行消毒

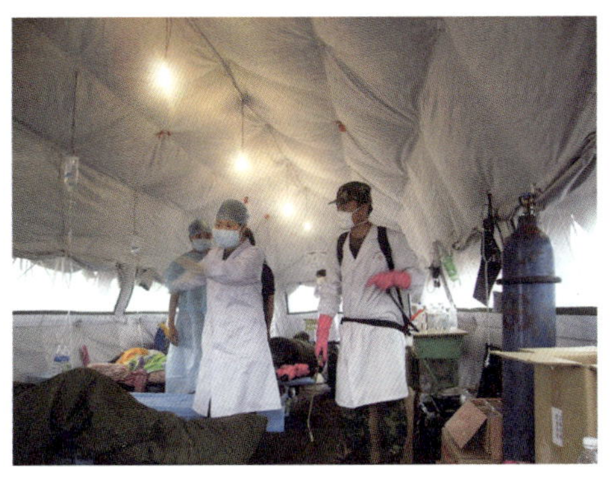

图48　为病房防疫消毒

在灾区的两个多月里，防疫队不畏艰险，不怕牺牲，坚守着疾控人心系灾区群众，筑牢健康防线的庄重诺言，把每一项工作做到极致，保证每一项任务的严谨圆满，用无私的奉献精神和顽强的战斗作风为灾区群众筑起一道坚固的健康防线。防疫队的工作得到了绵阳市、安县两级党委和政府的高度评价，受到了广大人民群众的热烈欢迎。中组部、中宣部把防疫队列入抗震救灾英雄谱，被誉为

“抗震救灾防疫战线上的轻骑兵”。中央电视台、中央人民广播电台、新华网、《人民日报》《光明日报》《解放军报》等中央主流媒体和北京市主要媒体都对防疫队的工作情况进行了详细报道。

（二）10 年奋进，再创新纪录

管理创新促发展。应急是能力，科研是基础，基础决定着能力。应急和科研就像车之两轮、鸟之两翼，两者只有相互促进、协调发展，才能实现单位的快速平衡发展。作为国家和军队掌控的一支战略机动力量，中心公共卫生应急处置大队承担着我军应对突发公共卫生事件应急处置的任务。近年来，中心先后圆满完成汶川抗震救灾、甲型 H1N1 流感防控、奥运安保、国庆阅兵、“砺剑—2013”演习防疫保障、“一带一路”国际合作高峰论坛安保等国内外重大任务。

监测网络显真功。为改变原有疾病监测手段落后、信息上报反馈不及时的问题，中心完善了网络直报系统，具备了随时掌握上报全国、华北地区疫情动态的能力，实现了对军队传染病患者门诊信息的每日监测，并利用军队医疗日报系统，对战区部队军人传染病住院情况进行 24 小时监测。中心先后启动全军 6 种急性呼吸道传染病病原、夏秋季肠道传染病等监测预警工作，目前进展顺利，已成功预警 20 多起聚集性发热疫情，成功阻隔呼吸道传染病在部队的传播。特别是在阅兵保障等任务中，为传染病预防控制，确保驻训官兵健康发挥了积极作用。

勇挑重担建功勋。中心组建 13 年来，数十次成功处置军地突发公共卫生事件，出色完成国家、军队百余项卫生防疫保障任务，特别是近年来在 APEC、“一带一路”国际高峰论坛、纪念建军 90 周年朱日和阅兵等重大活动的保障中，中心紧盯当前国内疾病控制和核生化应急处置面临的严峻形势，总结了一些经验做法，提出了对应的意见建议，值得全军疾控机构参考借鉴。

——完善疾病监测网络建设。为改变原有疾病监测手段落后、信息上报反馈不及时的问题，中心完善了网络直报系统，具备了随时掌握上报全国、华北地区疫情动态的能力，实现了对军队传染病患者门诊信息的每日监测，并利用军队医疗日报系统，对战区部队军人传染病住院情况进行 24 小时监测。

——重点推进军事训练伤和意外伤害监测。针对军事训练伤监测中出现的漏报率较高问题，中心从 2014 年起在全军建立起军事训练伤互补监测模式，6 个全训部队和 18 所后方医院实现了互补修正核实机制，大大提高了病例报告的准确性、完整性。该模式建立起来后第一年，训练伤漏报率就由居高不下的 85% 下降到 34.8%。

——全面推进多项影响战斗力水平的监测试点。中心先后启动全军 6 种急性呼吸道传染病病原、夏秋季肠道传染病等监测预警工作，目前进展顺利，已成功预警 20 多起聚集性发热疫情，成功阻隔呼吸道传染病在部队的传播。特别是在阅兵保障等任务中，为传染病预防控制，确保驻训官兵健康发挥了积极作用。

图 49　深入灾区，走村进户进行防疫知识宣传

图 50　投放鼠药

——军民融合提高军队疾病预防控制能力。中心与华北 5 个省、直辖市签订了联防联控协议，多次与北京市、天津市疾控机构组织疫情处置和应急演练，与地方科研单位联合研制开发无人防疫喷雾装备和水质快速检测装备。采取请进来、走出去的方式，提高实验室检测技术水平。目前，中心可对 5 大类 101 个参数进行权威检测，涵盖水质、放射、公共环境、病原微生物、化学杀虫剂等多个领域。

（三）科学发展，再立新功

军队疾控机构，是军队平战时卫生防疫保障、核生化应急医学救援的中坚力量，也是国家（地方）在应对重大突发疫情和核生化事件医学救援体系中的重要应急力量。近 10 年来，中心先后完成了国庆 60 周年首都国庆阅兵、“铸盾—2010”城市综合防卫作战实兵演习、“132”活动卫生防疫保障任务、“砺剑—2013”“和平使命—2014”上合联演、“卫勤使命—2014”演习、“APEC”救援备勤任务和纪念抗日战争暨世界反法西斯战争胜利70周年阅兵保障等多次重大任务的保障工作。10年来，中心先后被北京军区、军区联勤部表彰为参加和保障“和平使命—2014”上合联演先进单位、先进党委、先进团级单位。1个集体、5名个人荣立二等功，60余人荣立个人三等功，12人次荣获联合国“和平勋章”。

特别是2017年，保障任务非常之重、保障要求非常之高、保障压力非常之大，都是中心组建以来前所未有的。“137”全军战略战役集训、联合实兵演习、纪念建军90周年沙场阅兵“三项重大任务”“一带一路”国际合作高峰论坛、天津全国运动会等防疫保障任务。每一项都是最高标准、最严要求，对中心来说也都是最严峻的考验，中心全体同志共同努力，团结一心，群策群力，以高昂的政治热情和顽强的战斗作风，高标准、高质量圆满完成了上级赋予的救援备勤任务，得到各级首长机关的一致好评。

这些任务的圆满完成，不仅历练了队伍建设，也使中心完善规范了防疫体系，取得了多项科技创新成果，提升了军队防疫机构保障能力，实现了任务完成与能力提升的“双丰收”“双跨越”。

昔日的辉煌值得铭记，展望未来，前景美好，责任重大。面对变幻不定的传染病疫情，必将更加凸显出中心超强的应急处置能力。面对军事斗争准备新的形势任务，中心必将在“三防”医学救援能力上，得到进一步的锤炼和提升。中心决定在上级党委机关的领导下，乘势而上，奋发进取，埋头苦干，继续当好战区部队疾病防控的“先锋官”。

中部战区疾病预防控制中心主任杨会锁介绍说，军队疾控机构是在2003年全国乃至全球应对SARS疫情的大背景下应运而生的，近年来，国家和军队在疫情防控、“三防”医学救援等领域都面临日益严峻的挑战，新发和再发传染病的不断威胁、慢性病负担的日益加重、环境对健康的影响、社会区域发展的不平衡等因素带来不同的公共卫生问题和需求。面对这些挑战和威胁，军队疾控机构“地位重要，任务繁重，力量不足，能力不强”的困难尤为突出。这

图51　队员深入现场采集水样

些都在一定程度上制约了中心各项工作的快速发展。中心将以成绩为动力，补短板找差距，争取在下一个10年再创佳绩，再创辉煌。

图52　为救灾部队防疫消毒

10年前，“特别能吃苦、特别能战斗、特别能奉献”的老防疫精神是世代传承和发扬的优良传统；10年来，“协作、奉献、创新、发展”的不懈追求是疾控事业不断前进的力量源泉。疾控中心将一如既往地以时不我待、只争朝夕的工作热情，以团结奋进、务实创新的工作态度，以“质量好、服务好，群众满意”的工作标准，扎实工作、锐意进取，为保障官兵和人民群众的身体健康，促进社会和谐稳定、科学发展作出应有的贡献。

十年疾控，我们感动生命；十年同路，我们携手辉煌！

■链接1

一次抗震路　十年不了情

原北京军区疾病预防控制中心副主任　李森林

时光如梭，飞速流逝，但难忘的记忆永远都会留在心里。

2008年5月12日，四川汶川发生特大地震。根据命令，我带领北京军区疾病预防控制中心抽调的13人组成北京军区卫生防疫队，前往灾区执行抗震救灾卫生防疫救援任务。

尽管10年过去了，但当时的情景依然历历在目，仿佛就在昨天。

我们执行任务地区是安县，地处四川盆地西北边缘，辖区面积1404平方千米，共有6个镇4个乡，23个社区、275个行政村。这里地形复杂，水源众多，要想把所有水源检测一遍，任务十分艰巨。

但是我们没有退缩，在进入灾区的第一周，连续奋战，不怕牺牲，将当地临时供水点和所有乡镇、村庄的各类水源150余个样品进行了普查，收集水样65个，完成检测项目800多个，为灾区防疫工作提供了翔实的第一手资料，受到抗震救灾指挥部和许多卫生单位的高度评价。

图53　在百姓家井水采集水样，迅速开展作业

图54　仔细比对水样结果

在这期间，还发生了一个见义勇为的事情：有一次，王征、杜志辉、高显明三名同志去安县迎新乡收集水样，途中遇到一个老大爷掉进了汹涌的河水中。王征不顾自己的痛风，毫不犹豫跳进深水之中。由于水流湍急，把他们冲出好几米远，好在中间有一个涵洞把他们拦了下来，他才把老人从河中托举出，在杜志辉、高显明的密切配合下，将老人成功救上岸，让同行的安县疾控中心、广东省救灾车队的同志和周围的当地群众深受感动。

当时灾区的卫生防疫任务非常繁重。大灾之后必有大疫，这在历史上是有教训的。当时虽然救援还在继续，但工作重心已经转向卫生防疫。从中央到地方，从前方到后方，最高要求就是要确保灾区无疫情，灾后无大疫。而完成这个目标的重要环节，就是必须以消杀灭工作为重点，切实阻断疫情传播的途径。当时，我们作为震后初期安县灾区唯一一支携带防疫喷洒车的专业队伍，责无旁贷地担负起全县大范围消杀灭工作。

我们还主动发挥自身优势，既当战斗员，又当教练员；既当指挥员，又当宣传员。培训当地疾控和基层防疫人员600余人次，向14000余名受灾群众进行了健康教育，发放了卫生知识传单22000份，真正发挥了专业队伍的主力军作用。

抗震救灾期间，我们除担负安县灾区防疫工作之外，还承担着来自武警、二炮、十四集团军、38分部、预备役援安部队（第四责任区安县分责任区）共18家单位、4913人的防疫保障工作任务。我们每天都要利用去乡镇采水、环境消杀工作的时候深入各部队开展饮水饮食卫生工作、环境消杀灭工作和疾病监控、健康教育等防疫保障工作，受到了广大指战员的一致好评。

我们还积极做好群众的安抚工作。记得有一次，我们深入安县最偏僻也是最贫困的迎新乡开展卫生防疫工作，在一个村庄里被几十名受灾群众围在当中，老乡们说，我们是灾后第一支进入该村的解放军队伍，他们群情激奋提出各种问题。面对如此情况，我们就把自己当作军队和政府的代表，认真倾听受灾群众的呼声，针对问题一一作出合情合理的解释，很快平复了群众的情绪。其实，当时我们也是一路劳累，几名队员因为缺水几乎都要虚脱，但是看到那些受灾的群众，大家依然打起精神安抚他们后完成了现场的消毒任务。

也正是这种担当的精神、大爱的情怀和拼搏的勇气，使我们圆满完成了上级和抗震救灾指挥部赋予的各项任务，受到当地政府和群众的高度评价。中组部、中宣部把防疫队列入抗震救灾英雄谱，称赞我们是“抗震救灾防疫战线上的轻骑兵”。

虽然，我们在灾区只待了两个月，但一次抗震路，十年不了情。完成抗震救灾后，我们回到北京，但是心还留在那片多灾多难的土地上，无时无刻不牵挂着那里的百姓。特别是后来，灾区的每一次余震、泥石流等自然灾害，包括灾区的重建都时刻牵动着我的心。

我常常在想，我国地域辽阔，自然灾害频发，作为一名疾病预防控制战线上的老兵，我应该从这次救灾中总结点什么、吸取些什么，应该为未来的防灾减灾做些什么？

10 年来，我没有停止过研究的脚步，一直在思考。通过梳理四川抗震救灾防疫救援的整个过程，我感到有这样几个问题不容忽视。

图 55 险中作业

一是大灾当即，确保饮用水安全是灾后防疫工作的首要问题。以四川大地震为例，当时人畜尸体腐败、粪便清理达不到正常要求，加之受灾群众的生活垃圾四处堆放，已经造成包括地下水在内的各种水源出现生物污染，如果不及时采取相关措施，肯定会发生疫情问题。

二是卫生监督指导是灾后防疫工作的难点和重点。可以说，民众的饮食卫生监督，是防止灾区出现疫情的一个重要切入点，卫生监督必须投入大量的专业人员、专业检测设备，一旦饮食安全出现问题，疫情就会难以控制。

图 56　北京军区联勤部卫生部陈恒年部长慰问

三是消杀灭工作是灾后传染病防控的有效途径。由于特大地震灾害直接造成灾区地貌环境改变，城乡公共卫生设施毁坏，垃圾、粪便处理机制几近瘫痪，禽畜养殖场所随处可见动物尸体，许多房屋废墟和泥石埋没道路中还有不少人的尸体难以移出，尸体腐烂势必污染环境和水源。尤其是在受灾群众安置点内，人员拥挤，帐篷林立，根本谈不上正规的消毒和杀虫灭鼠工作展开。针对虫媒、鼠媒传染病的威胁和呼吸道、肠道传染病的隐患，必须进行科学的、大规模的、经常性的消杀灭工作。但灾区消杀灭工作必须要科学合理，不能过度消毒，更不能污染环境。

四是疾病控制。这是灾后防疫的关键环节。记得在四川灾区，地震发生后，由于当地原有的疾病监控机构人员、组织和信息上报渠道都遭到很大损失，疾病监控已经成为当时卫生防疫工作重大薄弱环节。为了有效防止灾区呼吸道、肠道和虫媒传染病的发生，我们会同其他防疫机构，对安县卫生防疫工作的总体情况进行了评估，制订了详细工作方案。提出了建立发热和肠道门诊的建议，要求传染病症状每日落实零报告制度，这些举措都起到非常重要的防控作用。

这次抗震救灾，也让我深深感受到部队在救灾防疫中具有很强的特殊优势，可以发挥主力军作用。部队防疫人员训练有素、专业性强，经常参加大型活动保障，有较丰富的野外防疫保障经验。而且，部队应急反应快、开进展开迅速，野外生存、自身保障能力强，装备先进等，都为完成艰巨任务奠定了坚实基础。可以说，一旦发生重大自然灾害，人民军队仍然是最能攻坚、最能吃苦、最有优势、最可信赖的战斗力量。

这些体会和感悟都是经过实战检验的，是难得宝贵的第一手资料。后来，我把这些全部整理成文字，撰写了《四川抗震救灾防疫救援工作特点与体会》《部队支援地震灾区防疫工作的任务特点与思考》等研究文章，被多家刊物转发和推广，为今后抢险救灾提供了一定的经验和借鉴。

10 年过去了，与灾区的感情就像老酒一样，越发醇香。总是想起那遍野的油菜花，想起那些坚强、乐观的灾区群众。我曾利用出差的机会回访了当时参与救援的地方，看到灾区发生的历史变化，真的感到高兴和欣慰。

■链接 2

灾后防疫，需要科学与担当

——2008 年汶川“5·12”特大地震卫生防疫救援经验与体会

原北京军区疾病预防控制中心健康教育科主任　王征

2008 年“5·12”汶川特大地震后，笔者自 5 月 16 日至 7 月 21 日深入灾区，执行四川省重灾区安县的抗震救灾防疫救援任务。回顾 10 年前的灾区卫生防疫工作，总结出一些经验、做法和反思。

图 57　卫生部副部长高强慰问

图 58　卫生部陈竺部长慰问

饮用水安全是灾后防疫工作的首要问题

在震后初期，经过普查检测发现了水源水质确实发生了变化：一是部分水源化学指标如总硬度等有较明显的升高，有些水源的总硬度达到 980 毫克/升，远远高于国家标准。二是由于人畜尸体腐败、粪便清理达不到正常要求，加之受灾群众的生活垃圾四处堆放，已经造成包括地下水在内的各种水源出现生物污染。三是灾区民众普遍担心其附近的化工企业可能发生污染物泄漏。四是由于当地的疾控中心受灾严重，检测设备已被破坏而无法开展检测工作。为了确保安县 51 万受灾群众尽快喝上放心水，我们连续作战，在短短的 10 余天时间内就完成了水源普查。随后，又对所有水源尤其是开始恢复供水的自来水出厂水和末梢水，进行多轮次监测和技术指导，指导新建成的供水设施达到消毒要求，监测结果都及时通报当地政府，予以公布，进一步消除了当地受灾群众的疑虑。

卫生监督指导是灾后防疫工作的难点和重点

震后，民众的生活规律完全打乱，饮食结构发生很大变化，尤其在震后初期，每日都以方便食品充饥。这些食品包括各种各样的方便面、饼干、火腿肠、面包、饮料等，来源复杂，数量巨大。加上震后气候变化大，常以高温潮湿天气为主，而灾区根本不具备冷藏条件。这些问题，给受灾群众饮食安全带来了很大威胁。随后，一些外援的餐饮服务机构进驻灾区，为受灾群众提供热食，但由于工作量大，也难免有一些违反饮食卫生要求的现象出现。再者，此期间受灾群众已经对进食方便食品产生了不接受的态度，更愿意吃新鲜的饭菜，这就造成两方面的问题：一是发放的方便食品囤积，在高温下更容易变质；二是集中供应饭菜的卫生一旦出问题，就容易造成肠道传染病和食物中毒的暴发。可以说，民众的饮食卫生监督，是防止灾区出现疫情的一个重要切入点。我们体会到，灾区的卫生监督工作是一个十分复杂的系统，首先是食物品种多，来源复杂；其次是监督对象多，既有受灾群众个体，也有食品管理和发放人员，更有许多散居的农户家庭。所以，卫生监督必须投入大量的专业人员、专业检测设备，还要有足够的车辆保障交通。当然，灾后短期内的卫生监督主要应以指导和教育为主，平时执法工作中的严格做法在灾区并不完全适用，这一点，应该引起足够重视。

消杀灭工作是灾后传染病防控的有效途径

此次特大地震灾害直接造成灾区地貌环境改变，城乡公共卫生设施毁坏，垃圾、粪便处理机制几近瘫痪，禽畜养殖场所随处可见动物尸体，许多房屋废墟和泥石埋没道路中，还有不少人的尸体难以移出，尸体腐烂势必污染环境和水源。尤其是在受灾群众安置点内，人员拥挤，帐篷林立，很难谈得上正规的消毒和杀虫灭鼠工作展开。针对虫媒、鼠媒传染病的威胁，针对呼吸道和肠道传染病的隐患，科学的、大规模的、经常性的消杀灭工作必须作为卫生防疫工作的关键加以重视。我们体会到，灾区消杀灭工作首先是要科学合理，有些过度消毒的做法是不科学的。在灾区没有发生重大疫情的情况下，到处设立消毒喷药点，对人员衣物和体表，以及车辆外表进行消毒喷药，既达不到消毒目的，又浪费人力物力，造成环境污染。

疾病监控工作是灾后防疫的关键

地震灾害后，当地原有的疾病监控机构在人员、组织和信息上报渠道上都遭

图 59　在倒塌废墟居民楼内进行环境消毒、消杀作业

图 60　队员在机场整装待发

到了很大损失，疾病监控已经成为卫生防疫工作的一大薄弱环节。为了有效防止灾区呼吸道、肠道和虫媒传染病的发生，我们会同其他防疫机构，对当前安县卫生防疫工作的总体情况进行了评估，制订了详细工作方案。提出了建立发热和肠道门诊的建议，要求传染病症状每日落实零报告制度。从巡察受灾群众安置点和医疗机构的情况看，已经得到了较好的落实。当前灾区各医院和受灾群众安置点

都设立了专门的疫情报告人员，每人配备一部手机专门用于每天下午的疫情直报。我们密切关注安县乃至整个四川灾区的疫情动态，随时准备扑灭各种传染病疫情，随时准备处置各种突发公共卫生事件。当前，灾区疾病谱相对平稳，还没有发生疫情和食物中毒暴发。从总体情况看，各级各类卫生人员和当地政府对于疫情的防控是十分重视的，但也有一些死角和疏漏。

我们体会到，建立疾病监控系统的关键在于队伍建设，首先要有足够的、切实掌握疫情判断和报告知识的专业人员。其次，由于灾区许多固定电话线路破坏，就必须要有便捷的通信工具，以便监测人员及时报告当天情况。为此，我们积极为当地疾控人员进行了培训，让他们与外援的防疫队伍一起构成了覆盖灾区所有村镇的疾病监控网络，确保不留死角，不放过任何疫情信息。

有效的健康教育是提升民众防病意识的重点

强烈地震以后，民众的生活习惯和社会关系打乱，加之村民平时的卫生习惯养成很不够，震后的心理冲击太大，受灾群众情绪容易波动。这种情况下，强有力的健康教育和针对性的心理疏导，对于受灾群众的健康和心理稳定，对于当地的社会治安和救灾工作正常展开都具有十分重大的意义。我们充分利用各种机会，对身边的受灾群众和当地政府各级官员展开了不厌其烦的健康教育，向他们传授饮食饮水卫生、个人卫生、环境卫生等知识。尤其是针对城乡群众对于饮用水源震后污染的担心和疑虑，我们在严格按照科学方法进行采样和检测的基础上，耐心细致地向受灾群众解释震区当前水源水质的情况，为让受灾群众真正放心，我们对怀有疑虑的水源当场检测，讲解分析结果，使受灾群众口服心服。并把水井防护、水源洁治、消毒、煮沸的方法传授给受灾群众，使所有受灾群众都真正喝上了放心水。

图 61　疾控中心队员登机赴汶川灾区

图 62　战友文工团于文华慰问北京军区疾控中心抗震救灾防疫队

面对大灾需要重视的几个问题

第一，关于信息通报问题。要杜绝随意向受灾群众散布不利于社会稳定的卫生方面消息，严禁凭一家之言信口开河，无谓地造成受灾群众恐慌和社会不稳定。所有信息，尤其是涉及卫生防疫方面的信息，应汇总到指挥部，经研究后统一向外发布，否则必须追究私自发布信息者的法律责任。从国外自然灾害后的情况看，专业人员如何面对媒体一直是个值得关注的问题，不负责任的发言必然带来严重后果，这一点值得救灾指挥部、所有疾控和卫监人员高度重视。

第二，关于防疫力量整合问题。震后，军队和地方支援的疾控、卫监单位众多，人数不一，应纳入当地救灾指挥部统一调配，做到既突出重点，又兼顾均衡，尤其是要消除专业人员进村到户的死角。各级各类卫生机构应统一工作标准，统一对上、对下、对外的口径，确保灾后防疫工作一盘棋、一条线。

第三，关于工作重点方向问题。灾后防疫工作千头万绪，要结合临时安置房建设的进度，加强安置点受灾群众的各项卫生防疫工作，同时要兼顾散居村民的住地，进一步从受灾群众吃喝拉撒睡等日常生活的各方面，找出防疫工作存在的重点和难点，有针对性地提出对策和措施，提交指挥部并督促严格落实。如厕所、垃圾堆的设置和管理，食品发放，水源防护，季节气候变化时受灾群众的防病意识等，均应有统筹考虑。

第四，关于灾后工作延续性问题。在灾后防疫工作取得初步成效的基础上，尽快完善灾区中长期卫生防疫工作规划，加强当地卫生机构重建。一旦外援防疫机构撤离，灾区防疫工作将全部由当地防疫力量承担。应尽快、尽可能补齐各级各类防疫人员，尽快筹措优质足量的防疫器材和药品、试剂，着手开始正规的技能培训，真正为灾区留下一支过得硬、带不走的防疫骨干力量。

四、一项关乎残疾人的爱民工程

——四川省八一康复中心的建设掠影

涂国政

2008 年“5·12”汶川特大地震的无情突袭，使得川蜀大地 37 万多人受伤，数万人因伤致残。而四川省，是我国仅有的两个没有省级康复中心的省份之一。

为了尽快给饱受磨难的伤残者一个康复家园，接受全面系统的康复治疗，根据汶川地震灾后重建的全面部署，以解放军总参谋部、总政治部、总后勤部、总装备部四总部的名义，投资3亿元，援建一个建筑面积5万平方米，拥有500张床位的四川省八一康复中心。

图63　四川省八一康复中心

在四川省八一康复中心大事记中，有这样的记载：

2008年6月18日，受中国残联主要领导委托，中国残联党组成员、副理事长程凯同志来川，就中央军委援建四川省康复中心项目交换了意见。刘奇葆同志表示将高度关注，大力支持四川省康复中心建设。

2008年7月3日，省委常委李登菊同志对四川省八一康复中心建设筹建工作作出重要批示。

2008年7月7—9日，中央军委首长，中国残联党组书记王新宪，副理事长孙先德、程凯一行来川，在现场察看项目选址后，召开了有关方面参加的“军队援建四川省康复中心项目筹备工作会议”。

2008年7月21日，中央军委首长来川，实地察看了项目地址，听取了成都军区、四川省政府、温江区政府等负责同志关于省康复中心前期筹备工作的情况汇报，并就相关工作作出了指示。

2008年9月24日，四川省八一康复中心筹建领导小组在成都召开了四川省八一康复中心联席会议。总后勤部、中国残联、四川省人民政府、成都军区联勤部等方面负责同志参加了会议。就有关事项进行了讨论研究。

2008年10月16日，军队援建四川省八一康复中心项目签字仪式在北京举行。

中央军委将投资3亿元，以四总部的名义援建四川省八一康复中心。援建工程由总后勤部具体承办，中国残联、四川省人民政府协助。2010年8月1日建成后，交由四川省残疾人联合会负责运行管理。

图64　四川省八一康复中心住院部

2008年12月9日，军队援建四川省八一康复中心工程奠基仪式在成都温江区永宁镇“成都国际医学城”内隆重举行。

2010年6月9日，四川省八一康复中心建成。

笔者2018年2月来到四川省八一康复中心（四川省康复医院）。这家医院位于四川省成都市温江区成都国际医学城内，占地面积185亩，编制床位数500张，实际开放床位700余张，现有职工574人，拥有省内外一大批知名专家为主要业务领域学科带头人和学术骨干。

中心（医院）设施设备按三级甲等医院条件配备，拥有数字化医院系统、层流手术室、全进口东芝1.5T核磁共振机、GE16排螺旋CT机、DR、高频数字胃肠机、C臂、高端彩超、全自动生化分析仪、高压氧舱等大中型诊疗设备和康复机器人、全进口水疗设备、三维步态分析仪、生物反馈治疗仪等国内一流的各类医疗、康复设备1万多台件。

中心（医院）开设了内科、外科、儿科、眼科、骨科、耳鼻喉科等临床、康复治疗及行政后勤科室28个，涵盖了运动治疗、成人作业治疗、评议康复、辅助器具适配等。中心（医院）下设残疾人辅具中心，承担着大量国家、省级康复项目以及残疾人辅具研发、适配、教学、科研等工作，以个性化

图65　四川省八一康复中心急诊科

辅具适配为特色，引领中国西部辅具发展新方向，是四川省残疾人辅助器具资源中心，中国西部唯一的辅具区域性资源中心。

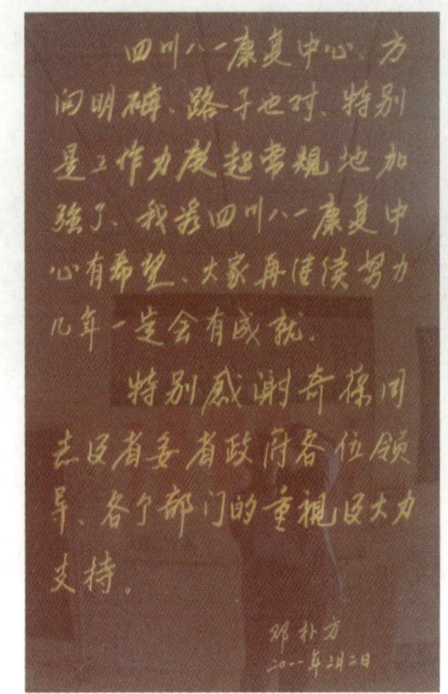

图 66　全国政协副主席邓朴方给康复中心题词

图 67　中国残联主席张海迪给康复中心的题词

四川省八一康复中心，2008 年 12 月 9 日奠基，2010 年 6 月建成投入使用。是人民军队怀着对灾区人民的深情厚爱，用不到两年的时间在这片曾经破碎的土地上建起了一座西南地区规模最大、功能最完善、设备最齐全、为地震伤员和广大残疾人服务的现代化康复中心。

在部队专家的帮助下，中心（医院）在康复医学领域与成都军区总医院、军区机关医院、成空第四五二医院、武警医院结为技术联盟，还与军队建立灾害应急救援联动机制，创建军民合一、快速反应、医康结合、优势互补的医学救援模式，把汶川特大地震，全国军民抗震救灾的英雄壮举和所创造的黄金救援模式，继承下来，总结完善，不断提高，形成富有特色的、军民兼容的灾害救援体系，为四川经济发展作贡献。

截至目前，仅与广元市残疾人康复中心合作，四川省八一康复中心累计为 99643 名残疾人制定需求 840957 项次，为 99563 名残疾人落实服务 740357 项次，落实覆盖率 91.9%；落实人均服务项次达 6.8 次，在深受残疾人好评的同时，有力地加快推进了残疾人同步全面小康进程。

五、汶川地震后部队援建学校鲜为人知的故事

——记解放军和武警部队援建灾区学校和感恩发展

涂国政

在四川省汶川发生8级特大地震10周年前夕，我们走进了地震灾区军队援建的8所学校，了解察看了解放军和武警部队支援灾区学校重建及学校这些年如何开展国防教育、爱国拥军教育活动等情况。现在，简要整理，奉献给大家。

为地震灾区学生建放心、安心、舒心、暖心新校园的特殊行动迅速展开

孩子是祖国的未来，教育是托举民族的希望。就在抗震救灾还处于紧张进行之中，党中央、国务院、中央军委和胡锦涛主席心系地震灾区孩子，牵挂学校恢复重建工作。2008年6月19日，胡主席明确指示军队和武警部队援建地震灾区学校。很快，一场为灾区学生建放心、安心、舒心、暖心的新校园行动，在全军迅速展开。

为贯彻落实胡主席的重要指示，按照中央关于灾后恢复重建的部署要求，2008年6月20日，中央军委决定参加抗震救灾的军队有关大单位和武警部队，在四川省、陕西省和甘肃省地震灾区援建8所学校。6月27日，总参谋部、总政治部、总后勤部联合下发《关于援建地震灾区学校的通知》，对援建学校地点、规模、任务区分、标准要求、建设工期等进行了明确。

海军援建东汽八一中学；

第二炮兵援建汶川水磨八一小学；

济南军区援建北川擂鼓八一中学；

成都军区援建都江堰市聚源八一高级中学；

空军援建什邡蓥华八一学校；

武警援建茂县八一中学；

兰州军区援建甘肃省陇南市武都八一中学、陕西省宁强县广坪八一中心小学。

图 68　兰州军区援建的广坪八一中心小学

图 69　新建的广坪八一中心小学

为了将这项爱民工作做好，所涉部队都成立了援建工作领导小组，指定一名领导同志担任组长。有的还与地方政府联合成立了军地协调小组，抽调专业技术人员，组建援建工程指挥部。总部机关和有关单位领导深入灾区，多次听取单位情况汇报，并赴援建学校考察，作出重要指示，要求一定要高标准、高质量地把学校建设好。空军把援建什邡蓥华八一中学的工作，纳入地方政府恢复重建规划。武警部队为建设好地处偏远山区的茂县八一中学，先后三次召开党委常委会，研究学校重建事宜。成都、兰州、武警等大单位的领导还深入援建工地，现场办公解决施工中遇到的问题，使援建工作得以顺利进行。地方党委、政府积极配合，从学校选址、规划设计到现场施工，及时帮助部队解决各种困难和问题。各援建学校在军地的共同奋战下全部提前完工，交付使用。具体明细如下：

在四川省都江堰市，成都军区投入 1.335 亿元援建都江堰市聚源八一高级中学，于 2008 年 10 月 7 日开工，2009 年 8 月 24 日竣工，占地面积 116 亩，建筑面积 3.70 万平方米，可容纳学生 2400 名，是按照抗震 8 度设防的标准建设，并在教学楼中配备安全疏散路径，同时还在校园里建了一个专门的防灾避难场所。

在四川省北川县，济南军区投入 1 亿余元，援建的北川羌族自治县擂鼓八一中学，于 2008 年 10 月 17 日开工，2009 年 7 月 22 日竣工，占地面积 108 亩，建筑面积 3.2 万平方米，可容纳学生 2200 名，所有建筑都按照抗震 9 度等级进行构造处理，每栋宿舍楼都设有专门供伤残学生住的宿舍，入户门和卫生间的门也都进行了特殊处理，方便轮椅出入。

在四川省德阳市，由海军援建的地震中损坏严重的原四川绵竹汉旺镇的东汽中学，移址德阳市高新区旌湖之畔，被命名为“四川省东汽八一中学”。该中学于 2008 年 10 月 29 日开工，2009 年 7 月 19 日竣工，占地面积 100 亩，建筑面积 2.8

万平方米，可容纳学生1500名，所有建筑均为框架结构，是德阳市普教的崭新殿堂。

在四川省什邡市，由空军援建的什邡市蓥华八一学校，于2009年1月11日开工，2009年8月27日竣工，占地面积47.6亩，建筑面积1.9万平方米，可容纳学生1200名，这座始建于1904年的百年老校在震后重生。

在四川省汶川县，第二炮兵援建的汶川水磨八一小学，于2008年11月17日开工，2009年7月31日竣工，共占地面积51亩，建筑面积17800平方米，能容纳学生1080名，教职员工60名。建成了一所全寄宿制农村普通完全小学。

在四川省茂县，由武警部队全体官兵捐资8000万元援建的茂县八一中学，工程由常年参与国家重点工程建设、专业设备精良、施工经验丰富的武警交通部队直属工程部担任，于2009年3月18日开工，2009年9月12日竣工，占地面积100亩，建筑面积2.87万平方米，可容纳学生2300名。

在甘肃省陇南市，兰州军区援建的武都区八一中学，于2009年3月26日开工，2010年4月29日竣工，占地面积50亩，建筑面积2.9万平方米，可容纳学生2000名。

在陕西省宁强县，兰州军区援建的宁强县广坪八一中心小学，于2009年3月28日开工，2009年12月6日竣工，占地面积12.4亩，建筑面积0.40万平方米，可容纳学生650名。

真情感恩亲人　赤诚回馈社会

在解放军和武警部队捐资援建的这8所学校里，用真情感恩亲人，用赤诚回馈社会，已成为一种时代社会风尚。

——都江堰市八一聚源高级中学

都江堰市八一聚源高级中学，四川省成都市重点高中、少年军校、四川省国防教育基地、成都军区国防生源基地、全国心理健康教育先进学校、全国领导力课题最佳参与学校、全国新课程实施先进单位、全国家长学校优秀实验基地、全国科普教育先进学校。

学校创建于1957年，2008年由成都军区根据中央军委的统一部署，全额出资、全程建设、全面装备，投资1.335亿元援建的一所现代化学校。学校将《孙子兵法》中培养将领的标准“仁、智、信、勇、严”作为校训，并确立了“基础扎实，能文尚武”的人才培养目标。

图 70　都江堰八一聚源高级中学

2009 年 9 月，学校整体迁至都江堰市聚源镇迎祥村新校园。名称由“都江堰市第四中学”正式更名为“都江堰市聚源八一高级中学”。

学校占地 116 亩，建筑面积 37753 平方米。现有 47 个教学班，2322 名学生，实行全寄宿制；学校拥有生物实验室 3 间、化学实验室 6 间、物理实验室 6 间；建了一座电子图书馆，有藏书 89380 册，实现了图书管理数字化；音乐室 2 间、美术室 2 间、器乐室 2 间；标准室内体育场 1 座、400 米塑胶环形跑道、标准足球场和其他各种体育设施；数字化实验室 1 间、科技室 1 间、陶艺室 1 间；远程网络直播教室 6 个，多媒体教学系统 48 套，可容纳 800 人的多媒体学术报告厅 1 座。学生寝室宽敞、明亮、宁静，拥有 24 小时热水、独立卫生间等生活设施。

2014 年 8 月，学校被四川省政府、四川省国防教育委员会命名为普及加强国防教育，增强全民国防观念的“四川省国防教育基地”。

2015 年 4 月，都江堰市聚源八一高级中学被四川省国防教育委员会、中共四川省委宣传部、四川省国防教育厅、四川省军区政治部、共青团四川省委命名为“少年军校”。

学校被四川省军区政治部、四川省教育厅、成都军区政治部干部部命名为“成都军区国防生源基地”。

国防教育特色，准军事化管理，是这所学校一张亮丽的名片。

学校自成功创建成都军区国防生源基地、四川省国防教育基地、少年军校以来，成立了国防教育办公室，设立军事辅导员、军事科代表，对学生内务管理和日常行为规范进行准军事化管理；每年定期举办军事化活动周，以远程拉练、队列会操、军体拳演练、匕首操教习等为常规活动载体，强化学生的体能和意志；学校国防教育陈列馆系统介绍国防知识和军事动态；成立“九州

图 71　都江堰八一聚源高级中学雕塑“大爱如山”及落成记

图 72　都江堰八一聚源高级中学教学楼

图 73　都江堰八一聚源高级中学学生公寓

军事社”，广泛学习了解国际国内军事动态和科技前沿，系统开展国防知识教育。

该校的国防生源基地班：全班着军装，设军事科代表，实行军事化管理，学生高考报考国防类大学、军事院校在同等条件下优先录取，近 3 年本科升学率 98.7%。

——北川羌族自治县擂鼓八一中学

擂鼓镇是北川县城通往安县和绵阳市的门户。特有的羌族文化，优美的自然风光，曾让无数游人流连忘返。

擂鼓八一中学是地震后由擂鼓初中原址重建的初级中学，是一个可容纳 2000 学生的寄宿制学校，设 42 个班，占地 108 亩，总建筑面积 3.2 万余平方米，具有鲜明羌族特色，可为擂鼓镇、曲山镇、禹里乡等相邻乡镇学生提供良好的学习和生活环境。

图 74　北川羌族自治县擂鼓八一中学

震后重建一次性跨越了 50 年

——北川擂鼓八一中学

图 75　济南军区援建北川羌族自治县擂鼓八一中学记

北川擂鼓八一中学，承载着济南军区官兵对羌族人民的深情挚爱，该校由清华大学设计，占地 108 亩（在擂鼓镇划出一块 108 亩的平地出来是太难了）。为了孩子的教育，这里的政府和人民“倾其所有”，济南军区投资 1 亿余元，设计招生规模为 2000 名学生。现有 38 个班，1200 多名学生，学生主要来自擂鼓、漩坪等周边乡镇。由于擂鼓镇中学是由济南军区筹资建立的，所以学校改名为“擂鼓八一中学”。

图 76　北川羌族自治县擂鼓八一中学教学楼

新学校建筑造型新颖，保留了大量羌民族元素，体现了以人为本、顺应自然的现代建筑理念。所有房屋均按 8 度抗震等级设计，按 9 度抗震等级进行构造处理，是一所具有高度抗震性的美丽的全寄宿制现代化学校。学校教学楼只有 3 层高，一楼和二楼的学生疏散通道不交叉，紧急情况下各行其道，不但通道更宽敞，而且不会发生冲撞，三楼建有安全平台。

学校有四栋学生公寓，每间寝室供 7 人住宿，内配有齐全的洗漱用品，每人配有书柜、铁质储物柜，有可供 4 人同时看书写字的写字台，单独的洗漱间和卫生间，每间寝室均配有太阳能热水器淋浴装置，并与学校暖气管道相通，保证学生四季均能洗到热水澡，每层楼还设有公共卫生间、开水间和洗衣间，消防设施。

全校学生大部分都是羌族学生，不仅不交学费，一半以上还能享受国家的贫困生住宿补贴。

从选址到奠基，从援建到回访，学校里都没少过军人的身影，军队铁一般的纪律教育，也自然而然地融入了八一中学的教育内容，感恩解放军也成为学生的一种基本认识，近 10 年来，参军入伍的学生数量一直在上升。

——四川省东汽八一中学

四川省东汽八一中学，是一所具有 50 年辉煌办学历史的公办普通高完中。1968 年由国家大型企业东方汽轮机厂创办，原名“东方汽轮机厂子弟中学”。

在 2008 年的“5・12”汶川大地震中，学校校舍垮塌，师生伤亡惨重。震后，学校被评为全国“抗震救灾英雄集体”，全校现有教学班 48 个，在校学生 2380 余人，是四川省二级示范性普通高中，荣获海军工程大学生源基地等称号。

图 77　四川东汽八一中学校园鸟瞰

学校对素质教育进行了有效的探索，形成了鲜明的“军、科、体、艺”办学特色，学校占地 110 亩，所有教室全部安装空调，配备电子白板等全套多媒体教学设备；学生食堂和学生公寓均按大学标准配备，学校建有功能完善的图书大楼、科技大楼和艺术大楼，有价值上百万元的天文堡；标准的塑胶运动场、篮球场和室内体育馆；校园有全方位的监控系统，完善的“一卡通”系统，学生考勤、成绩、校内消费等信息均能与家长互联互通。

在学校的灾后重建过程中，海军给予了学校大力的援助和支持。在中央军委和海军首长的关怀下，南海舰队工程指挥部的援建官兵们战严寒、斗酷暑，精心施工，严控质量，在艰苦的条件下仅用短短9个月就在一片荒凉的滩涂上建起了这样一所坚固、美丽、现代化的校园。长期以来，南海舰队工程指挥部一直心系学校的发展。“5·12”地震5周年之际，南海舰队工程指挥部主任姚小东大校率队到校慰问师生，并向学校及学生捐赠“辽宁号”航母模型和慰问金等。

图78　大课间跑操活动

图79　军事夏令营师生在潜艇上合影留念

图80　海军官兵向军事夏令营同学展示射击动作

海军工程大学与学校结成共建文明单位。自2009年至今，海工大连续9年派出优秀博士组成的军训团来校开展新生军训工作。军训期间除了开展常规的队列、内务训练外，还创新开展了军体拳训练、艺术体操训练、国防知识讲座、学习方法讲座等内容，海工大教授还不定期到学校开展国防知识讲座、高考报考动员等活动，受到学生的极大欢迎。学校每年都有众多学生积极报考海军工程大学。

为了鼓励学生上进，丰富同学们的暑期生活，学校每两年组织一次优秀学生军事夏令营活动，受到了海军的高度重视和热情接待。截至目前，学校在南海舰队工程指挥部驻地湛江和海军工程大学驻地武汉共开展夏令营 5 次。

由于海军援建，学校的校园文化具有浓厚的国防特色。校园布局以钟楼为中心向两端延伸，呈现出军舰造型；校园围墙设海军主题浮雕，校园区域、设施的命名中包含了“八一”“方”“正”“勇”“严”等文字，校园点缀海军雕塑，处处彰显出鲜明的国防特色。学校学生以海军迷彩服为校服；起床、熄灯铃声为部队起床和熄灯号；学生集会、两操时必须统一着装，整队跑步入场；课间操打军体拳……这些都已成为学校国防特色校园文化建设的标志性特征。

——汶川县水磨八一小学

汶川县水磨八一小学位于四川省阿坝州汶川县西羌名镇水磨古镇，前身是由清道光八年（1828 年）创办的“储秀书院”；同治九年（1870 年）乡绅捐资迁建后，更名“兴仁书院”。因受 2008 年“5・12”特大地震的破坏，由中国人民解放军第二炮兵在原校址基础上进行灾后恢复重建，于 2009 年 7 月 31 日新校园落成使用，更名为“汶川水磨八一小学”。灾后重建的汶川水磨八一小学，学校占地面积 51 亩，建筑面积为 17800 平方米，总投资 8000 余万元。

图 81　汶川县水磨八一小学

图 82　汶川水磨八一小学“祖国不会忘记”标志

图 83　汶川水磨八一小学荣誉栏

学校各功能室齐全，教室内宽敞明亮，内部布置得体；学校有音乐室、美术室、阅览室、图书室、实验室、形体室、计算机室等；有风雨操场、篮球场、塑胶跑道等；各类教学、生活和办公设施也基本齐全，可满足周边 18 个村，1000 多名学生生活、学习需求，为进一步提高办学效益，奠定了良好的硬件基础。

图 84　第二炮兵援建记

图 85　汶川水磨八一小学教学楼

汶川水磨八一小学运动场镌刻着学校的历史沿革和学校简介的《储秀史诗》。现抄录《储秀史诗》中的一些诗句，供大家欣赏：

寿溪泽鸿蒙　道光始储秀（每组诗句后面还有插图和阐述，略。）
寿江复兴仁　毓秀储才继
流光逝年华　书声琅琅闻
地陷天倾覆　楼毁心欲摧
八一旗招展　新校恩情砌
学子重登楼　齐聚报效意
感恩天地间　中华一家亲

——什邡市蓥华八一中学

什邡市蓥华八一学校的前身，是有着百年建校历史（1904 年创办）的什邡市蓥华镇初中。2008 年“5·12”大地震后，蓥华初中被毁。灾后，蓥华初中与蓥华小学、八角初中、红白初中 4 所学校整合新建。新的学校是由中国空军全额捐资、援建的高规格、现代化学校，为铭记中国人民解放军空军的无私大爱，这所学校被命名为“蓥华八一学校”。该学校校舍按 8 级抗震烈度设计，项目规划总投资 4316.96 万元，占地面积 47.6 亩，校舍面积 1.9 万平方米，设 26 个教学班，可容纳学生 1230 名。目前，学校有 27 个教学班，在校学生 1246 人。

图 86　什邡市蓥华八一学校新貌

蓥华八一学校是中国空军对学校的关怀和期望。校门口有一架振翅欲飞的强 5 战斗机，预示着莘莘学子将从这里起飞，去翱翔长空。蓥华八一学校，是中国人民解放军空军倾力援建什邡灾后重建的一个缩影。

图 87　什邡市蓥华八一学校感恩纪念标志

什邡市蓥华八一学校，是一所九年一贯制山区学校。学校秉承“学军人风采，强自身素质，立报国之志”理念，2011 年 5 月，学校成功创建了四川省首家少年军校（空校），从此，学校以国防军事教育为抓手，坚持以准军事化管理为学生思想道德教育模式，形成了山区一道亮丽的学生思想道德管理风景

图 88　什邡市蓥华八一学校校园

图 89　四川省爱国主义教育基地空军陈列馆

线。由成都空军结对培训的学校国旗班，连续 9 年来，每周一都坚持升国旗仪式，不断强化师生国防观念和培育爱国拥军意识。每年都有 10 多名学生应征入伍，立志报效祖国，先后有 75 名学生携笔从军，学生邓浩 2011 年光荣考取空军飞行员。2017 年，学校被国防部授予“国防教育特色学校”，被德阳市教委评为“德阳市文明校园”。

——茂县八一中学

茂县八一中学的前身是成立于 1941 年的四川省阿坝州茂县中学。

图 90　茂县八一中学整体面貌

“5·12”地震后由中国人民武装警察部队投资 8000 万元无私援建，并为新校命名为茂县八一中学。援建的茂县八一中学位于风光旖旎的岷江河畔，阿坝州茂县西羌大道南段。总面积为 28710 平方米，占地面积 63870 平方米，按 9 度设防规划。设计中的教学楼如雄鹰展翅飞翔，似镶嵌在高原上的一颗明珠。援建学校于 2009 年 9 月 1 日竣工交付使用，各种硬件设施、设备齐全，教学楼、实验室、多媒体教室、学生阅览室、教师备课室等，为师生提供一流的现代化教学设施；校园环境干净整洁舒适，为学校教育教学工作的开展提供良好的育人环境。现有教职工169人，41个教学班。

图91　学生参观武警中队

图92　茂县八一中学举办运动会

茂县八一中学，是武警总部确定的一项为灾区人民办实事的爱心工程，武警交通指挥部直属工程部负责施工，抗震9度设防，用于学校建设的资金8000万元全部由武警部队官兵们捐赠而来。这份神圣而光荣的使命，不仅是武警部队党委、总部首长和全体武警部队官兵的爱心委托，更是武警部队关爱地震灾区，践行忠诚卫士誓言的实际行动。

茂县八一中学，每年国庆前夕，坚持举办爱国主义和国防教育主题班会，积极引导青少年主动学习并积极践行社会主义荣辱观，以实际行动弘扬爱国主义精神，自觉履行“爱国守法、明礼诚信、团结友善、勤俭自强、敬业奉献”的公民基本道德规范，把个人的成长进步与祖国的繁荣富强紧密结合起来。

——陇南市武都八一中学

武都区八一中学，原名安化中学，地处甘肃省陇南市武都区安化镇曾街村，始建于1958年，曾称为武都县第三中学、武都区安化中学，服务于周边10个乡镇。2008年“5·12”特大地震给该校造成巨大损失，教学楼、实验楼、综合办公楼全部成为危楼，教师平房宿舍几乎倒塌。兰州军区急人民所急，想人民所想，大力援助，捐资1.1亿元，在学校原址重建了一所规划科学、布局合理、功能齐备、设施一流的现代化中学。

学校项目工程一次验收通过，并获得“兰州军区AAA安全文明工地”“兰州军区第十六次优质工程项目一等奖”等荣誉称号。根据工程质量以及近年的使用情况，中国人民解放军总后勤部决定授予武都八一中学工程“军队优质工程一等奖”荣誉称号。

新学校占地50亩，总建筑面积2.9万平方米，建有综合教学楼一栋（五层），可容纳40个教学班，各种功能室、教辅室40间，每间教室都配备了电脑、投影仪

图 93　武都八一中学 2016 年高一新生军训开营

图 94　学校进行军体操训练

图 95　学校开展感恩汇报展示演出

及监控设备，校园网及多媒体平台满足教育教学的需求，并发挥着越来越重要的作用。建有综合宿舍楼一栋（十层），可容纳 1200 名学生住宿。建有餐厅食堂、塑胶跑道、大门、围墙、锅炉房、浴室。完成了校园的硬化、绿化、美化。兰州军区的广大官兵还给师生们捐赠了 2.8 万册图书，建起教师和学生阅览室。

学校把“感恩”写进了校训，他们感恩党、政府的关爱和兰州军区的无私援建……搬入新校后，学校经常展开感恩和爱国主义教育，每年 5 月 12 日举办“纪念 5 · 12”为主题的诗歌朗诵，7 月开展师生爱党、爱国为主题的书法、绘画、写作比赛，8 月开展国防知识学习竞赛，在 2011 年 4 月 29 日，邀请中国感恩励志宣讲团在八一中学操场上发表演讲……

学校坚持两手抓新生军训和入学教育。每年新生入学，学校都要组织军训和入学教育。军训伊始，学校要求各班活跃军训气氛，通过组织学唱红色歌曲、军营歌曲、制作宣传展板、悬挂训练横幅等方式，营造积极向上、热烈有序的军训氛围，经过严格的军训和入学教育，使大家形成良好的学习生活习惯、科学的学习方法、严明的组织纪律、坚定的意志品质，为即将开始的高中生活打下坚实的基础，真正做到军训一次，受益终生。自觉像军人一样生活，像军人一样思考，像军人一样训练，交出一份完美精彩的人生答卷。

兰州军区原副司令员郭洪超在学校交接仪式上说，援建八一中学是党中央、中央军委赋予兰州军区的光荣使命。一年多来，援建项目部和施工单位满怀对灾区人民的深情厚谊和对孩子们的深切关爱，高起点设计、高速度建设、高质量竣工。衷心希望学校领导和老师管好学校、用好设备，办好人民满意的教育，多为国家培养栋梁之材，衷心希望同学们铭记党和人民的关怀，奋发学习，立志成才。

——宁强县广坪八一中心小学

走进陕西省宁强县广坪镇八一中心小学，一座现代化的学校让人眼前一亮，蓝天白云下，雄伟气派的教学楼、办公楼拔地而起。学楼建筑设计合理、坚固实用、配置考究、功能完善，蕴含浓郁文化氛围。学校占地面积 12.4 亩，建筑面积达 4016 平方米，配置电脑等设施 1.2 万余件，可容纳学生 650 名。这所小学有音乐室、舞蹈室、劳技室、广播监控室、计算机教室等十九室一部。这是许多城区

图 96　兰州军区援建的宁强县广坪八一中心小学

学校都做不到的！该校成为汉中市乃至西北地区最好的农村小学，吸纳附近青木川镇、安乐河镇及毗邻地区大量学生入校就读。

宁强县广坪八一中心小学，原来叫广坪镇中心小学，在2008年“5·12”地震中，学校仅有的三层教学楼和一层综合楼全部倒塌。2009年3月28日，兰州军区援建的新校舍在原址开工建设，施工过程中，援建指挥部官兵和施工单位的同志们战天斗地，夙兴夜寐，克难奋进，仅用了8个月时间就让一所设施齐全、功能完备的现代化小学呈现在灾区人民眼前。

图97　广坪八一中心小学图书室

图98　广坪八一中心小学进行感恩教育

为感恩援建部队官兵，新校在原校名中加入“八一”更名为广坪镇八一中心小学，让历届学子牢记军队的援建情。

学校每年坚持开展感恩纪念活动。每年12月，这所学校都要过一个感恩节，以纪念兰州军区的援建，感恩各级领导对学校的深切关怀。2017年12月6日，广坪镇中心小学举行了第8届感恩节，全校学生在操场上摆出了“感恩”两个大字，早上学校举行隆重升旗仪式，值周教师作了感恩主题演讲，学校领导向全体师生深情讲述了学校援建的故事，以此表达内心的感恩之情。

汶川震后“一线两网三级”心理援助模式的探索与思考

——汶川地震10周年回顾

中国科学院心理研究所　祝卓宏

“清明时节雨纷纷，路上行人欲断魂。”今天是2018年的清明节，人们自然会思念去世的亲人。每年这一天我都情不自已地想起汶川地震遇难者家属，他们今日会是怎样的心情？丧亲之痛是否会再次让他们陷入抑郁旋涡？汶川地震已经过去将近10年，今年全国各地将会举办一系列10周年纪念活动，我作为曾经经历过汶川震后心理援助的见证者和参与者，很有必要作一次系统的反思，算是汶川地震后自己心灵成长的回顾，也算是对自己这10年心理援助经验的总结，以供未来从事灾后心理援助的志愿者参考。

一、首赴灾区调查研究，初次开展心理援助

2008年5月12日下午2点半，我正在解放军总医院三号院四楼的公寓撰写博士毕业论文，手机里收到几个朋友发来的信息“地震了！赶快下楼”，虽然我一点也没有感受到楼层的摇晃，但我还是立即到网上查看了新闻，发现已经有不少报道“四川汶川发生强烈8级地震”，我深知8级地震意味着什么，这将是一场巨大的灾难。我便马上拨打华西医科大学的导师刘协和教授的电话，电话一直占线，最后终于打通。刘老师在电话里告知我：“我很好，一切平安，这是一场巨大灾难，需要尽快开展危机干预和心理救援。”然后，我又拨通了北大方新老师的电话，想了解眼动脱敏再加工（EMDR）组织有何计划？EMDR组织是由2003年非典之后举办的第一期国际心理创伤治疗连续培训班学员组建的非正式组织，这些学员是国内第一批心理创伤治疗的专家，震后危机干预和心理援助需要这一批专家的参与。方新老师说：“目前还没有行动计划，还要等通知。”我想任何组织都

需要一段时间制订计划，毕竟这不是一次小的事故而是一场巨大的灾难，我需要尽快完成毕业论文，通过答辩，拿到学位，再投入相关工作。于是，我继续按照写作计划埋头撰写博士论文。

一切来得太快，计划赶不上变化。5 月 13 日中午，中科院心理所科研处刘正奎老师打电话询问我是否可以到灾区开展心理危机干预？他说心理所打算派专家到灾区去。由于我有过非典危机干预的经验和参加过国际心理创伤治疗的培训，而所内很少有专家具有这类经验，因此，我答应参加这次行动。5 月 14 日下午，在心理所北楼 420 会议室，我参加了临行前的会议。会议决定由我和王文忠老师先到灾区调研情况，根据前方情况再做进一步响应，与此同时，所里启动了“‘我要爱’心理援助行动”。中科院心理所原副所长，也是我的博士导师张建新老师担任心理援助总指挥。心理所所长张侃老师提出心理援助需要 20 年，现在看来，中科院心理所当初的行动计划是科学的、有效的、持续的。心理援助不是一蹴而就的短期危机干预，也不是临时处置的心理急救，而是帮助灾区群众打一场持久战，帮助灾区开展心理重建，这一定是一个漫长的过程。

5 月 15 日，我和王文忠老师作为第一批奔赴灾区的专家首先来到了中科院成都分院。我们的重要使命，是要尽快与当地政府建立联系，就地了解各方面的心理需求，适当开展心理援助、培训活动。在飞机上，我和王文忠老师交流心理援助未来的发展，我提出心理所应该建立一个危机干预中心，组织临床心理学团队对灾区开展持久的心理援助工作。在这么巨大的自然灾害之后，如何开展有效的心理援助，这是一个重大的现实问题，也是一个重要的科研课题。我想，心理援助是一个持久的服务与科研活动，也许正是这次行动，让我的人生轨迹发生了巨大变化。

如何开展心理援助，一切都需要探索。我们到达成都分院之后，5 月 16 日，先是帮助分院的师生作了一场危机干预的讲座，主要介绍地震灾后容易出现的急性应激反应，帮助师生消除不必要的担心，同时也教给他们学会一些稳定化技术，帮助他们降低焦虑和恐慌情绪。虽然成都距离震中还很远，但是，每次余震发生的时候，同学们还是会从大楼跑出来。晚上，很多学生不敢睡在宿舍，只敢睡在一层大厅和过道上，有些在草地上搭起了帐篷，我们还是住在了成都分院的专家公寓，时不时会感受到余震发生。为了帮助学生们适应灾后生活，我们组织学生进行访谈，在草地上开展小型讲座，介绍灾后心理变化规律，帮助大家消除不必要的恐惧情绪和对闪回反应的过度病理化解释。到底该如何开展心理援助，还是需要根据实际情况，灵活应对，这也是开展现场心理危机干预或心理援助的主要原则：灵活机动，见机行事，根据调研情况采取有效措施。

灾后恐慌情绪蔓延，谣言需要尽快平息。5月14日、15日，大部分成都人都收到这样一条手机短信：“从多方得到信息，都江堰市一化工厂爆炸，水已严重污染，部分地区已经断水，赶快储水!!!”于是，成都各大超市、商店的矿泉水被抢购一空。5月17日晚上，又从网上传来大量谣言，传言成都会在5月17日晚上发生7级地震。于是，5月17日晚上，成都市内的车辆都往郊区开，我们走在大街上，看到很多人行色匆忙，恐慌情绪在不断蔓延。谣言爆发是任何重大灾害之后必然发生的现象，主要是因为人们焦虑紧张，对负面传闻比较敏感，往往会放大传播不确定的负面消息。这一现象提示我们灾后心理援助需要和新闻媒体特别是主流官方媒体建立联系，及时发布权威信息，平息蛊惑群众的谣言。

“我要爱”在行动，首次开展心理援助，发现重要的现象。在成都分院科研处的帮助下，我们与四川省科技厅建立了联系，计划5月18日参与他们开展的安置安心行动。5月18日早晨8点，我们一行6人随同中科院成都分院3名同志，成都电视台以及《科学时报》3名记者，乘坐一辆中巴车前往灾区绵阳市。大约2个小时后，心理援助分队来到了绵阳市九洲体育馆。馆外到处是受灾群众。地上铺着棉被，睡着很多疲惫的受灾群众。进到体育馆内，地上已经铺满了被褥，上面或坐或卧着1000多名中小学生。据介绍，这些学生大都来自重灾区北川县各学校。其中，有三分之一的孩子已经被证实永远失去了父母，成为孤儿。按照计划，安排中科院心理所几名专家给体育馆里的学生们做心理讲座。由于大家没有灾后做心理援助的经验，前面的专家是按照平时的讲座方式来讲，效果不佳。台下的学生们在灾后处于心理应激状态，他们都是找不到父母的北川青少年。他们无法用皮层的理性思维来整合信息，所以，当科研处处长看到学生们或躺或卧、嘈嘈杂杂，根本听不进去时，就开始担心讲座效果，提醒我要改变方式。我按照创伤治疗的原则，使用了情感启动和情绪稳定化技术，不再坐着讲座，而是站起来，同时也邀请同学们站起来，手牵手，互相抚慰。我告诉他们：“我们也是流着泪在看电视转播，同学们失去了亲人，失去了朋友，失去了老师，这样的悲痛，大家能够勇敢地面对，你们比我们每一个专家都强!”“你们不是一个人，也不是体育馆的几万人，而是千千万万的人在一起……让我们手牵着手站起来，大声喊：我们在一起……”“大家一定要记住，5·12地震的‘5·12’，说的就是‘我要爱’，我们在这场地震中失去了很多，但是，我们懂得了什么叫爱，怎样才能更好地爱别人，大家请跟着我念——我要爱!”“其实我们是幸运的，还能选择未来的路，这场灾难让我们重新认识了爱，爱父母，爱老师，爱同学，爱自己。和我一起喊“我要爱!”当我听着体育馆里激动人心的呐喊和孩子们流下的热泪，看到他们紧紧相拥，我感受到这次讲座的效果达到了，帮助他们启动了积极的心理资源。孩子们积郁于地震的悲痛中，他们需要有引导的情感宣泄，让他们大声说出“我要爱”，是让他们宣泄。他们在宣泄中明白，在灾难之后，“爱”是他们坚强走下去的重要力量。其实，我们去九洲体育馆的路上并没有明确的计划和讲座方案，这是现场形成的一种应对策略，这也提醒做心理援助行动的第一阶段就是要做好现场调研，了解受灾群众的心理需求，然后制订针对性的心理援助方案，灵活应对，见机行事。而不能按照平时的状态开展心理讲座，不能单纯做知识型讲座，而是需要根据听众的心理状态进行团体心理辅导。当然，我深深地知道这样的团体辅导仅仅是一次性的，还必须有系统的、持续的心理辅导跟进，才可能帮助这些丧亲的学生度过人生的这场灾难。

信息支持、情感支持、物质支持能够帮助灾区群众重新建立安全感。5月18日午后，我们乘车赶往重灾区安县安置点，一路上看到震后惨状令人触目惊心。安置点在安县驻军某地，在一个很大的空场上支起了数十顶蓝色的帐篷。里面入住了从重灾区茶坪镇转来的数百名高中学生。我到帐篷内和孩子们进行了面对面的交流和咨询。通过交流发现，高三的同学们对高考并不担心，最担心的是亲人安危，但是，由于他们没有电话或者电话没有电了、没有钱了，无法联系家人。我把自己的电话借给同学们，让他们联系父母。当他们联系上自己的家人之后，才安心下来，开始考虑如何面对高考。另外，我还发现，帐篷里由于没有收音机，成为信息孤岛，无法得知外部信息，晚上没有电灯，女生睡觉缺乏安全感，因此，我第二天对采访的媒体记者讲：“如果能够免除灾区的通话费用，胜过一万名心理咨询师的作用。”因为亲友之间的感情支持，比任何专业咨询师的作用都大，而且我还呼吁“向灾区提供救灾物资的时候，要增加收音机和手摇手电筒”，帮助灾区建立信息联络和夜间的照明非常重要，信息和灯光可以有效帮助人们在灾后重新建立安全感。心理援助绝不仅仅是心理咨询师或心理专家的谈话交流，更需要物质支持、信息支持和情感支持。

开展个体干预，进行哀伤辅导。5月24日，我随着央视一个纪录片摄制组到都江堰市聚源中学遇难者家中做心理援助。遇难的是聚源中学的一名女学生，保险公司赔了1.2万元，但前两天放在家里却被人偷了，而且把女生的遗物一起偷了。这对母亲来讲简直是残酷的打击，自从发现女儿遗物和赔款被偷以后，母亲就处于木僵状态，躺在帐篷里的床上不吃不喝不动。遇难者父亲带着我们到了家里，纪录片导演周兵老师代表敦煌文化弘扬基金会把钱交到父亲手里本打算赶快离开，我提议可以趁机对母亲做一次心理危机干预，因为这也是对她的一次心理安慰和治疗。我到帐篷里，坐在母亲床边，拉着母亲的手，用共情性语言诱导母亲释放悲痛，表达出对女儿的思念之情，最后，终于帮助母亲宣泄了压抑的悲愤情绪。临走时，母亲坐了起来，拉着我的手表示感谢。这个个案其实很有代表性，灾后出现很多急性应激障碍患者，有些就会表现出抑郁性亚木僵或木僵状态，这需要用共情性语言诱导，帮助患者释放压抑的悲痛情感，而基金会的善款正好可以帮助传递积极的情感支持，所以，我建议基金会帮助灾区群众时要同时传递心理的抚慰与情感的支持，这也是物质援助与心理援助同时进行，效果会比较好。

二、再次奔赴绵竹灾区，探索心理援助模式

5 月 25 日晚上，中科院心理所所长张侃到成都看望心理援助小分队的时候，对我讲要尽快回京完成毕业论文答辩，这样才能更好地开展长期的心理援助。5 月 26 日，我返回北京休整并抓紧时间完成毕业论文，6 月 6 日参加毕业答辩。这期间，还到中央电视台给回到北京的一线记者进行危机干预，帮助他们学会自我情绪调节，处理好闪回与噩梦。在对记者进行危机干预的过程中，我更加深刻感受到，一线采访的媒体记者其实也是这场灾难的见证者，他们一样会遭遇心理创伤，需要心理帮助。完成毕业手续后，按照规定，应该回到解放军总医院心理科工作，为了开展心理援助，我办理了借调手续，从解放军总医院借调到中科院心理所工作一年。7 月 4 日，我再次到灾区。这次是以绵竹工作站站长身份到绵竹开展工作，从此开始了长达 5 年多的灾区心理援助工作。也是从此之后，几乎参与了国内所有重大自然灾害后的心理援助活动，包括以后的舟曲“8・8”泥石流、玉树“4・14”地震、雅安“4・20”地震、黄岛“11・22”爆炸、天津“8・22”爆炸、昆明“3・1”恐怖袭击事件、乌鲁木齐“7・5”事件等重大灾害后心理援助。

在汶川地震后主要在德阳市绵竹、什邡开展心理援助，我主要负责中国科学院心理研究所绵竹心理援助工作站工作，后来兼什邡工作站站长，在长达 5 年的心理援助中，主要完成了以下心理援助任务，也探索出了“一线两网三级”心理

援助模式，并被评为中科院抗震救灾先进个人和优秀党员。

（一）安置阶段的心理辅导：安置才能安身，安身才能安心

自2008年7月4日至8月20日，主要在绵竹体育场帐篷安置点和板房安置点开展心理辅导、走访、评估等活动。这个阶段，属于安置安心阶段，由于政府的快速反应，建立了安置点，提供食宿，才使得绵竹近万名灾区群众能够住进绵竹体育场帐篷安置点，不受风吹雨打，能够安置下来，才能安心，在绵竹体育馆受灾群众居住点一共有两个公用水龙头，有两个厕所，解放军每天三次对厕所和帐篷进行消毒。绵竹疾控中心人员在入口处发放疫病防治知识宣传单，解放军和疾控中心的工作是提供安全保障，这是做心理援助的基础前提，没有这些安全保障，心理援助就无从谈起。

这个阶段的工作重点是帮助住在帐篷安置点的孩子们重建安全感。当时在安置点有很多社会公益组织，特别是针对青少年的公益组织和我们心理援助点在一起，可以联合起来帮助安置点孩子。灾后的第一个六一儿童节，“多背一公斤”的志愿者们为绵竹体育场受灾群众安置点的800名孩子建立起了第一个“多背一公斤帐篷图书室”，并在这里和孩子们一起阅读、绘画和游戏，度过了一个难忘而特别的节日，这何尝不是一种非常有用的心理援助呢？不过，来安置点进行心理援助的团体和机构各自为政、鱼龙混杂，缺乏统一管理和组织，特别是对安置区的青少年，有的是多个团体反复“心理干预”。有的心理援助机构前来的动机，就是为了自己录制影像资料，在镜头前作秀。还有一些心理援助团体是做心理问卷，这种情况下其实对灾区群众是不利的。还有一些记者，在追求快速传播信息的同时，有意无意地去揭了灾区群众的心理创伤，一次又一次重复感受那种伤痛，其实也是不当的行为。这是由于国内很多心理援助团体来灾区开展心理援助更多是热情而缺乏专业训练。以高桥哲教授为队长的日本的心理援助团队就比较专业，他们到安置点很少主动打扰孩子，而是先观察，然后拿出带来的玩具和孩子玩儿，在玩儿的过程中继续观察孩子。日本的富永良喜教授在中国汶川地震后第一时间给中国心理学会发了一封信，提出了三条很有意义的建议：“第一，不能保证持续援助受灾群众的心理援助者或团体，不可以和受灾群众直接接触。如果要接触，一定要和当地的援助者，包括心理援助人员和教师一起行动。第二，不能促进恐怖情绪的表现。比如说，让孩子绘画或写作文描绘地震时的情景，如果在缺乏安全感的空间（例如在灾害刚刚发生之后，以及周围没有持续援助的人的情况下），

会导致二次心理创伤。第三，仅仅实施心理创伤的评估，也会给受灾群众造成二次心理创伤。因此，一定要是能持续援助的人，在对受灾群众实施创伤心理教育的同时，展开适当评估，并保证提供一对一的心理咨询援助。”这些建议对我们来讲帮助很大，我们绵竹站后续的工作都是遵照这些建议开展的。

由于帐篷有限，工作站志愿者大部分住在德阳工作站内。白天8点半开车到绵竹，晚上6点再开车回德阳，每天都忙碌地往返于德阳与绵竹。每天晚上还要组织志愿者开会，每日撰写《战地日报》。我接任绵竹工作站站长之后就宣布一条纪律：凡是不能持续在灾区做心理援助的志愿者，不能对安置点群众做心理干预；凡是不能为群众提供心理帮助的志愿者不能直接发放调查问卷。所以我们在做调研的时候，采取的方法是访谈式，一边访谈，一边提供帮助，而且还会提供一些玩具或画书等物资给孩子。

（二）重建阶段主要工作：从外来心理援助转向在地化心理服务

由于2008年8月20日绵竹体育场所有帐篷将要拆除，进入板房，这标志着绵竹市的震后救援工作将从前期安置为主进入以重建为主的新阶段。8月20日安置点的工作结束，绵竹工作站搬到了市区，租了一间民居。工作站的工作重心主要有五项：一是开通一条针对教师、学生及家长的心理援助热线；二是辅助教育局教师培训中心做心理教师培训工作；三是建立三个服务中心完善服务体系；四是研发手机移动服务平台，参与设计和实施金色阳光工程；五是参与推动日本对中国的灾后心理援助项目。

1. 建立100865“我要爱减压热线”

灾区群众进入板房以后，进入了重建阶段，我们的心理援助也要随之发生改变，如何帮助板房内的群众做好心理服务？我们决定开通一条心理热线。绵竹站决定在10月开通一条心理热线，这将是第一条在灾区建立的心理援助热线，同时，为了配合学校心理辅导工作，热线志愿者全部在当地挑选，第一批志愿者就是绵竹教育局下属学校定岗的心理老师，整体素质非常高。心理咨询热线作为教师培训班的一项学习内容，心理热线也成为教师们实习的平台。我们对志愿者老师培训了12次，完成了心理热线咨询员的第一级课程。同时，在热线开通的第一个月，每次接线均有中科院心理所危机干预中心的专家同时做在线督导。

热线的技术指导和支持除了中科院心理所专家之外，还有加拿大华人减压热线专家团、加拿大多伦多大学社会学院、无国界医生组织、香港社工组织等，将定期对热线志愿者做辅导和督导。

从 2008 年 7 月我就开始筹建 100865“我要爱”减压热线，经过多方努力，在加拿大中国移民紧急援助基金会 2 万元资金支持下，在中国移动德阳分公司、绵竹市教育局、绵竹市教师培训中心和绵竹紫岩小学支持下，通过努力，终于在 2008 年 11 月 1 日正式开通热线。这是第一条在灾区建立的心理援助热线，热线志愿者全部在当地挑选，第一批志愿者就是定岗的心理老师，整体素质比较高。外地的志愿者主要是锁朋老师，她是医学学士，曾在北京大学医学部研究生班进修应用心理学专业两年，又是主治医师和二级心理咨询师，执业心理医生，擅长个案咨询和心理健康教育工作，还有过两年的省级电台心理热线工作经验。加拿大中国移民紧急援助基金会派了几名专家来培训，包括滕燕青、陆洪、陆俊。一年时间里，先后成功接进了 3000 余次来电，平均每晚接听约 11 次，通话时长累计 60000 余分钟，平均每次来电通话时长约 20 分钟。于 2009 年 4 月 1 日出版了《灾后心理热线志愿者培训手册》，培训绵竹教育局心理老师做热线志愿者。

当时考虑建设热线的重要意义有以下几点：

（1）灾区需要覆盖面广的心理援助形式。张侃所长在一次新闻发布会上估计，此次地震后至少有 5 万—6 万人需要心理援助，面对这样庞大的人群，热线是很好的一个援助途径。一方面是指覆盖服务人群，另一方面是指服务的内容。心理减压热线可以满足很多人群的需要，不单是心理问题会求助热线，很多由生活事件引发的心理困惑、情绪困扰、人际关系、青少年的学习问题等都可以成为求助的原因，甚至一些日常生活的困难、信息缺乏等情况也有可能求助，从广义的角度来说，凡是会引起内心压力增加而暂时不能承受的情况都可以求助减压热线，在合作运营商的协助下，可以说凡是知道热线号码的人都可以成为热线的服务对象。这符合地震后大量人群亟待心理援助的要求。

（2）灾区需要方便快捷的心理支持。心理热线不受时间和地点的限制。灾区目前专业心理咨询机构严重缺乏，而且即便是有专业机构，也需要在上班时间去咨询。但是有了热线，只需要一部电话，就可以接受服务，非常方便、及时。灾后重建的任务十分繁重，很多人还来不及处理地震造成的创伤，就立即投入重建家园的劳作中，即使发现自己压力大需要调整，也只能是不断承受，没有时间及时求助专业人员。所以容易造成像董玉飞和罗世斌那样，已经到了不堪重负的时候，往往都是无法挽回了。有了热线，或许只是一个电话，就可以起到稳定和支持的作用，不至于酿成悲剧。

（3）灾区需要隐匿保密的心理帮助形式。尽管地震后很多人开始认识到心理援助，开始改变观念，了解了心理重建的重要作用，也有很多人亲自体验过心理援助带给自己的良好感觉和效果，但是仍然会有不少人对接受心理援助有顾虑，怕被人误解为心理不正常甚至有“精神病”，或者不愿意被人认为“脆弱”“怯懦”，特别是一些人认为自己咨询的问题涉及隐私，害怕暴露身份和地位，也不愿意露面。这时心理减压热线就很容易被接受。隐匿性也为灾后出现的大量丧亲者提供了一个很好的宣泄途径。我国传统文化中比较忌讳谈论死亡，很多人在地震中失去了亲人，但是他们家庭成员之间很少谈论遇难者，大家都守口如瓶、讳莫如深、默默承受。此时，热线有助于哀伤情绪的释放，缓解压力。

（4）设在灾区的减压热线更利于优质服务和紧急情况的处理。第一是当地人服务于当地人，可以用方言交流，在语言和文化背景上容易理解和沟通。第二是减压热线常常成为人们宣泄、倾诉和寻求支持的重要机构，很多人在人生的某一个阶段都需要减压热线陪伴和支持，是一个良好的社会服务形式。具有危机干预性质的专业服务热线被称为自杀者最后的“生命线”。出现紧急情况（比如自杀）时可以及时出现在现场、联络家人、联系110、医院等机构，抢救生命。第三是近距离的热线服务让求助者内心有更多的亲密和安全感，更容易感受到被关心，适合灾后的情况。

（5）灾区心理减压热线有利于激活当地资源。在灾区建热线，招募当地人做志愿者，这样有助于激活当地资源，充分体现了心理学“助人者自助”的观念，让一部分愿意助人和有提升意愿的当地人先投入心理援助事业中来，通过热线平台，可以培训当地的心理队伍，帮助绵竹当地的心理老师尽快成长，为灾区培养心理重建所需要的队伍。

2. 开展绵竹心理教师培训，培养当地心理重建力量

为了落实教育部关于在灾区中小学开展心理辅导与心理教育的纲要，绵竹站配合教育局教师培训中心开展了心理辅导教师的系列培训。2008年9月10日，中科院心理所危机干预中心、美中教育基金会和绵竹市教育局师资培训中心联合开办了绵竹市中小学心理辅导教师培训班，并举行正式的开班仪式。这个培训班的开设，为绵竹市教育系统培养了一批学校心理辅导骨干教师，在灾后心理重建中发挥了重要的作用。它面对绵竹市43所中小学，并有部分幼儿园教师参加。在这个班级中，老师们不仅会学习心理学专业的知识，而且会在自身心理素质方面得到一定的提升。绵竹站承担起了培训的主要任务：设计课程、编写培训提纲和教

程、组织教学管理等一系列事务。美中教育基金会为培训提供相关经费支持。绵竹市教育局师资培训中心把这项工作纳入了工作日程，并负责参训教师的选拔、组织等工作，提供培训地点、培训设施等后勤保障工作，并且以这项工作带动整个绵竹教育体系心理辅导课程的教育教研。

自2008年9月至2011年10月，在美中教育基金会、香港郭氏基金和壹基金等支持下，与绵竹市教育局合作，经过3年的时间，对绵竹43名教师进行了系统培训，使绵竹市拥有了一批合格的心理辅导教师，帮助绵竹市10余所中学建立了心理咨询中心，并于2009年4月出版了《灾后中小学心理辅导教师培训手册》。当时负责教师培训项目的志愿者是胡宇晖老师，她当时是绵竹站站长助理，哲学硕士、心理学研究生学历，是二级心理咨询师和心理学培训讲师。我们与绵竹心理老师一起探索了辅导式培训，帮助灾区老师专业成长的同时，也对他们的心理创伤进行辅导疗愈。在绵竹工作站心理援助下，绵竹市教育局在每一个学校建立了一个心理健康教育室，培养了一名专职心理教师，帮助绵竹市教育系统建立起一个长效心理健康教育的机制。

3. 建立心理服务中心和心理创伤康复治疗中心

随着热线宣传工作逐步展开，不少群众拨打热线咨询，但是，由于热线不能系统解决咨询问题，所以，有必要建立一个心理健康服务中心。2009年7月1日，心理所绵竹工作站在绵竹市教育局支持，在壹基金资助下成立了绵竹市心理服务中心。经过15天的时间，招募志愿者、租赁场地、装修房屋、配置办公用品、制定规章制度、规范服务流程、培训志愿者等，并于7月15日挂牌试运营。试运行一个月，共开展培训5次，受训人员80人次，接待咨询29人次。这是租赁的一个两层茶楼，通过简单装修，变成了具有咨询功能和培训功能的咨询中心。至2010年6月30日中心运行整整一年。中心实际开展个案咨询649次，服务1442人次；开展培训62次，服务1556人次；指导学校心理辅导教师65次，服务1958人次；开展学校心理辅导教师个人成长培训38次；开展案例督导50次，服务147人次；开展对外联络交流活动69次，组织开展会议36次，中心各项工作直接服务5103人次。中心志愿者还通过热线、电台开展心理服务，覆盖德阳市数百万人。在操作这个中心的项目过程中，自己的感受主要是觉得人才难得，因为有正式工作的咨询师一般不会脱离工作岗位到灾区工作一年，而我们招募的主要是年轻的毕业生，缺乏工作经验，需要督导和持续的培训。我建立这一服务中心的主要目的是配合热线与手机系统，试图探索一个“一线两网三级”的灾后心理援助模式。

随着绵竹市心理服务中心的运营，越来越多的来访者到中心接受服务，其中有不少来访者已经是比较严重的创伤后应激障碍（PTSD）患者，有的患有严重的抑郁症，因此，需要建立一个转介通道。但是当时绵竹市人民医院还没有心理门诊或精神科门诊。于是，2010 年初，我与汉旺镇医院洽谈，希望能够联合建立心理创伤康复治疗中心。经过几个月的努力，在香港施永青基金赞助下，与汉旺镇人民医院合作，于 2010 年 4 月建立了汉旺镇人民医院心理创伤康复中心，医院专门派一名有心理咨询经验和精神科工作经验的医生坐诊，为广大人民群众提供心理健康服务。该中心包括心理测评室、沙盘游戏室、团体辅导室、个体咨询室及家庭咨询室，服务内容主要包括为极重灾区农村居民提供免费心理测评、心理辅导、心理治疗，为乡村医生提供专业培训，面向广大群众普及心理健康知识。中心服务范围覆盖汉旺镇 5 万余人，并可以辐射到附近四个乡镇 15 余万人口。该中心的建立获得了绵竹市卫生局、汉旺镇人民政府的大力支持，随着中心的建立，心理所绵竹工作站在绵竹市探索的“一线两网三级”心理援助体系逐步趋于完善。

随着灾后重建工作的进展，从依赖外部心理专家的心理危机干预到以外来志愿者为主体的心理救援和心理援助，应该逐步过渡到以当地力量为主体的心理服务，这是心理援助工作的阶段性战略转变。由于绵竹工作站的心理服务中心工作模式获得了很好的社会效益，因此，香港施永青基金支持我们 2009 年 10 月正式在什邡又建立了什邡市心理服务中心。什邡市心理服务中心是在香港施永青基金的资助下，中国科学院心理研究所与什邡汇杰医院、什邡青鸟心理咨询室合作建立的一个公益性的心理服务机构。心理服务中心的建立，标志着灾后心理援助和心理重建步入了持久的、长期的本土化发展的轨道。如果说心理援助工作站是为适应第一、第二阶段的工作任务而建，那么心理服务中心则是实现第三阶段心理援助任务的重要载体和平台。自心理服务中心成立之后，就紧紧围绕心理援助、心理服务人才的本土化和服务内容、技术手段本土化而开展工作。心理服务中心旨在推广普及心理健康知识，提升市民心理健康水平和心理素质，树立科学的心理健康观念，完善什邡市三级心理服务体系。主要开展个案、家庭和团体咨询、督导各学校心理骨干教师，接受学校、社区困难案例转介，指导学校心理教师开展心理健康教育课，同时也面向全体什邡市民开展心理健康教育、培训等工作。

自 2009 年 10 月什邡市心理服务中心建立至 2011 年 10 月项目结束，3 年来积极争取外来资源，培养本土力量，在学校、社区、乡村、福利院等开展心理健康教育的普及推广工作，所主持开展的公益活动（包括公益讲座）60 余次，志愿者培训20余次，开展学校心理健康教育团体活动90余次，学校心理骨干教师培训30余次，开展个案咨询1000余人次、心理危机干预6次，个案督导及个人成长100余人次，组织案例讨论及对外交流等活动50余次。什邡市心理服务中心已经成为本地心理学工作者和心理学爱好者学习、成长、沟通、交流的平台，现已有一大批心理工作者逐步成为什邡心理服务工作的中坚力量，为什邡心理援助服务本土化作出了不可磨灭的贡献。

自2009年至2011年，我经常从绵竹到什邡来回进行督导，在忙碌的间隙，我心中思考的最重要的问题就是如何建立一个可持续发展的灾后心理援助模式。

4. 探索"一线两网三级"心理援助模式，设计并推动"金色阳光工程"

2008年8月，我和北京邮电大学的纪阳教授考虑到手机的随身性、便捷性，开始尝试通过手机开展心理评估。从2008年10月，我与北京邮电大学纪阳教授、诺基亚中国研究院汪浩研究员一起，开始设计手机心理评估与自助系统并在绵竹开展移动心理援助实验并取得了很好的效果。2009年12月，中国宋庆龄基金会、恩派（NPI）公益组织发展中心、北京邮电大学、中国科学院心理研究所等8方共同发起"金色阳光工程"，该项目将搭建一个提供移动心理服务的公共平台和生态服务系统，通过基于移动方案的心理测评与自助服务系统，整合全方位的心理服务社会网络资源，帮助地震灾区受灾群众抚平心理创伤，重建生活信心。

2010年1月7日，经过一年的研发与试用，"金色阳光工程"正式启动。这一心理援助工程的基本架构就是"一线两网三级"模式。该项目将覆盖四川省及陕西省、甘肃省的部分地震极重地区。手机心理服务系统将为30万人次提供服务，12355心理热线将为4.5万人次提供服务，心理服务中心将为1万人次提供心理咨询服务，同时还将建设16个"金色阳光社区"，为重新组建的社区及灾后居民提供新的活动场所，并为其他社会资源提供服务平台。"金色阳光工程"囊括了科研机构、企业、运营商、公益组织、基金会等不同类型的机构，探索了一种多方合作的科技救灾模式，通过强强联合，将会打造出一个心理援助的科技救灾平台，将为灾区心理援助注入新的资源与活力。希望通过基于移动方案的心理评估与自助服务系统，整合全方位的心理服务社会网络资源，帮助地震灾区受灾群众抚平心理创伤，增强生活信心，重建精神家园。截至2012年11月12日，四川本地短彩信用户共72961户，其中短信定购54911人，彩信18050人。全国用户：截至11月11日，WAP网站累计访问831221人次，注册8885人次。项目结束时共覆盖6个城市，8万人口，完善7项社区服务功能，搭建5个社区心理服务中心，管理50

名实习生，管理500名核心志愿者，举办92次大型活动。

“金色阳光工程”项目是我在绵竹灾区探索的心理援助模式在更广泛地区的推广应用，但是在项目运行过程中还是出现了很多问题值得反思。虽然这是一个技术含量很高的综合性科技救灾服务项目，但是，核心服务内容应该是心理服务，各方力量应该围绕心理服务这一中心才能保证项目的效果。但是实际运作过程中，由于协调管理问题比较复杂，心理服务的核心作用没有得到应有的发挥。更加遗憾的是，项目结束的时候，由于诺基亚手机在中国的发展遇到困境，项目并没有很好复盘，这一项目的成果没有得到全面的总结和凝练。反思汶川地震后的心理援助，“金色阳光工程”项目应该是震后心理援助的一个非常成功的模式。

也是在这一项目结束之后，在芦山地震的时候，为了利用移动互联网开展心理援助，我们研发了灾后移动心理援助系统和心理急救App。

基于“金色阳光工程”和在绵竹的心理援助经验，我在2011年提出了“一线两网三级”心理援助模式。“一线”是指一条心理热线。绵竹工作站于2008年7月建立一条当地的心理热线——100865即“100%帮了我”，“金色阳光工程”开通了12355心理热线。“两网”是指人际网络和互联网络。2008年9月绵竹工作站开始为绵竹市教育局培训专兼职心理辅导教师，覆盖绵竹所有学校。同时，人际网还包括社工、外来心理援助志愿者、政府机关的工作人员、医务人员等。“金色阳光工程”招募了将近500名心理社工志愿者，覆盖了16个社区。另一张网是搭建手机移动平台。这是基于移动互联网平台的系统软件，安装在手机上就可以获得心理专业人员的帮助。“三级”是指学校心理辅导室、社区心灵驿站等构成一级服务机构，主要服务正常人群，开展心理健康教育和培训。绵竹心理服务中心构成二级服务机构，主要服务心理问题人群，提供心理咨询和辅导服务。绵竹精神卫生中心和汉旺镇心理创伤康复治疗中心构成三级服务机构，主要针对严重精神障碍人群，特别是PTSD人群提供专业药物治疗和心理治疗。“一线两网三级”心理服务模式解决了灾后心理重建过程中遇到的覆盖性问题及可持续性问题，这一模式也算是我在灾区开展心理援助3年的经验总结。

5. 参与并推动“中日合作四川大地震灾区重建——心理援助骨干培训班”心理援助项目

汶川大地震发生后，全国各地很多专家、工作人员来到灾区开展心理咨询、抚慰活动，为灾后民众心理健康的重建发挥了积极作用。然而，随着时间的推移和其他客观原因，大部分人离开了灾区。因此，尽快培养灾区当地的心理援助骨干队伍是灾后重建阶段开展心理重建的重要任务。我在绵竹开展的培训只是覆盖了绵竹市教育局的43名心理老师，而广大灾区需要更大的项目来培养当地心理骨干。日本是一个地震多发的岛国，阪神大地震之后，日本开展了一系列心理援助工作，很多日本专家具有丰富的心理援助经验。因此，汶川地震后，日本政府向中国提供的五大援助项目中就包含心理骨干人才培训计划。据我所知正是因为高桥哲教授2008年7月第一次来绵竹调研，我们谈及了日本是否可能对中国开展心理援助的培训，他回国之后联合富永良喜教授向日本政府提出建议，最终促成了这一心理援助项目。而他们两位专家自始至终参与了这一项目的设计、实施和评估。直到今年，他们还每年都会参加在中国举办的灾后心理援助会议。他们曾经来绵竹调研的时候，专门参观过绵竹心理援助工作站。我也几乎参与了这一项目调研、研讨、设计、启动、实施、评估等各个环节，从日本专家那里学习了很多心理援助专业精神和专业技能。也因此项目专门到神户学习了灾后心理援助的系统知识和技术。

2009年2月23—25日，日本国际协力机构（JICA）和中华全国妇女联合会在成都举办了面向在灾区从事心理援助工作人员的培训班，我作为培训班中方教员全程参与设计和实施了这一培训。2009年4月27日下午，“中日合作四川大地震灾区重建——心理人才培训项目”在成都正式启动，该项目由日本政府提供支持，日本协力机构（JICA）中国事务所、全国妇联、四川省妇联共同执行，实施时间为5年，每年培训灾区重建心理援助人才50—100人。

2014年2月25日，项目终期评估在成都举行。项目从2009年2月启动，实施时间为5年。该项目为四川地震灾区的心理援助工作提供技术、专家、资金支持，通过开展心理援助骨干者培训活动和在灾区建立心理援助室，为地震灾区群众提供心理援助服务。按照项目要求，崇州市街子镇上元村社区、广元市剑阁县普安镇妇女儿童活动中心、安县妇女儿童活动中心建立“中日合作心理援助项目心灵驿站”。3个试点地区结合实际在农村社区、城市社区、留守儿童之家、寸草心家园等建立心理咨询点。崇州市以村、社区为单位辐射30个村级心理援助机构，以片区为单位辐射30所学校心理咨询室，剑阁县在县级综合医院、乡镇卫生院、村卫生站设立了123个心理卫生服务点，安县在14个村、28所学校建立咨询室，初步形成了心理援助工作网络。剑阁县建立了县、乡、村三级心理危机干预和心理卫生重建管理网络，崇州市探索出《心理志愿者咨询工作制度》《社区、学校心理咨询员责任制度》等一系列规章制度，形成了标准化、规范化的心理咨询服务模式。四川省依托该项目，在非试点地区发挥作用。2013年“4·20”芦山地震发生后，省妇联组建5批200余人的心理服务队伍深入灾区集中安置点和机关、学校、村社，采取以个体抚慰为基础、整体带动为目标的方式，通过参与式互动、娱乐性游戏、入户式走访，开展各类心理疏导服务800余场。

这一项目和“金色阳光工程”基本都是2500万元人民币，但是，这一项目因为有全国妇联和地方政府的参与，而且项目调研、设计、实施、评估都是由中日心理学专家主导，因此整体社会效益比“金色阳光工程”好很多，至少帮助灾区培养的心理骨干队伍为以后的雅安地震、玉树地震等灾后心理援助提供了人才储备，而“金色阳光工程”项目在人才培训这一环节比较薄弱，项目结束后，随着手机系统的更新，项目的后续效应几乎为零。我因为从头至尾都参与了这两个项目，深深觉得灾后心理援助项目的管理值得研究，而这两个项目可以作为典型案例进行比较性研究。

三、心理援助要诀和灾后两周年感想

10年转瞬而逝，回顾汶川地震后的心理援助，有哪些心理援助是有用的？哪些是无用的？甚至哪些是有害的？这些问题都值得静下来仔细研讨。我很想趁此机会把灾后总结的心理援助要诀与今后可能会从事心理援助的志愿者分享，这一些经验是我觉得有用的部分。

（一）心理援助要诀

（1）

问寒问暖问生计，
耐心倾听放第一，
察言观色看动作，
不提心理做心理。

（2）

建立关系是前提，
宣泄情绪要注意，
情感支持是关键，

润心无声似春雨。

(3)

遇到冷拒不生气，
遇到哭泣纸巾递，
遇到话多促膝谈，
遇到沉默要细语。

(4)

创伤反应要留意，
过度警觉易唤起，
闪回反应有扳机，
回避行为不干预。

(5)

负性情绪要处理，
身心稳定深呼吸，
加框打包控闪回，
中和滴定莫着急。

(6)

资源开发无限域，
友爱亲情汇成渠，
积极赋义促表达，
叙事沙盘与游戏。

(7)

杯弓蛇影好案例，
身心本来是一体，
创伤只是记忆阻，
塞翁失马不抑郁。

(8)

万法修心和健体，
本土文化多考虑，
绘画刺绣与书法，
气功禅定并太极。

（9）

援助最终靠当地，
保证安全要牢记，
开发资源不间断，
各方力量多联系。

（10）

背景因素多参考，
生态概念要确立，
分析问题需系统，
心理援助莫孤立。

（二）绵竹市心理服务中心运行周年感想

为了对绵竹市心理服务中心一年工作进行系统回顾和总结，中科院心理所绵竹工作站于2010年6月30日晚上召开绵竹市心理服务中心一期项目总结会，会议邀请绵竹市教育局副局长朱琦，教师培训中心副主任周尚富、副主任洪军，壹基金成都项目总监康伟、项目评估专员钟石，汉旺镇副镇长杨桂芝，汉旺镇人民医院副院长贾正平及汉旺社区社工站、香港灾后心理辅导协会和江苏团省委心灵驿站的志愿者以及绵竹市中小学心理辅导教师等50余人参加。绵竹市教育局领导和教师对绵竹市心理服务中心的工作高度认可，中心志愿者均被绵竹市教育局评为“优秀心理援助志愿者”。绵竹市教育局副局长朱琦在总结会议上对中科院心理所在灾区所做的工作高度评价并致函感谢。壹基金成都项目总监康伟先生对一期项目工作也高度赞扬。我也在总结会上有感而发，写了一首小诗，表达一名志愿者的心情。在此，也想与读者分享当时的心情。

那一年

那一瞬
千万生命消散
亿万爱心聚汇
我们的心飞向美丽的龙门山
那一天
你来自北京
我来自河南

他来自山东
你来自重庆
我来自内蒙古
他来自云南
还有数不清的身影
不知道来自何方
我们都为了一个目标而来
我们都有一个美丽的名字
“志愿者”
那一月
我们经历时空变换
我们体验心灵震颤
开始组建一个爱心团队
开始营造一个心灵家园
那一年
我们看油菜金黄，梨花雪白
我们看龙门山绿，绵远河清
我们看废墟上建起美丽校园
我们看泪眼中浮现幸福笑颜
无数生死故事淬炼着心性韧度
万千苦乐人生磨砺着智慧之剑
体会了无助后才知助人的真谛
热情冷却后才看清内心的动力
来时
带着爱心，带着梦想
走时
收获真情，收获成长
这一刻
不是为了终止而总结
不是为了离别而聚会
总结是为了更好的延续

不会有终止
心间充满了美丽的记忆
不会有分离

汶川地震伤员康复启示录

史维勤

一场大的自然灾害过后，特别是灾害应急期过后，由此产生的伤员治疗康复问题应该怎么解决？在当时的中国，尤其是我们的医疗保障制度还没有完全覆盖到灾害领域的时候，这个问题的确让人忧心忡忡。

2008 年 12 月 31 日，国家免费救治地震伤员的政策终止。由于当时伤残康复并未纳入医保，即便是后来的部分康复项目可以报销了，对于那些重伤员（包括脊髓损伤者、高位截瘫者）特别是生活在边远山区、农村的伤员，他们是怎样度过的呢？

2018 年《汶川地震 10 周年记忆》编写组的同志来到绵竹，这个当年的地震重灾区，走访了部分伤员，探访了当地的最大的康复医疗机构——绵竹人民医院康复科，与当年的康复医疗志愿者交流、座谈，由此，对于绵竹的伤员有了一分庆幸：在香港福幼基金会的支持下，这里创立了一个灾害康复的 HNV 模式，即政府的卫生部门、非政府组织和志愿者有效合作的模式。该模式得到了有效的实施，成为国际灾害康复的重要方式。

图 1　福幼基金会主席曾志伟和中国康复医学专家励建安教授在纪念汶川地震十周年活动上

四川地震伤员的康复，也实质性地推动了中国康复事业的发展。预防、治疗、康复三结合的模式，从此成为中国的卫生国策，同时极大地推动了四川省康复医学的发展。

记得2010年9月，世界卫生组织和国际物理医学与康复医学会属下专门成立了一个国际康复救灾委员会，第一次把康复和救灾结合起来，共同面对灾害引发的伤员康复问题，这确实让人感到一分欣喜，人类面对灾害，越发强调救助的完整性，越发关注人的尊严，越发重视对社会文明的影响。中国的康复医疗学会副会长励建安教授担任了该委员会的主席，标志着中国灾害与康复的脚步也跨入了世界的门槛。

一、诺言千金·福泽生命——汶川地震伤员康复记事

杨发春真的不想活了，她的一句口头禅是“我是一个废人了，我还不如被打（砸）死好了”。

2008年5月12日，这个生活在四川省绵竹市九龙镇的女子被坍塌的房子砸伤了腰，导致截瘫。30岁出头的她，每日只能躺在床上，大小便失禁，就连翻身穿衣、饮水进食都离不开人。

2008年5月16日，她在四川华西医院接受了腰椎内固定手术，后转到苏州医院。2008年8月底转入华西医院康复科。此时，江苏康复医疗队在这里服务。11月，江苏医疗队撤回。12月底，免费政策停止，她被劝说回家，等待接受社区康复。

“年底那几天，大部分伤员都面临被劝回，大家心里挺难受的，今后我们该咋办，有的人只会哭，我还幸运。因为我接到了一个名叫福幼基金会的通知，让我过年后到绵竹人民医院住院康复。我的路费、住院费、治疗费、饭费补助，以及丈夫的陪伴费用，都是由福幼基金会出的。在那里，正好遇到在华西医院认识的江苏医生刘守国，他那时已经是‘福幼’的志愿者。刘医生为我制订了步行训练方案，独立穿脱支具、平行杠内站立、迈步、助行器步行、双腋拐步行，慢慢地我一个人也能在治疗室里拄着双拐走起来了。”杨发春回忆说。

环顾杨发春的家，所有的门槛都是斜坡的，方便她的轮椅“走”动，厨房的灶台、水池是按照她坐在轮椅上做饭、炒菜、洗菜的高度设计的，卫生间的马桶旁安了扶手，方便她从轮椅上移动到马桶上，洗漱台降低了高度，特别是1.2米

高的淋浴喷头，让她坐在淋浴凳上自己能操控洗澡设施，所有这些改造，都是香港福幼基金会出资，由他们的志愿者带领施工队为她进行改造的。现在，她在家已经能应付日常生活。

杨发春是地震伤员中的幸运儿，她先是遇上了江苏省康复医疗队，后又遇上了福幼基金会的康复项目，而其他的一些伤员就没有这么幸运了。

据中国康复医学会统计，四川省康复医疗从业人员密度约 0.23 人/万人；汶川地震发生后相当数量基层医疗机构遭受重创，大量伤员外送就医，本省康复力量就更难以应对突然出现的大量伤员；而地震伤员免费医疗政策，又限定为截至 2008 年 12 月 31 日，致使许多伤员无法接受或主动放弃了康复治疗。

2008 年 12 月 31 日，对所有地震伤员来说都是个坎。根据四川省政府于该年 6 月发布的文件（川财字〔2008〕88 号），2008 年 12 月 31 日之后，免费治疗停止，伤员的各种医疗费用将“按正常渠道和办法执行”，而当时四川的绝大多数地方都未把康复医疗费用纳入医保范畴。12 月底，四川省内的医院开始劝说伤员回家，等待接受社区康复。而实际上灾区社区正处于重建中，谈不上社区康复。

1. “王海清现象”让伤员康复问题浮出水面

2009 年 2 月 16 日《中国经济时报》一篇题为《四川地震灾区的“王海清现象”》在全国引起很大反响，汶川地震伤员问题开始浮出水面。

文章中介绍，31 岁的四川省理县农民王海清在地震中致伤，被医院“劝”了回去。2008 年底，成都老中医聂晓萍率领的一支志愿者队伍在王海清家里发现：“他在地震时被房子压倒，脊椎受到重创，下身瘫痪，丧失行动能力，医疗康复还没有见效就被送回家，可他的家就是一个窝棚。妻子见他瘫痪了，就带着孩子离开了。我们发现他的时候，他的臀部和腿部多处腐烂，要是不能得到康复治疗，肯定就会死的。我帮他翻过身来看，他身下都是褥疮。跟我一起去的年轻人，都不敢进他的窝棚，腐烂的臭味，那伤口……”聂晓萍说。

这样的情况，不仅出现在阿坝州，同样也出现在其他地震灾区。

据《中国经济时报》的记者王克勤报道：居住在汶川县境内岷江河谷中段村庄的肖开英，在地震中被飞石砸伤，医院的诊断书上写着，左腿粉碎性骨折、右内外踝骨骨折。在四川大学华西医院做完手术后，肖开英于 5 月 26 日被空运到上海长海医院做进一步治疗。8 月 1 日，她结束在上海的治疗返回四川，住进了四川省骨科医垸。

2008年12月28日，从左小腿到左大腿全装着穿刺支架的肖开英被劝离医院。她带着医院最后给她的一点正骨丸，被运回村庄。作为农民的肖开英，治病只能走“新农合”路径，在医院的住院费用只能报销40%，而且康复治疗没有纳入“新农合”，属于完全自费项目。

2009年3月，肖开英腿上的钢支架穿刺口已经发炎，黄色黏液从穿刺点流出来。她不知道“这架子取一下还要花多少钱，右腿上的钢板取一下还要花多少钱”。

图2　大量的伤员不得不转到外地

据记者了解，2008年7月16日，四川省财政厅、民政厅、人力资源和社会保障厅、卫生厅、省残疾人联合会发布了《关于汶川地震出院伤员后续医疗有关问题的通知》。通知明确：“本通知所称地震伤员后续医疗（含康复医疗），是指因地震致伤住院的伤员在紧急救治阶段结束即按照《四川汶川地震伤员出院指导原则》，出院后的后续医疗，包括因地震伤情复发进行的后续医疗和致残者确须转入残疾人康复医疗机构进行的康复医疗。做好汶川特大地震伤员的后续医疗工作，各市（州）和县是责任主体，要科学有序地开展地震伤员后续医疗工作和后续医疗费用资金的筹集、支付、管理等工作。要实事求是，严禁虚报冒领等违规违法行为。……在一定期限内，对地震伤员的后续医疗实行免费医疗。免费期满后的各种医疗费用，按正常渠道和办法执行。后续医疗的免费期限，为2008年12月31日止。”

后续医疗的免费没有了，社区的康复是否能建立呢？2008年6月29日，四川省有关方面公布的《四川省地震伤员医疗康复网络建设方案》称：“据初步统计，四川省医疗卫生系统内有医院康复科和可提供康复服务的社区卫生服务中心684个，床位6951张，从业医师2705名、护士1891名、康复技师703名……”

两个月后，“四川省卫生厅副厅长介绍，目前四川省已分别在省人民医院、省骨科医院、四川大学华西医院设立100张床位的省级地震伤员医疗康复中心；在成都、德阳、绵阳、广元、雅安和阿坝的医疗机构中，设立了医疗康复分中心，分别设立100张床位；在6个重灾地区确定了44个县级医院为伤员医疗康复机构，共设立床位772张。据了解，医疗康复中心和分中心共收治1278名对医疗康复技术要求高的伤员；还有6146名伤员分散于县乡社区或家庭进行医疗康复，医疗康复医护人员对每一位伤员建立医疗康复档案，制订医疗康复方案。”（引自2008年9月7日新华社消息）

但据中国康复医学会统计，四川省内的康复工作主要以华西医院、四川省人民医院及四川省骨科医院为核心，3所医院康复科共有近200张病床，约150名康复医师、治疗师及护士。全省康复医疗从业人员密度约为0. 23人/万人。

在地震灾区奔波了3个多月的中国康复医学会副会长励建安告诉记者，汶川地震发生后有相当数量的基层医疗机构遭受重创，大量伤员外送就医，本省康复力量难以应对突然出现的大量伤员，故大量伤员未能在早期医疗介入的同时接受早期康复治疗，从而既导致后期的康复数据缺失和混乱，也加剧了后期灾区医疗机构康复医疗资源的紧张状况。再加上四川省卫生系统的救灾预案与“新农合”报销政策均未包括康复内容，致使许多伤员无法接受而放弃了康复治疗。

……

2. “福幼康复行动”，推动灾后伤员康复大发展

2008年5月12日14时28分，一位从事了多年救灾工作的“退役”人士，在成都感受了巨大的晃动。凭经验，他知道这场大地震就在附近，同时也预感到一场严酷的救灾工作来临了。此时，他的身份是——香港福幼基金会国内项目总监，他叫周建国。

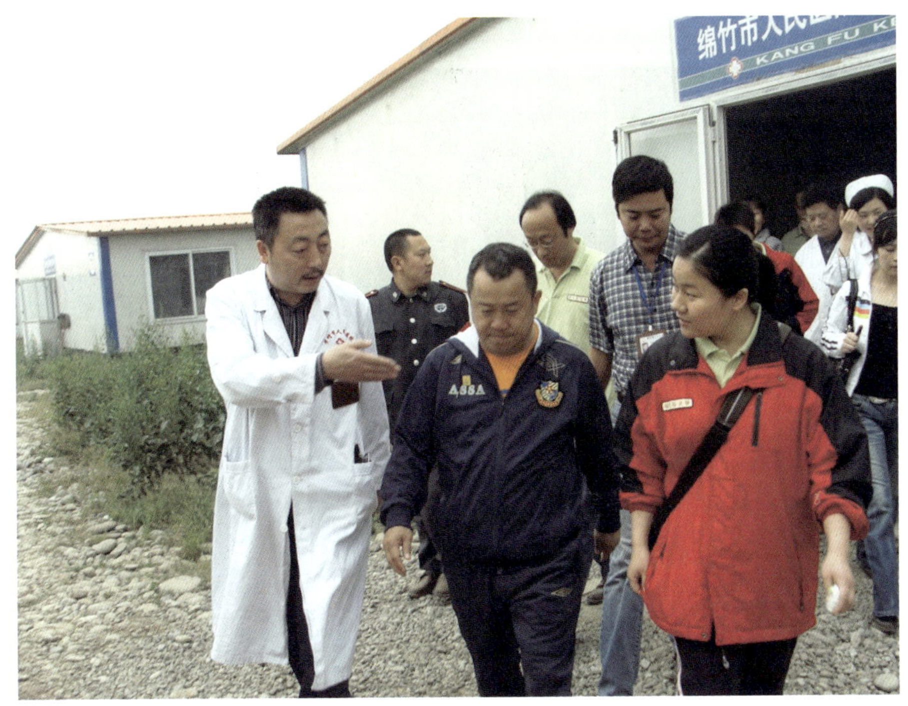

图 3　福幼基金会主席曾志伟到地震康复板房医院实地了解情况

几个小时后，他接到了香港来的电话，对方说要寻找最佳的切入点，帮助灾区人民重建家园。周建国明白，作为境外机构，若要成效最大化地实地参与救灾，最好的时机是在紧急救援阶段之后。福幼基金会陆续为灾区筹得近 3000 万港元善款，设立了“社区综合重建”和“伤员社区康复”两大项目。重建，对周建国来说驾轻就熟，而如何落实康复项目，他却一头雾水。

2000 年以来，福幼基金会一直在广州市开展社区康复，收效显著。不可否认，广州完备的基础条件帮了大忙。现在，除了大中城市，四川省灾区基层没有现成的社区康复基地，到哪里去开展伤员社区康复呢？

地震前，四川省对康复医疗的资源投入及人员培训非常有限。据了解，全省只有 9 个省级或地级康复中心，拥有 900 张床位。大部分医疗人员缺乏对早期康复治疗的认识与经验。专业人员尚且如此，大量伤员对此则更无从了解，再加上散居各地，当中不乏住在交通不便的乡镇。基于资源有限、专才不足、地域限制及康复观念薄弱等因素，致使灾后康复工作进展困难，特别是推行大面积康复工作更是举步维艰。经一段时间实地调研后，周建国感到，灾区不存在现代（城市）意义上的社区康复条件：山区人口居住分散，交通不畅，伤员无法频繁往来；伤员即受灾群众，不仅生活困难，且多没有医疗保险；康复设施稀缺，但最突出的，还是缺少懂得现代康复医学知识和懂得使用康复设施的康复医师与治疗师……

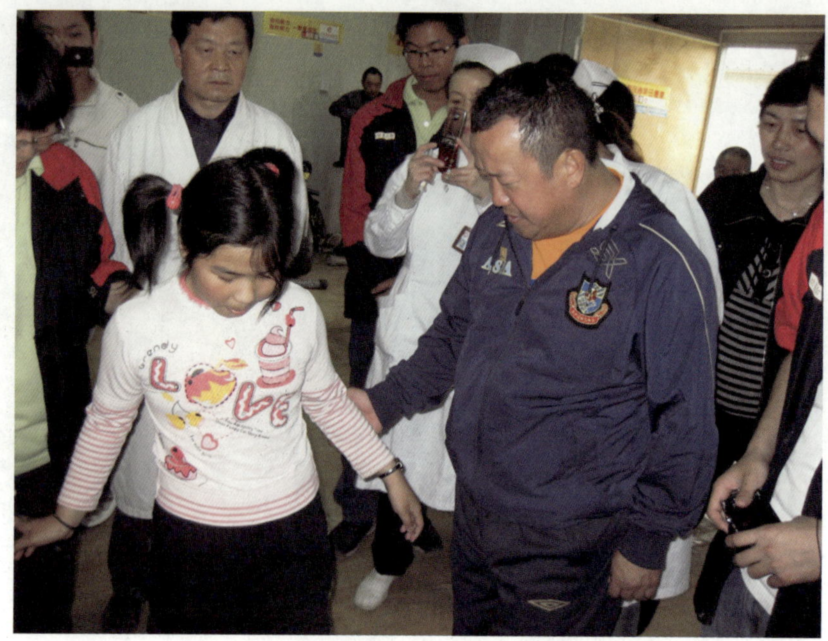

图 4　福幼基金会主席曾志伟到绵竹地震伤员康复室看望伤员

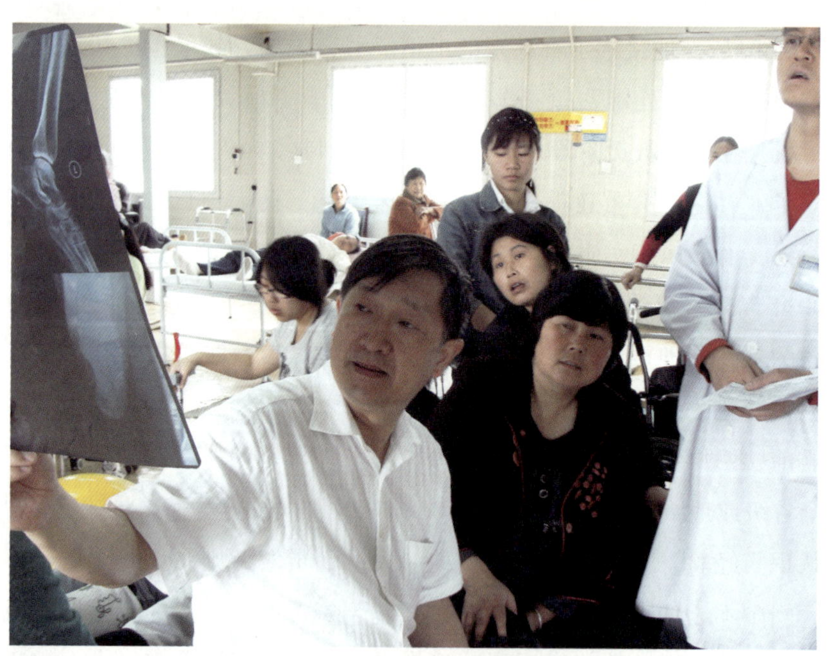

图 5　励教授为伤员诊疗

2008 年 8 月，四川的机场、车站出现了大量的伤员身影，那是外地治疗的伤员开始返乡。周建国知道，此时的伤员康复工作已由卫生系统移交至残联系统。

于是，他敲开了四川省残联康复处刘处长的门。

交谈后，他的疑虑进一步加深。尽管承担地震伤员康复工作，但残联系统此时还未建立基本的由康复人员、基本康复设备和场所组成的行政管理系统。所谓地震伤员康复，其实还是要依靠医疗系统。而基层医院的康复手段，无非是推拿、针灸加电疗，与现代康复医疗相差甚远。

究竟有多少伤员需要康复，采取什么方式对伤员实施康复，周建国一时理不出头绪。

这天中午，在省残联，周建国遇到了中国康复医学会常务副会长、南京医科大学康复医学系主任励建安教授。这位中国康复界的首席专家、国际康复救灾委员会的主席，已在灾区跑了3个月。一听说福幼基金会要投入力量直接在灾区做伤员康复，他高兴地叫了起来："太好了，这才是灾区和伤员最迫切的需要。"两人一拍即合。

但如何介入仍是问题。除了对口支援省市派遣短期康复医疗队外，通常的做法：一是"办短期康复培训班"，而合格的康复医师及治疗师至少要在医学院校就读3年；二是"捐赠康复设备"，但周建国曾多次亲眼见到价值数万、成百万的康复设备，因无人会使用而锁在仓库落灰；三是"建立康复中心大楼"，可那要两三年后才能投入使用，眼下的问题该如何解决？排除了上述三种方案，周建国甚至设想采用"大篷车"的方式——带上康复设备，走村串户为伤员实施康复治疗。

励建安听后，立刻摇了摇头：

"路程耗时太多，一天做不了多少伤员，康复治疗需要天天做，一个伤员的治疗往往需要一两个月。'大篷车'看似直接，但效率很低。在康复专业人员数量有限、伤员分散、康复不能进入新型农村合作医疗报销、大部分伤员不知道康复治疗对今后生活具有何等至关重要作用的情况下，采用集中治疗的方式可能更适合。也就是把伤员接到基层医院住院康复，福幼支付住院费、伤员饭费补贴和往返交通费。同时，再向医院提供必要的康复设备，招募专业技术人员。这样一来，伤员能来了，康复医师有了，医院肯定会乐意合作。"一番来自一线的真知灼见，让周建国顿悟。

根据励建安的意见，福幼基金会采取了在国内外专家指导下，在基层建立康复基地，组建长期服务的康复团队，将伤员集中到基层医院治疗的模式。事实证明，这种低成本的方法不仅让更多伤员受惠以及更善用现有资源，也兼顾了伤员家庭的恢复重建，真正做到近水救近火，少花钱多办事。

在哪里定点建立康复中心，招募多少志愿者，如何实现资源的最优配置，周建国清楚地知道这不是拍拍脑袋能定下来的事。一场大灾后，伤员数字的准确统计一直是个难题，更何况“5·12”地震这样的大灾，没有准确数据，给应急期后的伤员康复工作带来了异乎寻常的困难。

图 6　康复工作志愿者与国际助残机构人员在一起

早在 2008 年的 7—8 月份，大多数伤员还分散在全国和省内各个医院时，福幼就曾与涉及伤员康复的多个机构联系，但直到 2008 年 9 月，仍没有任何一个部门和民间机构能够准确给出全省及各县、市的伤员数量与伤残分类情况，特别是具体的康复需求情况。

这次周建国又采纳了励建安的意见——不再等待，招募志愿者，自己动手，直接面对每一个伤员，进行伤员情况调查。他们从康复需求调查开始，介入灾区康复工作。在周建国与励建安握手合作的第三天，第一个加入者——南京医科大学第一临床医学院运动医学专业博士研究生张霞就来到了四川，与其他陆续加入的志愿者，耗时半个月先后完成了江油市、北川县部分乡镇，北川中学伤员的康复需求调查。不久，又与“国际助残”机构合作完成了绵竹市和什邡市的调查——总计 3358 名地震伤员详尽、准确的康复需求数据。这为下一步开展康复工作提供了极为宝贵的第一手资料。

有了翔实的调查数据，从 2008 年 10 月起，福幼基金会陆续在江油市、绵竹市、安县、北川中学等地建立了 4 个以收治住院伤员为主的“康复中心”和 2 个收治门诊伤员的“康复点”。6 个工作单位累计为 838 名伤员实施了康复治疗，为 858 名伤员实施二次手术。其中仅绵竹地区康复治疗伤员 436 名，二次手术治疗伤员 303 名，774 名伤员接受了家访。

特别要说的是，福幼基金会与国际助残合作的“绵竹康复中心”建立于 2009 年初，是该会继实验性的“江油康复中心”后设立的第二个“‘5·12’地震伤员康复项目中心”。该中心规模最大，不仅有 15 名具有康复专业背景的志愿者常驻，更是当时四川灾区最大的地震伤员免费康复中心。

3. 康复志愿者成为地震伤员的天使

福幼基金会的调查数据出来后，到哪儿去找专业技术人员呢？励建安拍了胸脯：我的硕士生、博士生都可以来当你的志愿者。

“志愿者”，励建安的话给了周建国很大启发。但他知道，如今的志愿者行为大都是短期的、免费的。而康复医学的规律告诉他，康复治疗过程不仅较长，同时还是个心理康复过程，治疗师与患者需建立相对稳定的关系，建立信任感，才能调动患者进入积极合作的状态。而频繁更换治疗师，则不利于患者的康复。于是，周建国大胆提出了一个方案：招募的康复治疗师最少在灾区连续服务 3 个月（当然，其中也有降低交通成本，将更多资源用于伤员的考虑）；至少接受过 3 年大专院校康复治疗教育，优先考虑有实践经验及四川省本地治疗师（今后可能留在四川省）；除提供住宿条件外，为志愿者提供生活补贴，生活补贴随留团队时间逐步增加，并办理必要的保险；志愿者每周工作 5 天半，每 3 个月可以享受探亲假 1 周，报销往返路费；每月必须组织一次外出集体活动，强制性让大家释放压力；制定伤员意见表，接到两次投诉，解除志愿者服务合约；为了提高业务水平、满足志愿者自我提升的愿望与需求，邀请国际、香港及内地专家学者，定期授课。这种特殊的志愿者“使用方式”，被康复界认为是最具人文关怀的创举。

——她是中国灾害伤员田野调查第一人，也是灾害康复 HNV 模式的践行者

张霞，28 岁，江苏省人，南京医科大学第一临床医学院运动医学专业博士研究生。于 2008 年 9 月 23 日，加入福幼基金会康复项目，成为第一个志愿者。在该项目中，工作达 19 个月。

图 7　曾志伟看望张霞（前排右一）与先期的康复医疗志愿者

张霞作为福幼基金会地震伤员康复项目的第一名志愿者兼领队，与其他陆续加入的志愿者一起，用时半个月先后完成了江油市、北川县部分乡镇、北川中学伤员的康复需求调查；又与“国际助残”合作完成了绵竹市及什邡市的调查，得出总计 3358 名地震伤员详尽、准确的康复需求数据。

为了对 3358 名地震伤员的康复需求进行逐个调查和筛选，由于平时都有治疗任务，张霞组织 15 名具有专业康复背景的志愿者轮流抽出时间或利用周末进行调查。所有资料、数据的整理和录入，只能利用晚上完成，每个人经常工作到夜里一两点。调查结果汇总上报，为政府及卫生部门决策提供了有效的依据。

作为领队，张霞同时还承担起招募志愿者，购买康复器械，与当地医院、政府机构协调沟通合作等事宜。当然，最“麻烦”的还是内部工作。

自 2008 年 12 月建立绵竹与遵道康复中心，并成为四川省最大的地震伤员免费康复治疗中心以来，为了保证两个中心近百张病床顺利收住伤员，有过 5 年临床经验的张霞从每天早晨交完班开始，就要面对和解决各种不同类型的问题：为伤员制订康复计划，安排手术，重症伤员的转院交接，以及与医院结清出院伤员的医疗费用、发放伤员的相关补助，等等。

随着时间推进，伤员们陆续出院，他们回家之后面临的各种问题怎么解决，尤其是脊髓损伤伤员出院后的困难，这一系列问题张霞又放在了心上。

2009 年 7—8 月，张霞又与国际助残工作人员一起，回访绵竹地区 26 名脊髓损伤伤员，指导他们在家自我锻炼以及如何预防并发症。回访结束后，为所有脊髓损伤伤员进行了家居环境改造，并为有需求的伤员量身定做更换了轮椅，使得伤员们在家能够最大限度独立生活。伤员们和张霞结下了深厚的友谊，在记者走访伤员时，不论张霞走到哪里，伤员都会和她拉家常，告诉她自己的进步。一位经她治疗康复的老妈妈，还会抱住她哭一阵子，再笑一阵子……

德阳市涉及伤员康复的 NGO 组织，大部分为境外机构。为与这些组织间形成良好互动，分享彼此经验，达到资源合理利用，张霞作为福幼基金会一线管理者，利用其专业技能和娴熟的外语，积极协调关系，与这些组织形成定期沟通联系制度，为伤情复杂的伤员转诊提供快速通道。

带领一个 15 人、最多时 21 人的志愿者团队，长期在四川灾区从事康复工作是十分辛苦的工作。团队成员绝大部分是青年人，来到灾区后，住板房、吃麻辣饭菜、一个星期洗不上澡、上厕所要到 50 米外，以及没有网络的生活，对这些 80 后的孩子来说确实很艰苦。而作为领队，张霞充分调动大家参与团队生活的积极性：生活委员专门负责每天的买菜做饭；体育委员定期组织大家打篮球、羽毛球、滑旱冰；财务主管管理财务补助发放和报销。每到月末，张霞还组织大家集体旅游，外出“打牙祭”。这些来自全国各地、有着各自不同生活习惯的志愿者们，经过近两年的磨合和了解，建立起深厚的感情，每每有志愿者服务期满后要离开时，大家总是泪眼婆娑。两年来，尽管“人来人往”，曾在该团队工作过的 41 个人却没有一人断了与队友的联系。

——艾金飞，辞职到灾区为伤员做康复“一去不复还”

2008 年 10 月，已在云南一家康复机构工作一年多的重庆市小伙艾金飞，接到了好友的电话：“快上中国康复医学会网站，有一家机构在招聘治疗师，到四川省灾区服务。”

艾金飞抱着试一试的态度，把自己的简历发了过去。他一直在寻找为地震灾区伤员服务的机会。

一周后，电话另一端来“面试”了，对方详细询问了他所学的专业，并在电话里让他“以截肢患者为例简述康复训练计划”，艾金飞一一作了回答。

当得知被录用后，艾金飞瞒着父母来到了当时余震不断的江油市。这一天是

2008 年 10 月 28 日，与他一同走出成都双流机场的，还有来自南京医科大学的一名硕士生以及广东省的两名资深康复治疗师。

艾金飞先后在福幼基金会的 4 个地震伤员康复中心（点）做康复治疗师，竟然一做就是 9 年多，成为福幼康复项目中工作时间最长的志愿者，他经手康复的伤员近 200 名。父母曾多次打电话，希望他离开那个危险的地方，因为他是他们唯一的孩子。但艾金飞这次没有听话。他知道伤员此刻更需要他，特别是北川中学那些伤残的孩子们都和他很熟了，如果换个治疗师有的就不好好接受治疗……

图 8　康复治疗师艾金飞为伤员做治疗

在北川中学，他和同去的志愿者逐个走访了百余名需要康复的学生，动员他们来参加康复训练。一个名叫吴俊的学生，地震发生时从二楼跳下逃生，造成双侧跟骨骨折，时隔半年还只能扶单手杖步行。在艾金飞的康复训练下，一个月后他就丢掉了手杖。艾金飞鼓励他坚持训练，周末还带他去山地训练。两年后，吴俊完全康复，步入高三紧张的学习中，还不忘关心帮助过他的大哥哥艾金飞。每逢节日，艾金飞都会收到他发来的问候短信。

6 岁的谭梦琴，于 2008 年 11 月 4 日入住江油市康复中心，后来母女俩又跟随团队转到绵竹。由于伤在股骨骨骺，病情复杂再加上正处于生长发育期，在二次手术不能确保时间和效果的情况下，前期只能采用保守治疗。康复治疗了 6 个月，改善了小姑娘右膝关节活动度。由于艾金飞对她的治疗体贴入微，孩子整天跟在他后面“哥哥、哥哥”地叫。艾金飞调到另一个新设立的康复中心工作后，小姑娘竟然眼泪汪汪地到处找他，托人告诉艾金飞："小艾哥哥，我想你了！"

由于艾金飞的努力工作，绵竹市人民医院康复科挽留下这个业务精湛、为人善良的小伙子，加入绵竹康复的团队中。

——从深山里找回了34名伤员的志愿者杨钦杰

杨钦杰，来自广东，大家都喜欢称他"阿杰"。他是志愿者队伍中仅有的3名5年以上工作经历的康复治疗师之一。在广东珠江医院工作时，他曾为转运到那里的"5·12"地震伤员做过康复治疗。或许是这个经历，使他魂牵梦萦地又一次来到了伤员的身边。

图9　康复治疗师杨钦杰到伤员家中巡诊

2008年10月28日，经过报名、电话面试后，他辞职踏上了四川的土地。这是他有生以来第一次离开家人，离开广东省。原本只是想干上三个月就回家的他，却做了两年多，一直坚持到"5·12"康复项目的结束。

杨钦杰来到灾区最先被安排在江油厚坝康复中心。娴熟的医术、周到的服务使他很受伤员的欢迎。2009年2月，他调到基金会与绵竹人民医院合作建立起来的灾区最大的康复中心。他踏实肯干、不怕吃苦的精神，引起周建国的注意。2009 年 12 月，他被调到新筹建的安县“5·12 福幼康复中心”，担任领队。

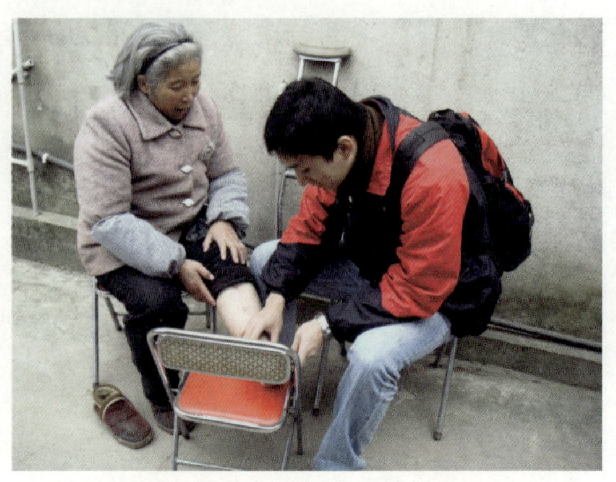
图 10　康复治疗师杨钦杰为伤员做治疗

2010 年 1 月，他看到前来康复的伤员很少，就按当地残联提供的伤员名单和在安县中医医院做过内固定术的伤员名单逐个打电话，然而电话的另一头往往告诉他“这里是乡镇办公室”。没办法，他决定自己下乡去找伤员。

2010 年 1 月 16 日，杨钦杰来到安县小坝镇，寻找曾在两天前通过电话的伤员谭顺会。从长途车下来，他步行了一个多小时，找到了这名骨盆骨折的女士，同时发现她的丈夫也是地震伤员，而且是脊柱损伤。他当场为他们进行了诊断，并希望他们夫妇一起住院治疗。之后，他又在伤员子女的带领下走访了几里外的另外 4 名伤员。当他返回的时候才知道，回家的路被滑坡的大量碎石堵上了。此时，他发现这里没有手机信号。在安县工作的另外两名女志愿者，听说去小坝镇的路上发生滑坡，便打电话与他联系，结果几个小时的联系都失败了，急得两个女孩坐立不安。晚上 7 点多，杨钦杰穿越了滑坡区步行了 3 个多小时搭车回到了驻地。这时，两个女孩喜极而泣，“警告”他下次一定要带上她们一起出门，出现情况时好有个帮手。但杨钦杰之后的每一次出行依然独自一人，他知道她们都是独生子女，在灾区行走，滑坡、大水、车祸随时都可能遇到，他不想让危险靠近同伴。

在安县工作的一年中，杨钦杰下乡数十次，行程数百公里，先后找到了 34 名伤员。安县的“5·12 康复中心”也因为伤员的口口相传而声名远扬。康复中心出现了门庭若市的场景，最多时这里的伤员达到 40 人。转入这里的二次手术伤员也有 200 多人。安县康复中心也成为福幼 6 个分支机构中，单位时间里康复伤员最多的一家。

——赵正恩，衔接民间康复的“政府人”

赵正恩，绵竹人民医院的骨科主任。2008 年，当福幼基金会为地震伤员康复寻找合作伙伴时，励建安教授恰好在绵竹人民医院指导康复工作。也许是冥冥之中的安排，在励教授的衔接下福幼基金会的康复行动就此在绵竹扎下根来，一直坚持了 8 年。用周建国的话说，没有绵竹人民医院，特别是赵主任的支持，我们也坚持不了这些年，伤员的康复也不会取得如此成果。

由此说来，在绵竹地区的地震伤员是幸运的，他们不仅接受了福幼基金会的免费康复治疗，也遇上了这些热心为他们服务的“政府人”。

在绵竹地区的地震伤员中，84 岁的江安琼，是年纪最大的脊髓损伤患者。若不是绵竹市人民医院康复科的积极介入，她恐怕早就被褥疮等并发症夺走生命了。用江安琼的话说“没有志愿者和康复科的帮助，我头上早长草了”。

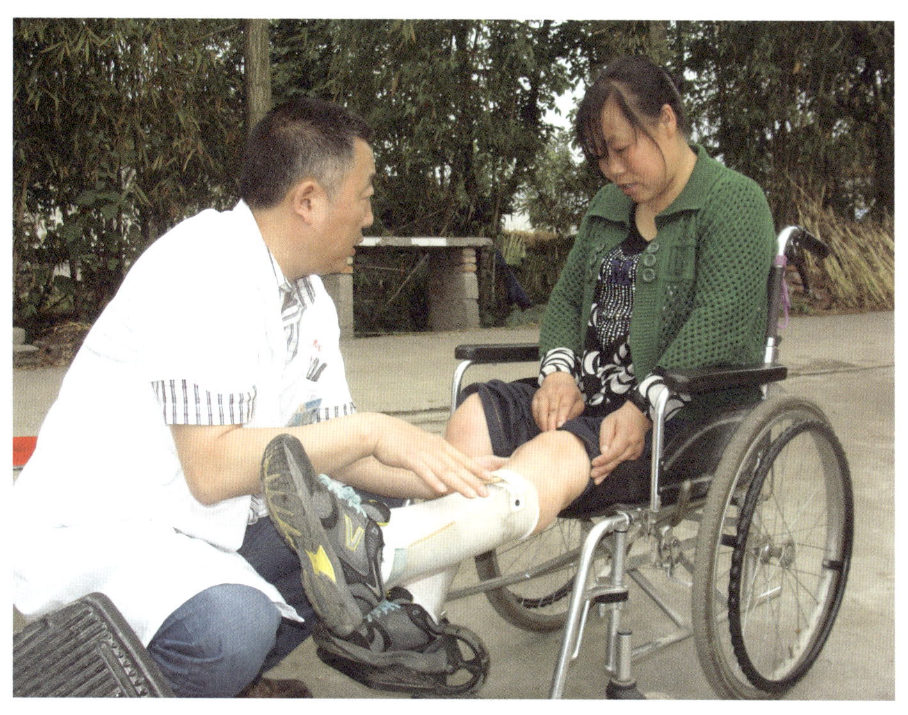

图 11　赵正恩为地震伤员做诊疗

2008 年底，国家对于地震伤员的免费医疗政策终止，江安琼“回家康复”。由于子女都在外打工，只有 80 多岁的老伴照料。下半身失去知觉的她，几乎整日卧床，屁股上逐渐出现了褥疮。

2010 年，香港福幼基金会的志愿者胡筱蓉和赵正恩一起到江安琼家回访，一进门就闻到了一股恶劣的味道。他们连忙给江安琼检查身体，发现屁股上的褥疮已经很深，“深到一个拳头都能伸进去”，赶紧把她送到绵竹市人民医院治疗。

把江安琼送到绵竹市人民医院后，康复科为她制订了详尽的康复计划，先治疗褥疮，再为其进行功能恢复训练，并教会她怎样在家做自我康复训练。半年后，身体好转后的江安琼就出院了。从此之后，康复科制定了回访机制。不定期去江安琼家回访，给她检查身体，如果情况好，就两三个月回访一次，如果情况差，就一个月去一次。

“现在绵竹市人民医院已经很厉害了，我们已经可以完全放手。康复科主任赵正恩，走到哪里人家都叫他赵大爷。伤员们有什么问题，都会直接去找赵大爷。”福幼基金会董事周建国说。

在四川，大爷是一个很受人尊重的称呼。伤员们一口一个“赵大爷”，既是出于对赵正恩的尊重，也是对康复科的认可。康复科护士长周皓说：“现在医患关系这么紧张，但我们跟地震伤员的关系却跟亲人一般。”这种良好的医患关系，建立在专业的康复治疗和出自内心的关爱之上。

赵正恩告诉笔者：“我们去回访伤员，一般都是利用周末或节假日，牺牲了个人休息的时间，所以没有发自内心的爱心，我们不会做这个事。”在乡间地头，他开车带着笔者到乡下探访伤员，不用问路，直接开到伤员家门口。

4. 脊髓损伤病人抱团取暖

汶川地震之后，脊髓损伤病人从健康变成残疾，他们失去了正常的劳动能力，在一定程度上成了家庭的累赘，其心理上多数伴有焦虑和抑郁。

绵竹人民医院护士长周皓介绍说：“脊髓损伤伤员，大多数家庭都是很和睦的，其中有几名女伤员的丈夫对她们特别好。”尽管如此，他们仍有很大的心理康复需求。其心理康复具有长期、反复的特点。接受残疾的事实，适应残疾人的生活，对他们而言，残酷而艰难。

2009 年，绵竹市人民医院康复科为地震中受伤的脊髓损伤患者建了一个 QQ 群，“脊髓损伤小组”正式成立。在福幼基金会的资助下，他们每个月有 1000 元的活动经费用于聚会。这个小组，对脊髓损伤病人的心理建设发挥了巨大作用。正是在加入这个小组之后，宋海燕才变得开朗起来。

在绵竹市人民医院拓展部主任李箪眼里，地震伤员宋海燕完全变了一个人。李箪曾在康复科工作，给宋海燕提供过康复治疗服务。她记得那时候的宋海燕，情绪低落，十分封闭。

在 8 年前的汶川地震中，宋海燕被垮掉的房屋砸断了腰，从此成为一名脊髓损伤病人，下半生只能在轮椅上度过。在刚开始的那段时间，她很难接受这个现实。从四肢健全到突然变成残疾，她连出门都怕人笑话。她经常把自己一个人关在家里，可这里“实在郁闷”。

有了“脊髓损伤小组”的聚会，他们不仅在一起交流病情和相关处理经验，还会吐槽家庭问题，夫妻间的小打小闹，也会跟病友说。“我们其实很难走出地震的阴影，很多话题，跟正常人都没法沟通，正常人也不理解。只有我们残疾人聚在一起时，这个问题才不存在。”宋海燕说。

每个月一次的聚会，是他们最为期待的。有时候会去伤员家里，大家一起做饭，每人炒一个菜，吃完饭打打麻将。有时候就在绵竹市里聚，“开个房间，一铺床可以倒四五个女的，打牌或者聊天。如果谁心情不好，在聚会时说出来就好了。”

图 12　地震致残人士参加社会活动

多年来，“脊髓损伤小组”成员之间，已经形成了一种亲人般的感情。组长唐永红说：“大家能够走到一起，非常不容易，如果不是地震，都不会走到一起。”

病友之间，经常相互帮助。平时大家手头紧的时候，比如有人刚给在学校上学的孩子交完生活费，没钱了，就会相互借几包尿不湿和导尿管用，下次聚会时再还上。要是谁生活陷入困境，唐永红会组织病友捐钱，30 元、50 元、100 元地给，谁给的就写上谁的名字。

“脊髓损伤小组”活动坚持了 8 年，如今，宋海燕已变得乐观开朗，画眉毛，涂口红，她把自己打扮得很漂亮。家里的厨房经过改造后，她能自如地做饭炒菜，每天把房间收拾得很干净。看起来，她已与常人无异，只不过是身处轮椅，不能像常人一样工作。

绵竹市人民医院康复科医生张少军说，“脊髓损伤小组”的行动能力非常强，搞活动时绝不会有人迟到。他们使用轮椅飞快，来到康复科，上床时“轰”的一下就上去，这对其他病人非常有感染力。

2016 年，福幼基金会为他们提供的经费已所剩无几，“脊髓损伤小组”成员得知后个个一脸愁云。其实，赵正恩一直都在惦记着这件事，近两个月他一直为此四处奔波，最后找到为医院提供医用材料的成都华唯科技有限责任公司，公司的领导听了赵正恩说明后，一口承诺下来，答应为伤员聚会提供持续的资金支持。

5. “大康复”何时走入寻常百姓家

10 年前的抗震救灾中，卫生部在提出“大救治、大转移”方针的同时，首次提出“大康复”的概念——完成临床救治之后，要解决患者的康复问题。地震后 10 年时间，康复医疗专家励建安一直在震区走访并呼吁，要更加重视震区伤员的长期康复治疗问题。

励建安认为，过去的临床医疗概念是医生把患者救活，患者情况稳定后，治疗就结束了。而这种落后的认识，往往会导致许多地震伤员，也包括非地震伤员和患者，出现不同程度的功能障碍问题。

2009 年，国务院提出预防、治疗、康复三结合的卫生国策。然而现实的情况是，这个完整的健康卫生体系，被割裂开来，政策、资源、资金等投入并不均衡。励建安呼吁，对待临床医疗和康复、预防，不应厚此薄彼：“我们现在医保项目，接近 1 万项，康复加起来才 29 项。作为一个医学的大的体系，29 项，你说多吗？真的不多。”

几乎所有的脊髓损伤伤员，都面临着很大的经济压力。由于膀胱功能障碍，他们每天需要给自己做 4—6 次清洁导尿，每次一根导尿管，最便宜的都是 0. 6 元，一个月也得将近 90 元。如果要出门，还需要穿尿不湿。有些膀胱问题严重的，在家也得穿尿不湿。唐永红算了一笔账，就算再节约，一个月花在尿不湿上的钱也得 150 元左右，有些人费用更高。而这些费用都无法纳入医保报销范畴，这对极速损伤伤员来说是个不小的开支。

此外，他们多数人还要服用止痛药和缓解膀胱活动的药物，总共算下来，一个月的常规花费，少则 300 元左右，多则七八百元。对于没有收入来源的他们来说，这是笔巨大的开销，经济压力很大。

伤员们也都想找份工作，但这并不容易。在绵竹县的地震脊髓损伤的伤员中，除了唐思琼在家开了一家麻将馆，其他伤员都在家待业。绵竹市残联曾给伤员们发了缝纫机，让他们做刺绣，医院帮着销售，但并没有持续很久。残联还提供一些其他的工作机会，比如，在陶瓷上画年画，但伤员一般都不愿意去，一是离家远，二是工资低。此外，脊髓损伤患者还不能久坐，否则容易长褥疮，挣到的钱可能还抵不了治病的花费。

说到自己生活上的困难，杨发春眼圈红了。除了每个月领取 140 元低保和 80 元残联发放的护理费，她没有别的收入来源。她上有两个 70 多岁的老人，年迈多病。父亲有酒精肝，“随时都会晕倒”，每个月医药费得 400 多元；下有一个也在地震中受过伤的女儿，在读高中。全家的担子，全落在了丈夫一人身上。杨发春的老公在当地邮局上班，每天各处送报纸，一个月收入 2000 多元。

娘家的人每年都会对她有所帮衬，有时候一年给 3000 元，有时候给 5000 元。家里的家具和电视机，都是她姐姐给买的。要是没有娘家的补贴，只靠丈夫的工资，家里根本开支不过来。

杨发春说，她什么都在担心，身体会不会水肿？肾会不会有问题？屁股烂了，会有人管吗？“我希望将来有问题时，我们可以找国家。”

伤员们经常向护士长周皓表达这样那样的诉求，“伤员们希望国家和公益组织多多关心他们。由于他们每天除了在床上，就是在轮椅上，轮椅的磨损较大，他们希望每隔几年就能给他们换一个量身定做的轮椅。而在平时，伤员们最大的困难就是购买药品、尿不湿、尿管的费用，让他们难以承受。”

6. 10 年帮扶，1700 名伤员走上康复之路

福幼基金会主席曾志伟在纪念汶川地震 10 周年之际表示：“记得 10 年前，我们曾经对四川受灾群众许下承诺，要帮助受灾群众重获原来的生活。”四川汶川大地震发生后，联合香港演艺人协会、香港高尔夫球界等团队通过福幼基金会捐款 3680 万港元，开展了紧急救援，以及持续 3 年的“社区重建”项目，更有持续 8 年的“地震伤员康复”项目。

在为期 8 年的康复服务阶段，福幼基金会在灾区设置了 6 个康复基地，开展了 4 次千名地震伤员筛查活动，共治疗约 1700 名伤员。

5 月 13 日上午 9 点，主题为“生命的赞歌——感恩奋进 康养汶川”2018 汶川马拉松赛在汶川县映秀镇爱立方鸣枪起跑，来自中国、美国、英国、加拿大等 14 个国家和地区的近 6000 名运动员参赛。值得一提的是，当天，由四川大学华西医院绵竹医院康复科组织的 21 名地震伤员也参加了马拉松。

图 13　5 月 13 日，首届汶川马拉松在四川省汶川县映秀镇举行，21 位地震致残人士参加半程马拉松赛

当天，华西医院绵竹医院康复科赵正恩主任带领的 21 名地震伤员坐着轮椅，以铿锵有力、执着坚定的步伐完成了 6000 米的微型马拉松赛道，向全世界展示了绵竹人民乐观向上、坚忍不拔的精神面貌，赢得了参赛者和观众们的热烈掌声。

来自清平镇的地震伤员秦忠英，在“5・12”地震中受伤导致下半身瘫痪，经过该院康复科医生的细心居家康复治疗，目前，秦忠英恢复状况良好，生活和自理能力得到了较大提升。在当天的比赛中，秦忠英巾帼不让须眉，表现优异，与大部队一同抵达终点。赛后，她高兴地说，参加今天的比赛她很兴奋，在这个特殊的日子里，他们的残疾人团队向外展示了绵竹人乐观、积极向上的精神面貌，得到了外界的认可，大家都觉得很自豪。

二、大地震推动县医院康复大发展

——绵竹地区灾后康复救援的经验借鉴

赵正恩

1. 背景：绵竹市成为重灾区之一，数千位伤员需要实施康复救援，他们面临着未曾遇到的困难

2008 年 5 月 12 日，汶川大地震中，离震中 60 千米的绵竹市因其特殊的地质构造和地理位置处于一个高破坏区之中，成为 10 个地震极重灾区之一；共有 38000 余人受伤，11117 人死亡，290 余人失踪，其中重伤 5249 人，致残 6300 余人，受灾 21 个乡镇，159 个村，区域内房屋、道路、工厂等基础设施破坏严重，境内各家医院也无一幸免地遭到严重损坏，其中汉旺镇医院房屋全部倒塌，医务人员部分遇难，整个早期医疗救援工作只能在户外进行。

汶川大地震发生后，绵竹地区医疗机构，尤其是绵竹市人民医院在当地政府部门的统一指挥下积极参与了灾后医疗救援工作。2008 年 8 月绵竹市人民医院在原址或异址建立了板房医院，逐步恢复了医疗服务能力。2008 年 11—12 月，伤员进入返乡高峰期。康复需求也出现高峰，这为医疗机构带来了非常大的压力，其主要表现如下。

（1）伤员的康复需求量大

从 2008 年 9 月至 2009 年 2 月经绵竹市地震伤员基线调查的 2287 名伤员情况显示：需住院康复伤员 459 人，家庭康复 1562 人。

（2）伤员对康复医疗的要求较高

大部分伤员在外地治疗期间多数在三甲医院就医，每家医院收治一定数量的

图 14　汶川地震中建起的绵竹板房医院

图 15　汶川地震发生时的伤员临时医治

伤员，并竭尽全力投入最好的医疗条件和设备，其中部分进行了早期、较为完善的康复治疗。因此，部分伤员返乡后对绵竹的就医条件及康复治疗提出了可以快速帮助其恢复身体功能的迫切期望。

（3）绵竹地区康复医疗资源匮乏

虽然面临地震伤员的迫切康复需求，但是绵竹地区专业康复人员缺乏、开展康复医疗的资金及设备严重不足。绵竹人民医院作为唯一一家二级甲等的综合医院，也仅有康复门诊，且只有 4 名医务人员，主要从事传统针灸、推拿、按摩工作，没有真正意义上的康复医疗。

（4）绵竹地区就医条件差

大量返乡伤员在绵竹地区只能在板房医院就医，板房医院设施简陋，条件艰苦，其吃、住、行都存在着很大的不便；与地震伤员在外就医医院管吃、住以及护理人员等条件相比差距太大。这为提升地震伤员的康复依从性带来了不小的困难。

上述情况受到当地政府及卫生部门的高度重视；同时大量外来政府医疗机构、慈善组织、个人也积极参与汶川地震伤员康复救援。绵竹当地医院根据自身需要，开始承担起联系、接受外来医院、慈善组织、志愿者的介入，帮助绵竹地震伤员恢复健康、回归社会的任务。

2. 建立绵竹地震伤员康复中心，形成政府主导、社会组织参与、志愿者长期介入的康复救助模式，为民间机构和志愿者参与康复救援开通绿色通道

2008 年 8 月，政府为解决好地震伤员的康复问题，在四川建立了省、市、县三级康复医疗中心。绵竹市政府及卫生部门委托绵竹市人民医院作为绵竹市地震伤员康复中心的主体单位，承担绵竹地区康复救援的工作。

绵竹地震伤员康复中心是以院长为中心主任的领导小组，直接管理地震伤员康复中心的建设及运行工作。康复中心建立后医院领导积极整合院内康复医疗资源，补充康复救援队伍的基本人力资源，并建立了地震伤员专用的康复病区、康复治疗区。因各级领导的高度重视，使得康复治疗区由开始的 300 平方米的诊断、

治疗区，逐步扩大到有两栋600平方米的康复治疗区，两栋600平方米的康复病房；康复人员由最初的4人发展到18人（2009年1月），并实现了康复医学的医、治、护团队合作的工作模式。

由于绵竹市人民医院快速完成了地震伤员康复救援平台的搭建，外来政府康复医疗机构、NGO组织、志愿者能够快速、有效地融入绵竹地区康复救援工作中，这也促使绵竹市人民医院成为绵竹康复救援的核心和载体。

绵竹康复中心建立后，为了满足地震伤员的康复需求除了优化院内资源外，同时也积极引进外来的康复资源。如上级政府医疗康复机构、NGO组织、康复志愿者等。所以绵竹市地震伤员康复中心从早期的绵竹人民医院独立开展“康复治疗”，逐渐演变成由政府卫生部门、非政府组织、志愿者团队共同参与的地震伤员康复团队。这种由多机构参与的康复救援团队促使了绵竹康复救援模式的形成。

图16　绵竹市人民医院的康复中心挂牌

中心的形成和发展是特定历史条件下的产物，其构成、运作方式及其目的都是为解决地震伤员的康复问题。它在帮助地震伤员进行康复的同时，也为灾区康复医学快速、可持久的发展奠定了基础。

绵竹康复救援模式的构成和职能：

一是由政府卫生部门构成：绵竹市人民医院、中国康复医学会专家组、华西医院康复医学科、南京医科大学康复医学科、江苏省医疗队、中国人民解放军总

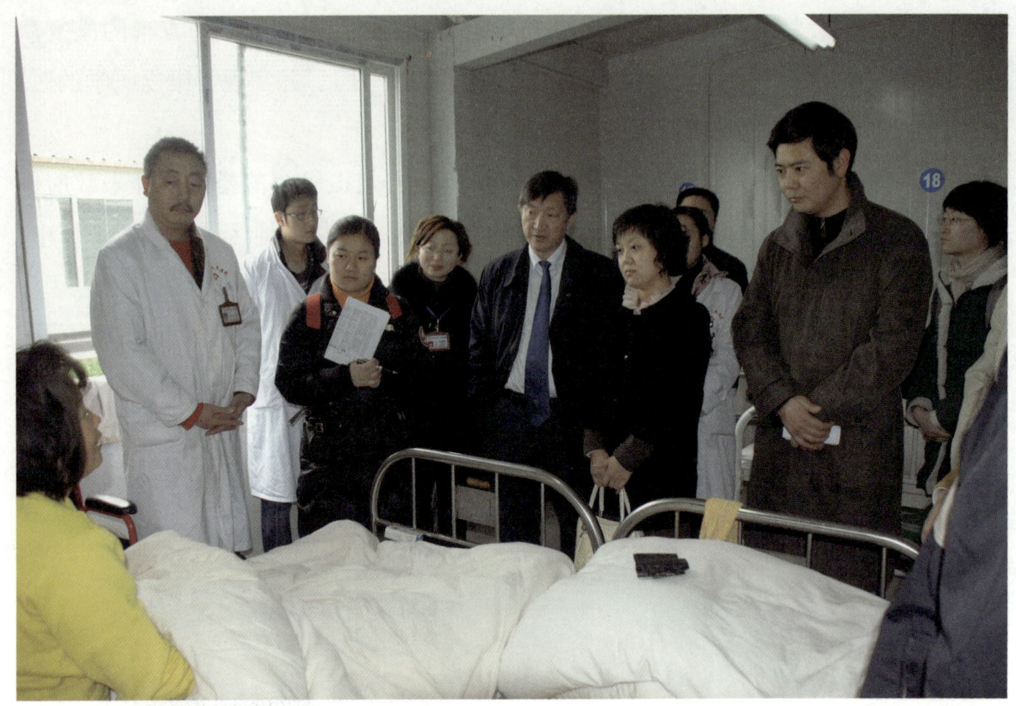

图 17　江苏省专家团到绵竹人民医院康复科进行查房

医院骨科、四川省人民医院骨科等，其职能是提供地震伤员康复的政策支持。如，由卫生部及中国康复医学会派出的专家组多次在灾区进行地震伤员的专业指导，提高灾区康复人员的理论，开展康复治疗技术培训班。协调外来机构在中心开展工作，提供较为完善的医疗康复综合服务。如，地震伤员的二次手术等其他医学治疗，为各组织的医疗服务工作提供法律保障，推动灾区康复医学的发展，提供人、财、物的支持。

在人才方面：从绵竹市人民医院内选调医疗、护理人员充实康复科的人员缺口，并树立加入康复医学科工作人员长期从事康复工作的信心。

在资金方面：满足康复医学科为地震伤员康复工作顺利开展的资金支持。如，开展围绕地震伤员康复工作的研讨会的经费支持等。

在物资方面：为康复医学科工作的顺利开展，满足康复科的工作安排，及时完成工作区域基础设施建设，购买必要的康复设备等。

二是由非政府组织参与：如香港福幼基金会、国际助残组织、香港复康会等。非政府组织机构的职能是充分动员社会力量，在短时间内聚集人力、物力和财力，快速投入康复行动中，在一定程度上缓解了政府救灾的压力。如，香港福幼基金会在 2009 年 1 月加入绵竹地震伤员康复中心时，即投入了 200 万元以上的地震伤

图 18　地震伤员康复专家论坛

员康复救援资金，建立了一个地震伤员康复专用病房（40 张床）的单元设施，一个地震伤员康复专用的康复治疗室（设备：PT 床、制冰机、平衡杆等）。并为每名参与地震伤员康复的专业志愿者提供 2500 元/月以上的生活、交通费用。为每名接受康复治疗的地震伤员提供 10 元/天的生活补助，支付非医疗保险报销以外的康复医疗费用，经统计平均提供每名伤员约 3000 元/次费用资助。这样可有效地改善地震伤员的就医条件，提升了地震伤员康复的依从性，为地震伤员的功能提升创造了有利条件。

绵竹市地震伤员康复中心的 NGO 组织：

组织名称	工作时间	服务内容
香港福幼基金会	2009 年 1 月至 2014 年 12 月	住院康复、学科建设为主，社区康复
国际助残组织	2008 年 8 月至 2012 年 12 月	社区康复为主，住院康复、学科建设
香港复康会	2008 年 8 月至 2012 年 12 月	康复人员能力提升
台湾伊甸基金会	2009 年 5 月至 2009 年 08 月	康复人员能力提升

三是志愿者团队加入：国内外专业康复志愿者。根据需要招募的康复专业志愿者，由专业的团队负责人管理。其主要作用是满足地震伤员康复需求的专业人

才需求，达到地震伤员在回归灾区后能享受到在外地医院同等或更好的康复医疗服务条件。

从 2008 年 8 月到 2012 年 12 月共计有 57 名康复志愿者参与了为期 3 个月以上的康复医疗服务，现有 6 名康复志愿者已扎根于绵竹，促进了绵竹康复医学的快速发展。

图 19　福幼基金会康复工作志愿者参加每月一次的休整活动

为提高中心工作的有效性、高效性及安全性，在外来组织加入中心之前，为后期的工作顺利进行，结合实际情况逐步建立了纳入制度。外来康复机构、NGO 组织、志愿者团队加入中心，需提交组织背景资料，经中心管理组织审查、同意后，才有资格加入地震伤员康复中心。

由于我国在 2009 年前没有出台对 NGO 组织及志愿者在境内开展活动的相关法律法规，2016 年 4 月才通过《中华人民共和国境外非政府组织境内活动管理法》（于 2017 年 1 月 1 日起正式实施）。因此，2008 年 8 月绵竹地震伤员康复中心在接受 NGO 组织介入时，为了避免与 NGO 组织合作过程中出现违反国家法律、法规的事件发生，中心随着工作的开展，逐步自行建立了如下纳入标准：

第一，在中心服务的境外 NGO 组织必须提供在我国外事部门登记的相关证

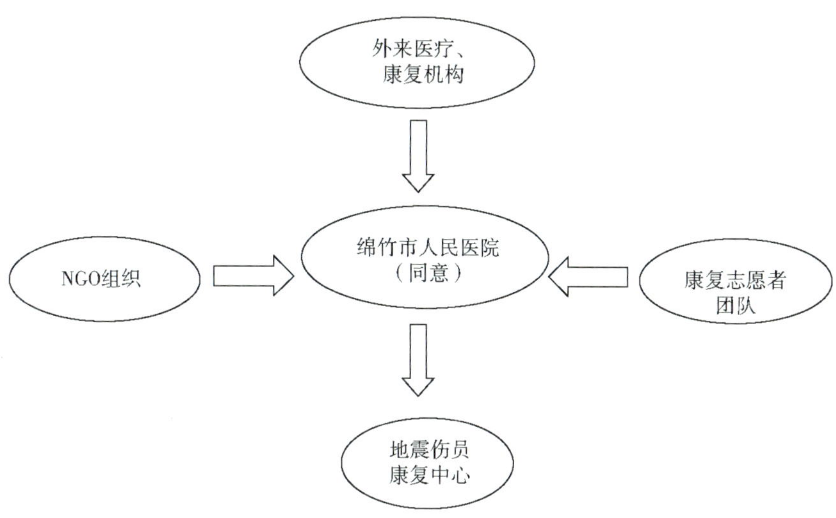

图 20　绵竹市地震伤员康复中心 NGO 组织纳入标准

明；并经过绵竹当地医疗主管部门初步审查合格（主要由上级卫生医疗主管部门开具介绍信）。

第二，对 NGO 组织在中心计划服务的康复内容进行审查，符合中心工作内容的机构可纳入中心工作，以合作协议内容为准。

第三，对 NGO 组织的康复服务能力进行考察，主要了解 NGO 组织的背景及康复服务能力，符合条件的签订一定期限的合作协议。

志愿者的纳入标准是：

（1）需有康复医学专业背景，大专以上学历。

（2）境外志愿者需提供个人信息、登记工作内容。中心将相关人员个人信息传送到当地公安部门审查、备案。服务中如发现异常，及时劝阻，必要时劝离。若涉及违法行为，及时通知当地公安部门，交由公安部门处理。

（3）国内志愿者通过网上报名，由中心志愿者团队负责人进行个人资料审查，符合标准纳入准入候选人。中心根据工作需要通知加入志愿者团队工作。每月对志愿者进行工作、纪律评估，对表现欠佳者予以劝离。

（4）志愿者需遵守自愿参加的原则，并愿接受中心的相关规章制度的管理，签署一定期限的服务协议。

3. 地震伤员康复中心的运行方式，具有联盟性质、扁平化特征，实行信息共享，人才共育，各自筹资，第三方审计

地震伤员康复中心是一个医疗综合体，不仅具有专业的康复治疗能力，同时

还要求具有综合的医学治疗疾病、创伤的能力；单纯的康复治疗在早期实践中是不能满足地震伤员的功能恢复需求的。另外康复医学与医学康复是紧密结合的，康复医学是医学康复的一部分，所以中心是围绕地震伤员进行综合医疗康复。中心的运行采用参与单位既独立又合作的运行方式进行工作。

绵竹康复救援模式运行的组织形态，具有联盟性质的网络型组织，以协议作为各方合作共事的基础和保障。其在权力传递上表现为扁平化特征，组织内部管理职能的划分，不是依据行政层级来分配指派，而是依据康复治疗工作流程的实际需要来承接和传递；依据各组成部分的专业和职能差异，签订合作协议，制定阶段性工作任务，并每月总结一次，共同完成地震灾区的康复工作。如任务完成困难及新增服务内容共同协商认定，对模式进行调整等。

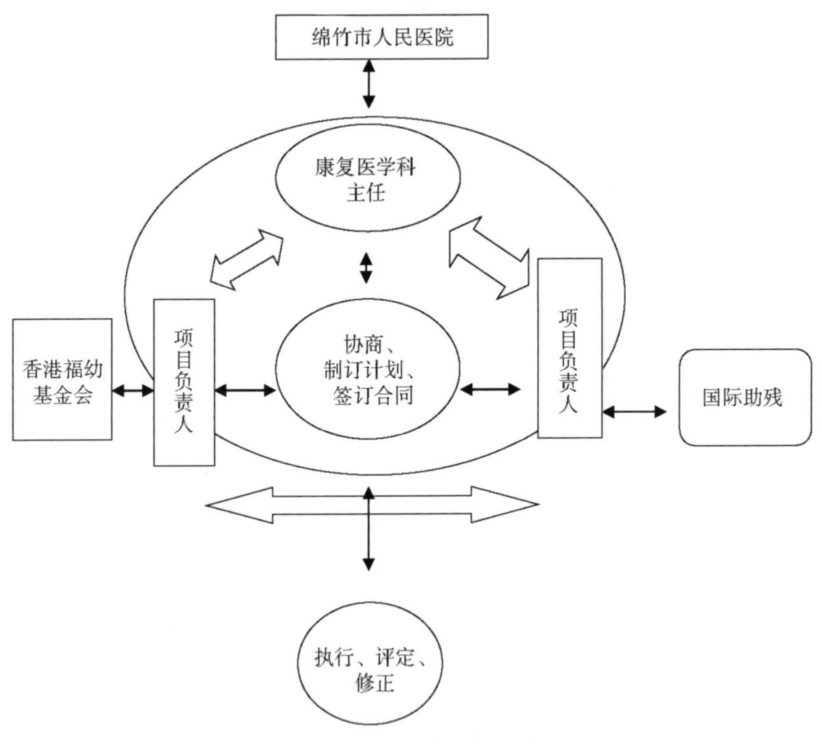

图 21　合作运行模式

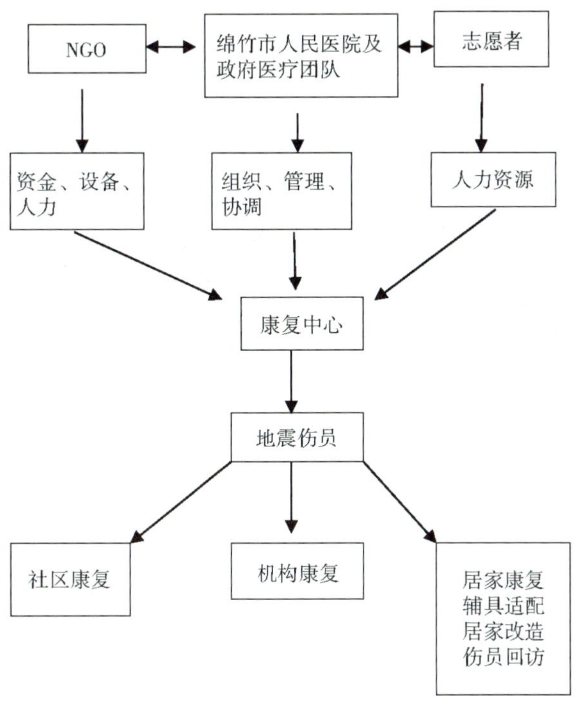

图 22　中心工作开展运行图

信息共享

作为新组建的工作联盟团队，为使灾后康复救援工作快速、有效地进行，利用互联网，在内部进行信息共享，并建立相应的数据库 。其中地震伤员康复需求数据库中包括基线调查的 2287 人的人口学数据，伤员损伤部位、医疗状况、目前生活自理能力、并发症、康复需求等内容，以及本地区医疗服务资源现状等。

人才培养

汶川大地震后，对康复医疗专业技术人才的需求在短时间内达到高峰，绵竹康复救援模式建立之初，招募的康复志愿者主要来自全国医学院校及残联系统培养的刚毕业的康复专业毕业生，以及在校的硕士、博士生；部分有康复工作经验的康复治疗师。由于灾区的医务人员康复理念、理论、技能基本缺乏，中心采用了带、教、学的方式提高团队人员的整体专业素质。

带：由有康复工作经验的医治护人员带领低年资的、经验不足的工作人员开展工作，地震伤员责任人由有康复工作经验的医治护人员负责。

图 23　康复工作人员培训

教：由 NGO 组织聘请康复专家或政府指派康复专家到中心开展地震伤员康复的相关理论、技能教学活动；在震后 3 年内，康复中心总计接受由卫生部、江苏省人民医院康复科、华西医院康复科、国际助残、香港福幼基金会、香港复康会提供的国际、国内康复专家在绵竹地震伤员康复中心开展的对绵竹地区康复、医疗人员的现代康复理念、康复理论、技能、病房管理等各方面的能力培训活动 110 次。

学：中心工作人员积极开展自学活动，主要以读书报告会、技能交流活动、疑难病例讨论等方式提升员工的能力。对当地医护人员和志愿者进行专业培训、工作指导，不仅保障了伤员的康复治疗质量，也为促进灾区康复医学发展起到推动作用。

资金及捐赠辅具发放与管理，伤员收治和救助流程

康复中心的长时间运作，与资金的募集和监管有着重要的关系。在中心的运作模式中，主要由 NGO 组织负责资金的募集。为确保资金的使用合理和规范，建立了财务问责制度。

一是聘请独立的第三方财务审核机构：在 NGO 总部聘请“总部会计事务所”，在 HNV 模式聘请“分部会计事务所”。

二是灾区每季度向 NGO 总部提交财务报告，同时分部会计事务所审计财务报告，总部做最终审计。分部会计事务所应随时接受总部实地考察。

康复救援捐赠辅具发放，均制定有使用流程、制度。确保财物使用透明、公开、合理。

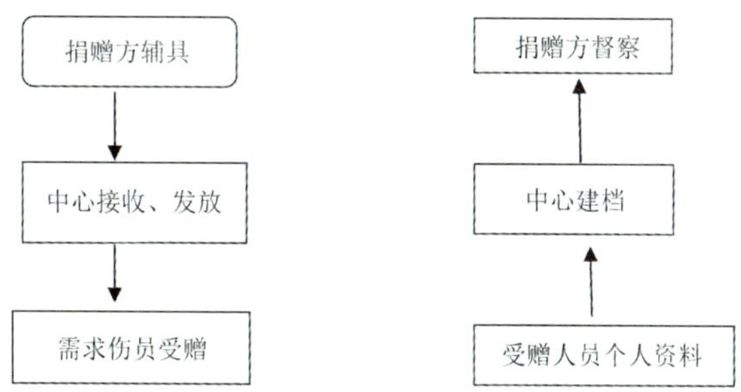

图 24　中心辅具发放流程

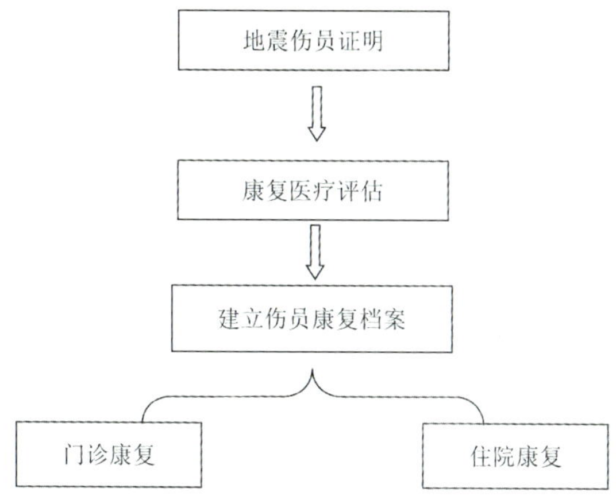

图 25　地震伤员收治流程

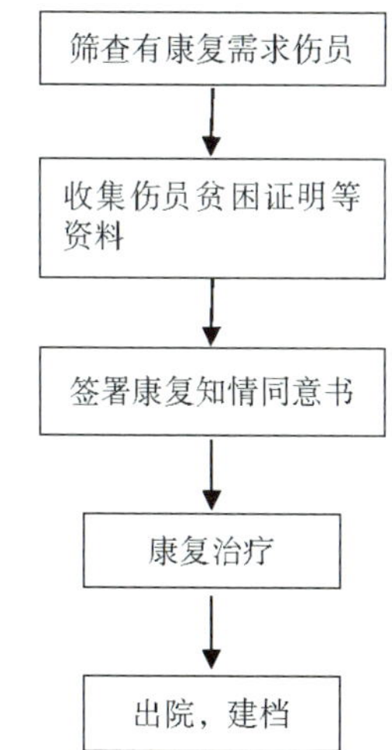

图 26　贫困伤员资助流程

4. 康复救援内容

康复救援计划：

内容 \ 时间	2008 年 8 月至 2009 年 4 月	2009 年 4 月至 2010 年 4 月	2010 年 4 月至 2012 年 12 月	2012 年 12 月至 2014 年 12 月
	中心组建、模式成形、地震伤员基线调查、康复工作开展	地震伤员康复、二次手术	地震伤员及贫困病员资助康复、康复医学科建设	绵竹市人民医院康复医学科独立管理地震致脊髓损伤伤员，学科建设

具体内容

2008 年 8 月至 2009 年 4 月，康复中心成立，进行中心工作人员组合、康复病房及治疗区基础建设、开展门诊及住院伤员康复。完成绵竹地区地震伤员基线调查 2287 人。

2009 年 4 月至 2010 年 4 月，中心根据地震伤员基线调查结果，发现 1907 人存在不同部位的骨折，其中 1200 人安置了内、外固定装置。伤员要求固定物取出，术后进行康复治疗。故中心根据调查结果开展了地震伤员二次手术加康复的“一站式”医疗康复服务。即对部分骨折愈合的伤员行内、外固定的取出；骨折未愈合者，有内、外固定的松动的需要再进行内固定、植骨；截肢病员的残端疼痛，行残端神经瘤的切除、修整，以及肢体功能重建等手术治疗。以上手术都由当地卫生部门经协调各部门对这些伤者行二次手术治疗；术后伤员均进行早期康复治疗，以缩短住院时间，提高伤员的肢体功能及生活自理能力。

2010 年 4 月至 2012 年 12 月，地震伤员及贫困病员住院康复资助，目的是为了扩大 NGO 组织的救助范围，提高康复理念落后地区人们对康复作用的认知度，帮助灾区康复医学的发展。提供脊髓损伤伤员出院后进行社区康复、居家康复指导、就业指导，建立长期随访机制。

2012 年 12 月至 2014 年 12 月，NGO 组织的志愿者团队撤离，中心工作完全由绵竹市人民医院康复医学科独立管理、运行。学科建设继续由香港福幼基金会资助聘请专家进行理论及技能培训。同时聘请第三方专家进行学科建设效果评定，以督导学科建设有序、快速、有效进行。

如，寻找脊髓损伤伤员的轮椅及配件更换的企业资助；从 2014 年 1 月起为绵

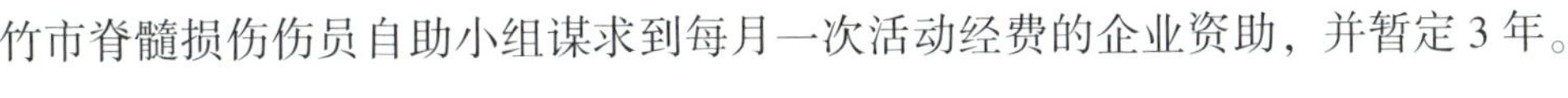
竹市脊髓损伤伤员自助小组谋求到每月一次活动经费的企业资助，并暂定 3 年。

随访

由于地震伤员的康复治疗对有的伤员是终身的需求，为了解伤员不同时期的需求内容、康复效果，在汶川地震后，对绵竹地区救治的伤员进行一次基线调查，三次随访调查。方法：主要以问卷、访谈、入户调查的形式进行。时间分别于 2008 年 8 月至 2009 年 2 月进行基线调查。2010 年、2012 年、2016 年对伤者进行了随访。调查量表主要为：改良 Barthel 指数（Modified Barthel Index，MBI）、生活满意度调查问卷等。

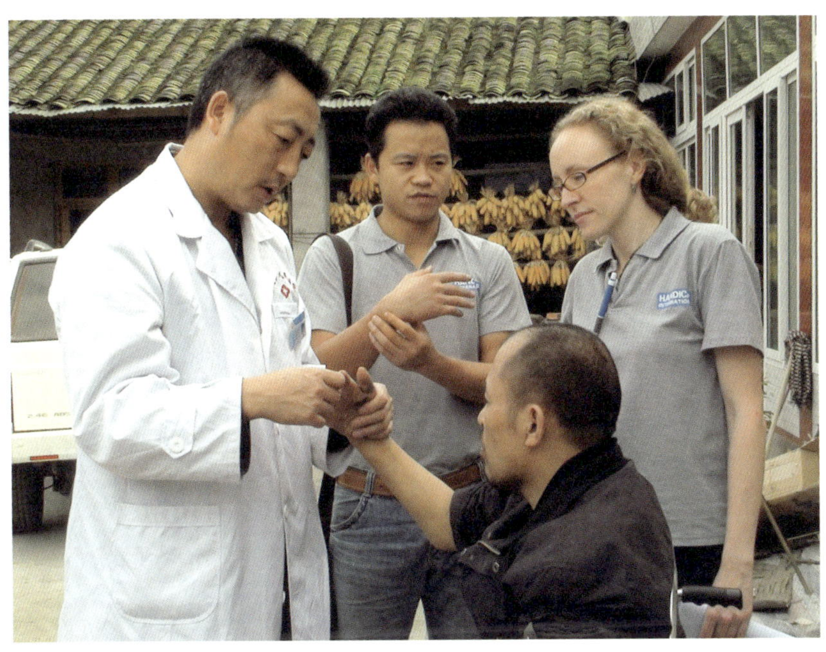

图 27　绵竹市人民医院康复科主任赵正恩为伤员治疗

调查人数：

时间	2008 年	2010 年	2012 年	2016 年
人数	2287 人	1456 人	1171 人	360 人

从 2008 年 8 月开始，中心针对脊髓损伤伤员进行了长期跟踪随访，每年进行一次健康体检，2012 年帮助地震致脊髓损伤伤员成立了自助小组，并通过 NGO 组织资助开展了每月一次小组活动。

5. 康复救援效果

社会效益

（1）服务范围广

中心实现绵竹地区地震伤员康复救援的同时，还对都江堰、什邡、江油、阿坝州、绵阳、安县、青川、广元、北川等地的部分地震伤员实施了康复救援。

（2）康复救援伤员量多

中心从2008年8月起，截至2011年12月底，共收治住院地震伤员1379人次。每天接受康复治疗达210余人次。地震伤员功能康复类别复杂：有骨折、截肢、周围神经损伤、脑外伤、脊髓损伤等。

（3）康复救援内容多

①开展院内综合康复医疗。2008年8月起，返乡伤员均可在中心接受免费康复治疗。虽然2008年底地震伤员的免费医疗终结，但从2009年1月到2012年底，绵竹地震伤员康复中心仍免费为地震伤员提供康复医疗，为贫困伤病员提供康复资助。伤员康复医疗费用由非政府组织资助、政府医疗保险部门报销相结合解决康复就医问题。

②实施地震伤员二次手术。从2009年4月至2010年4月，地震伤员经过创伤医疗、功能康复治疗后，该阶段伤员的医疗康复救援需求主要表现为二次手术上。共计对住院伤员开展二次手术737台次，并且所有经手术治疗的伤员均及时地进行了康复治疗，使伤员功能最大化恢复，实现手术、康复“一站式”服务。

③进行地震伤员社区康复、心理康复、居家康复指导。伤员经康复中心早期康复结束后，有出院指征，但仍需后期间断康复的伤员，转社区医院，继续接受康复；对于年纪大、行动不便的伤员，康复中心定期安排专业人员入户居家康复指导。地震造成部分伤员出现不可逆的躯体严重功能障碍，不能再从事原工作者，中心根据伤员残存功能，设计再就业方向、就业培训、小额经济资助、捐赠就业设备等。减少伤员“因残致贫”问题。该类活动主要针对脊髓损伤伤员，由国际助残组织完成。

④辅具适配。由于灾后地震伤员的属地治疗政策的实施，大批地震伤员返回绵竹，大部分伤员的辅具在早期没有得到有效的适配、配送。返乡后由于身体功能障碍的需要，中心将捐赠辅具按捐赠单位意愿，伤员个性化需要，结合中心接受捐赠物资的情况，建立相应的管理流程，免费发放，做到既满足伤员需求，减

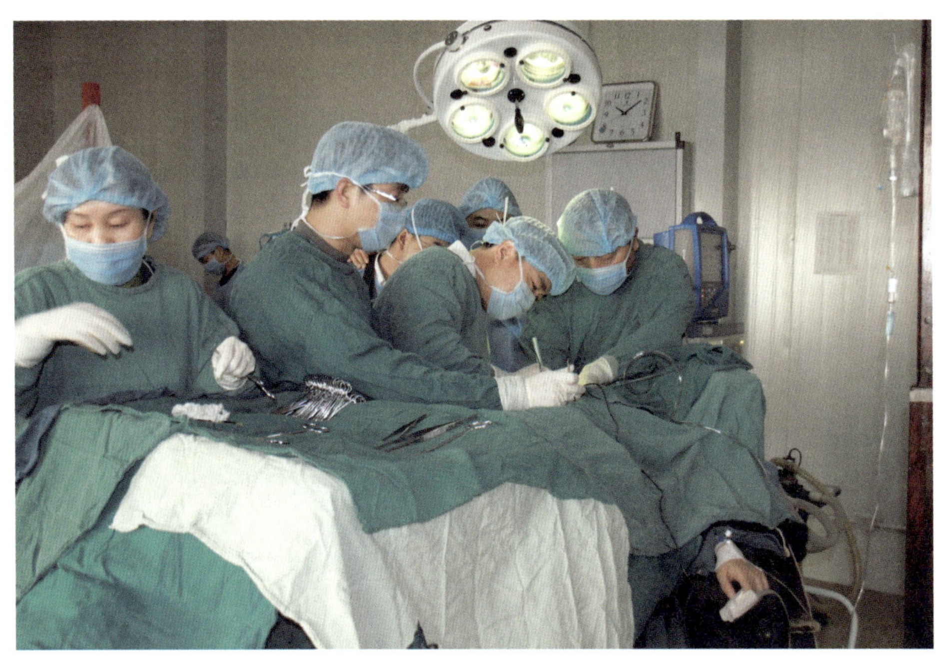

图 28 为地震伤员进行二次手术

轻伤员购买辅具投入，又让捐赠机构了解捐赠物品的受益者。粗略计算发放各种辅具上千件。

轮椅	坐垫	轮椅配件	坐便器	一次性导尿管
3 次	一次	2 次	一次	4 年
70 辆	20 个	50 件	30 个	10000 根以上

⑤居家改造。部分伤员进入居家康复，由于躯体功能问题需要进行居家改造，满足伤员的生活需求，达到伤员生活能力提升的目的。中心派专业康复医疗人员入户与伤员共同设计改造方案，并提供改造费用。居家改造基本与灾后房屋重建同步进行，避免重建资金浪费。中心共改造 30 余户。

（4）康复医疗满意度评价好

在地震伤员康复期间，医院进行每月一次的住院病人满意度调查，调查内容主要涉及服务态度及治疗效果，中心调查结果满意度均在 98%以上。中心在医疗康复救援期间无医疗差错事故及医疗投诉发生。

（5）康复治疗效果

地震伤员康复治疗效果以伤员生活自理能力、生活满意度进行评价。方法：从 2008 年的基线调查，2010 年、2012 年两次地震伤员需求调查数据结果中对

图 29　中英康复专家为地震伤员进行论证

参与调查伤员总数、骨折伤员、截肢伤员、脊髓损伤伤员的生活自理能力、生活满意度分析发现均在不断提升。以下是伤员 Barthel 指数、生活满意度变化情况示意图。

①改良 Barthel 指数：

项目	患者种类	2008 年	2010 年	2012 年
功能良好情况（改良 Barthel 指数>75 分）	总体伤员	85	90	95
	骨折伤员	86	92	96
	截肢伤员	77	89	93
	脊髓损伤伤员	23	60	68

②生活满意度：

经康复救援后，伤员总体生活满意度逐年提高。其中伤员的自我照顾能力、家庭生活情况、与伴侣和朋友之间的关系满意度得分较高，但伤员的工作、经济情况满意度较低。

（6）康复中心促进了绵竹地区康复医学的发展壮大

依托绵竹康复救援模式，绵竹地震伤员康复中心为绵竹地区康复及其他医疗

图 30

人员提供了约 110 次专业能力培训活动；所有绵竹地区的医疗机构均有了现代康复理念，并开展了部分现代康复服务，尤其是绵竹市人民医院康复医学科经过地震伤员康复，以及境内外康复专家的指导，学科更是得到快速发展，康复科人员由 2008 年的 4 人发展到 2014 年的 38 人，科内分工明确，形成了医、治、护的团队治疗模式，康复治疗内容由疼痛康复、骨科康复、神经康复以及重症康复组成。服务范围由院内康复，延伸到社区康复、居家康复。2012 年，康复医学科通过“德阳市重点专科”评审。2014 年，康复医学科通过“四川省重点医学专科”创建评审。

（7）为灾害医学研究提供科研平台

灾后绵竹地区康复中心先后与华西医院康复医学科、南京医科大学、解放军总医院、四川省人民医院开展灾害科研合作。其中与华西医院康复医学科合作开展的“综合康复在汶川大地震伤员功能障碍中的运用研究”项目获华夏科技奖一等奖。并独立开展了“四川地震脊髓损伤伤员回归社区后功能状态、生存质量和社会参与能力分析”的科学研究，于 2012 年在四川省卫生厅立项。2014 年科室护理组发明了“一种膀胱容量与压力测定装置”获得国家专利，并且获得绵竹市科技进步三等奖。

经济效益

绵竹康复救援中心是一个“低投入、高产出”的 HNV 康复救援模式。通过对中心人、财、物的投入，使得大量伤员得到了较为全面的康复治疗，并且使绵竹市人民医院康复科成立并快速发展。绵竹救援中心从 2011—2013 年以每年绵竹市人民医院投入 3 万元、香港福幼基金会投入 27 万元的合作方式对绵竹市人民医院康复医学科进行能力提升；其中人才培养费用不低于 10 万元，设备购买每年 20 万元，减轻了灾区医院的学科建设投入。由于有高层次的康复医学专家的支持，缩短了学科建设的时间。

图 31　绵竹市人民医院康复科科室人员合影

中心由多家 NGO 组织参与，有“目标要明确，效益要最大，财务监管最严”的原则。中心运行服务由参与单位共同协商、制订计划，并由本部门的上级部门审核通过方能实施，实施过程中每月或者一季度向上级主管部门汇报项目进展情况、年终汇报。每年都有上级主管部门人员到绵竹视察项目进展情况。每年要进行项目财务第三方审计，避免资金的使用效益低，以及不合理及违规使用。充分发挥了社会资金的利用率。

中心服务属于公益性项目，大量地震伤员均享受一定的免费康复服务，如门诊或住院康复治疗，辅具适配、居家改造、就业培训等。减少了伤员的投入费用，尽可能地避免因伤致贫、因残致贫现象出现。

6. 结论

绵竹康复救援模式具有可借鉴性

绵竹地震伤员康复经验为未来灾害发生康复介入救援提供了一种可借鉴的模式，因为它较为系统地介绍了绵竹康复救援中心工作开展的情况，即模式的构成、参与单位的作用、模式运行机制等。该模式的可借鉴点如下。

（1）该模式是一种以当地政府医疗机构为主导的康复救援模式

在灾害医学救援中对康复医学的介入模式报道尚少，绵竹康复救援模式是以当地政府医疗机构为主导，其他政府医疗部门为辅，对 NGO 组织以及外来康复医疗机构的资金、人力、救援物质资源等进行有效整合，实现了灾后医学“大救援”的一种模式。该模式表现在政府医疗机构能与 NGO 组织、康复专业志愿者团队合作的良好关系。充分体现了“国家基础性权力与社会力量的相互补充”而达到增大救灾力量的目的。

（2）圆满完成了地震伤员的康复救援，并做到长期、持续的康复关注

中心从建立至 2012 年底共收治住院康复病人 1378 人次，完成地震伤员二次手术 737 人次，实施地震伤员康复需求调查 3 次。每年对绵竹地区脊髓损伤伤员院内集中随访一次，从 2011 年在绵竹地区建立脊髓损伤自助小组，每月资助小组活动一次。对有康复需求而不能到院的随访伤员进行居家康复指导数十次。这样大规模、长期、持续的康复关注也是政府医疗机构与 NGO 组织良好合作的结果。

（3）实现了绵竹地区康复医学的灾后重建

绵竹地震伤员康复中心在完成地震伤员康复救援任务的基础上，并实现了绵竹地区康复医学的灾后重建，从 2008 年无专业的康复机构、人员，到 2013 年绵竹地区开展现代康复的机构增至 20 家，康复医疗人员增至 90 多人。康复专业人员的理论水平、康复技能得到提升，康复服务范围得到扩大。

绵竹地区群众的现代康复理念也得到大幅提升。通过对地震伤员的康复救援，社区康复的知识宣传普及，使绵竹地区对现代康复治疗的认识度、接受度也产生了质的飞跃。为本地区康复医学可持续的快速发展奠定了基础。

（4）为灾害医学研究提供了科研平台

灾后绵竹地区康复中心先后与华西医院康复医学科、南京医科大学、解放军总医院、四川省人民医院开展灾害科研合作。其中与华西医院康复医学科合作开展的“综合康复在汶川大地震伤员功能障碍中的运用研究”项目获华夏科技奖一等奖。

绵竹康复救援模式存在的不足

绵竹康复救援模式在康复救援过程中，虽然有许多可以借鉴优点，但也存在一些不足。

（1）中心与外来医疗机构关系不紧密

外来医疗机构往往是具有高水平的上级医院，它们的专家在康复理论、技能及学科管理方面都具有较高造诣，与其建立良好的合作关系，对本地康复医学更好的发展会起到极大的推动作用。灾区医疗机构可建立援助专家的联系档案，实

现“一天服务，终身为友”的良好关系。

（2）中心与NGO组织的合作不完善

NGO组织对复杂、急迫、多目标与不确定的灾害情境处理能发挥自身的优势，但目前对NGO组织无明确的法律、法规保护、规范，其工作的顺利开展存在很大的困难，政府部门应帮助其树立良好的社会形象。中心在与NGO组织的合作早期对NGO组织的一些公益活动认识也不足，如入户康复指导、地震伤员基线调查、居家改造等都没有达到最大的公益宣传，当时只考虑到地震伤员的住院康复医疗。结果出现彼此的工作开展进度缓慢，服务质量也不高的现象。经过两三月的合作，中心及时调整工作方式，以地方优势帮助NGO组织进行公益形象的宣传、开展，使它们的项目开展进度达到事半功倍的效果。同时，由于NGO组织有了更多的时间、节约了更多的经费，更进一步介入院内康复，大力支持学科发展，并资助绵竹地区地震致脊髓损伤伤员自助小组的长期经费。

（3）团队能力提升不全面

在灾区由于繁重的地震伤员康复工作，对当地医务人员在精力及工作时间上提出了较大挑战，并且绵竹为康复发展滞后地区，灾后为了应对受灾群众的康复需求，往往从原医疗机构抽调人员重组的康复团队，康复素质较低。应先进行康复理念的培训，根据工作需要逐步结合临床进行适当的理论及技能培训，提高团队康复专业能力。为灾区康复医学可持续发展奠定坚实基础。

三、康复医疗应作为中国灾害救治的组成部分

——中国康复医学会原常务副会长、南京医科大学教授励建安就地震伤员问题一席谈

文/史维勤整理

2008年，汶川地震发生那年，中国康复医学会常务副会长、南京医科大学教授励建安在地震发生后的第十一天就按照卫生部的安排赶赴灾区，然后率先带领江苏省康复医疗队出现在康复救灾一线。之后，他一直在灾区为伤员的后续康复治疗奔走呼吁多年。

作为国家地震伤员康复专家组的主要负责人之一、国际物理医学与康复医学

学会康复救灾委员会首任主席，励建安认为，国际上把康复和救灾连在一起，成立专门的委员会来做这项工作，就是从康复的本质出发，担负起全面提高伤残者生存质量这一重要的使命。中国灾害致伤人员康复医疗该如何实施，励建安教授发表了自己的看法。

图 32　中国康复医学会常务副会长、南京医科大学教授励建安

汶川地震发生后，我带领着康复医疗队来到了地震灾区，王兰是我在四川大学华西医院接触过的一个病人，她那张在地震中获救的“托举生命”照片曾感动全国。地震砸伤了她的颈部，造成四肢瘫痪、大小便与生活不能自理。但在成都二院和华西医院康复中心王兰得到很好的救治，没有褥疮，功能也得到明显的恢复。但是在 2008 年 12 月 29 日她被告知回家，到社区去康复，其结果是显而易见的。

2009 年 2 月 16 日，《中国经济时报》记者刘建峰发表了《四川地震灾区的“王海清现象”》后，四川省残联启动了对地震致残伤员的全面普查，华西等多家医院的康复科室对曾在该院治疗的伤员作了回访。

2009 年 2 月 19 日，华西医院康复科宗慧燕医师回访找到王兰，发现她生了多个大面积褥疮，处境已经非常危险。宗慧燕为王兰入院治疗之事努力未果后在 3 月初找到了我，希望通过我来救救王兰。我派了我在福幼“5・12”伤员康复项目中当志愿者的学生张霞到王兰家去查看了病情后，张霞将王兰的病情拍成照片传给了我。我看后十分震惊，立刻和四川省有关部门进行了磋商，决定到王兰家现场办公。

3 月 7 日我和四川省残联和彭州市卫生局的同志还有华西医院、成都二院的专家一起到王兰居住的板房看望王兰。在王兰的臀部以及大腿根部大大小小分布了 6

个压疮。最大的面积有 7 厘米×5 厘米，褥疮表面结着厚厚的痂皮，周围皮肤呈现红肿，有明显的感染迹象，不时散发出难闻的恶臭。她家庭情况复杂，缺乏关爱，曾经有 3 天没有饭吃、没有人照看的经历。在这种情况下，她去社区康复根本无从谈起。尽管当时有人宣称四川的地震伤员都得到了良好的社区康复，每个人都有康复档案，而现实却相距甚远。更令人的诧异的是，在各级上报的地震伤员名单中，竟然没有王兰的名字，在活人中的名字里也没有她，更不会出现在要康复的名单中了。我常想，解放军把她从山上抬下来，急救期都度过去了，我们没有理由让她就这样告别这个世界。现场的同志看到情况，态度都很积极，最终，经和有关部门磋商，王兰得以再次被接回成都二院、华西医院治疗，2010 年 7 月，王兰转到四川八一康复中心，目前已经恢复到同等脊髓损伤患者的最好功能水平。

我还认识一名 50 多岁的地震脊髓损伤伤员，她在我们康复医疗队的服务下情况大有好转。2008 年 12 月 29 日，我和她握手告别，看着她忧郁的样子，我让她相信政府不会不管她的。没想到一个月后，我再到那里了解这个病人的情况，就听到我们医疗队的同事告诉我，她已经离开人世……我记得他们中的人和我讲过这样一句话，他们这种人死起来比活着更容易。

记得在 2008 年 12 月 31 日，四川有媒体报道“最后一位地震伤员康复出院”，我就知道，这是个很荒唐的事。怎么可能呢？这不符合实际，也不符合客观规律！

汶川地震之后有关部门发布的伤员数字是 37 万多人，后来又曝出这个数字有很大的出入，我以为，大灾后的伤员数字统计是个难度很大的工作，不排除存在重复计算的问题。比如一个伤员在乡镇、县市和省里都逐级治疗、逐级转运，难免会重复计算，还有相当部分伤员在后来的调查时从数字中消失，是因为他的伤不是重伤，如今已经好了，不在统计之列。我们在 2009 年组织的一次专业康复人员到乡村调查，是在其出示地震伤情的相关证明后，面对面地对其伤情进行评估得出的数字，是用当地受伤数字、重伤转运至省外就医与本次调查的数字进行分析后得出来的，大概是 6000 多人。之后，四川省卫生厅也公布了一个 7000 人的数字，我曾问过卫生厅的同志，这数字是不是根据我们在康复网上公布的预计得来的，他们回答，不是。说是他们根据各地卫生局报告的统计结果得出来的。据说，7000 人的数字也与残联的调查数字相符。

有人评说汶川地震的伤员康复工作慢了半拍，我以为不能这样说。在这次地震灾害中，对伤员的康复问题卫生部是早就部署了。2008 年 6 月 22 日，时任卫生部部长陈竺在成都专门召开了伤员康复的专题会议，这是历史上从来没有的。陈竺在会上强调，地震伤员的医疗已经进入康复医疗的窗口期。康复医疗的实质性介入刻不容缓。陈竺认为，康复医疗的实施将有利于患者的功能恢复到最高水平，并重返社会，涉及伤残者的基本人权。也将从宏观上降低医疗费用，维护社会安定，有着十分重要的意义。

陈竺特别指出，对于伤残的康复，假肢和辅具是重要的，但是功能训练更为重要。要立即把康复医疗工作放到卫生工作重中之重的位置，立即形成省、市、县三级康复医疗体系，特别是省级体系的建立。要尽快落实三家三级甲等医院，腾出 1000 张床位进行康复治疗。要尽快办，马上办，明天就办。

这次会议后，卫生部的各种规则，包括伤员康复的运转文件都出来了，先后下发了 7 个文件，这也是史无前例的。

之后的问题出在落实上，这里有地震灾区的康复医疗基础太差的问题。康复对灾区来讲，不属重建，而是兴建；也有认识问题，也不排除工作作风问题。这些问题纠结在一起就出现了伤员康复治疗的滞后。有的伤员内固定的钢针都“长”出表皮外了，他们只知道疼，不知道要取出来，有的“外固定”感染变形他们也不到医院来治疗，担心医保不给报销。

我们在绵竹地区的调查中发现，有 850 多名地震伤员仍然需要对内固定取出、关节置换、骨折愈合不良、伤口愈合不良等进行医疗处理。但他们很难拿得出钱来治疗。为此我曾多方联系，促成南京焦点科技有限公司捐资 100 万元至绵竹灾区，专门用于地震伤员的二次手术等后续医疗处理。

其实，大地震灾害造成的伤员，其康复需求在急救期就已经显现出来，比如汶川地震造成的骨折在因震伤残人员中占绝大部分，而且具有开放性、多发性、粉碎性及移位明显等特点。这一特点与伊朗大地震相仿。有资料证明骨折的发生率取决于该伤员地震时的体位。如果伤员在受伤时处于站立或坐位，最常见的骨折将是脊柱骨折，如果伤员在仰卧或侧卧时受伤，大部分的骨折将是骨盆和胸廓骨折。由于我们这次地震发生时（14 时 28 分）大多伤员是为站位或坐位，脊柱骨折的发生率（17%）是骨盆肋骨骨折发生率（5.3%）的 3 倍。地震灾害发生半年后我们去调查，发现有不少伤员由于康复医疗不充分，存在关节僵硬、骨折延迟愈合或不愈合、骨质疏松、肌肉萎缩以及创伤性关节炎等功能障碍和临床问题，严重影响日常生活活动能力的恢复。55.3%的伤员需要继续康复医疗，康复医疗跟不上的情况比预计的要严重。因此，在伤员的紧急救治期，康复医疗就要介入。例如临床大夫在治疗骨折病人时，一般会用石膏或绷带把关节固定，从术后第二天开始，患者就要做一些简单的关节屈伸等活动，在病人的骨折愈合后就不会出现关节活动障碍、肌肉功能受限等问题。就像两层玻璃中间有一滴水，如果不活动，水干了之后玻璃就会粘在一起。而只要稍微动一下，就不会发生粘连。一般来说地震伤员的康复，有三个月的"黄金期"，如果那时能持续做好，就能少去很多麻烦，只可惜这次汶川地震伤员的康复，我们没有把握好"黄金期"，有的伤员早早出院回家了。香港福幼基金会成立了"5·12"伤员康复项目，在"黄金期"过后，组织专业康复技术人员对伤员实施康复治疗，使就治的伤员功能有很大的改善，95%脊髓损伤伤员康复后日常生活能够自理，这是做了一件功德无量之事，是给人以"重生"的帮助。否则他们就将永远失去恢复生活独立的机会，之后的生活质量都不会高的。

现在国际上把康复和救灾连在一起，成立专门的委员会来做这项工作，就是从康复的本质出发，担负起全面提高病残者生存质量这一重要的使命，成为所有医院医疗计划的一个组成部分，成为所有医师的医疗手段的一个组成部分。使康复在救灾的第一时间介入，大大减轻灾害对人类的伤害程度。

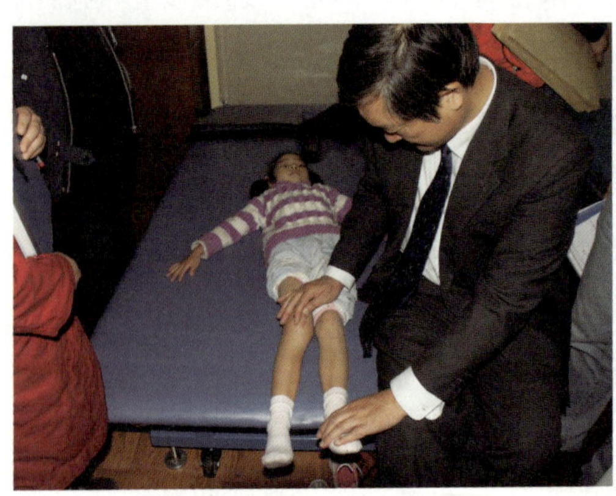
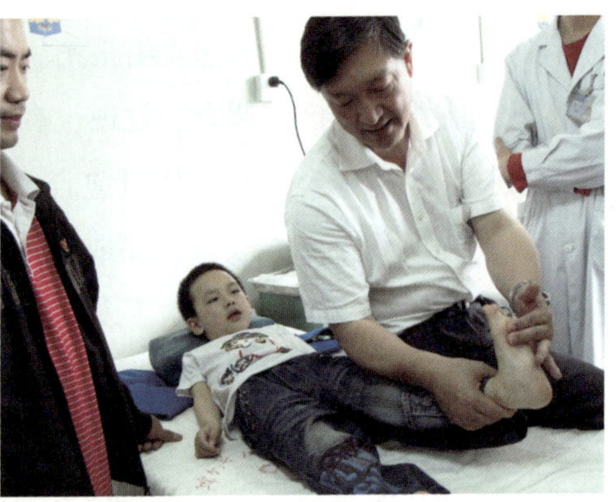

图 33　励建安教授为伤者做检查

中国有独立的康复医学学科仅仅 30 余年。有些人错误地认为康复就是疗养，使得 2009 年以前没有把康复医疗纳入医保，其后尽管纳入了医保范畴，但是项目数量迄今很少。这与大家对它的不够了解有关系。

从 20 世纪 80 年代开始，我国以独特的中西医结合的康复医学，与世界现代康复医学的潮流相结合。康复医学是一门以功能障碍为主导、以恢复功能、提高生活质量，并促使病伤残者重返社会为目的的医学学科，康复医学的工作包括康复预防、康复评定和康复治疗。康复对象为由于损伤、急慢性疾病、先天畸形和发育障碍以及老龄等健康问题所致的功能障碍者。主要有：脑血管意外、脊髓损伤

(截瘫)、颅脑外伤、脑瘫、骨折、运动器官创伤、截肢和手外伤后功能障碍、腰腿痛、颈椎病、烧伤后疤痕、类风湿性关节炎、心血管和呼吸系统疾病康复、糖尿病、肥胖症、发育迟滞等。

关于伤员康复资金投向问题，在这次汶川地震伤员康复救援中，“康复”被一些地方官员解读为先建起康复中心再对伤员实施康复治疗的步骤，这也成为一些捐款的明确指向。而直接用于伤员康复的钱却没有着落，所以出现了医院让没有康复好的伤员出院的现象。

在我的了解中，当时有数十个县市级康复中心在灾区建设之中。其数额动辄百万元、千万元、上亿元。这些康复项目投资的数额有10亿元之多，并也只能在之后的两三年才发挥作用。但按照福幼基金会在江油所做的康复项目计算，一名伤员接受康复治疗平均每人每年是3000元，即使这7000名伤员患者都接受康复治疗，也只需要2100多万元便可以解决这个大问题，何况我们还可以对患者家庭进行评估，保证将资金用在最缺乏经济能力的患者身上。只要数千万元就可以使现在处于水深火热之中的那些伤员得到显著的康复。而这个情况却被“忽略了”。

两三年之后，我们的康复房子建起来了，可伤员的最佳康复期过去了，他们可能已经进入了残疾人行列。其中的一些人甚至走向了死亡，这是极其悲哀的事情。因此说：“康复对有些伤员来说，就是他的下半辈子，对于伤员王兰来说，没有康复，她的命就没有了。对于很多人来说，康复代表着生活的含义，躺在床上，大小便要别人伺候，这样的生活还有什么意义?”

对这些因自然灾害造成的残疾人，国家不得不付出比初期康复治疗还要庞大得多的资金来安置他们，而伤员本人及其家庭都要背上沉重的十字架，生活质量大大降低，给社会带来一系列问题，其代价十分高昂。

中国的灾害伤员康复救援上还有一个问题就是缺乏专业康复人员。在汶川地震发生后的几个月中，许多境外机构捐助了很多康复医疗设备，但会使用这些设备的人员缺乏，很多康复中心收到下发的设备之后，连包装的箱子都没打开，直接就放进了仓库，任其闲置。为解决专业康复队伍匮乏的问题，卫生部和中残联在震后也曾多次联合组织专家到四川各大医院做现场培训和指导。但效果并不明显，因为康复专业人员的培训并不是给医生、护士讲过十次八次课就可以的，这个训练应当是以年计算的，而我们当时是以天在计算。

更重要的问题在于，基层缺乏康复人员的编制，使培训流于形式。参加康复的人员并非来自康复科，回去之后也不会做康复的工作，这对各方而言都于事无补。我们还要建立长效机制，真正化震灾为康复体系建设的契机。

专业人员缺乏是当前面临的最现实的问题。康复医疗成为独立的学科已有 30 多年了，但相比 30 年来经济的发展，康复医学的发展十分缓慢。目前全国也只有数万名专业康复人员，而需求则达数十万以上。

我在四川地震灾区连续工作了 4 个多月，之后为了帮助福幼基金会的“5 · 12”康复项目每个月都要去几天，给志愿者上课，探望和处理重症病人，与许多伤员结下了感情，灾区那地方的山民，极为纯朴，从头到尾都没有提过什么要求，见了我们总是说谢谢，就冲这，我们不能让他们因没有康复治疗失去可以恢复的能力，我们要帮助他们有尊严地活着。在这方面香港福幼基金会作出了难得的贡献。他们看到了政府在这个问题上是短板，就立刻补充上去，在没有鲜花和掌声的日子里，带领志愿者们无私奉献，坚持了 8 年。他们不仅帮助了数千名的伤员，也培育了灾区的康复医疗队伍，他们是真正的英雄，灾区人民会记住他们。

汶川地震孤儿，在幸福港湾成长

——中国灾害致孤儿童救助体系建设纪实

在四川省成都市双流区一杆旗南街上，有一座宁静的小院。沿着院道走入，院内花开正盛，树木参天。院墙上、楼层间，甚至立柱上都贴满了孩子们欢笑嬉戏的照片，一面长 30 米、高 5 米的“成绩墙”上，记录着在这里生活过的 299 名孩子的大学录取信息。这里，就是由全国妇联中国儿童少年基金会主持管理和运作的、日照钢铁公司捐资 1 亿元建设的四川震区孤困儿童的“双流安康家园”。

图 1　安康家园外景

2018 年 2 月 14 日，中国灾害防御协会《汶川 10 周年记忆》编写组一行人走进了这个“家园”。此刻，恰逢是丁丑年腊月二十九，孩子们回到亲属身边过年去了，院内显得十分安静。

抬头望去，五层楼高，100 多个房间在楼道的一侧一字排开，如同一座靠山，

图 2　安康家园外景

为地震孤儿提供了避风港湾和精神家园。

家园建筑面积 6339.88 平方米，园区内有食堂、图书室、音乐室、形体室、美术室等配套功能室及一应俱全的体育用品，保障和丰富了孩子们的生活。这也是儿基会紧急救助行动中最迅速、受助孩子数量最多、投资金额最大、社会关注度最高的一项重要捐建工程。

拾级而上，每个房间大门上方的墙壁上，都用贴纸写着孩子们自题的宿舍名字：沁芳婧研园、聚乐园、仕雅居、兰馨阁、好问角、囡梦蜀小筑……墙壁上，遍布的贴纸和绘画，展示了孩子们的创造力和想象力，凝聚着他们的心思和创意。

10 年间，“安康家园”的孩子们和院里的树木一起比赛看谁长得更快更高。时光，在“安康妈妈”和“安康爸爸”脸上刻下了痕迹；岁月，染白了他们的头发。“安康家园”园长胡源忠介绍，目前在这里生活学习的孩子仅剩 48 人。其中，初中 5 人、普高（棠湖中学）20 人、职高 23 人。孩子越来越少，“安康家园”变得冷清了许多。

来自双流区教育局的统计数据表明：双流“安康家园”已先后有 624 名孩子高中毕业，或步入大学，或通过就业自食其力。其中，282 人考上大学，10 年间，“安康家园”孩子考入大学的比例达到了 45%。342 人职高毕业后就业或参军。他们中，有人考取了名校研究生，有人当兵保家卫国，有人成为人民教师，有人当上了小老板，有人成了警察，有人在打工的路上拼搏，还有些已经为人父母……

图3　家园的孩子大合影

1. 面对地震致孤儿童，政府第一时间调查研究、制定政策、举全力救助

在民政部社会福利和社会事务司孤儿处处长邹明明的案头，笔者看到了这样一份10年前的报告——《关于四川地震致孤儿童救助安置工作的报告及建议》里面详细记录了地震发生后，民政部负责“三孤”安置工作的社会事务司，从司长、处长及处室人员深入地震一线调查了解情况，迅速提出意见、建议的过程。

接到党中央和国务院关于“三孤”人员安置工作的批示，民政部组成了工作组赴成都与四川省厅一起研究拟定“三孤”人员救助安置办法。与此同时，请示商务部，商外事司，启动了与联合国儿童基金会、美国半边天基金会、英国救助儿童会的震灾应急合作项目，赴灾区积极开展儿童震后救援工作。本着“与四川省厅并肩战斗，绝不给灾区增负担添麻烦”的原则，民政部融入省厅各项救灾工作。先后走访了成都、绵阳、德阳三市的都江堰、梓潼、绵竹、安县4县的6个乡镇、5个村。

据了解，5月21日，四川省地震致孤儿童和暂时无人认领的儿童数量为4741名。灾后，这个数字一直处于动态之中。随着救灾工作的深入进行和寻亲工作的有效开展，5月27日，孤儿和暂时无人认领儿童2300名。6月3日，1872名。其中，已经确定孤儿身份的430名。主要集中在绵阳市和广元市。

一、安置情况

目前，主要有以下几种安置方式：一是安置在条件较好的福利机构。一方面积极为他们寻找家人，另一方面安排好他们的学习、生活。截至5月26日，成都市儿童福利院暂时无人认领的儿童只余3名，都已安置进院内小家庭养育，并于26日进入社区中学上学。绵阳市社会福利院安置的16名儿童全部找到家人。二是随原学校师生统一安置在高校。暂时无人认领的儿童中与学校和老师还有联系的，绝大多数随其他师生按照四川省政府的统一部署，安置在成都市各大高校。如成都中医药大学汪家拐校区安置了137名来自映秀镇漩口中学的高三学生和20余名老师。校方腾出大学生宿舍，为受灾学生提供了良好的食宿条件和所需生活学习用品，并于26日全面复课。西南财经大学也在校内建立了“爱心小学”，接收来自汶川县部分乡镇的中小学生。校方为每个孩子逐一拍照、登记，建立档案。按学龄分班，准备复课。目前，该爱心小学暂时无人认领的儿童数量正在统计中。三是受灾群众安置点或其他临时安置方式。部分孤儿和暂时无人认领儿童分散在受灾群众安置点，个别儿童由村委会、居委会暂时照料。四是在医院接受救治。

二、工作进展

民政部与四川省民政厅有关工作人员一起办公，起草了关于地震“三孤”人员救助安置意见的初稿。并就国内外媒体和民众广泛关注的一些问题，研究答复意见，及时做好政策发布和信息公开工作。

（一）筹集灾区儿童急需的物资（略）

（二）指导建立临时儿童活动中心

走访了成都、都江堰和绵阳城区以及安县等地的受灾群众集中安置点，安置点的工作井然有序，衣食住医各项功能比较健全，受灾群众普遍感到满意。其中，成都市成华区、都江堰市幸福家园安置点都为受灾儿童开辟了临时课堂。一位来自汶川的大爷说，这次救灾“中央抓得及时，政府想得周到”，他们来到安置点，连内衣都备好了，每天有热水洗澡。

考虑到已经建成的安置点和正在建的简易板房区缺乏专门的儿童活动区域，不利于灾后儿童心理康复，工作组依托与救助儿童会、半边天基金会的项目合作，计划在部分规模较大的安置点建立儿童活动中心。目前，经与当地有关部门协商，已选好都江堰市区和安县的两个点建立儿童活动中心，中心将在国内外有关专家的指导下建立，由合作项目提供电视、多媒体、玩具、图书等。孩子们能够在中心参与各种活动和游戏，社会工作者、心理专家也能以中心为平台开展个案辅导和培训工作，逐步促进震后儿童的身心康复。

（三）开展儿童心理支持

调研了解到，受地震影响儿童经历了大的灾难，不同程度地存在一些心理问题，尤其是失去父母、亲人及暂时无人认领的儿童，面临较严重的心理困境。工作组对目前状况和儿童需求进行了了解和评估，拟订后续支持方案。在方案未成熟之前，避免盲目、频繁地接触儿童。

三、建议

（一）尽快做好孤儿身份确认工作，摸清基本情况

应当克服困难，尽快摸清底数，确保每一个孤儿和暂时无人认领儿童能够得到妥善安置和照料。灾后应对孤儿安置情况建档管理，纳入全国孤儿信息系统，为孤儿救助安置工作的长期开展、社会各界的定向捐助、定向志愿服务以及孤儿收养、抚养监督、评估工作奠定基础。

（二）切实保障震后散居孤儿基本生活

目前，大多数因灾失去父母的孤儿或单亲儿童，与其他亲属一起生活在临时安置点，由亲属临时监护照料。灾后重建过程中以及孤儿成年前，应继续保障其基本生活。不管是从儿童最大利益出发，还是考虑到政府兜底的成本，都应尽可能维系儿童原有的亲缘环境，巩固亲属家庭监护抚养的基础性地位。受灾孤儿多数来自农村，家庭经济状况差，要落实好他们的基本生活保障，避免亲属因经济问题放弃对孤儿的监护权和抚养权。建议借此契机将孤儿全部纳入城乡低保，并在此基础上给予补贴，确保城乡孤儿生活不低于当地居民平均生活水平，教育、医疗、住房都能有所保障。

就目前掌握的情况看，福利机构设施建设将纳入灾后重建规划，所需资金通过灾后恢复重建资金、专项建设资金、救灾捐赠资金、福利彩票公益金、社会力量资助等多渠道筹集，会得到较好保障。但是，福利机构的建设完善仅是保障了机构养育的孤儿，毕竟是少数，建议一定要有制度性保障覆盖到散居在亲属家庭的孤儿。同时，也可以探索建立孤儿服务管理指导中心，或以福利机构为基地，定期巡访孤儿的养育质量和生存状况，指导协调助养等志愿服务，对亲属监护抚

养状况进行指导、培训、监督和评估。

（三）建立健全慈善力量参与孤儿救助的渠道

地震致孤儿童问题是社会各界关注的焦点，是慈善组织、爱心人士支持的热点，也是社会各界考核民政工作的窗口之一。近期，国内外、社会各界要求助养灾区孤儿的组织、个人都很多。民政部门一方面要掌握孤儿实际状况和需求，另一方面要积极鼓励、合理引导慈善力量的参与，在孤儿各项保障需求和慈善力量支持之间，建立有公信力、有效率的良好渠道。要对慈善资源进行整合、分类，引导其从生活保障、设施建设、医疗救助、就业培训等各方面有序参与。

（四）灾后重建充分考虑儿童需求

过渡时期，是灾后重建工作的初级阶段，也是地震致孤儿童及所有受地震影响儿童身心康复的关键阶段。建议指导灾区民政部门积极主动与有关部门协调，在临时安置点的规划、建设以及功能设计上充分考虑儿童需求，为受地震影响儿童建立专门的活动空间。依托项目合作为他们提供活动中心需要的设施设备和各类玩具，完善功能。尽可能创造条件，使国内外专家、社工、心理服务志愿者和爱心人士，以儿童中心为平台，规范、有序地为儿童提供心理辅导和支持，避免各方面力量和个人无序地涌向孩子，对他们造成负面冲击和影响。

（五）抓住契机，完善全国孤儿生活保障制度

地震致孤儿童多数来自农村，切实保障他们的各项权益，任重道远。此外，全国仍有约 20 万城乡散居孤儿未得到任何制度性救助，生存状况堪忧。建议抓住社会各界对地震致孤儿童热切关注的契机，积极与财政部门沟通，争取将全国孤儿纳入城乡低保，在低保基础上给予分类补贴，提高孤儿生活保障水平，维护亲属监护养育的基础性地位，完善全国孤儿生活保障制度。

据调查发现，我国 80% 以上的孤儿生活在农村，大部分孤儿家庭经济困难，他们中只有约 25% 能享受到五保，且保障水平低、不稳定。农村孤儿主要由祖父母抚养，家庭生产力严重不足。有些孤儿寄养在亲属家，增加亲属负担，引起家庭矛盾，孤儿容易成为寄人篱下的群体，很难获得健康的成长环境。而与福利机构签订寄养协议的情况，通过将孤儿纳入城乡低保，再进行补贴，可以充分发挥中央预算项目的引导作用，实质上是对孤儿群体实行“类型救助”，不以家计调查为基础，亦不用支付家计调查成本。

从这份报告中可以看到，主管因灾致孤工作的民政部门在第一线做了大量的调查工作，面对存在的问题提出了改进的意见建议，同时从国情出发，将农村孤儿救助工作向实行“类型救助”推进，建立、完善孤儿基本生活保障制度。

2008 年 6 月 3 日，民政部和四川省人民政府共同制定出台的《关于汶川大地震四川省“三孤”人员救助安置的意见》（以下简称《意见》）明确：孤儿安置坚持“一切为了孩子”原则，通过采取临时安置与长期安置相结合的办法，保障孤儿的生活、学习和身心健康。明确亲属优先的原则，采用亲属监护、家庭收养、家庭寄养、类家庭养育和集中供养等方式进行救助安置；还明确了“三孤”人员安置的资金保障措施。

对孤儿的临时安置，《意见》要求，对暂时无人认领的儿童，一方面要尽快帮助他们查找父母和亲属；另一方面要尽快把他们妥善安置到四川省内条件较好的福利机构和公办学校，暂时集中养育或在学校寄宿。四川省内安置有困难的，由民政部协调安置。

对孤儿的长期安置，《意见》提出以下办法：

一是亲属监护。坚持亲属优先的原则，孤儿首先由有监护能力的亲属监护抚养，孤儿亲属有监护意愿，但生活困难、抚养能力不足的，应当给予必要的生活保障。

二是家庭收养。尽早对符合条件的孤儿依法开展家庭收养，遇难学生家庭中有收养地震孤儿意愿的，可优先安排。收养年满 10 周岁以上孤儿的，应当征得孤儿本人的同意。

三是家庭寄养。对于无法被家庭收养的孤儿，当地民政部门选择有爱心、有条件、有能力的家庭开展家庭寄养，并切实加强对寄养家庭的监督、指导和服务。

四是类家庭养育。招募社会上符合条件的爱心家庭，通过建立集中或者分散的家庭式设施养育孤儿。

五是集中供养。要充分利用省内灾区和其他地市条件较好的儿童福利机构妥善安置孤儿。

六是学校寄宿。根据孤儿的意愿，尽可能在原学校或国内其他条件较好的学校完成学业。学校为他们提供住宿服务、负责生活照顾。

七是社会助养。社会上的爱心人士可以通过提供志愿服务的形式，定向或不定向、定期或不定期为一名或多名孤儿提供生活、教育、医疗、康复等方面的资金保障和服务。

这份民发〔2008〕77号文件下发后，很快成为指导汶川地震致孤儿童救助工作的纲领性文件，吹响了全国人民救助孤儿的集结号。

2. 全国人民行动起来，向地震致孤儿童伸出救助之手

汶川大地震发生后，中国人寿保险公司董事长杨超于5月14日向社会郑重宣布：为了让所有在此次地震中失去父母的孤儿能够健康成长，中国人寿将通过国寿慈善基金会助养汶川地震孤儿健康成长至18周岁。2008年10月31日，经过多次沟通和周密准备，民政部与国寿慈善基金会在北京正式签署了“国寿汶川地震孤儿助养项目”合作协议。该项目包括对汶川孤儿采取提供爱心助养金、心理咨询、教育支持、就业支持、爱心帮扶等方式。其中爱心助养金标准为600/人·月；为地震孤儿提供长期心理健康辅导，承担心理咨询相关费用，直至年满18岁；汶川地震孤儿助养金委托民政系统发放，时间为自2008年12月起至孤儿年满18周岁或被收养之日止。据记载，2008年11月，国寿慈善基金会已将2008年12月至2009年12月首期13个月的助养金共计486.72万元划拨至民政系统。

图4　顾秀莲看望地震孤儿

除助养金外，国寿慈善基金会还承诺，在征得孤儿监护人的允许后，还将在民政部的指导和监督下为地震孤儿提供更多帮助。如，适当放宽入学条件，利用

中国人寿旗下的保险职业学院和成都保险学校为地震孤儿提供高等职业教育和中等职业教育支持；通过中国人寿及其分支机构为孤儿提供就业支持……

2009 年以来，国寿慈善基金会每年组织地震孤儿开展夏令营活动，先后有 300 多名孤儿到北京、上海、深圳等地参观学习。

2008 年 5 月 15 日，全国妇联中国儿童少年基金会在第一时间启动了“中国儿童紧急救助行动”，全国妇联决定设立“汶川大地震孤儿救助专项基金”，推出了“安康家园”公益项目，帮助失去亲人的孩子们重建校园和家园以协助相关部门安排灾区孤儿现阶段的基本生活、灾后的心理辅导和长期抚养教育工作。

图 5　全国妇联副主席莫文秀和孩子在一起

时任全国妇联副主席、书记处书记莫文秀介绍，此次设立的“汶川大地震孤儿救助专项基金”，将由全国妇联中国儿童少年基金会进行专项管理和运作，中国儿童少年基金会是民政部评选出的全国 6 家 5A 级基金会之一。这笔专项基金，将利用全国妇联在基层的系统和渠道优势，特别是落实到乡村一级的妇代会，收集孤儿的信息资料，把关爱送到他们身边，充分发挥该基金的最大效用。

中科院心理所博士、副研究员、儿童心理健康重点实验室党支部书记王文忠和其他 5 名专家一起组成 6 人领导小组，于 5 月 15 日前往成都市，再经当地安排后直接进入灾区进行危机干预救助。

3. 日照钢铁公司：为汶川孤儿撑起一片蓝天

5 月 22 日，一封来自全国妇联中国儿童少年基金会的信函，引起了日照钢铁集团领导的格外关注。信中指出，为妥善抚养灾区孤儿，全国妇联正全力开展“安康工程”，为孤儿组建“安康家园”，日照钢铁集团在抗震救灾活动中的积极作为，让他们感受到了企业的实力与爱心，他们希望依托日照钢铁集团建设日照“安康家园”……

原来，汶川地震发生后，刚刚成立 5 年的日照钢铁集团就向全体职工发起了“千人献血、万人捐款”活动，短短几天时间里，职工捐款 253 万元。5 月 15 日，日照钢铁集团向中国医药卫生事业发展基金会捐款 1000 万元；5 月 17 日晚，在山东省慈善总会、山东卫视共同举办的“万众一心众志成城 抗震救灾”赈灾义演晚会上，再度捐款 1000 万元。

5 月 18 日晚，在中央电视台大型赈灾募捐晚会上，日照钢铁集团又捐款 1 亿元。

一家大型民营钢铁联合企业在一周之内为地震灾区捐款达 1.5 亿元，其举动引起了全国妇联儿基会的关注。

收到儿基会的来信之后，日照钢铁集团向当地政府汇报，得到了地方政府部门的大力支持。集团经研究决定，将职工生活区新竣工的 5 幢住宅楼，264 套住房，全部用于“安康家园”的孤儿住房，立刻加快配套建设——用最短的时间完成家园内的道路、广场、食堂等生活服务设施建设，为灾区儿童重建一个温馨港湾。

公司先后召开 6 次调度会议，从室内装修到配套完善各类附属设施，总投资 1000 多万元，前后仅用了一周多时间，便全部完工。

据统计，在短短一周时间内，日钢集团共出动室外施工人员 2000 余人，连续动用装载机 10 台，自卸大车 40 台，压路机 4 台，起重机械 10 余台，清除建筑垃圾 100 余车，换土运肥 200 余车；先后铺设楼前道板 5000 余平方米，硬化柏油道路约 2 千米，硬化广场 2000 平方米，绿化面积 6 平方千米，栽种各类植物上万株。几十个小时里，整个小区旧貌换新颜！

为完善家园的服务管理，集团在家园还配套建设了医务室、小网吧和办公室，选拔录用了工作人员。医务室由日钢职工医院抽调 6 名医护人员，昼夜值班；在电子阅览室里，配 10 台电脑供儿童学习娱乐使用。

从 5 月 28 日下午起，集团从公司内部近万多名职工家属中选聘录用 150 名“安康妈妈”，她们平均年龄 29 岁，90%有幼师教育、医护工作经历，均为中专以上学历。针对儿童心理抚慰问题，上岗前集团联系专业机构对所有“安康妈妈”进行了心理疏导知识讲座。

在儿童教育方面，集团与市教育部门联系，协调日照市实验小学作为儿童就学接收单位，所有孩子全部上学，且利用假期时间，进行补课。

为切实加强儿童安全防卫工作，集团保卫部门制定了《“安康家园”保卫安全制度》，并从集团保卫部抽调 20 名保卫人员，在家园门卫处设置警卫室，对执勤人员进行业务培训，拒绝无关人员参观访问。小区外部设置铁艺护栏，住宅内设防盗门，窗口、阳台外置防护网。着眼保证用电安全，集团从安全部和动力厂抽调电工管理人员，对住宅使用电路进行了彻底检查，确保万无一失。

由中国儿基会与日照钢铁集团共同聘请的具有丰富管理经验的天津师范大学老师齐建新为园长，很快，由 128 名中专以上学历、平均年龄不到 29 岁的有着幼师、医护、心理辅导专业人员组成的“安康家园”管理队伍迅速建立。

5 月 24 日，首批 7 名“安康妈妈”和 15 名工作人员，在集团领导的带领下，赴四川灾区迎接异地安置儿童。31 日下午 4 时 30 分，首批 14 名灾区儿童搭乘成都至青岛航班飞机，入住日照“安康家园”。从 5 月 27 日起，日照钢铁公司派专人到四川地震灾区，分 22 批次，接收了来自德阳、绵阳、广元、阿坝、都江堰等重灾区失去父母的孤儿、单亲家庭儿童、贫困学生共计 654 人，到山东日照“安康家园”学习。这些孩子中，有 338 名是地震孤儿。这群孩子中，年龄小的刚上幼儿园，大的已上初中三年级。学前班的 7 名，上小学的 256 名，读中学的 259 名。这些孩子，分别来自四川地震灾区的 10 个州（市）的 31 个县（区）、182 个乡（镇）、340 个自然村。

看着孩子们有了一个安全稳定的生活环境，一直参与救助工作的日照钢铁集团公司副总经理王立飞动情地说：“看到这些孩子们，我们就像刚刚做了父亲，一下子感到责任更大了。炎黄子孙有着钢铁般的意志，我们一定能够战胜灾害，重建家园！”

《广州日报》记者 2009 年前往日照“安康家园”采访，在文中是这样描述的：

这里室外环境优美，花木葱茏，室内设施完备，生活便利，处处充满了家的气息。这里，成为灾区儿童茁壮成长的温馨港湾！孩子们住在三室一厅或两室一厅的公寓里，因为是夏天，四张席梦思床上全都支起了蚊帐；复合木地板、木沙发，客厅的墙壁上还有一台壁挂式液晶电视；卫生间不仅贴好了瓷砖，还专门配备了太阳能和电两种热水器。很多孩子说，这里比他们在老家的条件好。室内有电视、电话。每套居室有一名经过培训的“妈妈”负责孩子的生活起居。

经过一年的过渡性学习和生活，考虑到孩子们的语言环境、文化习俗、生活习惯等因素，为了更好地帮助孩子们健康成长，中国儿基会与日照钢铁控股集团研究决定在灾区孩子的家乡四川建设永久性的“安康家园”，让孩子们在熟悉的家乡环境中学习和成长。为此，日照钢铁集团捐资近1亿元，在四川省双流县捐建了一所新的安康家园，并迁建了新棠湖小学，扩建了九江中学，总面积为38905平方米。

2009年6月18—20日，在中国儿基会和日照钢铁集团的精心组织下，在社会各界的爱心关注下，在120余名工作人员的精心陪护下，522名灾区儿童乘坐铁道部特批成都铁路局加开的爱心专列，经过两天两夜2860千米的行程，分别到达广元、绵阳、德阳、成都，安全回到故乡探亲。7月31日至8月中旬，孩子们集中到双流县黄龙溪四川学生军训基地开展为期20天的“爱在成长”国防教育主题夏令营集训活动。从9月1日开始，孩子们来到双流安康家园，开始了全新的生活和学习。日照钢铁集团承诺：长期资助713名儿童在安康家园的生活、学习，直至完成学业。凡考取高等教育者，他们一直提供资助直至毕业。

4. 四川、成都、双流……众志成城，传承爱的接力

日照钢铁集团新建安康家园的决定得到所有灾区儿童和亲人的支持，也得到了中国儿童少年基金会的肯定。2008年6月以后，中国儿童少年基金会和日照钢铁集团领导多次深入四川各地考察、选址。起初，考察小组希望把“安康家园”和小学建在离孩子们故乡更近一点的绵阳、阿坝等地。但考察后发现，孩子们的老家基本都是重灾区，满目疮痍，当地的自然环境受到相当程度的破坏，政府的灾后重建任务繁重，不但经济实力、教育资源跟不上，精力也顾不过来，都不是最佳选择。当考察小组一踏上双流的土地，立即就被吸引住了，都将目光定格在双流。作为全国的县域经济百强县，双流不仅经济发达、交通便利、环境优美，而且教育资源、学校品牌、教学质量优秀，各种软、硬件设施让中国儿童少年基金会和日照钢铁集团的领导非常满意，大加称赞，而且双流县委、县政府又那么

慷慨支持，于是，修建安康家园的新址选择在了双流。

图 6　成都双流区为孩子们扩建了棠湖小学

将安康家园的新址定在东升街道一杆旗南街一段。这是最好的地段，离棠湖中学、县人民医院都很近。但是那片土地已被一家房地产公司认购。双流县委、县政府立即找到房地产公司负责人，晓之以理、动之以情，得到了房地产公司的理解和支持，最终，双流县政府出资将地皮买回来，再无偿划拨，兴建安康家园。为确保安康家园项目进展顺利，双流政府表示：安康家园的孩子与双流的孩子，一样享受优质的教育。双流教育局有关负责人说，小学生安排到百年老校棠湖小学入学，初中生安排到成都市第一批“新优质学校”九江初中入学；初中毕业生达到当时录取线的 70% 即可就读四川省一级示范性普通高中棠湖中学，其余的初中毕业生则进入国家级示范性中职学校学习，优质教育为安康家园孩子学有所成奠定了坚实基础。

为此，从日照市到双流县，一个安全、心理、生活、学习，四个维度关爱安康家园孩子的环境延续着、完善着，搭起孩子们梦想的舞台，使他们逐渐走出失去亲人、失去家园的悲痛，勇敢地面对新生活。

5. 两位园长，用不同的爱，为孩子们撑起一片蓝天

说到安康家园的两位园长，孩子们背地里称他们为“猫爸”“虎爸”。意思是说，日照的爸爸慈祥可爱，总是春风化雨般娓娓而谈，像只老猫咪；双流的爸爸严厉得像只老虎，令人有点敬畏。但他的军事训练、吹拉弹唱十八般武艺样样上手，把孩子们吸引在身边，寓教于乐，得心应手……其实，这两位安康园长用他们不同的方式爱护着这些孩子，成为孩子们背后无法替代的大山。10 年间，他们接力将 672 个安康孩子抚养长大。

（一）——齐建新，儒雅的“爸爸”让安康的孩子们顺利度过了“应激反应”期

齐建新，日照安康家园园长。原是天津师范大学负责学生工作的老师。得知四川汶川地震后，他第一时间报名要求上一线参与救援。54 岁的他，被日照钢铁公司招募到安康家园任园长。

提起对这帮孩子的教育，齐建新的说法很客观：“在特定的时间段内，对孩子们的教育也要采取不同的方法。”

齐建新认为，之所以孩子眼中自己和胡爸爸的教育风格迥异，是因为各自所接手的时间段不一样。10 年前，当这群四川震区的孤困儿童刚经历完生死别离，又突然背井离乡辗转到山东省日照市时，安康家园园长的齐建新考虑最多的，就是怎么去呵护、安抚以及稳定他们。因为孩子们不寻常的境遇，在这一年的教育里，他也必须要“特殊”对待他们。“惊恐、孤僻、自卑等心理问题，在那时普遍存在。调整他们的心理状态，对他们的教育也要采取一种更温和的方式。”

孩子们在日照的一年里，齐建新也邀请了自己所在单位天津师范大学的心理教师团队，一对一地为孩子们做心理辅导。“做心理辅导就是一个循序渐进的过程，要以一个亲人的角色，慢慢地和孩子们交流。过程长也需要更多耐心。”

在日照的安康家园，新房子、新家具、新食堂、新操场、新马路……5 栋楼总共 264 套住房，三居室两居室的都有，按照每套住房住 4—6 个人的标准，至少可以容纳 1000 个孩子，2008 年 6 月，这里住进了 522 个孩子。

孩子多，年龄最大的 19 岁，最小的只有 4 岁，情况又各有不同，如何管理?对此，齐建新将大学的管理方式带到安康家园。为了照顾好孩子们，安康家园专门为每套住房安排了一位“安康妈妈”，她们和孩子们吃住在一起，负责照顾这些

孩子的生活起居。

家庭式管理之外，还有楼长、组长，每天汇总孩子的情况。

齐建新记得，当年才4岁的张明皓刚到家园时，特别认生，除了他哥哥谁抱都不行，哭得特别厉害。他们的“安康妈妈”是王爱珂，彼时家里有着年纪相仿的女儿，王妈妈用更多的耐心对待小明皓，不久之后，小家伙对王爱珂产生了很深的感情，开始由她陪着入睡了。

“这段时间是特殊时期，过了这个阶段，‘安康妈妈’才可以轮换放假。”按照齐建新的规划，体检、接种和心理干预是每个孩子进入家园以后首先要做的事情，这之后再经过一个必要的防疫安全期——通常是15天左右，然后报当地教育部门批准，直接进入日照实验学校分班就读。

此外，日照安康家园还专门从天津师范大学请来了三位心理学专家，担任心理辅导老师。对“安康妈妈”进行上岗培训，通过游戏等活动了解孩子们的基本心理情况，继而展开一些有针对性的个别辅导。

齐建新喜欢旅游，他会把自己旅行的照片做成幻灯片，讲给孩子们听。从自驾环游美国50天，到激情澎湃的巴塞罗那，还有童话里的雪乡冰雪大瀑布，在娓娓道来间，齐建新给孩子们打开了一扇看世界的窗户。

2009年6月，当孩子们结束在山东日照的学习生活后，便起程回到自己的故土。两位园长爸爸私底下的联系更多了。他们成长中任何一件小事，都能让园长爸爸在电话里讨论许久，然后分析出最佳的处理方案。齐建新没有因孩子们转到双流安康家园成长，就停下奔波的脚步。

（二）胡源忠，当好“干爹”，让安康的孩子们像常人一样成长，成为幸福的普通人

胡源忠，个子不高，理着板寸、皮肤黝黑，双眼炯炯有神。他曾在武警成都指挥学院担任擒敌术教练，执教女子特警队多年，中央电视台热播的《女子特警队》的“中国警花”，便是他培养的队员。

2006年，胡源忠从武警成都指挥学院转业到双流县民政局工作，先后在县民政局救助站、婚姻登记站、殡改站担任负责人。

2008年9月的一天，他被领导叫了过去，他知道双流将要建立一个安康家园，把在山东省日照市安顿的孩子接回来，让他们在这里长大成人。他要出任双流安康家园的园长。

图 7 “孩子挺起胸来”，干爹胡源忠迎接回到四川双流安康家园的孩子

对此，他曾不止一次打起退堂鼓。“让我带兵没问题，照顾孩子，我真没把握。”尽管有着种种顾虑，但军人出身的他，最终还是选择了迎难而上。他深深地知道，这672个孩子的到来意味着什么。他开始学习、取经，“到日照去了好几次，向一些专家请教，也在书上和网上查了很多资料”。甚至去了很多孤儿院学习，做足了前期准备工作。胡源忠心里的那根弦就一直绷着：这是一群特殊的孩子，他们经历了常人没有经历过的苦难，他们没有父母的关爱，他们胆怯地看待世间的一切……我们不敢丝毫松懈，要为他们撑起一片蓝天。

在双流县民政局的帮助下，安康家园公开招募了86名“安康妈妈”，其中80%以上有幼师教育或医护工作经历，加上保安和后勤等其他工作人员，搭起了家园的“班子”。为了更好地照顾孩子们，胡源忠还带20名“安康妈妈”提前到日照与孩子们接触，并向日照“安康妈妈”学习。

2009年6月，双流安康家园建设进入关键期，转移到北京、山东的700余名灾区孤困儿童，计划在7月28日正式入住。但此刻的家园，主体工程建设还没有全部完成，管道、线路的铺设，场地的清理以及房间的装修、保洁等都在等待着处理。

7月的巴蜀高温闷热，安康家园的建设工地上更是如蒸笼一般。机器的嘈杂声中，所有工人日夜不停地工作着。胡源忠每天到工地上督促，查看活动规划工程进程，监督施工质量，验收设备材料。室外炽热焦灼，汗水还没来得及淌下就被烘干了；室内被他戏称为洗“桑拿”，汗水湿透衣衫，揩去不及时汗水就会顺着眉脚往下淌……

一个月的疲劳煎磨，在特警队练就的“钢身板”，体重也下降了17斤。

2009年6月20日，通过成都铁路局的协调，一列由日照至成都的直达专列车，将712名孩子接回了家乡。由于有些家庭舍不得孩子再离开，爷爷、奶奶或叔叔、姑姑在站台上将孩子各自接回了家，最后回到双流安康家园的只有672名孩子。

7月28日，当安康家园管理办公室人员像迎接自己期盼已久的孩子一样，将首批来自阿坝州的183名地震孤困孩子纳入家园的怀抱时，细雨中，胡源忠激动地对他们大声地喊道：“孩子们，你们回家了！”

8月18日深夜11点，胡源忠接到通知：因季节性流感暴发，正在黄龙溪的四川国防教育基地参加社会实践活动的安康孩子，必须立即隔离。一部分入住安康家园，比原定的入住时间提前了10天！

11点30分大雨滂沱，被隔离的79名孩子在“安康妈妈”的照顾下，坐上大巴从黄龙出发；胡源忠带领从家中赶来的办公室人员和20名“安康妈妈”，紧张地进行房间整理、场地打扫。

深夜12点，电闪雷鸣，大雨滂沱，原来预订的棉絮、被单及生活用品突然被告知要5天后才能送到，眼看孩子们就快到了，所有的商店都关门了！怎么办?!胡源忠带着一辆小货车，凌晨时分，在县城里敲开一家家百货店的大门，紧急拼凑备好各类必需品。

那一天，当浑身湿透的胡源忠安顿好所有人员后，天色已渐亮。

2009年9月1日，672名安康孩子迎来了他们“回家”后的第一个新学期。

双流县委、县政府给予高度重视，在全区抽调有丰富教育管理经验的教师组成管理团队，招聘有儿童教育或医护工作经历的120名“安康妈妈”负责孩子生活。

为保障孩子们的身心健康，胡源忠协调从教育部门抽调8名有教育管理经验的专职教师，加入安康家园管理团队。并且还联系北大六院儿童心理治疗教授团队，定期对安康孩子进行心理评估、团体心理辅导及个案关怀。

与此同时，胡源忠提倡周末时“安康妈妈”们带孩子们回家，与一家人吃饭、聊天、看电视，融入正常的家庭生活。

为了让安康孩子感受社会的温暖与鼓励，胡源忠带领孩子们参加了丰富多彩的活动：邀请世界巨星伊万尼塞维齐教授孩子们学习网球、协助儿基会和湖南卫视举办了“爱带我回家”大型公益晚会、羌族学生代表赴京参加国庆60周年庆典、世界射击冠军王翩翩励志演讲、冬暖四川慈善行活动、观看北京奥神队国际邀请赛、赴澳门参加回归10周年庆典、纪念毛泽东诞辰116周年暨迎新年篝火晚会……

为了让安康孩子学会热爱生命、热爱生活，胡源忠组织孩子们开展了系列实践活动：爱在传递活动（孩子们一周内为台湾8·8灾难小朋友捐款2.7万元）、九九敬老志愿者活动、与成都武警部队篮球联谊赛、家园艺术班训练、“我爱我家”家园美化活动、感恩“安康妈妈”回报活动、放飞新年愿望、回访山东感恩行……

在家园，胡源忠像一座威严的大山，严肃、严格、严厉。如果家园的孩子犯了大错误，必定会遭“修理”。胡源忠独创了一套“对打”的方法。那些爱打架的孩子，都会被他叫到空旷之处来一场“较量”，在你来我往中讲一番“武德”，把做人的道理讲给孩子们听。

一天，胡朝庭、陈一文等几个孩子又与人打了架。回到家园后，胡源忠很生气，扯着一副粗嗓子吼：你们那么爱打架？来，我们对打，看你们有多凶！

他从箱子里翻出两副护具，抛给胡朝庭。两人穿戴齐整后，走到院子一空旷处，拉开架式对打。

“来，打我！”院子里，桂树下，胡源忠目光如炬，望着胡朝庭命令道。

胡朝庭不敢动手，但看见他那坚定的眼神，只好出拳，直击其头部。

胡源忠轻轻一偏，躲过那一记重拳，再用挑衅的语言请对方再战。

显然，胡朝庭不是其对手，每一拳都会落空。几分钟下来，胡朝庭已是气喘吁吁，大汗淋淋，只好认输。

“一个人真正的强大，是不屑于动手的。你没必要向一个比你弱的人动手，也没必要通过打架向比你强的人证明自己。”胡源忠顺势讲起了“武德”。

从此，胡朝庭再也没有犯过此类错误。

9年间，到园长办公室“受训”，然后被请到院子里去“对打”的，一共有10来个，无一例外都是男生。

长大离开家园后，胡朝庭当了兵，并被挑选去参加了朱日和阅兵。

2018 年 4 月，胡朝庭回乡探亲，他约上陈一文、朱佳伟、杨天军等好兄弟，来到安康家园。

4 人来到胡源忠的面前，有几秒钟短暂的对视后，胡朝庭打破了沉默：“胡园长，我们回来了！”他还特别加了一句，“我是胡朝庭。”他以为胡园长不会记得他。

“哦，你就是参加朱日和阅兵的胡朝庭。”胡源忠走过来，摸摸他的头，就像摸自己的孩子一样，又去搭了一下陈一文的肩，“你在西藏当兵？”

瞬间，胡朝庭眼热，喉头堵塞，有种想哭的冲动，他们有好多话要和“干爹”说……

除了武艺，胡源忠还有点文艺细胞，会打鼓、弹吉他、吹笛子、拉二胡，搞创作。

15 岁的刘俊刚，到双流安康安园时才 6 岁，是个爱音乐、会主持活动的女孩。最开始她跟着胡源忠练武。“下腰和劈叉很痛，断断续续练了两年后，我就给胡爸爸说，我想练吉他。”她说，胡爸爸同意了她的请求。如今，她的吉他弹得不错，更重要的是音乐丰富了她的生活，一路上洒满了阳光。她计划在读专科时，套读一个本科，增强以后适应社会的竞争力。

在安康家园众多孩子中，胡源忠最疼爱与他儿子同龄的两个 5 岁孤儿马永杰和张明皓，给他俩买玩具，有好吃的要给这两个孩子留上一口，他还鼓励儿子去找这两个兄弟玩。有时，在走廊里，他把马永杰和张明皓左右各抱一个，把他们高高举起，听孩子在空中咯咯地笑。

这两个孩子均来自松潘县，如今已经 14 岁了。小时候他们叫胡源忠胡爸爸，长大后，马永杰称他胡园长和“干爹”，张明皓只叫他“干爹”。

在纪念汶川地震 10 周年之际，中国灾害防御协会（以下简称中灾协）的同志来到双流安康家园，拜访胡源忠。

中灾协：这 10 年中，您最欣慰的是什么？

胡源忠：截至目前，从安康家园走出去的孩子，没有一个人干违法乱纪的事情。都成了幸福的普通人，这是我最自豪的事。我经常给孩子们说，你们挣多少钱不重要，当多大的官不重要，重要的是能坚守社会秩序，还有道德底线。

中灾协：您对安康家园的孩子有什么期许？

胡源忠：我希望他们都平平安安、健健康康地成长。看护这些孩子，对我们来说都是摸着石头过河，一边学习，一边开展工作。从当初接手安康家园至今，我一直都没放下过心。这些孩子都是有监护人的，虽然他们叫我“爸爸”，但在监管和教育时，还是需要在这种微妙的关系中寻找一种平衡。有时候我会很严厉，有时候我又要成为“孩子王”，这些年我很辛苦，但内心是充足的，很有成就感。更令人欣慰的是，沐浴着爱的暖阳成长的孩子们，也在传递着幼小的爱心。在台湾风灾、海地地震、玉树地震中，孩子们纷纷用自己节省的零用钱，帮助与自己有着同样经历的小伙伴们。

据统计，10 年间，安康家园已先后有 624 名孩子高中毕业，其中 282 人考上大学、342 人职高毕业或就业或参军，成为自食其力的劳动者和社会有用人才。

最让胡源忠高兴的是：棠湖小学方文娅、陈菲同学获全国第三届中小学生艺术节合唱比赛一等奖，唐婷婷获四川省优秀少先队队员荣誉称号；棠湖中学 2014 级学生汪琳以 605 分的高分考入厦门大学，2018 年又顺利考上硕士研究生；孟林同学应征入伍，在短短两年时间两次荣立三等功；陈小会、胡林丽等同学成为光荣的人民教师；还有很多孩子参加工作成为各行各业的骨干和标兵，投身到社会主义现代化建设中，站上了共筑中国梦的宏大舞台……胡源忠如数家珍。

时光荏苒，两位园长都已经双鬓花白，在 2018 年 5 月 9 日的聚会中，不少离开安康家园的孩子都抱着自己的儿子或者女儿参加，这时候，两位园长就乐呵呵地一把抱起小家伙，笑道：“我都是做爷爷的人了。”

10 年前，他们将这些孩子抱起来的时候，是一份心酸、一份牵挂、一份责任。10 年后，那些又黑又瘦的小女孩，如今已出落得亭亭玉立；那些脸上挂着高原红的男娃娃，现在已经戎装在身。当初的青春少年，通过学习与磨砺，有的当兵，有的创业，有的考上了名校研究生，有的靠双手劳动养活自己……

工作照、结婚照、全家福……每一张照片背后，胡源忠都能讲出一段故事。

6. “安康妈妈”：在孩子身心康复上创奇迹

1976 年，中国发生了唐山大地震，那场灾难留下了 4204 个孤儿，政府将他们安置在石家庄、邢台等地的育红学校，大部分孩子完成初高中教育后走上社会。中科院一项针对 1695 例唐山地震亲历者的调查显示，在震后 20 年，众多亲历者出现了创伤后应激障碍（PTSD），他们患神经症、焦虑症、恐惧症的比例高于正常人群。

2010 年 6 月 12 日，北京大学第六医院的心理专家来到双流安康家园对汶川 672 名地震孤儿进行了全面的心理状况评估，安康家园孩子们的心理康复率达到了全国孤儿检测的最好水平。

2012 年 4 月，北京大学第六医院的心理专家再次应邀来到安康家园，第六次对孩子们进行全面的心理状况评估，评估结果显示，经历天灾人逝双重惊骇的灾区孤困儿童，在安康家园生活、学习 2—4 年后，他们的心理康复创造了在短时间内心理障碍总检率、儿童 PTSD 患病率和儿童重症抑郁患病率低于国际平均水平的佳绩，达到普通人群的百分比，创造了康复的奇迹。

同为地震致孤儿童少年，同为处于集体生活状态，为何有如此差别？除了社会经济发展，孤儿的生活条件与唐山地震不可同日而语外，还有一个重要的因素不可忽视，汶川地震致孤儿童的生活中有了一个“妈妈”的角色，她们抓住了心理危机干预的最佳时机，在抚平这些地震致孤儿童心理创伤中，起到了一个延续生命、康复心灵的作用。这是我国应对灾害应激障碍的一个创举，是对社会文明的一个贡献。

（1）日照“安康妈妈”，让孩子们平稳度过了人生最痛苦的一段历程，让陌生人变成了至亲，让失却的爱重新找了回来

2008 年 5 月 28 日，日照钢铁集团从公司内部万名职工家属中选聘录用 150 名“安康妈妈”，上岗前集团联系专业机构对所有“安康妈妈”进行了心理疏导知识讲座。

2008 年 5 月 12 日汶川地震之后，日照钢铁集团将倾尽全力搜寻到的 654 名地震孤儿全部接到日照“安康家园”。给他们“家”一样的温暖，并给她们这个团队起了一个温馨的名字——“安康阿姨”。

这是一个年轻的团队，她们平均年龄不到 30 岁；这是一个富有经验的团队，她们大多从事过医护、教育行业。在日照钢铁集团的大爱感召之下，在近 400 个日日夜夜的相处中，“安康阿姨”们用无微不至的关爱悉心照料孩子们，而在地震中失去了亲人的孩子也将阿姨当成了自己唯一的亲人。从陌生到熟悉，从熟悉到亲如一家，慢慢地，“阿姨”变成了孩子口中的“妈妈”。

王爱珂，家住淄博市博山区，以前与丈夫长期异地分居，当她被选为“安康妈妈”时，自己的孩子也不过三四岁。为了照顾地震孤儿，王爱珂只能把自己的孩子往老家一放，自己在日照照顾四川孤儿，一待就是一年多。在这一年多中，王爱珂把对自己孩子全部的爱都给了地震孤儿。采访中，王爱珂坦承，我家孩子没有妈妈照顾，但是他还有爷爷、奶奶，但这些孩子，如果我不去照顾他们，他们在这个世上就真的一个亲人都没有了。

2009年6月18日，这是日照妈妈们无法忘记的日子，地震致孤儿童告别山东日照启程回川。山东日照日报社的王记者记录了这样一个场面：“当看到妈妈和孩子们拥抱在一起难分难舍的场面，当听到孩子们一声声稚嫩的哭喊，‘妈妈’‘妈妈’……这个朴实又伟大的词，深深地震撼了在场每个人的心灵。”

一年多的相处尽管时间短暂，但母子情已根深蒂固。日钢大爱不仅让孩子们开心地度过了原本人生最痛苦的一段历程，而且让陌生人变成了至亲，让失却的爱重新找了回来。在日照生活的一年多时间里，在日照钢铁集团的大力资助之下，“安康妈妈”同孩子们在金沙滩上留下了一幅幅隽永美丽的画卷。

日照钢铁集团自从启动安康家园项目以来，一直秉承着杜总提出的“慈善不是一项工作任务，要用心去做，长期为他们负责”的精神，始终保持着和双流安康家园的交流沟通，每年的节假日都会组织部分“安康妈妈”飞赴双流看望孩子。在地震4周年纪念日之际，日照“安康妈妈”专程来到四川成都，与孩子们在双流安康家园会议室共同为第二天的公祭活动折叠白色纸花，妈妈和孩子们边制作边谈心，浓浓的母子亲情感染了在场的每一个人。

（2）“安康妈妈”，9年如一日呵护孩子们健康快乐成长，使他们成为普通的幸福人

2009年7月28日，672名地震致孤儿童走进了双流“安康家园”，82位双流“安康妈妈”和他们朝夕相处，持续9年时间，留下了一个个感人的故事。

在双流“安康家园”里，每个“安康妈妈”会根据自己的能力确定带几个孩子，4—10个不等。这些“安康妈妈”都是专职人员，每天24小时得待在家园里，有时候需要请假也是在孩子们上学时。“由于要配合孩子们的上学时间，我们这里全都颠倒过来了：别人上班时，我们没事做；别人休息时，我们事最多。”

李书曼：听孩子叫她一声“妈”，不好意思又欣慰；带“女儿”打针，她像妈妈一样紧紧抱住孩子

47岁的李书曼，是成都市双流安康家园招聘的第一批“安康妈妈”。2009年，双流安康家园公开招聘近百名“安康妈妈”。李书曼通过考核，成为首批“安康妈妈”之一。李书曼算了一下，从2009年到2014年，她带过十几个孩子。

最开始，李书曼带了3个女儿：上小学一年级的文馨、上小学二年级的刘俊和上小学三年级的方媛。文馨最小，也最文弱。李书曼就与她住一个屋，方便照料。气温略变，李书曼第一个给文馨增减衣物。

图 8　安康妈妈李书曼指导孩子们做功课

最初，孩子们都叫她李阿姨。慢慢地，她与孩子们的关系越发依恋。记得一个周五的夜晚，李书曼召集 3 个女儿开了一个“家庭会”，李书曼告诉她们，以后愿意叫她妈妈也可以，她又叮嘱，“这不是硬性规定，改不改口，喊不喊妈妈，完全随你们。”

当晚，她给刘俊辅导作业。

“丫头，今天作业多哇?”李书曼问刘俊。“没得好多，妈!”刘俊答复道。

李书曼的心微微一颤，她有点不好意思。回过神来，她又很欣慰，她知道，娃从心里接受她了。

“小学阶段的娃娃插班，与双流本地的娃娃同一个班。”李书曼说，她最怕安康家园的孩子被歧视。家园运营经费有限，为了打扮好闺女们，她时常自己贴钱。

很多往事，李书曼已经记不得，但孩子心中记挂着。

刘俊回忆，上小学的一天她突然发烧了。从早到晚，李书曼不离身地照管她，陪她看医生、拿药，要她多喝水，用湿毛巾擦拭额头……晚上，李书曼带她去打针，刘俊怕痛，一直哭。李书曼紧紧抱住她，“就像妈妈一样”。

李书曼承认，她对孩子们很宽容，但她强调：我还是坚守了底线，如果孩子犯了错误，我依然严厉。

刘俊还记得，她上小学期间，有一次数学只考了70分。需要家长签字时，她自作主张，模仿李书曼的笔迹签了字。这个秘密，被其他“安康妈妈”看见了。

当晚11点过，李书曼把刘俊从床上拖下来，批评道：“你没考好没关系，可以通过努力下次提高成绩，但绝不能撒谎。”刘俊从没见到“妈妈”这么严厉过，从此再也不敢了。

有时候，“安康妈妈”会像老母鸡一样，紧紧护着身后的孩子，生怕自己的孩子吃亏。

李书曼还带过一批15岁到18岁的男生，相较于女生，这几个孩子管理难度大多了。打架、抽烟、打游戏……叛逆少年干的事情，都遇上了。

有一次，有个本地家长投诉，说自己孩子的眼睛被“安康家园”的几个孩子打肿了，要求赔礼道歉并赔钱。老师把安康家园的副园长刘天华，“安康妈妈”付小凤、李书曼和“安康叔叔”曾元杰等请到了学校。

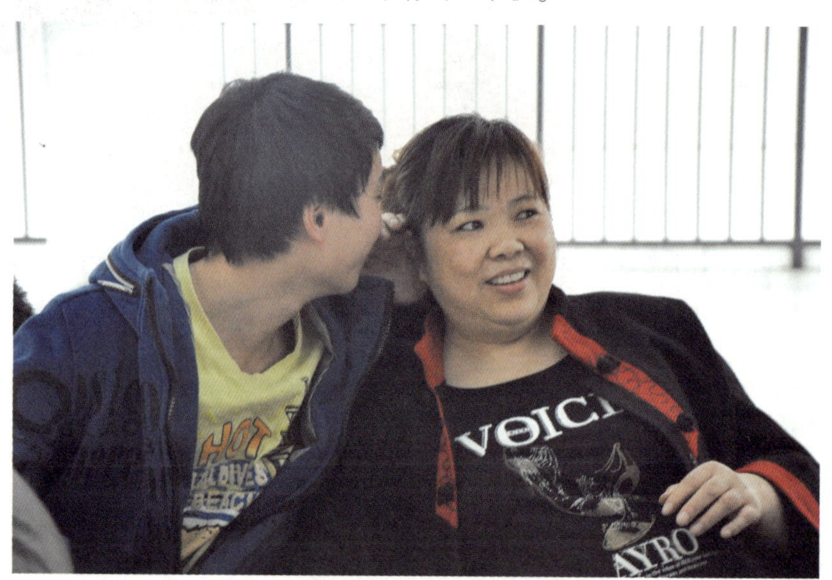

图9　孩子和安康妈妈付小凤说悄悄话

在老师办公室里，对方家长一副气势汹汹的样子：“儿子，哪个打的你？你给我指出来，我一定给你打回来！”

付小凤马上“凶”了回去：“不要这么激动，你看，我儿子还不是受了伤，衣裳都被扯破了！”

老师见状，赶紧把那名家长拉到一边，悄悄告诉她：这群孩子是从地震灾区过来的孤困孩子，请求家长多多包容。

那名家长态度来了个一百八十度大转弯，开始批评起自己的儿子。见状，李书曼他们也把姿态降低，主动表示赔偿医药费。最后，双方握手言和。

9 年间，随着孩子们长大成人走入社会，安康家园的“妈妈”逐年递减转岗。李书曼成为最后的 6 位“安康妈妈”之一。2014 年起，李书曼也由“安康妈妈”转型成为办公室人员。

再过 3 年，她就可以退休了。不过，她心心念念的是，等到 5 年后，双流安康家园完成历史使命的那一天，她与家园一起退休。

刘玉：用耐心、爱心和责任心守护孩子们的世界

“宋志瑞快把衣服穿好，别感冒了。”“少喝点碳酸饮料，多喝白开水。”“明天体考的东西准备好没？”2018 年 4 月 13 日，踏着暮色，从九江中学校门口到安康家园旧址食堂，“安康妈妈”刘玉对 5 个孩子的唠叨就一直没停。孩子们嬉笑着回应妈妈，还手舞足蹈讲起学校里遇到的“奇葩事”。

身边这活蹦乱跳的 5 个初中生，是刘玉在安康家园接管的第三批娃。每天下午 6 点后，她的主要任务，就是接他们放学并督促他们吃饭、做作业。待孩子们晚 9 点入睡后，刘玉才能松口气。

9 年前，一直在家中照看孩子的刘玉看到了安康家园的招聘信息。“有耐心、爱心和责任心”，她一直记着招聘里最核心的要求。入园后，梳头洗脸，洗衣打扫……刘玉一把揽过了孩子们的生活教育问题。她的心愿，就是让从安康家园走出去的孩子们，也照样体体面面。

“王阿姨，你看宋志瑞干的‘好事’。”4 月 13 日晚，刘玉一手晃着白壳的平板电脑，走进休息室。另一个“安康妈妈”王晨瞅见她手上的东西，大笑：“你儿子太厉害了，多半是早上开着门，趁我上楼的时候拿走的。”

“妈妈”们正说着话，突然响起了敲门声，“吱嘎”一声后，门缝中露出男孩的半张脸。男孩旋即缩回去，楼道里随即响起咚咚的跑步声。

“看来是来道歉的。”刘玉难掩笑意，“怕他一直要耽搁学习，平时由我们保管着平板电脑。没想到他钻了个空就拿走了。”刘玉估摸着，娃娃也意识到自己做错了，“那就等着他来承认错误吧。”

除了“绞尽脑汁”应对孩子们的调皮捣蛋，和天下父母一样，“安康妈妈”也敏感地嗅到他们的细微成长和变化。“上初二初三的孩子，都开始注重衣服和外形了。”刘玉笑称，以前得催着他们洗头洗澡，现在他们每天早上主动洗，“还拿

图 10　安康妈妈刘玉和孩子合影

吹风机吹得有模有样。”

但这青春期少男少女的心思，往往是绝不与大人启齿的秘密，而“妈妈”们也小心翼翼地守护着他们的单纯。

李松兰：妈的关爱——孩子们用真情报答

李松兰刚开始当“安康妈妈”负责管理张洲瑞他们这些孤儿时，总是担心。“这些孩子在地震中有的失去了爸爸，有的失去了妈妈，还有的是双亲都走了，我最大的担心是管不好他们。”李松兰说。但是没多久，李松兰不仅与这些孩子打成了一片，而且孩子们还与她成了很好的朋友。“李妈妈”是孩子们对李松兰的直接称呼。

有一件小事儿，李松兰一直记在心里。去年，李松兰家跟张洲瑞差不多大的孩子生病了，而那时孩子们刚住进安康家园不久，李松兰就没有请假，一直照顾着灾区来的孩子，孩子们知道这件事情后，大家哭着去找安康家园的园长为李松兰请假。李松兰感动地哭了：“没有想到孩子们会这样懂事儿。”从此以后，李松兰更加尽心，孩子们也更加爱李松兰。今年母亲节，张洲瑞亲自做了一张写满祝福的贺卡送给李松兰，上面写道：“妈妈，我爱你，更爱这个新家，我一定好好学习，长大了成为国家的栋梁之材，报答你。”

李松兰把这张贺卡放在了自家的床头上。

王春霞：为了女儿中考，她做好吃的犒劳

阿坝州松潘县的王翠，10 年前，她的父母在地震中双双遇难，留下 8 岁的哥哥和 6 岁的她。安康家园，成了这对兄妹的家。

王翠从小体弱多病，每次生病了不想吃大锅饭，“安康妈妈”王春霞就从家里带好吃的给她。周末，还常带她到自己的家里吃饭。

王翠老家养有牦牛和羊，她是吃着牛羊肉长大的，因此特别怀念家乡的美食。

初三那年，她担心考不上心仪的棠湖中学，压力很大。为了给她减压，王春霞选了个周末又带她回家，为她煮了一锅热气腾腾的羊肉汤，空气中氤氲的羊肉味儿，让她找到了家的感觉，精神也放松了下来。王翠如愿地考上棠湖中学读书。

图 11　安康妈妈王春霞和孩子合影

高敏，茂县人，地震那年她 15 岁，地震摧毁了她的家园后，她曾在北京市私立树人·瑞贝学校就读过一年。后来，在双流安康家园度过 5 年时光。

从小体弱多病的她，王春霞把她当亲生女儿一样疼爱。带她外出看病时，总会把她带回自己的家，给她煮一顿香喷喷的饭。她最爱吃土豆丝，王春霞就把干海椒切成小段，炒香后再炒土豆丝。“香！又感到特别幸福。”她说。至今，提到这道菜，她都想要流口水。每个周末，王妈妈还要带她去棠湖公园游玩。

当然，是孩子就会调皮，就会犯错。在一个房间的大门上，贴着一份保证书，住在这里的5个孩子因为出园玩耍没有及时回来，受到了生活老师的责备。保证书字里行间，没有教科书式的套话，全是真心的道歉和保证——绝不再不打招呼私自出去玩了；绝不再让妈妈担心了……初中部一位名叫肖碧涛的老师说：“不管孩子们犯了什么错误，我都不忍心去责备他们，因为内心深处总有一处软软的地方属于他们，更多的是怜爱，因为其他孩子在犯错时，也许可以在父母旁边撒娇，可这群孩子在犯错时总会双眼迷茫，忐忑不安地等待惩罚。想着他们过去的遭遇，想着他们这个年龄本来应该拥有的状态，总是让我在气愤之余流下眼泪……”

邱玲：让孩子获得爱，更懂得如何爱他人

2009年6月，安康家园在成都市双流县筹建后，急需大批有经验、有爱心的优秀教师，特别是紧缺一名善于和孩子打交道、有爱心、在教育领域有工作经历的业务骨干。在众多人选中，县教育局向县民政局推荐了邱玲。

邱玲，从教26年，原来是棠湖中学初中部教导主任。受命以后，她义无反顾地走进了安康家园。也许是这样一个特殊的身份，邱玲，在孩子们的眼中，她是“邱园长”“邱老师”“邱妈妈”的集合体。

邱玲是安康家园的副园长，但这个副园长是安康家园根据工作需要设立的，并没有相应的福利，工作任务却相当繁重。可邱玲没有把这些放在心上，从来都是以工作为第一。刚组建家园时，从食堂、卧室的装修，铺床盖被的挑选、锅碗瓢盆的购置，她都要操心。工作步入正轨后，作为“安康妈妈”的带头人和养育工作的执行人，邱玲立足于生活上当家长、心理上当朋友、学习上当老师、工作上当管家，狠抓业务培训和交流，每周组织和检查“安康妈妈”与孩子的谈心记录、工作日志，坚持从生活上关怀、思想上关爱、学习上关心，做到在孩子生日、生病、家园活动、逢年过节、寒暑假“五个必到”。

“安康家园”每年暑假都要组织妈妈们做家访。每次家访，邱玲都像妈妈一样检查假期作业完成情况，询问“监护人”孩子是不是帮家里做事了，每天的作息时间安排怎样？等等。年复一年，每年的寒暑假，邱玲总会出现在那些需要家庭帮助、鼓励的孩子面前，粗算下来，仅邱玲家访的孩子就有一百多个。

邱玲十分注重孩子的人格培养，注意用关爱纾解孩子的情绪。有一次，一个

图 12　邱玲妈妈给孩子们化妆

倔强的孩子犯了错误却拒不认错，且大哭大闹。邱玲把他搂在怀里，抚摸着他的脑袋和后背，告诉他“无论对错，你都是妈妈的孩子；知错改错，才是妈妈的好孩子”，终于让孩子平静下来，最终承认了错误。

邱玲十分注意发挥孩子天性，提升他们的能力。有的孩子擅长语言表达，邱玲就有意识培养孩子主持活动方面的能力；有的孩子有舞蹈天赋，邱玲就请来艺术老师指导帮助；有的孩子体壮好动，邱玲就引导他走上武术体育之路……

邱玲还根据家园孩子学习、性格、动手能力等差异，提出了让孩子们在高中进行分流教育的建议，动手能力强的孩子可以到职业中学，学会一技之长，将来更好就业。这一想法上报后，得到了上级领导的肯定，并在当年实施。参军的，上大学的，自主创业的，让几百个孩子各得其所，人人活出了精彩人生。邱玲常对同事们说：“让灾区孩子在安康家园里充分感受家的温暖、家的亲情，幸福地生活，快乐地学习，健康地成长，是我最大的心愿。”

投桃报李：翻山越岭为“妈妈”摘一袋野生猕猴桃，离“家”的孩子总想回“家”看“妈妈”

每次放寒暑假，孩子们都会回到自己的家乡。回来时，孩子携带的行李里，都会装着一份回馈“妈妈”们的心意。

2014年暑假结束时，14岁的王明给“妈妈”们带来了近3斤重的野生猕猴桃。

王明递给“妈妈”时，“妈妈”看见他布满伤痕的手，心疼得不得了。王明告诉“妈妈”：“这是我翻山越岭摘来的，山上的那些刺把我扎安逸了！”

“妈妈”用苹果把生涩的野生猕猴桃捂熟后，请大家一起分享。那红红的心，那甜甜的味儿，像极了孩子的心意……

2018年已经25岁的高敏，出嫁到了汶川县漩口镇，她的孩子已经1岁零1个月，拥有一个幸福的家庭。当她在群里看到胡院长邀请大家5月9日回家团聚的信时，秒回“我要回家！”她说，无论多忙，她都要回家，看看多年不见的王妈妈。想陪王妈妈重游棠湖公园，陪王妈妈吃顿饭，陪王妈妈睡一晚，还想给王妈妈买一件衣服。“当年，她照顾我，现在，我长大了，我想照顾她！”她已经安排好了，5月8日，她将独自回家，好好陪陪王妈妈。

她说，她有四个家。一个是娘家、一个是婆家，一个是北京的家，一个是双流安康家园。

在她的心里，想念很多人，比如双流安康家园的园长胡源忠，还有北京市私立树人·瑞贝学校校长王健超，还有班主任老师……她期盼着，5月9日那天，与爸爸、妈妈、兄弟姐妹、老师们紧紧拥抱在一起，从此永远不分离。

图13　唐建荣和孩子们在一起

提起“安康妈妈”，孩子们在小学作文中作了如下的表达：

“阿姨很关心我们，每天晚上总是等我们睡了她才睡。有时候我睡不着，总是害怕，她就站在门口对我说，你就当这个门是关着的，我在这里等你睡着，你就不用怕了。我顿时就不害怕了。”

“我的‘安康妈妈’要回她自己家了，我哭了，刚哭一会儿，天就灰暗。再过一会儿，电闪雷鸣。顷刻之间就下起了倾盆大雨，看来老天也理解我的心情，我们哭得更厉害了，不管妈妈怎么劝说，我们就是哭，而且哭声越来越大。我们哭，老天爷也哭了……”

2011 年 11 月 23 日，由全国妇联、中国儿童少年基金会共同主办的“把爱心奉献给孩子们——中国儿童慈善 30 年感动人物颁奖晚会”隆重举行。安康家园的安康妈妈作为团体，与成龙、李娜、杨澜等一起荣获“中国儿童慈善 30 年感动人物”称号。

附

“安康妈妈”岗位职责

为了让“安康妈妈”这一管理制度更加科学有效，双流安康家园为“安康妈妈”们订立了岗位职责。

一、服从上级工作安排，严格遵守园内各项规章制度，按时完成各类工作任务。

二、关注灾区孩子的全面发展，尽心呵护和培养他们良好的道德情操，帮助他们健康快乐成长。

三、增强责任感和服务意识，树立“一切为了灾区孩子，为了灾区孩子一切”的思想，以身作则，用自己的良好形象引导他们顺利成长。

四、负责所管理寝室、设备、活动区域的清洁卫生工作。妥善保管好孩子的衣物和本房间的设备、用具，如有遗失、损坏及时报告。

五、当轮班时，当班“安康妈妈”对所应管的孩子负责；在当班时所发生的偶发事件，由当班“安康妈妈”负全部责任。

六、按规定准时叫醒孩子，指导他们学会洗脸、刷牙、梳头、整理衣物。平时教育孩子要常洗头、洗脚、洗澡，勤剪指甲，保持仪表整洁，培养生活自理能力。

七、教育和指导孩子承担必要的劳动，如洗衣、打扫卫生、保洁等。

八、按时带领孩子一同用餐，维护好用餐秩序，保证他们愉快进餐。严禁孩子出现插队、抢位、打闹、浪费等情况，教育他们保持良好的用餐坐姿，餐后主动收拾餐具。

九、下午孩子放学后，督促他们认真完成学校布置的作业，然后组织他们按时进晚餐，晚餐后组织孩子们开展适当的体育活动等。

十、定期与孩子谈心，了解他们的所思所想，有问题要及时解决，解决不了的问题向上级领导汇报，按时做好谈心记录。

十一、保证孩子的充分休息，督促孩子准时熄灯睡觉。在孩子睡眠过程中至少一次起床检查他们的睡眠状况，注意冷暖等。

十二、对本寝室的孩子的安全及健康负责。注意了解他们的身体情况，照顾好生病学生的吃药、打针、饮食等事宜，病情严重者及时送医院，同时向上级汇报，不得贻误病情。

十三、平时孩子的奖与惩与“安康妈妈”的每月考核挂钩。

十四、不得让闲杂人员借宿，不得在工作时间干私活。

十五、完善日常工作记录，每日认真记录每个孩子的情况备查。

十六、周末、法定节假日坚守岗位。

十七、完成领导交办的其他临时性工作。

7. 安康家园，独特的管理模式

成都双流安康家园，从外观看，这只是一座并不起眼的5层小楼，其格局很像一栋普普通通的宿舍楼，但这里却是数百名孩子的精神家园和避风港湾。没有孩子把这里当作宿舍，因为除了上学之外，他们大部分的时间都会在这里度过。这里有“妈妈”“干爹”，有玩伴和辅导老师，除了做功课还有打扫环境卫生、辅导“弟妹”功课、清洗小件衣物等家务劳动，这里俨然是一个“家”的结构。为了让这些孩子健康成长，成为国家的有用之才，安康家园的管理者尝试了许多自创的合乎孩子成长需要的方式。

——设立“省亲”制度，留住亲情，严格的回家程序，确保安全

安康家园的孩子不同于孤儿院、SOS村的孤儿，他们都有法定的监护人，都有亲人。为了使孩子们不能因为离开家乡到异地生活学习，就渐渐失去了亲情，

忘了根，所以每逢寒暑假，安康家园要求孩子们必须回原籍和亲人团聚，此规定既兼顾了孩子与亲人相处交流的时间，也保障了孩子们除寒暑假以外在安康家园规范化生活学习的时间，有利于促进学生身心健康的发展。

另外，为了深入了解孩子们在家乡寒暑假生活学习情况，安康家园管理人员还利用暑假组织“安康妈妈”实地走访，看望慰问部分安康孩子，让孩子以及监护人感受到来自安康家园的温暖与关爱。

图 14　安康家园的老师在家访

为确保孩子离园后的人身财产安全，家园对孩子离园回原籍的安全问题专门制定了相应的规定，以确保每一个孩子安全地离开家园，安全地到达目的地。小学生、初中生放假回家，必须由监护人亲自来家园接，同时监护人须带上能证明自己是孩子监护人的证件。监护人到园后，要认真阅读孩子离园协议，并在家园的离园协议上签字按手印；若监护人因事或其他原因，需要委托家中其他人来接，须写一份委托书并交给来园接孩子的人。高中生放假回家，原则上仍由监护人亲自来家园接，若监护人年事已高、体弱多病、身体残疾或在外地打工无法赶回来等特殊原因，可采取委托家中其他人来接或由监护人给分管孩子的生活管理老师打电话说明原因并发来同意其自行回家的短信。自行回家的孩子在到达目的地后，监护人必须给家园打电话或发短信报平安。

——让孩子们树立社会责任

孩子们刚进园时，安康家园的“爸爸”“妈妈”们发现，地震后，太多关注和爱心涌向他们，有明星来看望，有孩子就私下提出“我要耐克鞋”“我要笔记本电脑”等要求。一些孩子已经习惯了这种恩赐，把这些关爱当作是理所当然，一些孩子甚至连“谢谢”都不会说。于是，“知恩、感恩”成了安康家园教育的重心。

安康家园的“爸爸”“妈妈”们对孩子们开展“感恩教育”，如慰问敬老院、慰问青海玉树地震受伤孩子……让孩子们亲身体会到给予别人帮助比接受帮助更幸福。坚持教育所有孩子：你们都是普通人，没有任何优待是你们理所当然应该得到的。

图 15　双流安康家园的绿化与卫生都被老师和孩子们“承包”了

图 16　安康家园的孩子参加社会劳动

让孩子不仅在这里健康学习，将来要回归社会，造福社会。让他们就像在一个普通的家庭长大的孩子一样，学会做简单的家务。事实证明，给予孩子们适当的爱和适当的严厉是最利于他们健康成长的。“这才像一个正常家庭的健康孩子。孩子们会顶嘴了，会撒娇了，也会关心‘爸爸’‘妈妈’了。”胡源忠说，“他们是不幸的，但是他们并不特殊，他们应该像其他孩子一样成长，这样才能成为对社会有用的人。”让孩子们树立社会责任。

安康家园的副园长邱玲说，现在无论是得到一块巧克力，还是一套学习用品，孩子们不会再心安理得地收下，而是将物品交给园长处理。

每年的母亲节一来，安康家园的“妈妈”们，都会收到这样的短信：

“妈妈，在这个特殊的时间节点上，向您发出我最真诚的祝福：妈妈，节日快乐！您辛苦了！永远爱您的儿子。”

安康家园的“妈妈”们含着眼泪笑了，看到她们的孩子长大了，懂事了，她们感到欣慰和满足。

“孩子们需要‘安康妈妈’们细心周到的爱，更需要教导他们形成一种正确的世界观和人生观，并要自觉地承担起对社会的责任。学习怎么做人，理解做怎样的人，这些都要始终贯穿于整个教学与生活当中。”胡源忠这样认为。

——从强化行为习惯入手

在安康家园，孩子们不仅要“学会生存”，还要“学会做人”；不仅要“善于学习”，还要“勇于负责”。从强化行为习惯入手。

安康家园的“爸爸”“妈妈”们为了让孩子从小养成良好习惯，从学习习惯，到穿衣吃饭，都一律按照《中小学生守则》《学生日常行为习惯》的要求做。安康家园实行封闭式教育，老师和学生 24 小时待在一起。早晨 6 点半起床、出操，白天上课、去食堂吃饭，晚上 9 点熄灯，一切行动都以集体为单位。这个生活节奏一直要保持到上完高中。

——灌输家的概念

一个正常的家庭应该具备的特征，在安康家园都能找到。胡源忠认为，家应该是一个最放松的地方，这里有哭笑怒骂，能让孩子们尽情释放自己的本性。

于是，在安康家园，根据孩子们的籍贯、民族，每两人住一间寝室，安排一个“安康妈妈”或“安康爸爸”管理他们的学习和生活，按照年龄排行给孩子们排老大、老二……还给自己的“家”取一个名字，像“藏羌儿女”“快乐之家”等，让孩子们感觉到家庭的温馨、和谐、完整、温暖。

图 17　组织孩子们到双流湿地公园游玩

由于害怕“妈妈”的家庭生活影响到孩子心理，“妈妈”们从来不把自己的孩子带到学校来，住家不远的生活“妈妈”也坚持住在学校里。

图 18　孩子们在一起交流

——注重心理健康培养

虽然有很多爱心市民，提出周末或节假日带孩子出去玩儿。有些人还直接提出助养的想法，但安康家园基本都拒绝了。“因为一个班的孩子，有人被助养有人经常被带出去玩儿，这对一些没被关注到的孩子是种伤害。”邱玲说。

每周末，生活老师都会集体带上一个班的孩子去购物、游玩，没有外出打算的孩子，则可以留在园内上各种兴趣班。

孩子们除了可以得到一切必要的生活学习用品，每月还能领到 60 元零花钱。

——教给孩子们生活的技能

安康家园的“爸爸”“妈妈”们十分关注孩子们的身心健康，他们教 5 岁的孩子自己动手穿衣、吃饭，教 8 岁的孩子扫地、叠被，给孩子们分配诸如清扫园区、保护绿化等力所能及的活儿干。“双流安康家园建立 9 年来，从没有为清扫园区请过保洁工，基本都是孩子们将此事承包下来。”胡源忠自豪地说。让他们就像在一个普通的家庭长大的孩子一样，学会做简单的家务。就是为了让孩子们能融入社会。

图 19　2011 年 6 月 1 日中央电视台少儿频道《在灿烂阳光下》带您走进位于四川双流的安康家园

——鼓励参加社会实践

安康家园鼓励高中的孩子节假日进行社会实践，如到餐厅当服务员，到汽修店当修理工，挣来的钱用作孩子们自己的生活开支。本着“汇聚爱心 · 传递关爱 · 促灾区孩子健康快乐成长”的理念。

安康家园于 2012 年学习创办了安康爱心商店，爱心商店将家园购买的生活必需品和社会各界爱心人士捐赠的物品集中，以商店的形式向安康家园中的全体孩子开放，孩子们可凭自己做好事——打扫卫生、帮助“弟弟妹妹”做功课等获得爱心卡，凭“安康爱心卡”到店内自选、兑换自己所需物品。胡园长告诉记者，这种方式为捐助者与孩子们之间搭建了传递关爱的平台，同时让孩子们明白任何东西都必须通过自己的努力和付出才能获得，为融入适应社会打下坚实基础。同时，我们还为年纪小的孩子制定了一个获取爱心卡的方式——只要一个星期没有生病，把自己照顾好，也可以换取爱心卡。这样一来，无论年纪大小，人人都可以有爱心卡来兑换所需物品。

——灌输求真务实的理念，让孩子们更加自信

“不唯学历，唯能力。”这是胡源忠希望传递给孩子们的。在安康家园，这样的理念与氛围带给孩子们更多的自信。他们没有因学历而相互攀比，也没有因身处生产一线而妄自菲薄。“孩子们擅长的东西不同，更何况职业哪有高低贵贱，只要遵纪守法，有爱心，靠本事过上好日子，就是优秀的人。”胡源忠说。

更令人欣慰的是孩子们懂事了，在台湾风灾、海地地震、玉树地震中他们节省下零用钱，帮助受灾的小伙伴们，传递着幼小的爱心。

图 20　2011 年 5 月 28 日，《乡村大世界》六一特别节目——“蓝天下的希望”带您走进位于四川双流的安康家园，孩子们的欢声笑语，诠释了童真的含义

双流安康家园还开设了美术、声乐等 10 多个兴趣班，丰富孩子们的课余生活。并请来天津师大和北大六院、北师大的心理专家，给孩子们进行心理治疗，开展有针对性的个别辅导。经过两年多的努力，孩子们的心理康复率在全国遥遥领先，部分孩子的心理健康程度甚至优于当地普通家庭的孩子。

——针对难点创新制度

照顾好地震孤困儿童，不能仅仅做好园内的管理，一些管理范围之外的困难和问题也不能轻视。

一是一些孤儿的监护人责任心不足，使孤儿在假期离园后受到不良伤害。

每年让安康家园的工作人员最头疼的时间就是放寒暑假，一方面孩子们急切想回家乡看看亲戚；另一方面孩子们的亲戚却无动于衷，迟迟不来领孩子回家。即使让孩子回家了却让孩子受到冷遇，造成孩子返园后情绪失控。

二是一些高考失利的孤儿去向。

按照援助约定，一旦高考失利，孤儿的学业资助被迫终止，同时孤儿已长大成人，就不得不离开安康家园。在当今就业形势十分严峻的情况下，年满 18 岁的孤儿如何应对，何去何从？这成为安康家园乃至全国孤儿福利院面临的困扰。

三是一些热心的社会志愿者，来园只关心聪明可爱的孩子，从而造成对性格内向、不够漂亮的孩子二度歧视，产生不良影响。

针对以上困难和担忧，双流安康家园的管理层积极探索制度创新，尽最大的努力保护和关爱这些孩子。

在孩子们放假时，安康家园一方面积极联系孤儿籍贯所在地的妇联，让他们督促孩子亲人照顾孩子；另一方面，让不能回家的孩子参加夏令营活动，避免孩子心理受到伤害。

在孩子们初中升高中时，根据其成绩、特长，实行分流就读职高和艺体校，从而提高就业率，想办法应对高考失利的困境。

在社会志愿者来园捐助时，尽量婉言谢绝，或推介到县慈善总会定向捐赠，以避免对性格内向孩子的伤害。

有专家指出，安康家园公益项目的一大亮点，是把儿童灾后心理康复作为关键问题加以关注解决，按照有利于灾区儿童身心成长特点，精心打造成配套设施先进齐全、园区环境亲情温暖的家庭式家园。与国内多家院校、医院合作，定期对孩子们进行积极的心理干预和心理评估工作。安康家园的管理人员及“安康妈妈”上岗前，都要参加心理疏导知识培训，并定期接受相关知识的继续教育培训。

8. 收获与感悟

——汶川地震致孤儿童的救助安置和保障工作，为全国孤儿保障制度的顶层设计提供了实践基础和助推的快车道

民政部社会福利和慈善事业促进司儿童处处长邹明明认为：

汶川地震发生后，在党中央和国务院坚强有力的领导下，相关部门和社会各界万众一心，整个救灾工作迅速有序开展。在对受灾群众的救助安置中，有一个

特殊困难的群体得到了政府和各界的特别关爱，这就是因地震致孤的孤儿、孤老、孤残人员，简称“三孤”群体。其中，孤儿群体又最牵动全国人民的心弦。

在安置和救助汶川地震致孤儿童的过程中，我们探索了很多好的做法，积累了相关经验，形成了孤儿安置的有效模式，为全国孤儿保障制度的顶层设计提供了实践基础。主要包括以下几个方面：一是为孤儿成年前提供每人每月 600 元的生活补贴，既不作家庭收入核查，也不区分城乡不同标准。这就使得孤儿保障区别于以家计调查为门槛的社会救助制度设计，成为独立面向孤儿群体的福利制度安排；二是为孤儿建立完整的成长档案；三是对孤儿家庭开展家庭探访和指导。在这个意义上，可以说是开启了对监护监督制度的探索。实践中，我们对地震致孤儿童的安置尽最大努力做实做细，单就孤儿档案举例，当时，民政部和联合国儿童基金会指导四川省民政厅，对孤儿档案所包括的内容、各类表格的制式都提出了统一的要求，为 624 名地震致孤儿童建立了完整的成长档案。并且要求基层民政部门尽最大努力收集地震前孤儿父母和家庭的信息、照片、具有纪念意义的物品等，力求为孤儿留下更多关于原生家庭的美好回忆。同时，编写了监护人指导手册、监护人抚养指南等，通过专业儿童工作者、专业社会工作者的介入，帮助家庭消除地震对孤儿造成的不良影响，给孤儿提供更好的照料和教育条件。

2008 年汶川地震致孤儿童牵动着全国人民的情感，得到社会各界的真切关怀。同时，也使得各界由此及彼，把关注的目光投向全国的孤儿。可以说，汶川地震致孤儿童的安置和保障工作，把全国孤儿的基本生活保障工作推入了快车道。对汶川地震致孤儿童灾后生活保障和安置模式的实践过程，就是对全国孤儿基本生活保障制度的研究过程。在此之前，民政部儿童福利处只有两个人的编制，主要负责儿童福利机构内集中养育孤儿和弃婴的保障工作。对于社会散居孤儿的保障，某种程度上讲，是心有余而力不足。汶川地震“三孤”安置工作告一段落之后，2009 年 6 月，民政部制定了社会散居孤儿和儿童福利机构集中养育儿童基本生活费的指导标准。很多从事或研究这项工作的人会问，为什么全国孤儿的最低养育标准定为每人每月 600 元，儿童福利机构内集中养育孤儿、弃婴的标准定为每人每月 1000 元。后者的标准制定，是一个充分论证的过程，邀请了 38 位儿童福利机构的负责人，测算了伙食费、服装被褥费、日常用品费、教育费、基本医疗费、康复费 6 大类、253 细项的支出。而前者散居孤儿的生活费之所以定在每人每月 600 元，直接依据就是国寿慈善基金给汶川地震致孤儿童每人每月补贴了 600 元。2009 年底，民政部完成了对全国孤儿养育情况的调研和统计工作，向党中央和国务院做了专题书面汇报，得到了中央领导的高度重视和相关部门的大力支持。随着2010年11月国务院《关于加强孤儿保障工作的意见》出台，中央财政建立了对孤儿基本生活费补贴的专项转移支付，全国孤儿基本生活保障制度初步建立。至此，对汶川地震致孤儿童群体的保障标准和保障模式几乎全盘“拷贝”和拓展到了全国孤儿群体。值得一提的是，汶川地震激发和加深了全国人民休戚与共的情感，各类捐赠源源不断，公益项目层出不穷，慈善事业得到了空前发展。为了回应社会期待，推动慈善事业健康发展，汶川地震之后，民政部社会福利和社会事务司重组，成立了社会福利和慈善事业促进司。

——社会组织在辅助党和政府开展儿童防灾减灾工作中主动作为发挥了积极作用

全国妇联副主席、书记处书记邓丽在回顾了安康家园的发展历程后，深刻总结了安康家园的发展特色及经验体会。她说，安康家园凸显了为党和国家分忧解难的政治担当，在服务儿童、支援汶川地震灾后重建工作中发挥了积极作用。

安康家园以及汶川地震灾后重建的发展成就，来自集中力量办大事的社会主义制度优越性，来自以爱国主义为核心的民族精神，来自全国各族人民大团结的中国力量，也来自我国改革开放所带来的综合国力的大幅跃升。她要求妇联组织及中国儿童少年基金会把儿童防灾减灾工作纳入重点工作领域进行谋划部署，在继续落实保障好安康家园资助服务工作的基础上，充分发挥社会动员优势和妇联组织优势，在辅助党和政府开展儿童防灾减灾工作中主动作为。她勉励安康家园的孩子们志存高远、脚踏实地，勤奋学习、增长本领，珍视党和政府及全社会的关爱，在新时代的征程中放飞青春梦想、书写人生华章。

——安康家园是中国灾后孤儿紧急援助模式的新创造

中国儿童少年基金会秘书长朱锡生发布《安康家园公益项目10周年工作报告》。他说，安康家园是全国规模最大的灾区孤困儿童集中安置基地，不同于其他慈善项目的一个重要特点是深度参与应急救助和灾后重建过程中。项目立足于辅助党和政府安置抚养灾区孤困儿童、以最大力度支持灾后重建的政治站位，从紧急转移到异地过渡安置，从投资巨额为孩子们在家乡建造安康家园到持续资助孩子们完成最高学业，其间所体现出的风险性、复杂性、协同性和可持续性，在公益组织援建的项目中都是独一无二的。安康家园经过10年运作，成功探索实践出政府支持、民间出资、公益组织监管的灾后孤儿紧急援助模式。

据了解，安康家园公益项目的一大亮点，是把儿童灾后心理康复作为关键问题加以关注解决，按照有利于灾区儿童身心成长特点，精心打造成配套设施先进齐全、园区环境亲情温暖的家庭式家园。与国内多家院校、医院合作，定期对孩子们进行积极的心理干预和心理评估工作。安康家园的管理人员及“安康妈妈”上岗前，都要参加心理疏导知识培训，并定期接受相关知识的继续教育培训。

安康家园的成功，是中国人民面对大灾、凝聚力量、洒下真情的成果，是我国政府与民营企业在援助孤儿模式上的创新，既体现了中国特色社会主义制度的巨大优势，又体现了良好的机制与科学管理的重要作用。安康家园是中国土地上生长出来的新的行之有效的孤儿援助模式。这种由民间出资、政府管理、社团监管的地震孤儿援助新模式，对其经验进行总结，对我们在以后应对灾难和孤儿救助有重大的实践意义。

由于灾区儿童健康成长是一个长远工程，对他们的安置不仅靠爱心和热情，更要科学化。安康家园的后续发展，也引起了社会各界的高度关注和重视。

双流县民政局副局长吴敏说，10 年来，在全国妇联儿基会的悉心关心、指导下，在双流县委、县政府的正确领导下，在县民政局的直接管理下，安康家园以“孤有所养、养有所育、育有所成、成有所用”为办园宗旨，以“上台阶、创特色、树品牌”为工作思路，以“人为本，园是家，爱无疆”为工作理念，以“学会生存、助人自助”为育人目标。以“继续营造优美生活环境，彰显家园文化建设特色”为载体，强化了对灾区孤困儿童各方面管理和教育工作，实现了灾区孤困儿童在双流健康快乐成长的目标和任务。

——公益慈善介入孤儿救助提升企业文化内涵，互动双赢

日照钢铁集团董事长、总经理杜双华表示：我们一直秉承了公司的“责任”文化，这方面的投入，我本人认为没有多和少的差别，只有“需要”和“尽心”的概念，即便本公司面临重组的问题，但也不影响慈善，不影响我们承担社会责任。我们要用心去做慈善，长期为汶川的孤困孩子进行帮助。我们不但要把这些孩子全部抚养成人，并且还要尽可能给他们提供好的教育和发展机会，对这些升学的孩子，不管他们是在哪个地区哪个学校，我们都要负责到底，为构建和谐社会贡献一分力量。这就是我们的公益慈善，它已成为企业文化的一部分，我们要将公益慈善常态化，使之成为企业生产、经营、管理的一个组成部分。

日照钢铁集团副总任三明坦言：“日钢投建了很多项目，也做了很多公益慈善方面的事情，但唯独这一项目最为特殊——耗时最长，将达20多年；耗费的人力物力财力也最多；不管是在临时转移安置阶段还是在安康家园正式启用之后，甚至在今后运行过程中，都还会遇到一些新问题，但不管遇到什么问题，日照钢铁集团公司都将持续资助安康家园的学生完成最高学业。”

汶川地震灾害结束了，日照钢铁公司将当年的日照“安康妈妈”全部安排到公司质检部门，成为日照钢铁一支独特的职工队伍。这既是对日照钢铁公司承诺的兑现，对她们在特殊时期临危受命，挑起了日钢救助汶川地震孤儿的重担的仁爱精神的肯定，也是在日照钢铁公司大力弘扬公益慈善精神的需要。如今，她们集体转战到日照钢铁，几年来，她们不负众望，成为一支响当当的钢铁娘子军，成为企业里的一道亮丽风景线。这也是日照钢铁公司抗震救灾中的一份难得的收获。

儿基会的一位专家指出，日钢为汶川致孤儿童实施的慈善救助是国内第一次由企业全程参与的慈善捐助行动。企业的爱心和责任意识难能可贵，但这种模式可复制性不大。比如，这种长期救助项目，遇到企业经营困难、自身难以为继怎么办？资助这些孩子直到完成最高学业标准如何掌握？怎么从政策层面支持、鼓励企业参与公益慈善的积极性？等等，都需要很好地研究探讨。

图21　四川双流“安康家园”宿舍楼

这是安康家园的“干爹”——胡源忠的心愿，他期盼着在这个日子与他悉心照料过的 672 个儿女的一次重逢。

图 22 “安康家园”公益项目十周年纪念活动 5 月 9 日在四川成都举行，数百名孩子回到曾经生活的家园

图 23 “安康家园”的孩子都过上了幸福的生活

请回家，这是父亲对游子的呼唤；

我要回家，这是游子对父亲的回应。

穿过时间的藤蔓，我们再相聚。

由于纪念汶川地震10周年活动的安排，中国灾害防御协会没能抽出人来观摩地震孤儿们的回家大聚会，我们只好撷取人民网的一篇文章，以记录这个历史的聚会，留下这次“记忆”备查。

汶川十年　我们长大了

——人民网 2018 年 5 月 10 日

“因为地震，我们离散，因为安康家园，我们相聚。北京—日照—双流，一个超越地域、血缘、民族的大家庭。那一刻，我们真正感受到了有国才有家的含义。”

2018 年 5 月 9 日，伴随着孩子们饱含温情的朗诵，由全国妇联指导，中国儿童少年基金会、四川省妇联、日照钢铁集团主办，成都市妇联、双流区人民政府承办的汶川地震及安康家园公益项目 10 周年纪念活动在四川双流举行。全国妇联副主席、书记处书记邓丽，四川省委副书记邓小刚，日照钢铁集团副总裁王立飞等出席活动。

孩子们和“安康妈妈”再次相聚，有笑有泪，有欢声也有抽泣，更有说不完的心里话。

来自山东日照的张爱莲，曾经是日照安康家园的“安康妈妈”，一共带过 18 个孩子，5 月 9 日当天与其中的 3 个孩子回到双流安康家园。经过四五个小时晕机、晕车的颠簸，张爱莲此时已忘却了身体的不适，而感到非常紧张和激动。

小森，现年 21 岁，虽然不曾由张爱莲带，但彼此熟识。当年，张爱莲把 12 岁的小森和其他孩子从山东护送到双流安康家园。时隔 9 年再次相见，如今在成都铁路局成都客运段 T8 次列车上当炊事员的高高大大的小森，在张爱莲怀里哭得像个孩子。

同样来自山东日照的“安康妈妈”李向南，说起 9 年前还要抱在怀里的孩子现在已经长成大小伙子，笑得合不拢嘴。她和自己带过的孩子们坐在床上看照片，回忆往昔珍贵的点滴，欢声笑语在温馨的宿舍中不时响起。

今年 23 岁的小巧已经是一位身怀六甲的准妈妈，大学毕业已经一年多，如今是一名小学语文老师。家乡在德阳中江的她曾在安康家园生活了 5 年。她在等待

图 24　安康家园的孩子们长大了，走上了工作岗位

在隔壁房间接受采访的自己的“安康妈妈”廖敏秀。“在安康家园的每一件事情都很特别，”小巧如此描述自己心目中的家园，“这是我人生的转折点，如果没有安康家园，我真的不能想象现在自己是什么样子。”她说会把这些告诉即将出世的孩子，并且带他（她）回安康家园。

小欢抱着刚满一岁的女儿回到家园，26 岁的她曾在安康家园生活 3 年多，双流安康家园的胡源忠园长抱起孩子，笑容满面地说：“我当爷爷啦。”

图 25　安康家园的孩子当妈妈了

22 岁的小华和自己的“安康妈妈”张爱莲拥抱在一起舍不得分开，张爱莲给她梳理头发，捧着她的脸，像看着自己的掌上明珠。

“安康妈妈”带来孩子们小时候喜欢吃的各种零食，回到安康家园的孩子们给“安康妈妈”带来家乡的土特产。宿舍里、回廊上，到处欢声笑语、倾诉离情，所有的房间都热闹而温暖，所有人的脸上都绽放着灿烂的笑颜。

因为下雨，原本安排在家园院子里的“团圆饭”改在了食堂里，热烈而温馨的气氛让人们忘记了屋外冷雨的寒意。

2008 年 5 月 12 日，一场突如其来的灾难瞬间夺走了数万人的生命，地震重灾区的一批儿童因此成为孤儿。在震后的举国救援中，由全国妇联、中国儿童少年基金会和日照钢铁集团共同发起设立的“安康家园”，第一时间转移安置了712名孤困儿童，有一部分后来陆续找到了父母，最终接收救助儿童672名。

地震那年小玉13岁，读初中一年级，妹妹小琳12岁，念小学。今天，小玉已经从西南大学汉语言文学专业毕业，成为绵阳市沙汀实验中学的一名语文教师。与她一起在安康家园长大的妹妹小琳，也顺利考上了厦门大学，修了海洋生物学和英语专业的双学士学位，目前正在准备毕业论文。今年小琳被保送到厦门大学天文学专业读研究生。

小玉说：“地震中我们失去了亲人，一度感到无助无望。是这么多好心人的支持，让我和妹妹面对灾难勇敢地坚持下来。我们有了更多的亲人，有了一个更温暖的大家庭，让我们对未来充满了希望。”

“小博你还记得和小磊在寝室里烧烤，差点烧了整个安康家园吗？还有每天晚上阿姨按时叫你上厕所，怕你在床上‘画地图’；小兵，你总是把指甲留得长长的，怎么都不剪，说是有人欺负你，就用指甲狠狠抓他。小林，你常常躲在被窝里哭泣，说想妈妈。小李，你说世上只有弟弟是你最亲的亲人了。还有小军，钱包里总夹着妹妹的照片，说等自己长大，有本事了，一定要把妹妹找回来。”“安康妈妈”代表付小凤，一说起孩子们的往事便滔滔不绝。

纪念活动上，全国妇联副主席、书记处书记邓丽在回顾了安康家园的发展历程后，深刻总结了安康家园的发展特色及经验体会。她说，安康家园凸显了为党和国家分忧解难的政治担当，在服务儿童、支援汶川地震灾后重建工作中发挥了积极作用。她指出，安康家园以及汶川地震灾后重建的发展成就，来自集中力量办大事的社会主义制度优越性，来自以爱国主义为核心的民族精神，来自中国各族人民大团结的中国力量，也来自我国改革开放所带来的综合国力的大幅跃升。她要求妇联组织及中国儿童少年基金会把儿童防灾减灾工作纳入重点工作领域进行谋划部署，在继续落实保障好安康家园资助服务工作的基础上，充分发挥社会动员优势和妇联组织优势，在辅助党和政府开展儿童防灾减灾工作中主动作为。她勉励安康家园的孩子们志存高远、脚踏实地，勤奋学习、增长本领，珍视党和政府及全社会的关爱，在新时代的征程中放飞青春梦想、书写人生华章。

邓小刚代表省委、省政府对全国妇联和中国儿童少年基金会、日照钢铁集团等为安康家园建设作出的贡献表示衷心感谢。他强调，安康家园建设，凝聚着党和政府对孩子们的亲切关怀，也展示了重建家园过程中中华儿女的团结、自强与乐观。衷心希望全国妇联和中国儿童少年基金会、日照钢铁集团以及社会各界，继续支持安康家园，为孩子们创造良好的学习生活环境。我们将一如既往高度重视妇女儿童工作，把安康家园建设得更加美好，让孩子们成长为有理想、有本领、有担当的社会主义建设者和接班人，为推动治蜀兴川再上新台阶汇聚强大力量。

在活动现场，项目的亲历者，安康家园园长、“安康妈妈”、安康家园孩子及志愿者代表们讲述他们与安康家园的故事，共同回忆10年爱的历程。现场每个人都为之动容，也默默祝愿孩子们风雨过后见彩虹，去拥抱属于他们的美好未来。

据悉，为教育公众特别是儿童少年树立安全观、掌握基本的应急避险知识和技能，中国儿童少年基金会于汶川地震后启动实施了“儿童安全工程”，通过安全教育宣传以及“情景+体验式”教学，帮助儿童少年掌握应急救助技能。9日的纪念活动上，中国儿童少年基金会启动了“儿童防灾减灾公益项目”，以进一步完善儿童防灾减灾、保障儿童安全健康成长的方法和举措。

四川省委及四川省妇联、成都市委市政府、双流区委区政府、捐赠方代表、心理专家代表及媒体代表等600人参加了纪念活动。

中午家宴后，280名回家的孩子与48名尚在安康家园生活学习的孩子与“安康妈妈”一起，在新的棠湖小学操场上拍了10年全家福，“我们回家了”，欢呼声响彻天际……

在人们的眼里和心中，情感永远诉说不尽，有喜有泪，有收获也有感慨……安康家园的甬道旁，10年前栽种的树苗静静伫立，如今已是绿荫掩映。

（感谢民政部社会福利和慈善事业促进司原副司长甘薇薇、民政部社会福利和慈善事业促进司儿童处处长邹明明、中国人寿保险公司宣传部部长罗伟文、四川省成都市双流区民政局副局长吴敏、四川省双流安康家园园长胡源忠等对本文的贡献）

（本文资料来源于：《“安康家园”大事记》《华西都市报》《光明日报》《广州日报》等媒体有关文章）

■ 链接

安康家园碑记

2008年5月12日，四川汶川特大地震发生后，在党中央、国务院和中央军委的坚强领导下，全党全军全国各族人民万众一心，众志成城，夺取了抗震救灾的伟大胜利，谱写了感天动地的英雄凯歌。

在全国妇联的领导下，中国儿童少年基金会迅速启动了“中国儿童紧急救助行动”，得到社会各界的广泛支持和捐助。在山东省委、省政府，四川省委、省政府的高度重视下，在各级妇联组织的积极配合下，在山东日照钢铁控股集团有限公司的大力支持和爱心捐助下，2008年5月底，四川成都、德阳、绵阳、广元、阿坝州等重灾区的孤儿、单亲家庭和特困家庭的学生共712名，被临时转移安置到山东日照安康家园，度过了一年难忘的学习和生活时光。山东日照钢铁控股集团有限公司先期捐赠3000万元，用于灾区学生异地生活和学习费用，并长期持续资助，直至完成其学业。

为给灾区孩子创造良好的学习生活环境，山东省日照钢铁控股集团有限公司向中国儿童少年基金会再次捐资1亿元，在成都市双流县新建安康家园、新棠湖小学，扩建九江中学，总建筑面积38500平方米。2008年10月15日奠基，2009年8月竣工使用。成都市双流县人民政府无偿提供建设用地和教学设备设施，并承担起双流安康家园学生的教育管理之重任。

爱心点亮希望，行动成就未来。

抗震救灾，举世瞩目，钢铁脊梁扛重任。

扶幼济困，博爱昭然，中华民族传美德。

值此双流安康家园落成之际，特勒石刻功，借以此，献给所有为灾区儿童奉献爱心的人们！

中国儿童少年基金会

2009年8月26日立

10 年来地震科技的主要进展

高孟潭　罗华春

引　言

2008 年汶川大地震造成了巨大的人员伤亡、财产损失和经济损失。痛定思痛，汶川地震之所以造成巨大的灾难，与我们脆弱的城市建设有直接关系，与城镇规划建设中防灾减灾意识薄弱及缺乏防备密切相关。我们应该客观地认识到，当时的我们对 7 级以上大地震发生规律、成灾机理的认识远远不足，对 7 级以上大地震成灾规模、程度、范围和灾害情景的科学认知远远不足，对城乡建筑和基础设施针对大地震的脆弱性的认识也远远不足。时值国家中长期科技发展规划纲要实施的第一个五年规划期间。当时国务院和国家有关部门已经充分认识到大地震对人民群众生命财产的威胁、对社会经济发展的重大影响。因此，在规划纲要战略研究阶段，国家将地震等自然灾害防范相关的科技发展问题纳入国家公共安全体系进行布局。加大了对防震减灾工作的科技投入。在科学工程建设方面，国家发改委立项并实施了国家 GPS Ⅱ期工程、国家地震背景场工程、国家地震社会服务工程和地震电磁试验卫星等重大建设项目。目前正在执行地震烈度速报和预警技术系统建设。科技部在“863”计划、“973”计划和科技支撑计划中先后支持了与防震减灾相关的研究项目，在国家重点研发计划重点专项“重大自然灾害监测预警与防范”中已经先期启动 11 个与防震减灾有关的研究项目。国家自然科学基金委员会则实施完成了一系列与防震减灾相关重大研究计划、重大研究项目。从 2018 年开始，国家自然科学基金委员会与中国地震局合作，将联合资助防震减灾方面的重点研究课题。中国地震局利用国家财政资金支持，实施了喜马拉雅计划，即利用宽频带探测台阵全面探查中国大陆壳幔结构，开展了全国主要断裂带活动断层调查和全国流动地球物理场观测。

国家大量的科研投入，在防灾减灾领域取得了一系列重大进展，许多科技成果已经广泛应用于防灾减灾救灾工作，并取得了良好的减灾实效。国家第五代地震区划图颁布实施后，各行业抗震设计规范相继进行了修编，全国新建建筑和基础设施的抗震能力将有较大幅度的提高；城市多龄期建筑地震风险评估技术研发取得重大进展，可以基本支撑对全国城市进行重大地震风险源排查和风险治理；地震预警系统已经率先在部分地区示范运行，在部分高铁线路上安装使用；国内发生的地震其速报时间缩短到分钟量级，极重灾区确定事件缩短到 30 分钟左右；结构地震监测技术已经在港珠澳大桥、散射中子源等一些重大基础设施上示范应用。空间对地遥感灾情获取时间缩短到小时量级。废墟搜索和救援技术也取得了一定的进展。上述技术在玉树地震、芦山地震、鲁甸地震等重大地震灾害应对中发挥了重要的作用。

笔者依据科研单位提供的资料，在汶川地震后众多的科技进展中选取了在防震减灾工作中有广泛应用的成果、部分获得国家和省部级科技奖励的成果，或者是国家重大科研计划的成果，共计 17 项成果，作为近 10 年来科技进展的代表，编辑成册，以纪念汶川地震 10 周年。

一、依托科技进步防控地震巨灾风险，国家第五代地震区划图发布实施

2016 年 6 月 1 日正式开始实施的 GB18306—2015《中国地震动参数区划图》是我国第五代全国地震区划图，是对 GB18306—2001《中国地震动参数区划图》的升级换代。基于 2008 年以来获得的创新性科研成果、海量相关监测与探测数据资料积累，GB18306—2015 首次提出了四级地震作用的概念及参数确定方案，采用了三级潜在震源区划分模型，实现了对地震动加速度反应谱幅值和频谱的双调整，将有效支撑未来防震减灾工作的“两个坚持、三个转变”。该项工作由中国地震局震害防御司和政策法规司共同组织实施，中国地震局地球物理研究所高孟潭团队联合 5 个研究所、28 个省局，共计 200 多位专家共同完成。

（一）科技成果简介

地震动参数区划图是确定一般建设工程设防要求的基础依据。GB18306—2015

《中国地震动参数区划图》是最新版的全国地震动参数区划图，也是我国第五代地震区划图。该版区划图基于国家科技支撑计划、“973”项目等科技成果，结合国内外在地震区划图编制原则与方法方面取得的重要进展，首次提出了四级地震作用，并给出了相应地震动参数的确定原则，建立了新的地震构造模型、地震活动性模型和中国分区地震动衰减关系，提供了新的场地影响调整方法。主要成果表现为“两图两表”，即《中国地震动峰值加速度区划图》《中国地震动反应谱特征周期区划图》《中国地震反应谱特征周期调整表》和《场地地震动峰值加速度调整系数 Fa》，并给出了全国各省（自治区、直辖市）乡镇人民政府所在地、县级以上城市的Ⅱ类场地基本地震动峰值加速度和基本地震动加速度反应谱特征周期，最终以强制性国家标准 GB18306—2015 发布实施。

该版区划图坚持以人为本的理念，编图过程中注重已有基础资料、科研和基础工作成果的收集、分析和应用，包括大量的现代化地震观测数据，城市活断层探测、重大工程地震安全性评价、大震现场考察等基础性工作积累的丰富基础资料，充分考虑公众在地震中的生命安全问题，将抗倒塌作为编图的基本准则，同时更加重视地质块体边界发生大地震可能性的判断，更加注重地震记录资料缺失对区划结果的影响，也充分考虑地震科学认识和区划结果的不确定性。

（二）研究成果主要创新点

系统研究了全国不同地区、不同超越概率地震作用的比例及其与地震环境的关系（图 1），研究了地震危险性分析结果的不确定性对大震参数确定的影响，通过不同实验区地震区划图预编研究，提出了地震区划中合理确定抗倒塌概率设计水准地震动参数的方法和技术途径。基于上述研究，在 GB18306—2015《中国地震动参数区划图》中，由于大地震可能发生位置的识别能力和复发周期确定可靠性的显著提高，明确提出了四级地震作用的概念及相关参数的确定方案。四级地震作用中罕遇地震作用可靠性水平的提高直接支持了一般建设工程未来抗倒塌能力的提升，极罕遇地震作用直接支持了重大建设工程和可能产生严重次生灾害工程的规划选址和各类规划的制订，为未来持续有效降低地震灾害风险提供基础支撑。

提出了潜在震源区三级划分的技术方法，明确了块体作用边界对潜在震源区范围和震级上限确定的影响，同时考虑震源破裂的级联效应，并将构造类比原则发展为构造模型类比原则，提出了不同构造类型潜在震源区划分与构造类比的原

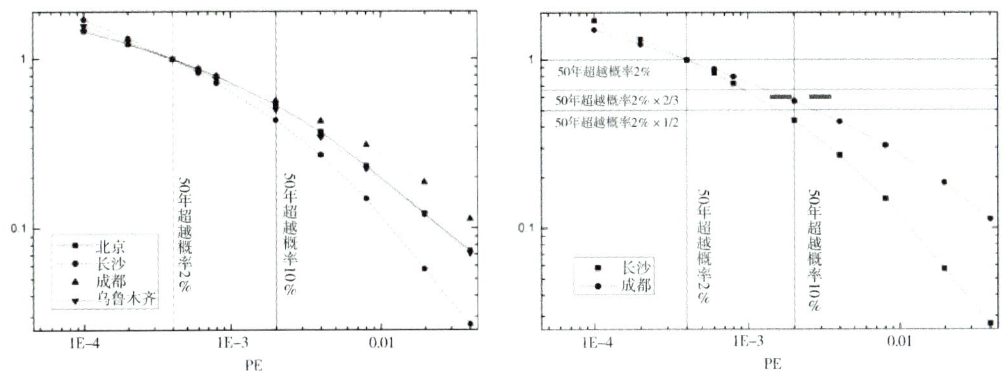

图 1　不同地震环境中震与大震的比例关系

则以及震级上限不确定性分析方法；提出了区域地震活动性分析和背景源空间光滑统计新方法，提出了综合利用古地震资料、地震资料、断层活动速率和 GPS 等资料确定高震级地震复发周期和年平均发生率的方法；提出了新的大震近场地震动衰减关系。为科学合理确定抗倒塌概率设计水准（50 年超越概率 2%）的地震动参数奠定了坚实基础。

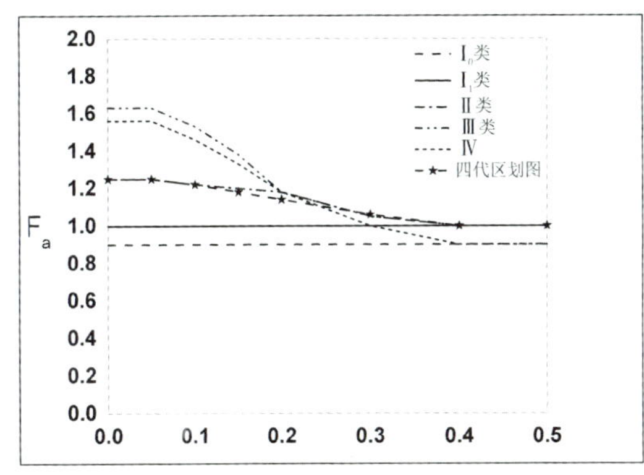

图 2　不同类型场地影响系数随地震动峰值加速度变化

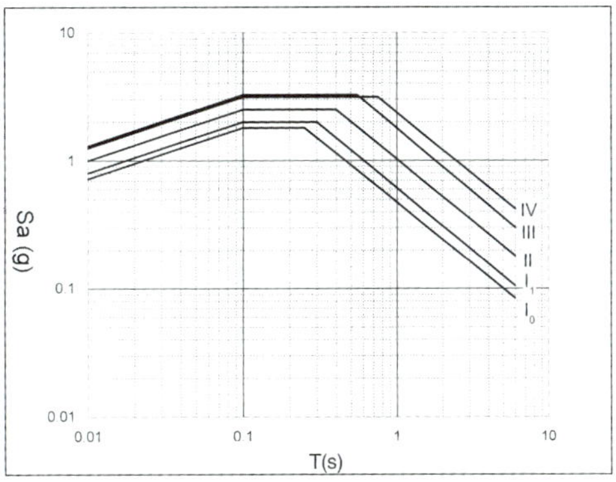

图 3　不同类型场地地震动反应谱（0.05g 区）

考虑历史地震和仪器观测资料的不完整性，重新构建了全国不同地区的地震活动性模型，建立了考虑不确定性的地震动性参数估计方法，提高了中强地震活动地区地震活动性参数确定的科学性。

依据全球强地震记录资料，在场地构造分区的基础上，同时考虑大地震地震动的震源特征，结合物理模型和统计特征，给出了全国不同类型区域的地震动参数衰减关系。

系统研究了土层对地震动放大的影响，提出了五类场地的划分方案和不同场地对地震动参数影响的量化模型（图 2）。基于上述研究成果，GB18306—2015《中国地震动参数区划图》中明确提出了考虑场地条件影响的地震动峰值加速度和加速度反应谱特征周期双参数调整的方法，以取代 2001 版《中国地震动参数区划图》中的考虑场地条件影响的区划图地震动加速度反应谱特征周期值单参数调整的方法，为科学合理确定东部、沿海地区及海岸工程抗震设防参数提供了科学基础（图 3）。

（三）应用效益及前景

GB18306—2015《中国地震动参数区划图》是一般建设工程抗震设防要求确定的基础依据，是各类规划制订、重大工程和可能产生严重次生灾害工程规划和选址的重要参考。

由于对大地震的发生机理及地震动参数影响方面的科技进步，有效确保了 2015 版的区划图中罕遇地震作用（重现期约 2475 年）的科学性和可靠性，可以直接应用于一般建设工程的抗倒塌设计中，可以直接提高未来新建一般建设工程在遭遇大地震作用时的抗倒塌能力，可以有效地减少未来由于房屋大量倒塌造成大规模人员伤亡与财产损失。

2015 版的区划图还明确提出了极罕遇地震的概念（重现期约 10000 年），基本上可以代表一个地区未来可能遭受到的最大地震动影响，该地震作用可以为制订今后与地质灾害相关的各类规划提供参考，将未来可能遭受的极端地震影响纳入当前考虑之内，同时可以评估极端地震事件对重大建设工程和可能产生严重次生灾害工程的潜在影响，以便在规划选址阶段就避免此类工程遭受地震破坏可能导致对经济社会的严重冲击。

从上述两个层面看，GB18306—2015《中国地震动参数区划图》相对于以往四个版本的地震区划图，更加注重减轻地震灾害风险、强调地震灾害的源头治理，力争从加强地震灾害防御能力的角度来防范和减轻潜在的地震灾害风险，这与以人民为中心的理念高度契合，是实现防震减灾工作“两个坚持、三个转变”重要支撑，也符合当前社会经济发展阶段的特征。GB18306—2015《中国地震动参数区划图》颁布实施后，各行业抗震设计规范相继进行了修编，将对新建建筑和基础设施的抗震设防能力的提升发挥重大作用。部分抗震设计规划充分考虑了四级地震作用参数的使用，将更加突出保障地震中人民群众的生命安全和财产安全，同时保障地震后城市功能少受影响。

二、发射电磁监测试验卫星，建立我国立体地震观测体系天基平台

2018 年 2 月 2 日 15 时 51 分，我国在酒泉卫星发射中心用长征二号丁运载火箭成功将电磁监测试验卫星“张衡一号”发射升空，进入预定轨道。这标志着我国成为世界上少数拥有在轨运行高精度地球物理场探测卫星的国家之一。

“张衡一号”电磁监测试验卫星是我国全新研制的国家民用航天科研试验卫星，是我国地球物理场探测卫星计划首发星，总体技术指标达到国际先进水平，部分技术指标达到国际领先水平，创造了多项国内“首次”——首次实现低地球轨道卫星高精度电磁洁净度控制，弥补了我国天基科学探测领域发展的短板；“张衡一号”具有多载荷集成、高精度定标等特点，载有高精度磁强计、等离子体分析仪、高能粒子探测器等 8 种有效载荷，首次实现在轨精确磁场探测，卫星装载高精度磁强计、感应式磁力仪载荷，有望获取宝贵的全球地磁场数据（图 4）。

图 4　“张衡一号”在轨示意图

“张衡一号”是我国立体地震观测体系第一个天基平台，在高度约 50km 的太阳同步轨上，开展全球空间电磁场、电离层等离子体、高能粒子沉降等物理现象的监测，研究地球系统特别是电离层与其他各圈层相互作用及其效应，对中国及

其周边区域开展电离层动态实时监测和地震前兆跟踪，弥补地面观测的不足，进一步推进我国立体地震观测体系建设，开辟探索地震监测预测新途径。通过对全球7级、中国6级以上地震电磁信息分析，为地震机理研究、空间环境监测和地球系统科学研究提供新的技术手段。同时卫星还能为航空航天、导航通信等领域提供空间电磁环境监测服务。该项科技工程是由中国地震局科技司具体组织实施的，总工程师为中国地震局地壳应力研究所申旭辉研究员。

（一）电磁监测试验卫星简介

"张衡一号"电磁监测试验卫星工程实施以来，中国地震局、航天科技集团公司、教育部、中国科学院、中电集团所属的几十家单位参加了攻关研制工作，始终坚持航天科技与地震科技创新相结合，攻克了平台设计、载荷研发、数据模型开发等多项关键技术难题，卫星总体技术指标达到国际先进水平，部分技术指标达到国际领先水平。

1. 卫星研制目标

（1）在实时监测空间电磁环境状态变化的基础上，初步探索地震前后电离层响应变化的信息特征及其机理，研究地球系统特别是电离层与其他相关圈层相互作用及其效应。

（2）建设重点监测中国全境，并能获取全球电磁信息的试验卫星及其地面应用系统，检验卫星电磁监测新技术设备的效能和空间适应可靠性。

（3）对中国及其周边邻近区域开展电离层动态实时监测和地震前兆跟踪；开展全球7级以上、中国6级以上地震电磁信息分析研究，总结地震电离层扰动特征，向航空航天、导航通信等相关领域提供空间电磁环境监测数据应用服务。

2. 主要探测物理量指标

电磁监测试验卫星的探测内容包括地球磁场和电磁场观测、电离层等离子体原位探测和层析成像以及高能粒子观测等。主要探测物理量见表1：

表1　主要探测物理量指标

探测内容	物理量	频段或范围	典型分辨率或精度要求
电磁场	电场强度	DC～3.5MHz	1.0μV/m
	绝对磁场	DC～15Hz	1.0nT
	变化磁场	10Hz-20kHz	—

续表

探测内容	物理量	频段或范围	典型分辨率或精度要求
等离子体	总电子含量	—	10%
	电子密度	—	10%
	离子密度	5×102/cm^3～1×107/cm^3	10%
	离子温度	500～10000K	10%
	离子成分	O+、H+、He+	—
	电子密度	5×102/cm^3～1×107/cm^3	10%
	电子温度	500～10000K	10%
高能粒子	质子能谱	3～200MeV	10%
	电子能谱	200keV～50MeV	10%

3. 卫星轨道主要技术指标

卫星轨道采用太阳同步轨道，轨道参数如下：

轨道高度：507km。

轨道倾角：97.4°。

降交点地方时：14：00。

回归周期：5 天。

寿命期内的轨迹漂移：不超过 150km。

4. 电磁卫星工程构成

整个工程包括卫星系统、运载火箭系统、发射场系统、测控系统、地面系统和应用系统六大部分。

（1）卫星系统。

卫星系统包括卫星平台和有效载荷。卫星平台采用成熟的 CAST2000（CAST，即中国空间技术研究院，China Academy of Space Technology）小卫星公用平台，主要由结构与机构、热控、姿轨控、星务、测控、天线、电源、总体电路 8 个分系统组成。其中，整星采用分舱式结构形式，分为平台舱和有效载荷舱两部分；姿态控制采用三轴零动量对地稳定方式；星上信息交换基于 CAN 总线网络；测控采用 USB 体制，并配置 GPS 接收机用于精确定轨；电源采用单太阳翼，并配置锂离子蓄电池实现联合供电；数传采用 X 波段，实现载荷信息的编码、存储、调制和发射。

有效载荷部分包括电场探测仪、感应式磁力仪、高精度磁强计、GNSS 掩星接收机、等离子体分析仪、朗缪尔探针、三频信标机、高能粒子探测器 8 种探测仪器。其中，电场探测仪由 4 个分别安装在 4m 伸杆上的探头和数据处理单元构成；感应式磁力仪安装在 4.5m 伸杆末端；高精度磁强计包括磁通门磁力仪和光泵标量磁力仪两部分，一同安装在另一根 4.5m 伸杆上；GNSS 掩星接收机包括电离层掩星和大气掩星两类天线；等离子体分析仪和朗缪尔探针安装在卫星表面的迎风面；三频信标机安装在卫星对地面；高能粒子探测器包括中方研制的低能粒子探测器、高能粒子探测器和 X 射线探测器与意大利研制的高能粒子探测器，载荷安装位置。

（2）运载火箭系统。

本次选用 CZ-2D 运载火箭，CZ-2D 运载火箭由箭体结构分系统、控制分系统、动力分系统、测量分系统、滑行段推进剂管理与姿态控制分系统、低温推进剂利用分系统、分离分系统、附加分系统、地面发射支持分系统及远距离测试发控分系统组成。

CZ-2D 运载火箭成功发射过多颗卫星，技术继承性好。

（3）发射场系统。

发射场选取酒泉卫星发射中心，提供电磁监测试验卫星所需的发射工位和技术条件支持。发射场系统的主要任务包括：

①负责卫星、运载火箭以及地面设备的卸车和转载；

②为卫星的测试、加注推进剂以及转场提供保障条件；

③完成运载火箭的测试、转场、加注推进剂和发射，提供相关的保障条件；

④负责提供发射场区的通信、气象和其他技术勤务保障。

（4）测控系统。

测控系统利用国内测控资源，提供电磁监测试验卫星发射和运行各阶段测控任务支持。卫星发射阶段，提供运载火箭的各项测控任务；卫星运行阶段，提供测定轨、遥测、遥控和卫星故障情况下的测控支持。

（5）地面系统。

地面系统承担卫星数据接收、管理、预处理及产品分发服务等任务。地面系统具备全球电磁数据延时获取和中国全境并外扩约 1000km 实时电离层信息动态监测，具备海量数据管理、快速数据预处理等能力。数据地面接收和管理系统依托现有陆地卫星接收站网改造。

（6）应用系统。

应用系统根据卫星应用和科研目标需要，建设综合性的数据获取、管理、应用处理和地震监测业务系统，具备卫星数据校验比测、数据质量评价和数据应用研究能力。系统依托现有国家地震观测台站条件，建设三频信标测量站网，与星上三频信标发射机组成工作链路，实现电离层三维结构层析成像；依托现有国家地震观测台站和电波环境观测台站条件，建设地面比测与真实性校验场，实现对卫星数据的真实性检验和评价。

系统具有全球电离层环境动态跟踪、地震电离层前兆分析、全球地磁场和电离层建模以及试验性地震监测等能力，从而使我国首颗电磁监测试验卫星成为全球首颗基于地震电离层耦合模型实际开展地震监测验证的专用地震卫星，并基于天地一体化观测平台，实现业务化的地震立体观测，使我国首次具备自主获取全球地磁场和电离层模型及其动态变化的能力，具备支撑相关领域国际合作的功能。

5. 数据产品产出

电磁监测试验卫星数据产品分为原始数据、标准分级数据和科学应用数据以及震例数据产品等。主要数据类型包括：

①地球电场、磁场分频段波形和频谱数据；

②地磁场矢量数据和总强度数据；

③电离层等离子体原位电子、离子温度和密度数据；

④电离层电子密度层析成像数据；

⑤电离层高能粒子通量和能谱数据；

⑥中国 6 级、全球 7 级以上地震的电离层扰动震例研究数据；

⑦地磁场、电离层模型相关科学研究产品。

（二）卫星试验内容

电磁监测试验卫星是地球物理场类探测卫星，其载荷不具备星上在轨定标能力，因此只能通过数据交叉检验的方式来对数据的准确性、稳定性等进行检测。根据计划，在电磁监测试验卫星在轨运行期间主要开展如下科学试验。

1. 星地联合试验

星地联合试验，主要是基于地面的观测设备观测的地面、大气、电离层信息与电磁监测试验卫星实测结果的交叉分析。

（1）与地基非相干散射雷达的联合试验。国际上，非相干散射雷达站/ 网较少，目前已与欧洲非相干散射雷达协会（ESCAT）和美国麻省理工学院 Millstone 观测站达成合作意向，非相干散射雷达开启工作，对比分析卫星原位观测和非相干散射雷达观测的电离层TEC、电子密度等参量的一致性。

（2）与地基电离层加热站的联合试验。通过与俄罗斯科学院IZIMIRAN的合作，双方同意联合开展基于SURA地基电离层加热站设备和电磁监测试验卫星的联合试验。通过分析加热前后、加热时的电子密度等卫星原位观测的电离层参量变化，分析星上载荷性能和数据质量，验证电离层加热理论。

（3）与电磁卫星比较校验场的联合试验。电磁卫星比测校验场，是为了验证和完善地震电离层监测理论、检验卫星数据的质量而建立的。在校验场内，已布设或将布设电场仪、感应式磁力仪、GPS双频接收机、电离层垂测仪、三频信标接收站等。通过这些地面设备的主动或被动工作，分析卫星观测数据和地面观测数据之间的关系，检验卫星数据的质量，发展和完善地震电离层监测理论。

2. 星星联合试验

根据当前在轨飞行的卫星及后续计划发射的卫星，将分别开展电磁监测试验卫星与欧空局SWARM卫星、电磁监测试验卫星与电磁监测02卫星的同期星星联合试验。分析比较相同载荷探测的电磁场、等离子体、高能粒子的原位结果和结构差异的内在关系。

3. 星上荷载间的联合试验

电磁监测试验卫星星上载荷分为三大类：其中电磁类包括电场仪、高精度磁强计和感应式磁力仪，原位类包括朗缪尔探针、等离子体分析仪、高能粒子探测包，结构类包括GNSS掩星接收机和三频信标机。同时，在卫星在轨测试期间，围绕载荷的互扰特性，检验载荷开机对空间环境及相应载荷探测数据的影响程度。

三、数字地震台网信息实时自动处理系统（JOPENS系统）成功研发，实现我国地震监测与地震信息速报重大技术升级

2016年2月16日，广东省委、省政府召开全省创新驱动发展大会，表彰2015年度优秀科技成果和科技工作者。广东省地震局黄文辉团队自主研发的数字地震台网信息实时处理与地震自动速报系统（JOPENS系统）获省科技进步奖一等奖。

（一）科技成果简介

地震参数的快速准确测定及发布不仅是我国防震减灾工作的最重要基础，还是特殊领域监测信息的重要来源，对基础科学研究和国家安全等有重要作用，因此我们不能依赖国外的地震信息处理系统，必须突破相关核心技术，研究开发具有独立知识产权的地震台网信息实时自动处理系统。

广东省地震局研发的“数字地震台网信息实时自动处理系统”，是“十五”国家重大基础设施建设项目——“中国数字地震观测网络”、地震行业科研专项和省科技专项的重点科技攻关成果，也是我国地震监测领域取得的优秀科技成就。

针对地震台网规模快速扩张带来的海量数据传输和处理，原有分立式地震台网处理模式无法实现数据实时共享，地震速报依赖于人机交互分析造成速报速度慢，不能满足政府与公众的需求等突出问题，本项目立足国情，坚持自主创新，消化吸收国际相关方面最新科技成果，通过研究大规模地震观测台网的联网与智能组网技术、自动快速准确测定地震参数技术，成功解决了海量数据的实时汇聚和共享、复杂震相数据的快速识别、地震参数快速精确自动测定等难题，成功研制了“数字地震台网信息实时自动处理系统（JOPENS）”，突破了地震参数测定及发布“快”与“准”这一长期困扰国际地震科技界的重大技术难题，实现了地震参数测定从单台网分立式模式到全国组网统一模式、从人工到自动化的历史性跨越。

项目开发的“数字地震台网信息实时自动处理系统”，基于模块化、网络化、跨平台、分布式的设计思路，集成了当前国内外先进地震数据处理技术，通过自主开发多型号地震采集器数据流适配、流数据管理、地震参数自动测定、人机交互分析测定参数及多层级协同编目等模块，形成了一套具有地震台网数据汇集传输与共享、数据管理、地震参数自动测定、地震分析、信息发布等一系列功能的系统，适用于不同规模和类型的地震台网（图 5）。系统具有同时在线自动处理 2000 余个测震台站观测数据的能力，直接支持从全球 20 种主流地震数据采集器上读取实时数据流，能同时支持多节点实时地震波形数据流并行服务。该系统具有自动测定国内东部地区 4 级以上、西部地区 5 级以上、国外 6 级以上地震的功能。其中，系统能在震后平均 3.5 分钟完成国内及周边地区的地震参数测定及发布，在台站特别密集的地区，能在几十秒内完成速报。

系统具有自主知识产权，完成了 2 项软件著作权登记，总体上达到当前国际同类技术的先进水平。目前该系统已经广泛应用于我国国家级、省级、市县等专

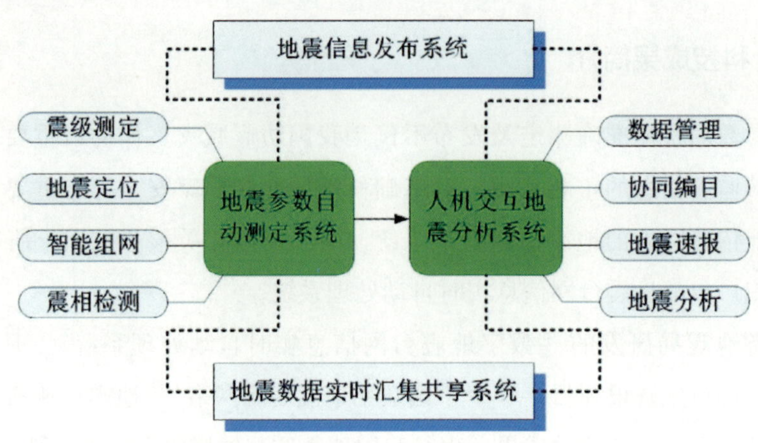

图 5　地震台网信息实时自动处理系统结构示意图

业地震台网，国家重大工程项目专用地震台网，应急流动地震台网，核试验监测台网等。此外，通过中国对外援助地震台网建设项目，代表国家最高水平，已被推广到印度尼西亚地震及海啸预警台网和巴基斯坦、萨摩亚、阿尔及利亚等国家地震台网。系统的广泛应用对国家防震减灾、重大工程项目、重大科学研究、国家安全和总体外交发挥了重要作用，取得了显著的社会效益。

（二）科技成果主要进展与创新

1. 攻克了地震参数自动测定“快”与“准”的重大技术难题，研发了地震参数自动测定系统

地震参数自动测定系统需要实时处理众多台站的数据，由于台基背景噪声水平不一致，地震发生后，必须在短时间内处理大量波形数据，排除各种信号干扰，快速准确识别出不同震级、不同震中距的地震震相数据。同时为减少地球介质不均匀性和震源辐射图像对测定地震参数的影响，提高地震参数测定精度，必须在极短时间约束内，快速自动选择和优化参与定位的台站，极短时间内对大量台站记录波形震相数据的准确识别与定位的组合，是该系统研发中必须解决的一个技术难题。

另外在测定地震震级时，传统的震级 ML、MB 和 Ms 都是以台站记录的地震波的最大体波或面波振幅测定的，但是由于最大体波和面波的传播速度慢，测定震级参数必然滞后；矩震级 Mw 是从地震波形的反演得到，也必须等到记录到完整的地震波形数据后再进行计算，这必然导致震级测定的速度慢，震级测定的“快”与“准”是地震速报面临的一个重大技术难题。

针对地震参数自动测定系统研发中面临的技术难题，项目组集成发展了地震震相到时自动识别判定的 STA/LTA 长短窗和 AIC 震相到时精确拾取算法，采用适用多种频带宽度并行检测震相技术、干扰事件的剔除技术，实现了在极短时间内对大量震相数据的准确识别，对近震震相、远震震相和干扰信号均有很强的识别能力。

为满足同时发生的多地震事件的识别需求、排除结构不均匀性和震源辐射图像对快速定位精度的限制，采用了自主研制的全球网格化的地震 P 波到时模型（beams 模型），开发了多线程并行快速匹配地震震相数据的算法，合理选择震相数据，实现参与定位台站的动态智能组合，快速准确自动定位。

在总结大量震例的基础上，提出了用地震 P 波段度量速报震级的新方法，大大地提高了震级准确测定的速度（图 6），震级测定结果与用传统方法测定的震级偏差在允许的范围内。

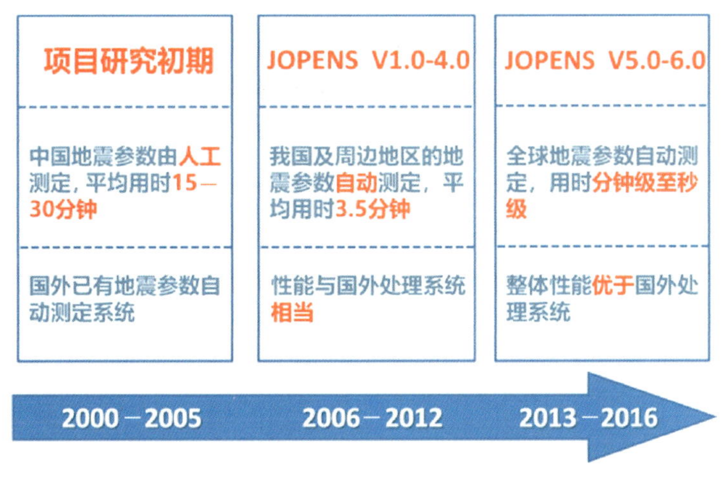

图 6　地震速报时效提升示意图

2. 自主发展了大规模地震台网的联网、海量波形数据的实时共享与处理技术

从人机交互分析到地震信息自动处理的跨越要求，系统必须实现国内外测震数据的实时汇集与快速组网，在地震台网快速组网中，由于地震台站区域分布广、管理层级多、仪器类型杂、数据来源泛，面临着多种格式复杂信息源数据格式转换统一、多种传输手段接转、有限带宽下的低延时传输等技术难题。

为了解决大规模异地分布式多源数据的多层次实时汇聚的技术难题，自主研制了地震数据实时共享协议（Netseis/IP），该协议具有多用户并发访问、用户分级管理、数据压缩、断点续传机制。在 NetseisIP 协议基础上，开发了基于关系数据库的流数据管理系统，开发了国内外主流地震仪器的数据接口适配软件，解决了多种格式复杂信息源数据格式统一、多种传输手段接转，有限带宽下的低延时传输等问题，实现了大规模多层级地震台网数据实时汇集和共享（图 7）。该项技术具有与美国全球地震台网、欧洲地震台网相当的技术水平。

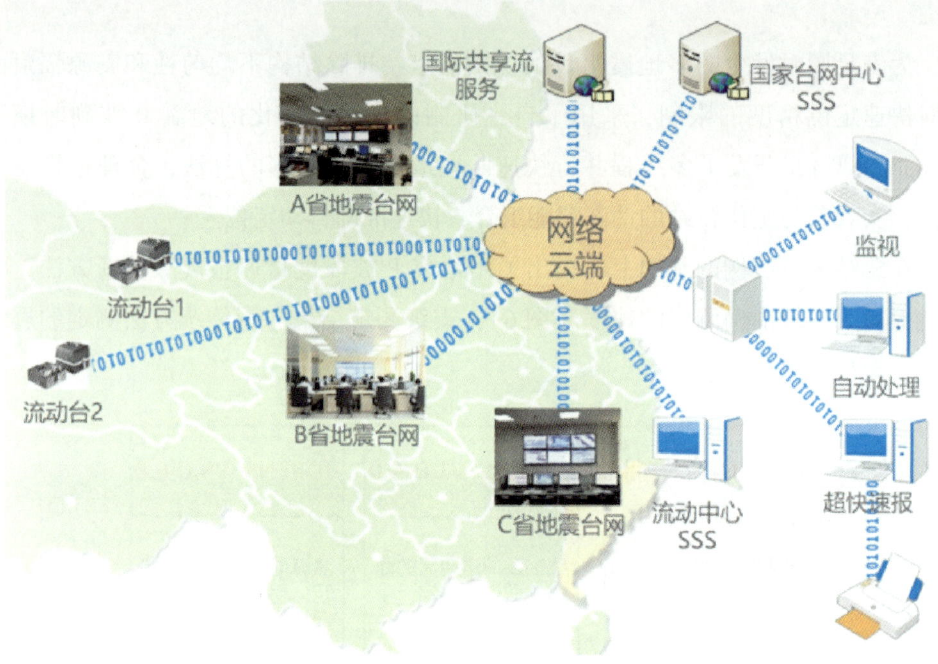

图 7　多源数据实时处理技术

3. 自主开发了多台网协同编目技术，研制了高度集成的人机交互地震分析系统

针对地震台网日常繁杂的任务需求，需要集成众多数据处理方法和建立一个高度集成的人机交互地震分析系统。已有的地震台网数据处理方法和软件，采用多种语言开发，运行平台多样化，而仅仅通过简单的调用方式是无法把这些方法和软件集成一体化的，需要大量的开发试验与移植，因此软件集成难度较大。

本系统在科学组网和地震信息实时自动处理的基础上集成了国内外地震参数测定的先进方法，基于 JAVA 开发平台，采用分布式模块化系统架构，编写了程序代码、优化了 I/O 技术，实现了快速数据归档、3D 走时模型、多渠道发布等处理方法，集成和高度融合了适用于多尺度台网孔径的定位算法。

4. 项目成果广泛应用于国内相关领域

研究成果不但被我国国家级、省级专业地震台网、市县级地震台网、国家重大工程项目专用地震台网、应急流动地震台网、核试验监测台网等普遍使用，还被国家援建的印度尼西亚地震及海啸预警台网和巴基斯坦、萨摩亚、阿尔及利亚等国家地震台网工程选用。项目制定行业标准 2 项，软件著作权 2 项。项目研究促进了我国地震台网观测技术进步，为政府地震应急救援决策、维护生产生活秩序和社会稳定发挥了重要作用。

四、“建筑结构基于性态的抗震设计理论、方法及应用”项目荣获 2015 年度国家科学技术进步奖一等奖

2016 年 1 月 8 日，在北京人民大会堂隆重举行 2015 年度国家科学技术奖励大会，国家主席习近平、国务院总理李克强等领导同志出席大会并为获奖代表颁奖。中国地震局工程力学研究所谢礼立院士团队完成的“建筑结构基于性态的抗震设计理论、方法及应用”项目荣获国家科学技术进步奖一等奖。

（一）科技成果简介

建筑结构基于性态的抗震设计理论以有效控制人员伤亡和经济损失、保障结构使用功能为目标，突破了传统抗震设计以“保证生命安全”为主要设防目标的局限，代表了抗震设计理论的发展方向，对确保建筑结构地震安全及土木工程防震减灾学科的发展具有重要推动作用。

以中国地震局工程力学研究所谢礼立院士为首的攻关团队历经近 20 年的研究和实践，攻克了三大核心技术难题：①建立多概率条件下的抗震设防水准和目标；②创建基于性态的设计地震动理论和方法；③开展相关技术标准的编制和基于性态抗震理论在工程中的实际应用。

该成果首创了最不利设计地震动理论，基于双规准设计谱的统一设计谱理论和多概率多目标的抗震设防理论，在地震工程的基础理论和工程实践中取得了原创性成果，并广泛应用于各类重大、复杂工程的抗震设计中，为提高我国工程结构的防震减灾能力提供了重要理论及技术支撑，有力推动了我国抗震技术及创新体系的发展，创造了显著的社会和经济效益。

（二）科技成果主要进展与创新

1. 建立了全概率、多目标的抗震性态设防理论

本项目成果发展了考虑地震危险性特征确定全概率水平设计地震的方法，提出了通过调整地震重现期确定结构重要性系数的方法，建立了既可保障生命安全又可控制经济损失的最优设防标准决策模型，构建了全概率、多目标的抗震性态设防体系。

$$\lg\{-\ln[1-P(I\geqslant i)]\}+0.9773=k\lg\left(\frac{12-i}{12-I_0}\right)$$

$$\lg\{-\ln(1-P)\}+0.9773=k\lg\left(\frac{0.85-\lg a_{max}}{0.85-\lg a_{max}^{10}}\right)$$

$$\lg\{-\ln(1-P)\}+0.9773=k\lg\left(\frac{0.50-\lg K}{0.50-\lg K_{10}}\right)$$

全概率地震动参数确定

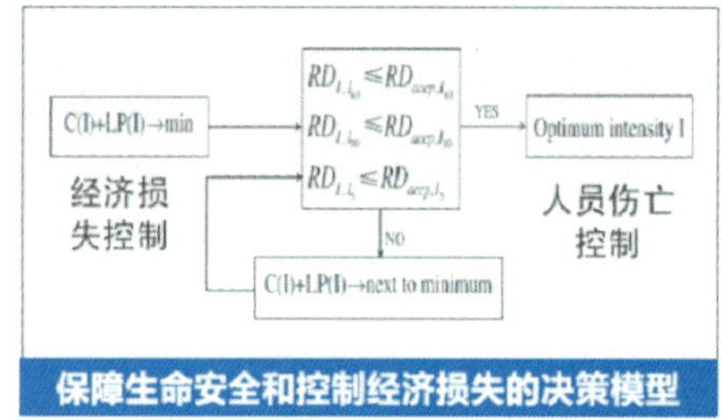

保障生命安全和控制经济损失的决策模型

多概率地震设防水准	使用功能分类			
	I	II	III	IV
多遇地震（设计基准期内63%）	基本运行	充分运行	充分运行	充分运行
偶遇地震（设计基准期内10%）	生命安全	基本运行	运行	充分运行
罕遇地震（设计基准期内5%）	接近倒塌	生命安全	基本运行	运行

各级设防地震动水平下最低抗震性态目标

图 8　多概率条件下的抗震性态设防水准和目标

2. 发展了基于性态的设计地震动理论和方法

首次创立了最不利设计地震动的理论和方法，首次提出了基于双规准谱的统一设计谱理论，建立基于能量的脉冲型近断层地震动的定量识别方法，发展了近断层抗震设计谱，为结构抗震实现性态要求提供了依据（图 9）。

3. 创建了我国建筑结构基于性态的抗震设计方法及技术体系

提出基于能量的 MPA 结构分析方法，建立了以中震为基础、考虑结构使用类别的抗震性态设计方法，发展了超高、超限工程和既有建筑加固改造抗震性态设计方法和技术，为我国建筑结构基于的性态抗震设计提供了技术支撑（图 10）。

该项目成果被百余所知名高校及科研院所应用，引领了抗震性态研究的发展；支撑了 11 部国家及行业标准，构建了我国性态抗震规范体系；支撑了上千项重大、复杂工程的抗震设计，提升了我国抗震设计的整体水平；设计建造的工程经受住了大地震的考验，促进了汶川地震的恢复重建，创造了显著的社会效益。

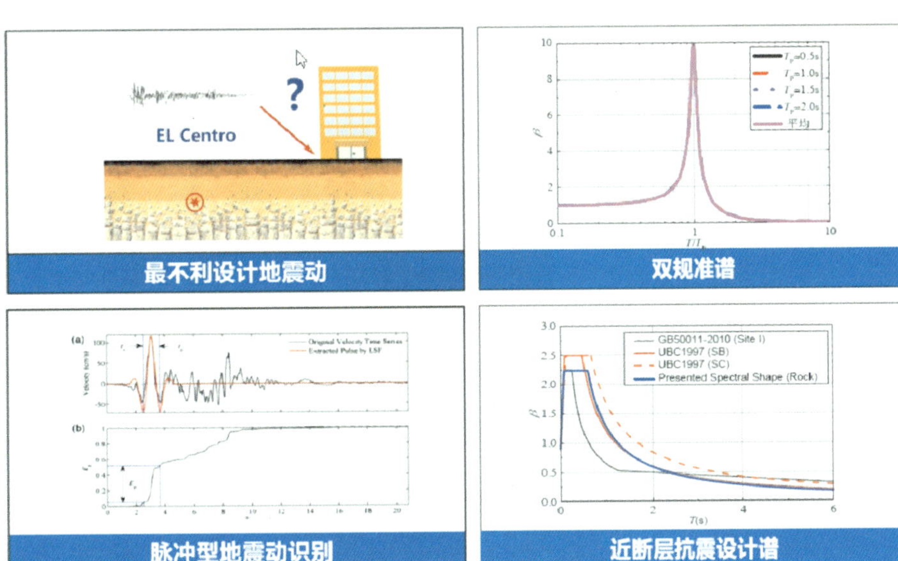

图 9　基于性态的设计地震动理论和方法

结构材料	结构体系	结构影响系数	位移放大系数
钢筋混凝土	框架	0.35	2.3
	框架剪力墙	0.38	2.2
	剪力墙	0.40	2.5
	部分框支剪力墙	0.40	2.5
	框架核心筒	0.38	2.2

结构影响系数及位移放大系数取值

$$F = R \cdot \alpha \cdot G$$

$$R=\begin{cases} C & \text{II类建筑} \\ (C+1.0)/2.0 & \text{III类建筑} \\ 1.0 & \text{IV类建筑} \end{cases}$$

地震作用确定

房屋类型	使用类别	受力构件	多遇地震	设防地震	罕遇地震
剪力墙结构	IV类	底部加强区域剪力墙	弹性	弹性	控制截面允许开裂，但裂宽0.10mm；无受剪斜裂缝；竖向及水平分布钢筋不屈服
		一般楼层剪力墙	弹性	弹性	控制截面允许开裂，但裂宽0.15mm；斜截面受剪允许裂缝，但斜裂缝宽0.1mm；竖向及水平分布钢筋不屈服
		连梁	弹性	弹性	连梁梁端允许开裂，但裂宽0.25mm

超高、超限工程抗震性态验算标准

斜交网格及自承重砼结构

图 10　基于性态的抗震设计方法和技术体系

五、“大型复杂结构在线混合试验关键技术与应用”项目荣获国家科学技术进步奖二等奖

2017 年 1 月 9 日，在北京人民大会堂隆重举行 2016 年度国家科学技术奖励大会，国家主席习近平、国务院总理李克强等领导同志出席大会并为获奖代表颁奖。

中国地震局工程力学研究所王涛研究员团队完成的“大型复杂结构在线混合试验关键技术与应用”项目荣获国家科学技术进步奖二等奖（图 11）。

国家科学技术进步奖

证　书

为表彰国家科学技术进步奖获得者，特颁发此证书。

项目名称：大型复杂结构在线混合试验关键技术与应用

奖励等级：二等

获 奖 者：中国地震局工程力学研究所

中华人民共和国国务院

2016年12月21日

证书号：2016-J-221-2-02-D01

图 11　项目成果荣获国家科学技术进步奖二等奖

（一）科技成果简介

随着人类经济社会的发展，工程结构不断向大型化和复杂化发展，对复杂工程的抗震安全提出了更高要求，而传统的工程结构抗震性能研究仍主要采用物理试验和数值模拟，但其现有能力均远远无法满足准确再现大型复杂结构系统地震损伤全过程的要求。

因此，欧美日等发达国家均纷纷投入大量人力、物力开展相关研究，其中美国于 1999 年投资 14 亿美元启动了迄今为止世界上最大规模的结构抗震研究计划——NEES 计划，旨在开发新一代在线混合试验系统，2006 年完成第一代系统，2008 年完成第二代系统，第三代系统尚在研究之中。

本项目团队紧跟国际前沿，在 2003 年正式启动大型复杂结构在线混合试验关键技术研究工作，经过多年攻关，2005 年成功开发了第一代主从式系统，2006 年成功开发了第二代动静分离式系统和第三代对等多子结构系统，提出了“隐式显式协同理论”“复杂边界协调技术”和“对等多子结构系统”，率先在国际上成功完成了以精确、协调、可扩展为特征的第三代在线混合试验系统（图 12），在理论上解决了数物协同的难题，在技术上解决了边界协调的难题，在系统上解决了平台兼容的难题，为大型复杂结构系统抗震性能评价提供了新方法和新途径。

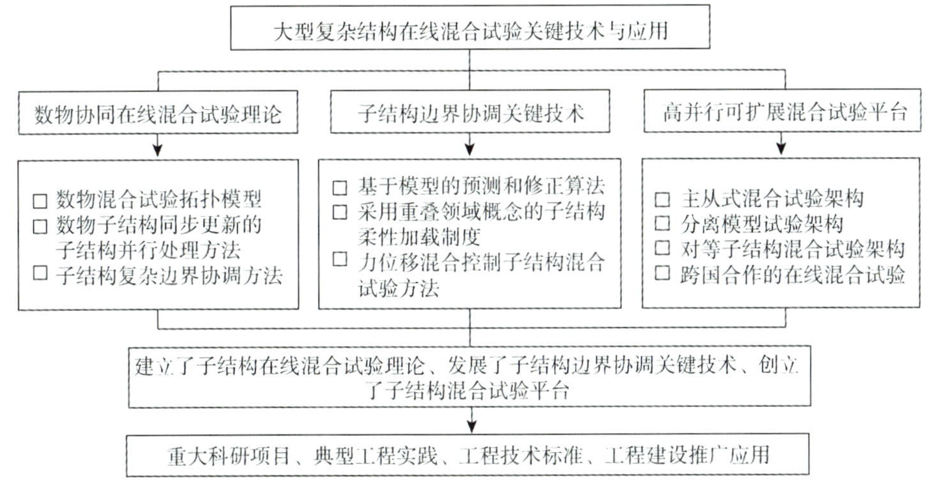

图 12　项目的研究思路和技术路线

项目成果总体上达到了国际领先水平，显著提升了我国在抗震试验领域的国际影响力，为国家级平台提供核心技术，已被中国建筑科学研究院“建筑安全与环境国家重点实验室”等 2 个国家重点实验室和 4 个省部级重点实验室采用，还被美国多学科地震工程中心（美国三大地震工程中心之一）、日本京都大学防灾研究所实验室、世界著名振动台实验室 E-Defense 以及新成立的地震工程国际合作联合实验室等 4 个国际实验室所采用；同时广泛应用于重大、复杂工程抗震设计与研究，如北京中国尊超高层建筑、北京金融街 F3 大厦和云南龙江特大桥等重大工程，取得显著的社会效益。

（二）科技成果主要进展与创新

1. 针对数物协同难题，提出隐式显式协同理论

为解决隐式数值域与显式物理域的同步协调难题，本项目建立协同精细化数值模拟与大尺度物理试验的数物混合试验拓扑模型（图 13），首次提出“封装和并行”思想，构建了具有星状拓扑结构的可扩展子结构混合试验体系，提出了隐

式显式同步更新的协同理论，通过预测、加载和修正三个环节，实现了数值域隐式计算和物理域显式加载的高效协同。

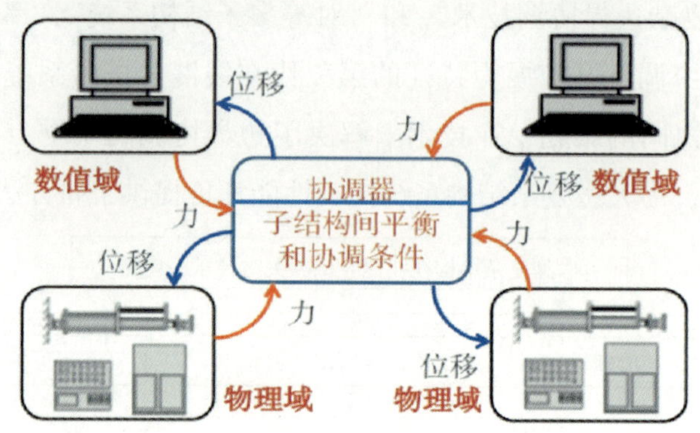

图 13　星状拓扑子结构混合试验模型

传统方法采用初始刚度强行协同，效率低，且会引入不平衡能量。本项目提出了基于历史数据的智能刚度预测方法，可消除 20%~40%的能量误差。

2. 针对边界协调难题，提出复杂边界协调技术

混合试验要从单子结构单维加载迈向多子结构多维加载，必须解决复杂边界计算和复杂边界加载两大问题。针对复杂边界计算问题，提出了基于拟牛顿过程的快速求解算法，解决了刚度未知系统的边界求解难题。

针对复杂边界加载问题，提出了基于重叠领域分割法的柔性加载制度，解决了非显式自由度的加载难题。此外，还提出了位移/力混合控制方法，解决了变刚度自由度加载和多自由度混合加载的难题。

3. 针对平台兼容难题，提出对等多子结构系统

传统混合试验系统采用链状拓扑结构，难扩展，针对多样的试验系统和分析软件难兼容。本项目以封装和并行为核心思想，提出对等多子结构混合试验系统

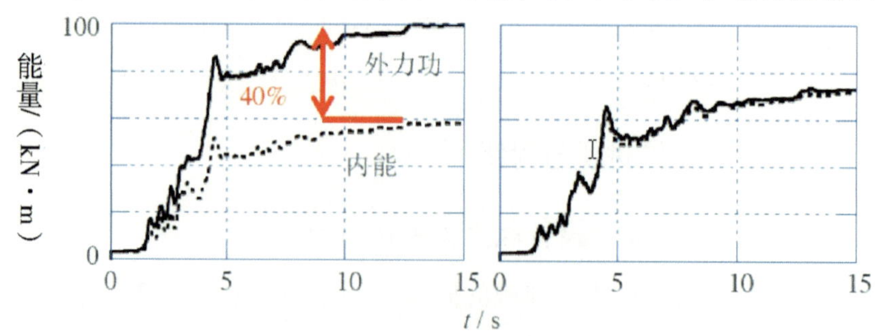

图 14　对等子结构混合试验架构

（图 14），各子结构被平等对待，通过协调器保证子结构间的边界协调。

创造了高并行、可扩展的星状拓扑结构，克服了原有链状拓扑结构的不足，利用“封装和并行”兼顾了复杂工程结构力学特征的多样性，通过标准化的接口解决了不同分析和加载平台的兼容问题。

六、构筑地震预警服务体系，有效减轻震害损失

2017 年 5 月 12 日，福建省政府新闻办举行福建省地震预警系统建设进展新闻发布会，据福建省地震局负责人介绍，福建省地震预警与烈度速报系统已试运行 4 年多，已具备地震预警能力，该系统对发生在福建地区的地震，在震后 10 秒内可提供地震预警信息，对发生在台湾地区的破坏性地震，可能在震后 30 秒内提供地震预警信息，地震预警手机 App 可望在 2017 年年内向社会提供地震预警信息服务。

（一）地震预警原理

在大地震发生后，抢在地面强烈震动之前发出地震警报信息，这就是地震预警。地震发生时会产生两种主要的地震波，一种是速度较快但震动较弱的纵波（P 波），一种是速度较慢但震动较大的横波（S 波）。

地震预警，就是利用纵波比横波传播速度快，以及电磁波远比地震波传播速度快的原理，在大地震发生后，通过震源附近的地震仪捕捉到较快的纵波，并快速计算出地震参数和影响程度，抢在具有更大破坏性的横波到达之前，对可能遭受破坏和影响的地区发出地震警报，为人们逃生避险和行业紧急处置预留时间，从而减轻地震灾害（图 15）。

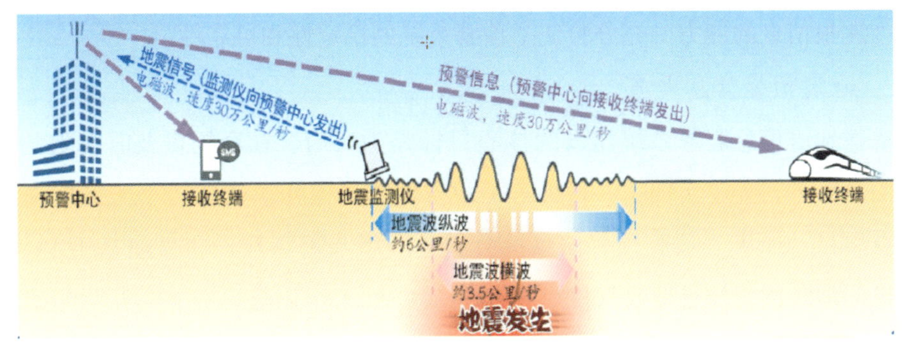

图 15　地震预警原理示意图

（二）福建省地震预警系统

1. 地震预警系统研发

在国家科技支撑计划项目的支持下，福建省地震局作为项目集成单位，于2009年12月至2012年12月牵头组织实施了“地震预警与烈度速报系统的研究与示范应用”项目，项目依托福建省现有地震监测台网，开展地震预警与烈度速报关键技术及实用化技术研究。福建省地震局金星团队牵头，联合中国地震局工程力学研究所研究团队，完成了项目研发和推广应用。

福建省地震局承担了项目的软件研发与系统集成任务，研发完成了地震预警系统软件、基于足量信息的地震基本参数自动测定软件、烈度速报系统软件、大震破裂特征快速测定与大震烈度速报系统软件四大系统软件，建设完成了实时数据流共享与台站监控、地震预警与烈度速报信息发布和模拟在线运行环境的软件测试三个平台，并在福建和首都圈两个示范区部署实施。

2014年1月至2016年12月，福建省地震局承担国家科技支撑项目“地震预警技术实用化与示范应用”中的“地震预警数据处理技术的融合集成研究”，研发基于多网数据融合的地震预警综合数据处理软件系统，实现基于实时测震台网、强震动台网和烈度计台网的三网融合地震预警与烈度速报系统。

自2012年9月以来，该技术系统在福建省上线示范运行，并已经历了多次实际地震考验，系统的处理能力得到充分证明。软件系统成功对2013年3月27日台湾南投县6.5级、2013年6月2日台湾南投县6.7级、2013年9月4日福建莆田仙游4.8级、2015年4月20日台湾花莲海域6.4级及2016年2月6日台湾高雄6.7级地震等一系列对福建省有影响的地震进行地震预警和烈度速报处理，在线运行结果表明，系统具有在首台触发5~10秒产出地震预警信息、5~10分钟产出地震烈度速报信息的能力，充分验证了预警系统的稳定性和可靠性。

2. 地震预警信息发布

福建地震信息服务系统建设的核心目标是为政府、社会提供及时有效的紧急地震信息服务，为了实现这一目标，福建省地震局依托福建省“十二五”防震减灾重点项目，加快“地震预警信息社会服务网络系统”建设。目前基于PC和智能手机的地震预警信息接收软件已初步完成并投入试运行。“十二五”重点项目“地震预警信息社会服务网络系统”已为全省9个设区市地震局、74个区县地震部门和7家新闻媒体部署了地震预警信息服务终端，并通过接入地震行业网实时接收地震预警、地震速报以及地震烈度速报服务产品，实现省市县三级地震应急的服务产品联动。

此外，还积极推动新闻媒体、企事业单位、生命线工程、大型工程等各行各业对地震预警和烈度速报等实时地震信息的应用，鼓励企业和各种社会力量参与开发利用紧急地震信息的防灾减灾产品，充分发挥地震预警系统的减灾效益。

为顺利实现 2017 年面向福建省公众的预警信息发布，福建省地震局选择晋江市为研究地震预警信息应用“最后一公里”的社会服务试点城市。

晋江示范区先后研发了地震预警信息转发平台、手机 App、智能专用终端以及多功能的“声光一体”地震预警报警器，为试点单位提供地震预警服务。自 2016 年 2 月以来，示范区在政府部门、企业、学校、医院、商场等 100 个试点单位部署了 116 套地震预警服务终端，并成功向测试单位共推送了 8 次地震预警信息，其中 3 次为有感地震。其中 2016 年 2 月 6 日高雄 6.7 级地震，晋江预测烈度为 3 度，预警时间为 52 秒。

通过重点项目推动地震预警信息发布系统建设，进行试点布设和试验发布，福建省地震局将重点开展软硬件开发、网络布设、信息安全、行业应用以及广播电视预警信息发布等研究，逐步向全省各级政府机构、社会公众、核电以及高铁、燃气管线等重要生命线工程提供地震预警服务，为地震预警信息发布系统建设创建一个成功的“晋江模式”。

3. 地震预警信息发布的法规保障

地震预警是一个极其复杂的社会系统工程，需要政府部门、社会组织以及公众的共同参与和相互配合。为保障福建省的地震预警工作规范有序开展，制定出台《福建省地震预警管理办法》政府规章，对规范地震预警系统的建设、运行、管理和使用，强化地震预警信息统一发布等进行了明确规定。办法于 2015 年 8 月 1 日起施行，对规范地震预警工作，充分发挥地震预警功效，科学有效减轻地震灾害损失具有重要意义。此外，福建省技术质量监督局也于 2012 年底和 2017 年 7 月分别公布了福建省地方标准《地震仪器烈度表》和《地震预警信息发布》，为福建省地震预警与烈度速报系统建设工作提供了一个重要的技术规范。

4. 地震预警科普宣传

开展地震预警科普知识的宣传普及工作，使公众能够正确地认识地震预警，科学应用地震预警信息，是地震预警系统能充分发挥实效的重要途径。为此，福建省地震局开发制作了一批地震预警的科普产品。制作了《2 分钟告诉你什么是地震预警》动画短片，拍摄制作了《地震预警》《地震仪器烈度速报》等宣传片和地震预警公益广告《哨兵》，以动画、视频形式深入浅出地介绍地震预警知识；与中央电视台科教频道合作，开展地震预警科教专题片的拍摄制作，专题片《人工地震》《与地震波赛跑》先后在中央电视台科教频道《走近科学》栏目播出；每年利用“5·12”防震减灾宣传周、科技活动周、“7·28”唐山地震纪念日、全国科普日等时段，集中开展地震预警相关知识的宣传活动，制作分发宣传材料和《地震预警》科普光盘。

七、高铁地震监测预警系统，保障中国铁路地震安全

2017 年 7 月 28 日，中国地震局科学技术司会同中国铁路总公司科技管理部在北京组织召开评审会，对中国地震局工程力学研究所与河南辉煌科技股份有限公司共同承担的“高速铁路地震监测预警系统现场监测设备和前端预警服务器”项目进行试用评审（图 16）。中国地震局、中国铁路总公司相关部门领导和评审专家委员会专家认真听取了该系统的功能、性能、研制及测试过程等方面的问题详尽汇报，经过问答和讨论环节，一致认为系统的功能和性能指标满足《高速铁路地震预警监测系统暂行技术条件》及《高速铁路地震预警监测系统暂行试验方法》相关技术要求，同意通过试用评审。

图 16　高铁地震监测预警系统监测设备和预警服务器项目评审现场

车载地震紧急处置装置继高速铁路地震预警监测系统之后通过技术评审，标志着我国高速铁路地震预警系统成套设备全部研发成功，实现了我国高速铁路地震预警技术的重大突破，填补了我国在铁路地震预警技术领域的空白，将极大提升我国铁路地震减灾防灾能力和水平，并为中国高铁“走出去”提供技术支撑。

该高速铁路地震预警监测系统和产品实现了 P 波预警、阈值报警、误报解除、与铁路相关系统联动处置等功能，尤其是对世界性难题——地震波形的捡拾、分析和预测，取得重大突破，技术指标达到国际先进水平，部分指标甚至超过目前国际上高铁地震预警应用较成熟国家的产品。该系统先后通过了北京室内试验，福厦线、成灌线和大西线的在线试验，并通过了第三方检测机构的权威检测。

2017 年 11 月 21 日，在西南交通大学举行全国首届高速铁路地震预警系统技术培训班开班典礼，来自全国 18 个铁路局高铁防灾专业的学员参加为期半个月技术培训，此次培训是高铁地震预警系统研发完成后，在全国范围内举办的首次高铁地震预警技术培训班（图 17），标志着我国自主研发的高速铁路地震预警系统将在全国逐步推广。

图 17　全国首届高速铁路地震预警系统技术培训班开班典礼

中国地震局工程力学研究所李山有研究团队与中国铁道科学院研究团队，在国家科技计划的支持下完成了核心技术研发工作，并对铁道系统的实际应用提供了强有力的支持。

高速铁路地震预警系统研发历时 6 年，从 2012 年 2 月 22 日铁道部与中国地震局签订战略合作协议以来，在铁道部、中国地震局和中国铁路总公司的统一领导下，攻坚克难，组织了全国最强的研发力量，研制了中国高速铁路地震预警系统，制定了成套技术标准体系，完成了从方案评审、试验评审、试用评审及技术评审等一系列的科研程序，具备了全路推广的技术条件，填补了国内空白。

（一）我国铁路地震预警发展简介

2008 年汶川地震之后，中国地震局地震研究所（湖北省地震局）等开展了高速铁路地震监控系统的研发工作。2011 年 5 月 7 日和 6 月 22 日，由湖北省地震局牵头完成的京津、京沪高铁地震监控预警系统通过了铁道部运输局组织的验收和评审，实现了工程设计的地震监测、地震阈值报警、联动断电处置功能，为我国后继高铁地震预警系统建设积累了丰富经验。

2012 年 2 月 22 日，中国地震局、铁道部为进一步加强高速铁路防震减灾能力建设，提升高速铁路安全运营水平，共同签署了《铁道部、中国地震局关于共同推进高速铁路地震安全战略合作协议》，将携手开展高速铁路地震监测预警及紧急自动处置核心技术攻关，共同推进中国高速铁路地震监测预警系统建设，联合成立了“共同推进高速铁路地震安全战略合作协议实施联合领导小组”，组建了由中国地震局工程力学研究所、中国铁道科学院牵头的“高速铁路地震安全技术研发组”，由此开启了中国新一代高速铁路地震预警系统的技术攻关征程。

根据中国地震断裂带分布及高速铁路运营安全需求，新一代高铁地震预警系统包括地震监测预警及紧急处置两部分。其中，监测预警具备阈值报警、P 波预警、现地预警、异地预警等多种监测预警功能，可以实时接收国家地震台网报警和预警信息，地震影响范围内多条高速铁路之间和相邻铁路局之间实现互联互通，地震事件判识尽可能快速且准确；紧急处置快速且可靠，系统的时效性、准确性、误报率等关键技术指标达到世界先进水平，以保证高铁的运营安全或将灾害损失降至最低。

2016 年 4 月 8 日，由中国铁路总公司、中国地震局共同研发的高速铁路地震监测预警系统在山西省忻州市第三次控车试验取得成功。试验由我国自主研发的新型中国标准动车组，在 350 km/h、250 km/h 等不同行驶速度下全程检验高速铁路地震监测预警系统从模拟地震发生后的地震预警、列车紧急控车到列车恢复运行的各项技术指标（图 18）。

图 18　高速铁路地震监测预警系统山西省忻州控车试验现场

本次试验的成功，标志着中国地震局、中国铁路总公司高铁地震安全研发组通过联合攻关研究，基本掌握了高速铁路地震监测预警全套技术，跻身世界先进行列。安全可靠的高铁地震预警服务是中国高铁自主创新领域的新突破，必将为中国高铁成功走出去提供重要安全保障。

2017 年 7 月 28 日，由中国地震局工程力学研究所与河南辉煌科技股份有限公司共同承担的“高速铁路地震监测预警系统现场监测设备和前端预警服务器”项目通过了试用评审。评审专家委员会专家一致认为系统的功能和性能指标满足《高速铁路地震预警监测系统暂行技术条件》及《高速铁路地震预警监测系统暂行试验方法》相关技术要求，同意通过试用评审。

2017 年 12 月 1 日，由中国铁道科学研究院自主研发的车载地震紧急处置装置通过了中国铁路总公司科信部组织的技术评审。评审专家认为该产品的技术架构、分级处置、安装适应性、处置提示等均为国内首创，处置技术及实时性处于国际领先水平。

车载地震紧急处置装置是高速铁路地震预警系统的重要组成部分，具有与铁路局中心系统进行信息交互、语音及显示报警、自动触发紧急制动、制动控制解除、继电器状态回采、装置隔离及状态回采、警报解除、系统自检等功能。该装置通过发出语音及显示报警，通知司机施加最大常用制动或自动触发紧急制动，能有效地控制列车运行，减轻地震次生灾害，为地震发生时动车组行车安全提供重要技术保障。

车载地震紧急处置装置继高速铁路地震预警监测系统之后通过技术评审，标志着我国高速铁路地震预警系统成套设备全部研发成功，实现了我国高速铁路地震预警技术的重大突破，填补了我国在铁路地震预警技术领域的空白，将极大提升我国铁路地震减灾防灾能力和水平，并为中国高铁“走出去”提供技术支撑。

（二）主要创新点

1. 初步形成了高速铁路地震预警及紧急处置方法

针对高速铁路等线状重大工程特点，研究了高速铁路阈值报警（预警）参数确定、处置范围确定等方法。

（1）发展了基于高铁沿线强震仪地震报警参数和处置范围参数确定方法。发展了用于现地报警参数的“两段四水准”设置方法，提出了基于阈值触发的地震紧急处置范围确定。

（2）发展了基于单台的高铁 P 波地震预警方法。根据我国高速铁路地震预警特点，发展了 P 波初始阶段地震动参数幅值增长率、阿里亚斯烈度增长率等单台估算震中距和震级方法。

(3) 发展了基于P波段参数阈值的高速铁路地震报警预测方法，该方法综合了报警方法准确性高、预警方法时效性好的特点，可以在P波触发后1秒钟预测出高速铁路I级地震警报。

(4) 研发了高速铁路地震报警（预警）软件。以理论和方法研究为基础，提出了高铁地震预警系统架构并研发了相应软件。

2. 初步建立了高速铁路地震紧急处置标准体系

中国地震局工程力学研究所参与编制的《高速铁路地震监测预警系统暂行技术要求》《车载地震紧急处置装置暂行技术条件》《高速铁路地震监测预警系统暂行试验办法》《车载地震紧急处置装置暂行试验办法》，已由中国铁路总公司、中国地震局共同发布，为指导高速铁路地震监测预警系统与车载地震紧急处置装置的设计、研发、试验发挥了重要作用。

3. 初步建立了地震紧急处置技术试验示范系统

针对高速铁路地震紧急处置系统，在我国高速铁路的福厦线、成灌线、大西线等高铁线路上进行了在线试验与测试。

八、探测地下构造的主动震源技术系统及其应用

2015年10月10—20日，中国地震局在长江安徽段组织开展人工震源地下结构探测科学实验——“地学长江计划”安徽实验，由福建省海洋研究所“延平2号”海洋科学考察船担任此次探测工作的震源船只。这是首次在内河水域使用海洋大中型科考船，采取震源阵列流动与固定测量作业结合的方式，对大区域地质构造、资源分布进行的一次重要探测工作。

本次探测工作沿长江流域皖江段（马鞍山—安庆）依次展开，核心作业区包括安庆、池州、铜陵、芜湖、马鞍山5市，在安徽省地震局建立指挥部和数据中心，在铜陵市设立现场指挥部和数据分中心。

通过“延平2号”科考船携带“高压气枪”，在9个固定预定位置激发气枪震源，配合陆地低频震源车同步震动，产生人工地震波，通过长江河道300km范围内的100个固定地震台、600个流动地震仪和科学台阵接收人工地震波信号，对数据分析处理生成深地壳速度结构成像，完成对长江安庆流域地壳的“CT”检查，从而探测区域地壳深部的速度结构和地质构造。

本次探测工作由中国地震局科学技术司组织实施，中国地震局陈颙院士的人工震源地下结构探测方法研究团队牵头，参与单位包括中国地震局地球物理研究所、福建省地震局、中国地震局地球物理勘探中心、安徽省地震局、中国地质科学院、中石油东方地球物理公司、中国科学技术大学等。

（一）科技成果简介

项目团队历经近 20 年的努力，从爆破、电火花等多种人工震源中，遴选出气枪作为研究大陆地下结构及其变化的人工震源。

（1）2011 年在云南建成固定式的气枪发射台，这是世界上第一个专门向外发射地震波的地震台。此后还建设了新疆发射台、祁连山发射台，研制了移动式和船载式等多种气枪震源系统的技术装备，可适用于大陆上的江河湖泊及近海和水库等水体。

（2）发展了在大陆有限水体中气枪激发理论，实现了高精度重复地震的产生和实际利用，完善了从强背景噪声中提取极微弱信号的方法。

（3）研发了具有自主知识产权的国内首套气枪信号实时监控分析与处理系统，为气枪实验的顺利开展和高质量实验数据的获得提供了有力保障。

（4）在长江安徽段 330km 长江中进行的气枪实验结果表明，气枪震源可以用于区域尺度的地下结构探测；在云南宾川、新疆呼图壁和甘肃祁连山发射台几年的监测表明，气枪发射地震波的走时和固体潮的变化及地震的发生有密切的联系，是一种有希望的地震物理预报的前兆。该项目分别获得了中国地震局防震减灾科技成果一等奖和中国地球物理学会科学技术进步奖一等奖，第一获奖人为陈颙院士，第一获奖单位为中国地震局地球物理研究所。

（二）科技成果主要进展与创新

1. 技术装备研制

（1）提出了利用海洋勘探气枪震源在陆地水体产生地震信号的思路，为区域（百千米）尺度介质结构探测及地下介质变化研究提供了良好的地震信号源。研发了固定式气枪震源系统。

项目组提出了利用海洋勘探气枪震源在陆地水体产生地震信号的思路。项目组于 2006 年在河北上关湖水库首次将大容量气枪阵列引入作为陆地水库震源进行结构探测研究。2006 年上关湖及随后的多次实验结果表明，水库激发气枪震源具有绿色环保、重复性好、能量转换效率高、信号传播距离远、震相丰富等优点，某种程度上是一种能够替代炸药震源的新型绿色环保震源。项目组还在大量野外实验的基础上提出了构建固定式气枪震源的通用模式，为其他相关研究提供了重要的参考。

(2) 提出了地震信号发射台的概念，建成世界上首个陆地固定式气枪地震信号发射台。

随着地震研究的需求，用于观测天然地震的地震台站越来越多。这些地震台都是被动接收天然地震和背景噪声的台站。与这些台站不同，项目组提出了地震信号发射台的概念。地震信号发射台不同于普通地震台，它是产生地震波的地震台。

为了将地震信号发射台的概念付诸实践，项目组于 2011 年在位于地震重点监视防御区的云南省宾川县建成了首个陆地固定式气枪地震信号发射台。发射台是由 4 支大容量气枪组成的气枪震源激发系统。发射台每次激发可以产生相当于 0.7 级的人造小地震，这样的地震对环境破坏小。这是世界上第一个专门向外发射地震波的地震台。随后又分别在新疆呼图壁和甘肃张掖等地建成了两个地震信号发射台，为研究这些地区的结构及其随时间的变化提供了丰富的观测资料。

(3) 研制出国内第一套用于陆地地壳结构探测研究的移动式气枪震源技术装备和一套适用于江河湖海地区地壳结构探测的船载式气枪震源技术装备。

实践表明，气枪震源是部分替代爆破震源进行地球深部结构探测的有效手段。为解决气枪信号发射台建造成本高、周期长、无法移动作业等问题，项目组设计研发出了一套移动式气枪震源技术装备系统。在福建省 4 个水库的 4000 余次激发实践证明，该技术装备能够在 3 天内完成安装部署，每次激发耗时约 3 分钟，可连续工作时间超过 24 小时。实验结果进一步验证了该技术装备具有部署快速便捷、激发间隔时间短、持续工作时间长等性能，激发信号具备传播远、穿透深、可重复性好、授时精度高等特性。

为满足气枪震源在江河湖海等不同水域进行走航式和固定式激发作业的需求，项目组利用“模块化拼装”的设计理念，研发了一套气枪震源收放和枪阵监控装备。近几年，该套装备被装配在不同船只上，并在台湾海峡、长江安徽段和南海南沙群岛进行了 4000 余 km 近 20000 次的走航式激发和 30 个固定点（长江安徽段 20 个和台湾海峡 10 个）近 5000 次的固定式激发。

2. 理论创新

气枪震源从海洋到陆地水库是从无限水体到有限水体的移植，其中有大量亟待解决的理论和技术问题。本项目通过激发原理、野外实验和数值模拟，发展了在大陆有限水体中气枪激发的理论；实现了高精度重复地震的产生和实际利用，利用人工重复地震首次观测了气枪激发地震波在地面的传播图像；完善了从强背景噪声中提取极微弱信号的方法。

3. 系统实现

本项目研发了具有自主知识产权的气枪信号实时监控分析与处理系统。系统具有震源系统和观测系统的实时监控，气枪信号的实时分析处理与综合模拟处理、激发效果的快速评估等功能。利用主动源进行地下结构探测的系统包含震源激发系统和观测记录系统两个主要部分。

为实现对实验进行实时评估，项目组开发了具有自主知识产权的激发监控、接收评估和实时处理系统。系统有如下主要功能：①激发系统监控及激发效果实时评估。②接收系统实时评估。③记录数据的实时搜集和处理。

九、“非线性地震模拟”荣获国际高性能计算应用领域最高奖“戈登·贝尔”奖

2017 年 11 月 17 日，在美国丹佛举行的全球超级计算大会（SC2017）上，由清华大学地球系统科学系付昊桓副教授等共同领导的团队所完成的“非线性地震模拟”获得国际高性能计算应用领域最高奖“戈登·贝尔”奖（ACM Gordon Bell Prize）。

该成果是由清华大学地球系统科学系、计算机系与山东大学、南方科技大学、中国科学技术大学、国家并行计算机工程技术研究中心和国家超级计算无锡中心等单位共同完成。成果发表于 2018 年的全球超级计算大会上，论文题目为《基于神威太湖之光的 18. 9-Pflops 非线性地震模拟：实现对 18Hz 和 8m 情景的描述》（18. 9-Pflops Nonlinear Earthquake Simulation on Sunway Taihu Light：Enabling Depiction of 18-Hz and 8-Meter Scenarios），付昊桓为论文第一作者，清华大学的付昊桓、何聪辉、薛巍以及南方科技大学陈晓非院士为论文共同通讯作者。

为了减轻地震造成的人员伤亡和财产损失，我国的科学家们一直长期在研究

和模拟甚至预测地震，随着大地震模拟的日益精确，不仅能为地震之后次生灾害发生前的避难和疏散起到关键作用，也能为地震预测的研究提供至关重要的帮助，也可为人类与自然灾害的抗争作出重大贡献。

地震模拟工具可以实现对地震发生过程的重现与预测模拟，是科学家理解地震发生与传播规律的重要手段，对于降低与预防地震灾害所带来的巨大损失具有重要作用。而对于工程师来说，地震模拟结果还可以与其他的技术结合，用于对地震高发区的各项基础设施进行合理规划与设计，以提升城市规划的安全性，防患于未然。

传统的大规模地震数值模拟受限于计算能力的瓶颈制约，空间分辨率不高，难以计算高频地震波，然而地球介质模型的准确建模需要比较高的空间网格描述才能反映出高频细节特征，这对现有的数值计算领域提出了很高的要求。

本项目借助于神威太湖之光超级计算机的强大计算能力，通过对地震模拟工具的优化，以 1976 年唐山地震为例，充分发挥国产处理器在存储、计算资源等方面的优势，实现了在神威并行机极限能力下最高 18Hz，空间分辨 8m 的强地面震动数值模拟，这是国际上首次实现如此大规模、高分辨率、高频率的地震模拟，使得科学家借助数值模拟工具，可以更好地理解大地震造成的影响，对于地震预防预测等都具有重要的借鉴意义。

基于神威太湖之光超级计算机的强大计算能力，项目团队成功地设计实现了高可扩展性的非线性地震模拟工具。该工具充分发挥国产处理器在存储、计算资源等方面的优势，可以实现高达 18.9PFlops 的非线性地震模拟，也是国际上首次实现如此大规模下的高分辨率、高频率的非线性可塑性地震模拟。该工具首次实现了对唐山大地震（M7.8，1976）发生过程的高分辨率精确模拟，使得科学家可以更好地理解唐山大地震所造成的影响，并对未来地震预防预测等研究具有重要的借鉴意义。

十、城市活动断层探测技术体系及其应用

2017 年 11 月 23 日，宁夏回族自治区银川市东部绿色公园带示范项目一期工程竣工，并正式投入使用（图 19）。该项目利用银川市地震局地震活动断层探测成果，在城市规划、工程建设中采取地震活动断层主动避让措施，有效降低城市地震灾害风险。

图 19 银川市东部绿色公园带示范项目一期工程

（一）科技成果简介

“活动断层”是指距今 12 万年以来有过活动、在未来仍可能活动，并具有发生中强以上破坏性地震能力的断层。城市活动断层是发生城市直下型地震的根源，7 级以上地震往往造成地表数米的错动，而目前的抗震措施无法抵御地表错动对工程设施的直接毁坏，沿活动断层常常形成毁灭性地震灾害带。因此，探明城市活动断层并采取“避让”措施，是主动地减轻城市地震灾害的有效途径。

城市活动断层探测是一项具开创性和挑战性的系统科学工程。从 2001 年起，中国地震局组织行业内外 46 个单位 500 余位科技人员，在中国地震局地质研究所徐锡伟团队牵头下，历经多年联合攻关，共同完成中国城市活动断层探测技术体系。

2001 年在相关政府部门资助下，以我国东南沿海地震带福州市为整体探测对象的《城市活动断层试验探测》项目（Ⅰ期）正式启动。

通过对现有的地质、地球物理和地球化学等探测方法所涉及的野外观测系统和数据处理进行技术改进和完善，使之适合在城市复杂环境下探测活动断层的准确位置，提出在地面建构筑物密集的城市进行活动断层鉴定的新方法和新技术。此外，还进行了高密度电磁勘探的城市电磁噪声和环境干扰源试验、不同类型震源对比试验、探测数据库和管理系统的建设等，解决了城市强干扰背景下松散沉积物中隐伏活动断层定位和定量活动性鉴定等关键技术问题，探索出了一套城市复杂环境探测隐伏断层较为有效的探测技术方案和实施经验，为全面开展国家重大科学工程，即 20 个城市活动断层探测与地震危险性评价提供了可靠的理论方法、技术保障和实践经验。

2004—2008年，实施《中国地震活动断层探测技术系统》项目和《城市活动断层试验探测》（Ⅱ期），工作地区涉及我国华北平原区、鄂尔多斯周缘盆地区、青藏高原东缘山间盆地等不同地震地质环境和第四纪地质条件的城区，其中包括北京、乌鲁木齐、上海等城市。

通过开展地球化学探测、电阻率层析成像、中浅层地震勘探、三维浅层地震勘探、高分辨率折射探测、深地震反射探测、深地震宽角反射/折射、三维地震透射台阵试验、钻孔探测、探槽探测和地质年代测试，以及高分辨率遥感解译、活动断层大比例尺综合制图示范、活动断层探测综合数据信息系统集成等试验，获得了城市多种地质环境下活动断层最佳组合探测方法及其技术指标，开创性地提出了追踪和逐步逼近上断点的多钻孔小间距联合剖面探测定量鉴定技术，建成了一个资源共享和可延展的活动断层数据网络地理信息系统，实现了城市活动断层探测全过程数据的有效管理，解决了城市地震活动断层准确定位、定年、定性、定量和信息系统中存在的关键科学技术问题，首次建立了我国城市活动断层研究与探测技术相结合的完整技术体系。

（二）主要进展与创新

1. 建立中国城市活动断层探测方法与技术流程

通过开展高分辨率卫星遥感解译、气体地球化学、重力、电磁和深、浅地震勘探等方法的试验探测，以及北京、银川等20个城市活动断层探测与地震危险性评价实践，创立了一套集遥感、地球化学、地球物理、地质、计算机等多学科在内的，多方法有序组合、协调配套，从浅到深、从定性到定量、逐步逼近目标的城市活动断层探测工作方法与技术流程（图20），制定了中华人民共和国地震行业标准《活动断层探测》（DB/T15—2009），成为国内外第一份活动断层探测技术标准。

2. 建立中国城市隐伏活动断层探测定位技术体系

（1）发展了高噪声背景条件下活动断层近地表弱信号高精度探测定位技术。这些方法和技术在实际应用中，不但不影响城市环境和正常的城市交通和工作秩序，而且也可显著提高不同沉积相第四系松散沉积层中的隐伏活动断层的成像效果和定位精度。

（2）建立深浅叠合和折/反射联合的综合探测技术系统，实现了活动断层近地表至莫霍面的完整成像。不但可得到活动断层高精度的深部结构、构造图像和地

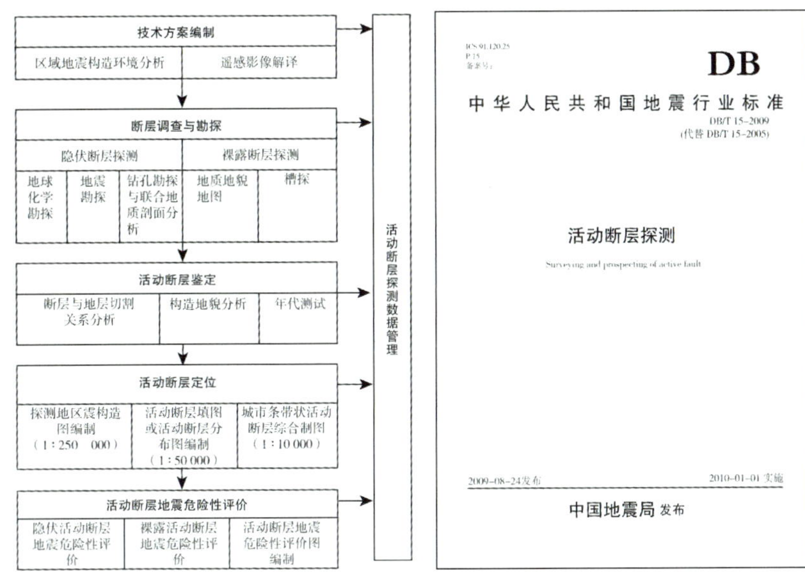

图 20　活动断层探测工作流程和行业标准

下介质的物性参数，同时还可为现今地球动力学研究提供更为精细的地壳结构、构造图像和介质物性参数。

3. 建立城市隐伏活动断层定量鉴定关键技术系统

基于高分辨率浅层勘探判定的断层上断点埋深，开创性地提出了追踪和逐步逼近上断点的多钻孔小间距联合剖面探测定量鉴定技术和大型槽探定量鉴定技术，为获得城市地区隐伏活动断层上断点准确位置和活动性参数提供了有效途径。

4. 研发活动断层探测工作全过程数据管理系统

通过自主研发基于面向活动断层探测全过程的统一数据库模板的同步多源数据管理的软件平台，实现了在活动断层各阶段同步批量存储探测基础数据；并通过阶段跟踪检查数据质量、图库交互分析等功能，保障数据库成果与活动断层探测成果的一致性，提高了项目成果集成与展示的质量与效率；构成的项目成果集成与展示的可视化平台，为项目成果的规范化和共享服务提供了技术支撑。面向活动断层探测全过程的数据库模板的同步多源数据管理的软件平台包括探测数据批量入库与数据库模板系统、活动断层数据质量检测系统、活动断层数据迁移与集成系统、活动断层数据展示系统。

5. 查明了我国 21 个大中城市的活动断层准确位置及其危险性

通过采用城市活动断层探测定位技术体系，包括钻孔联合剖面和大型槽探等活动性定量鉴定关键技术和面向活动断层探测全过程的多源数据管理系统，完成了21个城市活动断层探测，获得了北天山、鄂尔多斯周缘、华北平原区、青藏高原东缘等关键构造部位的地壳精细结构，对109条主要断层进行了活动性定量鉴定，从中甄别出13个城市中存在26条活动断层，给出了20个城市的1：25万区域地震构造图和1：5城市及规划区活动断层分布图，给出了活动断层避让距离，为城市规划建设、国土资源开发利用和重大工程建设提供了基础资料和避让的科学依据。

通过本项目研究与探索，形成了适用于各地区域特色的活动断层探测手段和方法，探索发展了不同地球动力学环境下的地震危险性评价方法，形成了DB/T15—2009《活动断层探测》技术标准，为我国活动断层探测工作的长远发展奠定了坚实基础，具有重大的科学价值和社会效益。

十一、黄土地区场地地震效应与地基液化处理技术

2016年2月3日，2015年度甘肃省科学技术专利奖励大会在“金城”兰州举行，省领导为2015年度甘肃省自然科学奖、技术发明奖、科技进步奖、专利奖一等奖获奖代表颁奖。中国地震局黄土地震工程重点实验室王兰民研究员团队完成的“黄土地区场地地震效应与地基液化处理技术研究”项目获得甘肃省科学技术进步奖一等奖。

（一）科技成果简介

我国黄土高原是世界上黄土分布面积广、层厚大、成因类型复杂的地区，同时该区域地处强震多发地带，高危的地震活动背景与黄土的强水敏性和动力易损性的工程性质决定了黄土高原地区地震地质灾害的多发性、不稳定性、复杂性和巨灾性。随着西部大开发、城镇化建设及“一带一路”倡议的推进，地区内已建、在建、规划的高速铁路、超高层建筑、城市地铁和轨道交通等重大工程项目，向岩土工程、地震工程领域提出了新的挑战和难题。

由于受到经济条件和技术水平的限制，黄土高原有关城市下部构造精细调查、场地效应、表层地质条件以及深部地质构造与地震灾害之间关系的研究十分缺乏；且黄土高原地区复杂的局部地形（黄土梁、塬、峁等）对地震动参数影响非常显著，孤突地形地震动放大作用明显，然而有关黄土地区复杂局部地形对地震动影

响的研究尚显不够。黄土液化是影响黄土地区工程地基稳定性关键问题之一，国家现行的工程规范尚无黄土地基液化判别和处理的规定，更无针对黄土地基和基础的安全设计方法和震害危险性控制技术。

本项目解决了黄土高原地区覆盖层厚度及地形地貌条件特殊差异性导致的地震动放大效应、饱和黄土液化势判定及地基与基础液化潜在危险性的防治技术等两方面的关键科技问题。前者作为后者的基础支撑工作，能够合理扩展项目成果的区域适用性问题；后者基于性态设计理念，落脚于黄土地基抗液化的系统处理技术与标准之上，能够有效防控黄土液化的潜在风险。

在黄土高原地区地震动放大效应研究方面，项目利用频谱特性和 CIP 法，开发了地下浅部土体 S 波速度三维分布反演方法，该方法能够适应黄土高原地区厚覆盖土层之间波速阻抗低、地形条件复杂等特殊需求。同时，基于地震波在黄土高原地区传播特征的理论分析，结合区域强地震记录数据，研究了区域地震动放大效应的定量规律。该项结果能够反映黄土高原地区特殊的地下浅层速度结构及地形地貌条件。

在黄土液化势判别方法研究方面，项目结合饱和黄土液化机理和特性研究的已有结果，在扩大后的研究区域内选择更多的典型黄土场地，综合利用动三轴试验、空心圆柱扭剪试验、扫描电镜微观结构试验、CT 扫描细观结构测试、现场标准贯入试验、剪切波速测试、面波测试等室内及现场测试手段，系统研究了饱和黄土不同液化等级下的剪应力、孔压、应变标准和特征参数，在分析工程实践应用的可行性与实效性基础上，提出了黄土场地液化势的初步、详细判别方法。

在黄土地基、基础抗液化处理技术研究方面，基于相应的试验测试及其数据，系统研究了不同地震烈度下黄土地基液化等级与强夯处理的压密系数和挤密桩处理的挤密系数之间定量关系、酸性化学处理消除黄土地基液化势的配方及其经济性和环保性。同时，通过解决制备大尺寸原状黄土试样的难点问题，实施了天然饱和黄土液化基本特性及桩-土动力相互作用的振动台试验，给出了液化黄土体变过程中施加于桩身的下拽力、水平推力的基本规律，提出了相应的估算方法。

在黄土地基抗液化处理技术与标准研究方面，针对黄土地基液化潜在风险，基于性态设计理念，从密实处理、酸性化学改良改性处理、桩基础设计等三个方面，系统地提出了相应工程需求下的黄土地基处理与桩基础设计方面的技术与标准。

（二）科技成果主要进展与创新

（1）针对黄土地基液化潜在风险，基于性态设计理念，系统性地提出了相应工程需求下的黄土地基处理与桩基础设计方面的技术与标准（图 21）。

水平承载力计算公式为： $H_{\mathrm{Eik}} \leqslant 1.2R_{\mathrm{ha}}$

水平位移验算时的控制值为： $X_{\mathrm{ea}} = 15\mathrm{mm}$

水平推力计算公式为：

$$H_{\mathrm{FS}} \leqslant R_{\mathrm{ha}}$$

$$H_{\mathrm{FS}} = (\gamma L_0^2 \phi \sin\theta \cos\theta)$$

斜坡上液化黄土水平推力

饱和黄土液化桩基抗震性态设计标准

液化等级		轻微液化	中等液化	严重液化
抗震设计措施	乙类高层建筑、丙类超限高层建筑、超限大跨公共建筑	桩基采取抗震构造措施	桩基液化前，液化后进行水平承载力、水平位移及稳定验算 桩基采取抗震构造措施	桩基液化前，液化后进行水平承载力、水平位移及稳定验算 桩基进行场地地基处理，并采取抗震构造措施
	丙类高层建筑、重要中跨公共建筑、重要乙类多层建筑	不考虑	桩基采取抗震构造措施	桩基液化前，液化后进行水平承载力、水平位移及稳定验算 桩基采取抗震构造措施

图 21　基于性态设计的黄土地基抗液化处理技术与标准

（2）开发的地下浅部土体 S 波速度三维分布反演方法，能够适应黄土地区厚覆盖土层之间波速阻抗低、地形条件复杂的特殊要求；得到了黄土地区复杂场地条件对地震动放大效应的定量影响规律，并提出了厚黄土覆盖场地和黄土山体地震动放大效应在抗震设计中的考虑方法。

（3）提出的黄土地基液化势判别方法，充分考虑了工程实践在可行性与实效性方面的切实需求；基于天然黄土微结构改良理念提出的消除黄土地基液化势的酸改性处理方法，更具经济性与环保性。

（4）考虑黄土高原地区塬、梁、峁等复杂地形地貌特征，将伪谱法和有限差分法综合引入黄土覆盖地区地震波传播特征及衰减规律的研究之中，所得理论结果与强地震记录数据具备良好的符合度。

（5）解决了制备大尺寸原状黄土试样的难题，实施了天然饱和黄土液化基本特性及桩-土动力相互作用的大型振动台试验，给出了液化黄土体变过程中施加于桩身的下拽力、水平推力的基本规律，提出了相应的估算方法。

十二、社会资源参与防震减灾事业，促进我国地震监测仪器研发多元化发展

2018 年 3 月 6 日，为推进中国地震局地震科技创新工程的透明地壳计划，

提升中国近海岩石圈结构探测和地震监测能力，中国地震局地球物理研究所基本科研业务费战略性研究专项“中国地震科学台阵探测——华北地区东部”项目组负责人及相关专家、管理部门领导在珠海泰德企业有限公司针对“渤海-北黄海区域宽频带地震台阵观测”任务组织召开了近海海洋地震观测技术研讨会。研讨会主要议题是讨论在近海浅海海域开展海洋地震观测所面临的渔业捕捞影响、海洋生物侵蚀和泥沙沉积影响及对应解决方案及新型浅海海底地震观测仪器研发、改进等技术问题。会议邀请了广州海洋地质调查局、无锡智海科技有限公司、广州海隆潜水打捞服务有限公司等相关专家就上述技术问题进行了研讨。

2018 年 3 月 7 日，以珠海泰德企业牵头的任务组在南海浅海区域进行了新型浅海海底地震观测仪的首次海上试验（图 22），获得圆满成功，海试工作为海底地震观测系统的投放、观测记录、回收等技术环节积累了宝贵经验。

按照“渤海-北黄海区域宽频带地震台阵观测”任务计划，研究所和珠海市泰德企业有限公司将合作在渤海、北黄海部分海域开展海洋地震观测和研究工作。

图 22　新型浅海海底地震观测仪首次海上试验

（一）公司简介

珠海市泰德企业有限公司是一家民营企业，专业从事数字化地震监测装备及其分析处理软件的研发和系统集成，并提供专业的数字地震观测技术的解决方案。

泰德公司现拥有一支 70 多人研发团队，专业技术涉及地球物理、数据采集、模拟信号处理、嵌入式及单片机等电子技术、数字信号处理技术（DSP）、机械设计、计算机软硬件开发及系统集成等领域。

公司拥有 7 个实验室（电子、机械、传感器、环境、深井综合观测、振动实验室、地下标定实验台）（图 23），2 个中心（客户服务中心、产品展示中心），并已通过高新技术企业、软件企业、计算机信息系统集成资质、ISO9001 质量管理体系等多项认证，具有研发生产仪器、硬件及软件产品的全部自主知识产权，拥有17项专利和11项软件著作版权。

图23　设备拷机实验室

近年来，泰德公司开发了一系列适用于地震观测及超快速报、地震结构台阵观测、地震烈度速报、地震预警、地震前兆综合观测、地球物理深井综合观测的传感器、记录器、一体化设备、处理软件及系统，实现了地震监测系统体系的跨系统、跨平台融合，实现了地震数据的综合管理、信息定制和发布服务，形成了一整套具有自主知识产权的地震监测技术。

公司产品已在中国地震局、多个省份、大部分省会城市以及大中城市等推广应用，如北京、上海、重庆、南京、苏州、无锡、广州、深圳、成都、西安等；在水电系统如黄河水利委员会、长江水利委员会等；与铁道系统合作在高铁及轨道交通的应用。

截至目前，公司在国内共承建500多个测震台站，500多个强震、烈度及预警台站，近200个前兆台站，并在国内首个实现地震深井综合观测。公司产品出口到东南亚、东北亚、南亚等国家和地区100多台/套。

（二）创新研发地震观测技术

1. 深井综合及宽频带观测技术

2009年起，泰德公司开展深井综合观测技术的项目研究开发，首次在单一深井中实施分组（井底组、井壁组）综合观测技术，采用多种传感器、分舱室组合的抗干扰模块设计，井底设备双备份，实现井下记录全数字化、高采样率、数字信号隔离分系统传输、井底 GPS 授时、井底避雷、仪器定向、自动调零等关键新技术（图 24）。

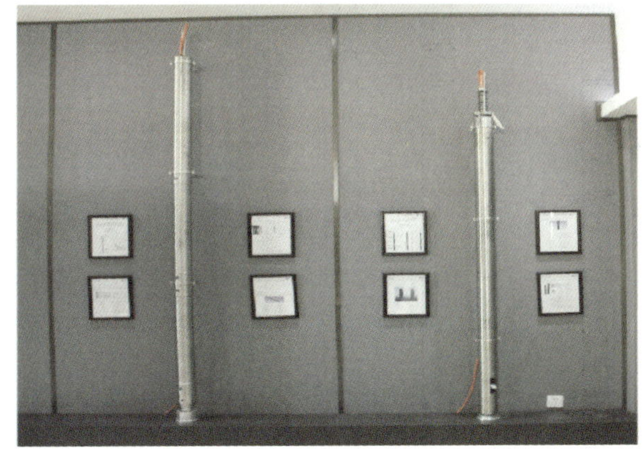

图 24　深井综合观测传感器

泰德公司产品应用于上海市综合深井，开创了单一井内地震综合观测手段、仪器设备和测项最多的世界纪录，在单一深井内综合地磁仪、测震仪、空隙压计、分量应变仪、倾斜仪、水位仪、水温仪、地温仪多达 8 种观测手段，12 套仪器，25 个观测分量的总体结构布局、设备布线以及防漏水、防信号串扰和防雷的设计制造。

2016 年，泰德公司与中国地震局地球物理研究所、广东省地震局共同承担 2016 年度国家重大科学仪器设备开发专项“井下甚宽频带地震仪的研制与应用开发”（项目编号：2016YFF0103400），在国际上首次实现 2000 米深度、高温高压环境下连续运行甚宽频带地震观测，项目的数字采集及传输技术、井底陀螺仪等自动监测控制、系统集成等技术达到国际先进水平（图 25）。

井下甚宽频带地震仪的研制，形成了具有自主知识产权、功能齐全、质量稳定可靠的井下甚宽频带地震仪，形成了对慢地震、固体潮汐、地震前兆和地壳运动等方面的观测能力，为地震研究和地球科学提供关键技术支撑，在有效服务于我国地震监测、科学研究、资源勘探和国防安全的同时，取得良好的经济效益。

2. 海洋地球物理观测

2014 年，泰德公司与中国地震局地球物理研究所共同承担国家重大科学仪器设备开发专项“海洋地磁场矢量测量仪开发与应用”（项目编号：2014YQ100817）。该项目的技术开发将形成自主知识产权产品，填补国内空白，打破国际垄断和管控。形成总场与矢量一体化测量、工作深度覆盖我国海域、适于连续和流动测量

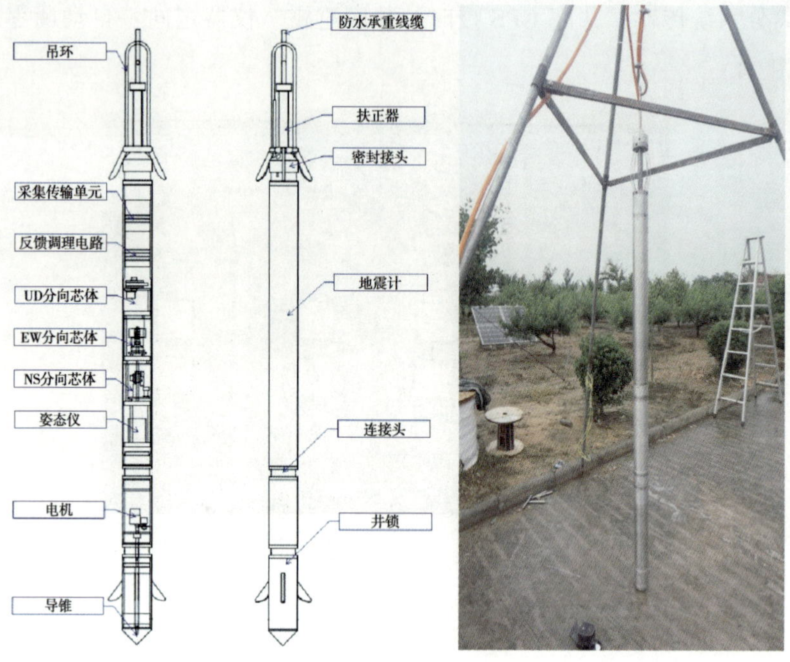

图 25　井下甚宽频带地震仪

的高精度海洋矢量磁力仪，项目技术创新成果将赶超国际先进水平，从而提升我国整体地磁测量技术能力。

2017 年，泰德公司承担国家地震减灾科学计划项目“中国地震科学台阵探测——华北地区东部”专项“渤海-北黄海区域宽频带流动地震台阵观测”子任务，在我国黄渤海的区域布设 28 个浅海海底宽频带地震观测点（OBS），开展海陆联测工作（图 26），进行为期 12 个月的地震观测。其目标是为国家近海宽频带地震观测探索了一条高可靠性、低成本、长期有效的新路，重点解决核心传感器研制、仪器的低功耗、高精度授时、长期可靠性，以及仪器的可靠释放回收等关键问题。

在此基础上，泰德公司还研发了 TDO-33B 海底宽频带地震仪（60s-50Hz）（图 27）、TDO-53s 海底短周期地震仪（5s-50Hz）（图 28）、TDO-63B 浅海宽频带地震仪（30s-50Hz）等一系列浅海、深海宽频带地震仪器（图 29）。

3. 高铁地震预警系统

2008 年汶川大地震之后，泰德公司启动轨道交通地震预警系统研发工作，参与了高铁预警系统的全套设备和系统，包括传感器、记录器和处理软件系统，全部采用国产自主知识产权的产品。

2013 年 6 月，中国地震局和铁路总公司正式启动高铁地震预警系统的测试试

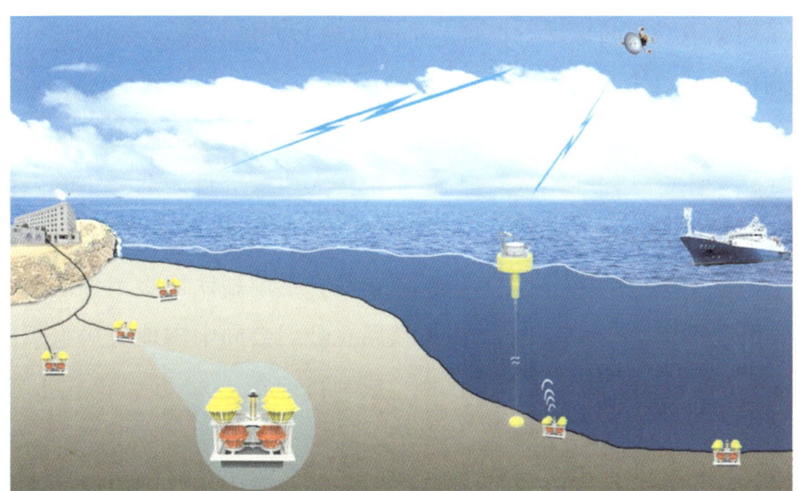

图 26　海洋地球物理观测模式

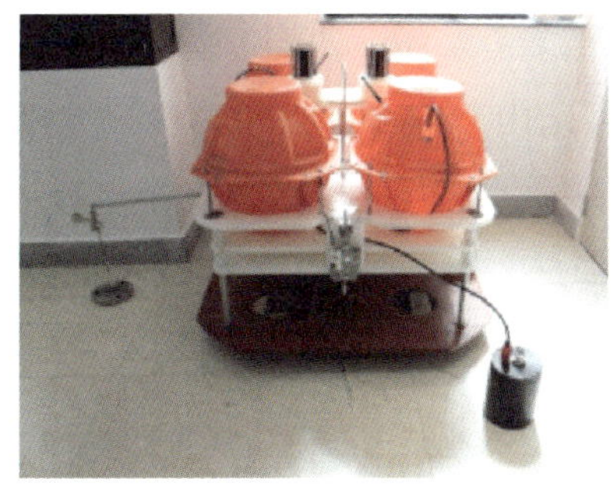

图 27　TDO-33B 海底宽频带地震仪

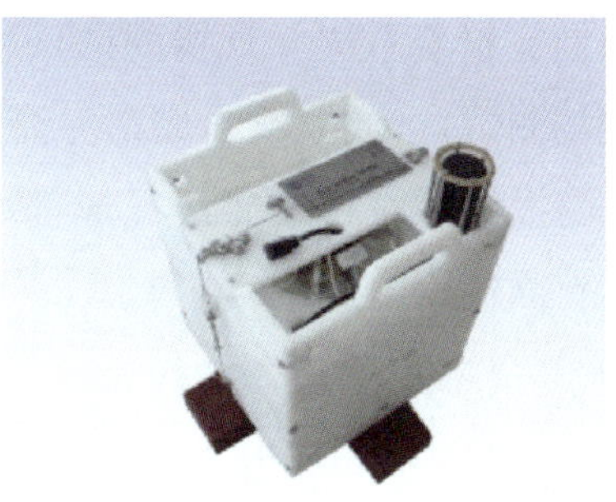

图 28　TDO-53s 海底短周期地震仪

图 29　TDO-63B 浅海宽频带地震仪

验，泰德公司积极参与高铁地震预警系统项目组的测试试验，并与中铁二院合作，共同参与高铁地震预警系统的研究工作（图 30）。

图 30　高铁预警系统设备环境振动干扰模拟试验

2016 年 8 月，泰德公司的高铁地震预警系统在大西线进行为期一年的高铁设施试用阶段。2017 年 8 月 18 日，经过一年时间的试运行，泰德高铁地震预警监测系统通过了铁路总公司会同中国地震局组织的技术评审，成为目前第一个可以正式上道使用的系统。

泰德公司与中铁二院组成的联合体还参与建设福厦线（福州—厦门）高铁地震预警系统（现场测试）、成灌线（成都—都江堰）高铁地震报警系统（现场测试）、大西线（大同—西安）高铁地震预警测试系统（现场测试）、成绵乐（成都—绵阳—乐山）高铁地震报警系统、海南西环线高铁地震报警系统、成蒲线（成都—蒲江）高铁地震报警系统、西成线（西安—成都）高铁地震报警系统等。

4. 地震预警系统的产品和系统

近年来，泰德公司研发了一系列符合地震行业规范的、地震监测预警所需的地表及井下、短周期及宽频带的地震计、MEMS/力平衡加速度计、地震烈度计、地震预警仪、地震预警综合观测设备、相关记录设备及地震预警软件系统，形成了一套具有自主知识产权的地震监测、地震预警系统技术。

表 2　泰德公司研制的地震预警系统和产品

观测目标	观测仪器
宽频带观测	TDV-60B/121B 宽带/甚宽带地震计+数据采集器 TBV-60B/121B 井下宽带/甚宽带地震计+数据采集器
短周期观测	TDV-33S 短周期地震计+数据采集器 TBV-33S 井下短周期地震计+数据采集器
强震观测	TDA-33M 力平衡加速度计+数据采集器 TBA-33M 井下力平衡加速度计+数据采集器

续表

观测目标	观测仪器
MEMS 烈度仪	TMA-23 MEMS 烈度仪 TMA-33 MEMS 烈度仪（新型号，可外接电视） TMA-33 MEMS 烈度仪（新型号，内置高分辨 TFT 屏） TMA-63 MEMS 简易烈度仪 TDV-31 单分向地震计（与烈度仪配套，第四分量）
信息接收终端	TIA-10 地震预警信息接收终端
一体化设备	TVG-60B/121B 一体化宽带/甚宽带地震仪 TVG-33S 一体化短周期地震仪 TAG-33M 一体化强震仪

十三、国家重大工程的动力灾变研究计划取得突破，为保障我国超大工程的安全建设和运营提供科学支撑

2016 年 12 月 6 日，国家自然科学基金委员会组织专家对“重大工程的动力灾变”研究计划进行结题验收，同意“重大工程的动力灾变”研究计划结题，标志着我国重大工程的动力灾变研究工作取得重大进展（图 31）。

图 31　重大工程的动力灾变研究计划验收会议现场

评估专家组认为，该研究计划实现了预定的重点跨越和理论升华发展目标，取得了突破性的系列研究成果，提升了我国重大工程防灾减灾基础研究与工程应

用的水平，部分成果引领国际相关领域前沿研究，促进相关学科发展新态势，为保障我国重大工程防灾减灾与安全运营提供了科学支撑。

该计划自 2008 年 1 月正式启动以来（图 32），共资助项目 109 项，其中培育项目 77 项，重点项目 25 项，集成项目 4 项，战略研究项目 3 项，资助总经费 1.9 亿元，全部资助项目于 2015 年底顺利结题。

该研究计划指导专家组组长为欧进萍院士，负责计划的立项、组织实施和技术指导。

图 32 重大工程的动力灾变研究计划召开第一次学术会议

（一）科技成果简介

我国重大工程建设规模宏大、所处环境介质复杂，面临着强地震和强/台风灾害的威胁，对工程防灾减灾科学和技术提出了严峻的挑战。该计划的科学目标确定为：针对长大桥梁、大型建筑（包括超高建筑、大型空间建筑、城市大型地下建筑）和高坝三类重大工程，采用理论分析、模型试验、现场实测和数值模拟等研究手段，发挥工程与材料科学、地球科学、数理科学和信息科学等多学科交叉创新的优势，研究强地震动场和强/台风场及其动力作用下重大工程的损伤破坏演化过程，揭示重大工程的损伤机理和破坏倒塌机制，建立重大工程动力灾变模拟系统，实现对强地震动场和强/台风场的动力作用从统计推断到统计推断结合理论预测、重大工程的动力灾变过程从简单效应分析到多效应耦合的全过程分析的重点跨越和理论升华，从而提升我国重大工程防灾减灾基础研究原始创新能力，使我国在成为重大工程建设大国的同时，成为认识和解决相关重大科学问题的强国。

该计划实施以来，紧紧围绕“强地震动场和强/台风场的特性与规律”“重大工程动力灾变的过程与机理”两大关键问题，通过顶层设计、重点布局、目标导向、集成创新、国际合作、学科交叉等方法和手段，从国家重大需求和学科发展前沿相结合出发，对强地震动场和强/台风场的建模与预测、重大工程动力灾变的关键效应、重大工程动力灾变的全过程分析和重大工程动力灾变模拟系统的集成与验证四个核心科学问题，开展了系统性基础研究，取得了如下重要创新与集成成果：

（1）建立了宽频带地震动场模拟理论与方法，将确定性方法模拟强地震动场的工程精度扩展到 5Hz，成功再现了汶川地震动场，实现了强震动场宽频带模拟，解决了工程抗震设防对宽频带地震动输入的迫切需求。

（2）建立了具有工程应用意义的台风场精细化预测模型，实现了水平分辨率 200m、时间分辨率 10min 的近地面台风风场降尺度模拟；建立了实测台风场数据库，实现了结构风效应全尺寸高雷诺数模拟。

（3）发展了库水-坝体-地基非线性耦合模型以及开裂破坏全过程模拟方法，实现了高坝、地下结构及大型洞室群地震灾变全过程数值模拟与典型震害再现。

（4）建立了具备动力效应的混凝土构件模型及模型数据库，提出了超高层结构和大跨空间结构地震灾变模拟的高效、高精度数值模拟方法、山区高墩桥梁和大跨深水桥梁地震反应分析理论与方法，提出了多种地震灾变控制新策略与新技术，发展了大型结构的混合试验方法，并对成果进行了验证。

（5）开发了二维和三维计算流体动力学数值仿真和桥梁结构风效应全过程精细化数值模拟平台，建立了基于多场耦合求解技术和动边界技术的膜结构流固耦合数值模拟算法。

（6）集成了强地震动场、强/台风场模拟、重大工程灾变模拟等系统，研发了完全自主版权的数值仿真软件平台 SiPESC（图 33）。

研究成果已应用于上海中心等多个重大工程（图 34），有力推动了《中国地震动参数区划图》（GB18306—2015）等 10 余部国家标准和行业标准的出台和完善，在国际上产生了重要影响和引领作用。

研究团队中，2 名项目承担人当选中国工程院院士，3 人获得国家杰出青年科学基金，9 人获得优秀青年科学基金，2 人获得长江学者特聘教授，3 人成为“973”计划首席科学家，2 支研究团队获得基金委创新研究群体资助，培养博士

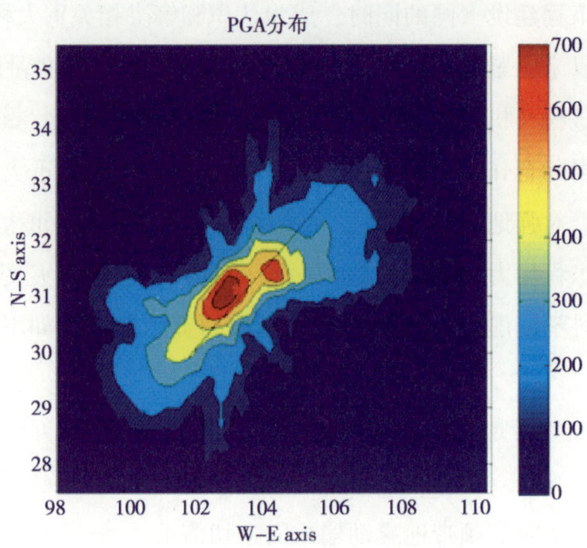

图 33　2008 年汶川特大地震的地震动场模拟

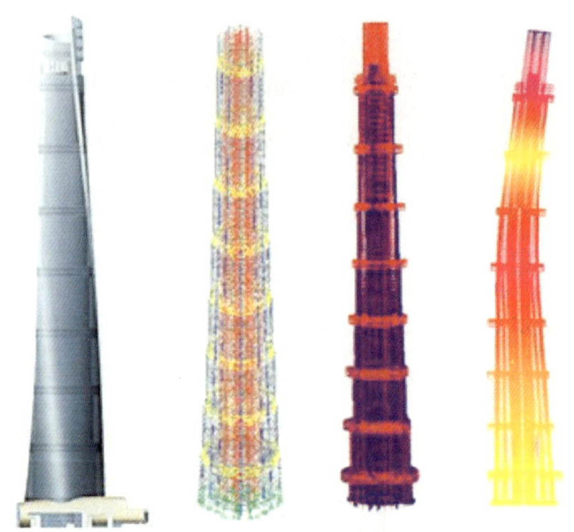

图 34　上海中心（632m）的地震灾变模拟

研究生 418 名，硕士研究生 931 名，博士后出站 63 名，为我国重大工程防灾减灾培养和造就了一支多学科交叉合作、年富力强、具有国际影响力的高水平研究队伍。

（二）科技成果主要进展与创新

本项目在以下四个方面对重大研究计划核心科学问题取得了实质性贡献。

1. 高坝、地下结构和洞室群地震灾变

针对高坝、地下结构与大型洞室群，重点突破强地震动场，复杂多介质耦合能量开放系统非线性动力损伤演化全过程模拟与验证等关键科学问题，研发并集成具有自主知识产权的软件系统，形成重大工程动力灾变模拟集成系统，是重大研究计划的关键组成部分。

（1）强地震动场的理论模拟及其工程特性。针对地震动随机有限断层法模拟，发展了近断层地震动场模拟的地震学理论方法；在经验统计方法与地震学理论方法模拟的强地震动高频与低频谱成分可靠性认知的基础上，提出了利用理论方法和经验方法相结合的综合方法，将确定性方法模拟强地震动场的工程精度扩展到了 5Hz。集成研发了地震动场模拟平台，再现了汶川地震动场。提出了考虑多阻尼反应谱拟合的地震动时程合成的新方法和考虑近断层速度脉冲的地震动时程合成方法等，研发并集成了地震动时程合成和地震动场模拟系统，构建了强震动记录数据库及特性分析平台。为实现对大地震的近断层宽频带地震动场的模拟与预测提供了有效实用方法和手段。

（2）重大工程地震损伤破坏数值模拟理论与方法以及集成。将高坝、地下结构与大型洞室群地震灾变归为强震作用下，强非线性、强耦合、大变形和能量开放的近场波动问题，发展和完善了该类问题的时域整体分析方法，创新突破了岩土类材料非线性本构模型、连续非连续耦合分析、多介质动力相互作用、人工边界和地震输入、高效数值计算等难题；集成各类重大工程地震破坏数值模拟软件平台；实现高坝、地下结构与大型洞室群地震损伤破坏模拟。

（3）物理模型试验技术与高坝、地下结构与大型洞室群地震破坏模型试验。发展了模型试验相似比确定方法，研发了用于混凝土坝、大型地下结构和洞室群围岩破坏性地震反应模拟的模型试验材料，以及非接触式测量与传输技术等。

开展了混凝土坝、大型地下结构、地下洞室群破坏性地震反应物理模型试验，定性揭示了地震破坏机理与失效模式，也部分验证了数值模拟模型。

（4）高坝、地下结构与大型洞室群地震破坏机理与失效模式及典型震害模拟。再现了汶川地震沙牌拱坝、美国 Pacoima 拱坝、紫坪铺面板堆石坝、日本大开地铁车站、映秀湾水电站地下厂房的震害或地震过程，验证了重大工程地震破坏模拟理论与方法以及软件平台的正确性，进行了大岗山水电站高拱坝、糯扎渡心墙堆石坝、日本大开地铁车站、大岗山和白鹤滩等水电站大型地下洞室群的地震分析以及破坏机理和失效模式研究，实现了重大研究计划集成项目揭示工程破坏机理重要目标。

2. 重大建筑与桥梁结构地震灾变

（1）系统研究了混凝土材料力学本质与混凝土结构构件模型，一定程度解决了复杂结构动力灾变数值模拟的难题。

研究了混凝土动力损伤细观物理机制，建立了混凝土静、动力本构关系模型库，为复杂结构的动力灾变模拟提供科学基础；进行大型混凝土结构构件实验研究，在此基础上，拓展了钢筋混凝土复合材料的本构关系，提出考虑率相关效应、钢筋混凝土复合效应的数值模拟模型；以钢筋混凝土空间结构为背景，研究复杂结构在强震作用下的动力灾变数值模拟理论与方法，探讨在灾害性地震作用下的结构非线性动力损伤演化机理与灾变规律。升华性地提出了混凝土随机损伤力学的理论体系，形成了对传统结构分析和设计方法的一次革新。通过对不同尺寸、不同力学参数的混凝土梁、柱、梁柱节点及剪力墙的试验，开展动力特性的研究工作；以实验分析为基础，完善混凝土结构构件空间动态非线性滞变模型；建立了不同混凝土构件的空间非线性滞变模型单元库，并提供简要的单元使用说明和使用方法；基于材料层次的数学模型和结构的宏观力学性能，对于不同尺度单元构件进行空间荷载作用下的动态数值模拟研究，揭示其破坏机理，提出优化尺度关键参数研究，建立了钢筋混凝土构件单元模型库，并以此为基础提出了基于拟力法的钢筋混凝土结构构件单元非线性分析方法。通过集成几何大变形分层壳单元与 MCFT 混凝土二维本构，为超高层结构中剪力墙提供了兼顾计算效率与精度的新的解决方案；集成了数值子结构方法兼顾了计算效率与精度，提出了单元状态转换方法提高了单元更新的速度；建立了构件层面的拟力法快速非线性动力分析方法，由于拟力法仅对局部自由度进行非线性求解，大大提升了计算效率。

对两个 500m 级超高层结构与一个大跨空间结构进行了地震灾变动力全过程数值模型、分析与验证，一定程度上揭示了大型结构在地震作用下的损伤演化规律、失效路径、倒塌模式等地震灾变行为。所提出的基于力插值的纤维单元（MFBFE）和砌体失效拉应变计算方法等，可以更准确模拟剪力墙结构和砌体结构实际震害特征。

（2）解决了重大建筑地震灾变机理分析过程中的多项科学问题和关键技术。

提出了包括基于广义协调原理的高性能分层壳剪力墙模型、基于纤维梁、分层壳、单元生死模型的超高层建筑灾变倒塌模拟建模方法、基于 GPU 高性能计算的矩阵求解方法等系列成果，在国际上首次实现了 600m 级超高层建筑（上海中心）的地震倒塌全过程模拟，深入揭示了超高层建筑的地震灾变机理，在北京中国尊超高层建筑设计中得到成功应用，有效控制了造价并显著提高了结构抗震安全水平。通过在超高层钢、混凝土组合结构中设置高性能抗侧力组合构件和新型可更换构件形成地震可恢复功能结构，实现了对超高层建筑地震灾变的有效控制。提出了合理的构件设计参数和构造措施，在北京中国尊、天津 117 等 7 栋大型工程中得到成功应用；进行了超高层建筑 TMD 减震控制数值模拟，开发的电涡流 TMD 在上海中心超高层建筑中得到成功应用。进行了可恢复功能超高层组合结构在强震下的动力全过程模型试验和数值分析，揭示了其地震损伤演化规律，建立了可恢复功能结构的抗震设计方法。研究成果可为有效控制超高层建筑的地震损伤及经济损失提供基本理论和方法。根据中国的相关设计规范，结合工程实际设计了超高层建筑结构 benchmark 模型，可用于 600m 级超高层建筑结构的抗震研究。

研究了强震下隔震结构具有统计意义的失效模式，研发了隔震结构的抗倾覆装置。

研发了电控智能纳米流体耗能阻尼器与自适应高集成度磁流变阻尼器，建立了其耗能机理及调控方法，在国际上处于领先水平。发展了基于能量平衡概念的结构非线性地震响应分析方法，提出了结构分灾设计谱的概念和方法，建立了整体失效模式可控的结构优化设计理论方法。提出了基于粒度概率和后验偏好的结构多目标风险优化方法，发展了高层建筑抗灾设计高维多目标优化算法。针对大跨度空间结构，重点解决了结构考虑复杂效应分析的地震灾变模拟关键技术问题，形成了较为完整的可以考虑材料损伤累积效应、地震动空间性效应、下部支承结构耦合效应及节点（杆件）复杂力学效应的地震灾变数值建模方法，并通过对数项振动台试验及芦山县体育馆震害的验证性模拟，表明该技术具有较高精度，技术上实现了大跨度空间网格结构的强震响应分析及灾害预测；在此基础上获得了典型重大空间结构体系的强震失效机理。

（3）揭示山区高墩桥梁和深水大跨桥梁的地震灾变机理，突破了多项重大桥梁结构抗震关键技术。

通过对钢筋混凝土墩、支座、墩梁碰撞等构件的三维动力行为的精细化描述，建立了构件的三维高精度计算模型，应用多尺度建模的高效分析方法和谱表示法表述的几何空间多点多维地震动，实现了高墩桥梁地震倒塌全过程分析，揭示了其强震灾变机理和失效模式。面向重大实际工程，提出了考虑时-频非平稳性的地震动人工合成方法，为大跨桥梁地震输入提供了计算方法；建立了多点多维地震反应分析、土-结构、水-结构动力相互作用的子结构方法，也建立了考虑土-水-基础-结构动力相互作用的多物理场整体非线性模拟方法，并集成了计算软件平台。

开展了大跨度深水桥梁振动台模型试验，验证了所提出的数值模型和方法，形成了大跨深水基础桥梁的 Benchmark 模型。在实验技术方面，对模型更新混合试验的研究充分利用了物理试验数据，提出新型梁柱单元能量守恒算法，为稳定的土木结构数值分析和混合试验奠定基础。首创建立了具有可重复性的结构非线性振动 benchmark 试验平台，对于结构非线性振动分析、识别及控制都具有很重要的推动作用。开发了混合试验平台软件 HyTest，基于 OpenSees 分析平台开发了结构地震失效模式自动识别方法，填补了国内研究的空白，实现了地震作用下大型结构的非线性静、动力分析在自主知识产权软件平台 SiPESC 上的集成工作。

3. 重大建筑与桥梁强/台风灾变

（1）建立了强/台风场非平稳和非定常时空特性及其气动力理论模型，基于 48 个登陆台风观测数据，首次精确定义了台风风场三维时空特性，包括台风涡旋分区方法、分区风速特性和工程致灾特征。首次将台风风场时空特性数值模拟精度提高到水平距离 200m 和竖直向为近地层任意高度，提出了台风过程非定常、非稳态、分段线性的风速数学模型。基于历史台风概率分析和下垫面实测匹配，首次提出了适合于工程应用的指定区域、指定重现期的“目标台风”及其致灾模拟分析方法。

（2）实现了强/台风与重大建筑和桥梁耦合作用的非线性动力灾变演化规律与全过程数值模拟原理及其验证系统建立了非平稳、非定常、非线性气动力数学模型与识别方法，适合于超大跨桥梁、超高层建筑和超大空间结构的风致动力灾变演化分析。自主研发了桥梁风效应的二维和三维 CFD 数值计算软件，实现了超高层建筑群体风效应、超大空间结构流固耦合气弹失稳的三维 CFD 数值模拟。建立了超大跨桥梁风致效应的全过程数值模拟平台、超高层建筑非定常风荷载和气弹效应数值模拟平台、超大跨度屋盖结构抗风的数值模拟平台。

（3）揭示了重大建筑与桥梁风致动力灾变的失效机理与控制原理，揭示了超大跨桥梁风致灾变——颤振和涡振的致灾机理，提出并建立了颤振控制技术库（包括稳定板、开槽、检修轨道移位、气动翼板等）和涡振控制技术库（包括风障、导流板、TMD、自流变阻尼器、自吹/吸气等）。揭示了超高层建筑的主要风致灾变是围护结构破坏，系统研究了超高层建筑的不同外形及厚宽比、开洞等因素对风致效应的影响以及建筑群的干扰效应。揭示了柔性屋盖风致耦合振动灾变机理，包括多模态气弹失稳、结构振幅突增、模态跳跃和涡脱锁定等，提出了提高临界风速、附加质量和气动阻尼的方法。

4. 重大工程动力灾变综合集成平台

（1）构建了具有良好开放性、集成性、耦合性的平台架构，考虑不同的软件集成场景，设计了应对不同应用场景的集成框架。集成系统采用经典的平台加插件模式，但统一的组件集成接口可以与基于不同的集成框架的组件进行对接。对于带有自主源代码，或相同平台具有丰富的控制和反馈接口的组件，可以采用紧耦合的组件集成框架；对于没有自主源码，依赖于不同系统平台或商业软件的组件，可以采用分布式跨平台的组件集成框架。

（2）发展了面向重大工程动力灾变的前处理方法。

在 CAD 建模方面，提出了基于单一退化曲面不兼容边界条件的仿真模型孔洞插值算法，基于单调正则曲变节点样条曲面的仿真模型孔洞填充算法，仿真数据点到仿真曲面的投影算法，细分法求解仿真数据点投影问题时的剪枝算法，封闭网格曲面的二阶几何连续性 B 样条插值算法，基于二次距离函数显示凸包裁剪的点投影估计算法等成果。

针对大规模高精度网格剖分，提出了一种高度保持模型边界特征的大规模并行三维网格生成算法，可提升大规模网格剖分的精度。提出了一种高效的并行三维局部 Delaunay 网格重建算法，确保了整体网格的 Delaunay 性质。提出了 GPU 加速的 Delaunay 四面体网格生成和优化算法，应用并行预排序、并行初始点定位起点分配方法、点的桶插入策略、并行空洞搜索算法等技术，降低了 GPU 运算的线程冲突，提高了算法并行度。

（3）研发了自主知识产权的计算力学软件集成平台。

研发了 SiPESC 计算软件集成平台，核心系统主要采用“平台（微核心）+插件”的体系结构，通过插件的管理及调度功能，实现系统的开放性和集成性。平台所有实际功能均采用插件实现，方便用户进行二次开发和利用已有插件配置应用系统。在软件设计方面主要提出了“算法+数据”的数值算法设计模式、数值软件插件体系结构等设计方法及实现技术，具备了开放性、集成性和大规模计算能力；在计算方法方面研发工作已集成了具有自主特色的多项数值算法，为进一步面向多学科/多领域/多算法/多模型/多技术的科研、工程及大规模计算等集成应用建立了良好数值仿真平台和技术基础。

集成计算平台开放性管理机制和集成优化技术为多学科/多场耦合/集成优化分析求解提供了一个统一的计算环境，并覆盖了多体动力学/结构有限元/优化分析等多领域集成协同分析功能。通过制定调用可视化流程图实现外部应用程序及插件扩展的可视化、流程定制化、流程可控制化及串、并行化的集成调用。

用户可构建特定的流程图，调用专用的计算软件（各类商用软件和自主研发软件），在流程图中设置用户交互动作或根据系统的扩展接口研发新的调用模块。定制工具为实现重大工程动力灾变仿真中的多学科计算及优化、多物理场耦合计算、跨尺度计算、复杂任务的大规模计算提供可行的解决方案。

研发的开放式有限元系统 SiPESC. FEMS 已实现了隐式非线性有限元分析功能。在单元列式上具有几何大位移/大应变分析能力，其连续体单元技术可以处理大应变下近似不可压缩的变形问题。材料本构上具备工程上广泛采用的大应变超弹性、弹塑性和弹黏塑性材料。增量-迭代算法上具备用于跟踪平衡路径的弧长控制算法，以及一系列提高收敛性的技术（自动增量步控制，自由度预测，线搜索）。通过一系列非线性后屈曲与大应变材料非线性等算例测试，与大型商用软件 ANSYS 与 ABAQUS 基本达到了同等水平，具备了实际工程应用的能力。此外，SiPESC. FEMS 提供了用户二次开发本构封装调用功能，同时还实现多个 UMAT 材料本构同时调用，极大提高了程序的通用性和实用性。

（4）发展了大规模数据的高效数据可视化方法。

在考察重大工程动力灾变仿真结果可视化需求的基础上，设计并研发了一个通用后处理系统。该系统结合树状结构流水线数据处理、插件化可视化方法管理、灵活的交互控件支持等特性，提供了强大的混合绘制能力以及可扩展性、可复用性等能力。系统提供了自适应分段线性颜色映射、脚本引擎支持等特性，具备大规模时变数据的可视化能力。

针对可视化领域的关键问题，进行了体数据特征融合绘制的自动优化方法，基于焦点-上下文技术的数据可视化方法，面向多变元数据的等值面简化算法，高效率大规模建筑信息模型绘制算法，地震灾害下大规模城市人员撤离的可视分析技术，面向多模态城市人员避难数据的镜头设计算法等方面的研究，取得了一系列成果。

十四、地震危险性评估及灾情快速获取关键技术研发取得重大进展

2015 年 6 月 30 日，科技部组织专家对“十二五”国家科技支撑计划“地震危险性评估及灾情快速获取关键技术研发”项目进行了验收，项目由中国地震局、国家测绘地理信息局组织实施，由中国地震局地球物理研究所俞言祥团队牵头完成。项目在大震地震危险性分析、风险评估和基于空间对地观测技术的灾情快速获取技术方面取得了可喜的进展，在应对芦山地震、鲁甸地震中发挥了重要的作用。

（一）项目简介

本项目针对大震巨灾发生后灾情及时获取和宏观快速把握困难，严重影响救灾决策和救援行动的现状，突破航空遥感数据快速获取技术与装备、应急测绘基础地理信息数据库构建与服务技术；开展特大地震危险源识别和震源模型、危险性评估、高烈度区工程结构与生命易损性评估、特大地震风险与社会影响评估技术研究；引入多种社会性灾情信息源，开发应用空间、地面和流动观测等多种实时获取灾情的高技术手段，解决震后极重灾区快速判定、灾情快速动态获取、地震现场灾情精细分析等一系列技术难题，旨在研制应急测绘航空遥感系列装备及数据信息综合应急服务平台，形成危险源识别系列集成技术和危险性评估分析系列图件，灾情快速获取技术方法和实用化系列软件，以及灾情应急决策支撑服务平台，为震后第一时间政府的救灾决策和救援部署提供最快速、准确的科学依据。

根据项目总体目标和思路，项目分设 6 个课题：①特大地震危险区识别及危险性评价方法研究；②高烈度区易损性模型与特大地震风险评估技术研究；③应急测绘航空遥感数据获取关键技术及系列装备研制；④应急测绘地理信息数据库与服务平台构建；⑤地震灾情快速获取技术研究；⑥地震灾情服务及应急决策支撑平台研究。

项目在特大地震风险评估、应急测绘航空遥感数据获取及快速处理、地震灾情服务及应急决策等方面取得重要进展：①研发了特大地震危险性评价技术及风险评估示范应用软件系统，实现了特大地震震源识别、复杂场地和地形的地震动

影响评价、地震风险评估等重要功能，并在南北地震带进行了应用示范；②研发了测绘航摄遥感数据机上快速处理技术系统、便携式航摄遥感技术系统、多尺度地理信息快速制图系统，为重大地震灾时快速提供灾区地理空间数据；③研发了极重灾区快速判识与应急处置决策辅助技术，实现震后2小时内灾情分析，为震后不同级别的政府提供具有针对性的应急行动方案。项目成果为地震灾害防御和地震应急发挥了重要科技支撑作用。

（二）科技成果主要进展与创新

本项目课题获得的方法和技术类成果，在地震灾害防御和地震应急等业务工作中发挥重要作用，一些基础类成果对于地震、地质、地球物理和地震工程的科学和应用研究有重要价值。项目主要成果如下。

1. 特大地震危险性评价技术及风险评估示范应用软件系统

本项目研究形成的特大地震震源模型参数定量化评估技术，使特大地震震源参数评估以经验性为主过渡到定量评价；形成的地面运动地形效应、盆地效应和场地效应评价技术，为震害防御、地震应急和地震工程研究提供了一种快速、简易且精度可接受的强地面运动评价技术。不但可改善场地效应的影响，也可集成地震动地形效应的影响，并且可考虑盆地效应对长周期地震动的影响，可对坐落于厚沉积层地区的城市提供针对性的强震动预测图；形成的特大地震概率危险性评价方法系国内首次建立的实用化的基于断层破裂源模型和时间相关性模型的概率地震危险性评价方法，也是首次将这种概率评价方法应用于大区域范围地震危险性区划实践，该方法对我国概率地震危险性评价方法朝更多地考虑地震现象的物理机制、更多地考虑大地震的活动特征及其影响，具有积极的推动作用。

2. 高烈度区易损性模型与特大地震风险评估技术研究

在综合考虑特大地震地面运动和地表破裂发生概率，高烈度区生命和建筑物等地震易损性、人口与建筑物等的空间分布，以及地震风险影响因素基础上，研制了实用化的特大地震综合风险评估系统（GERAS）软件，并通过了示范应用检验和完善。该系统突破的关键技术及创新点如下：

（1）GERAS系统使用了本课题研究发展的最新实用化特大地震风险评估方法，包括确定性、概率性和综合风险评估方法，人口、房屋建筑等多因素影响空间分布预测方法，包含高烈度区的建筑物和生命地震易损性预测新模型，以及基于Monte Carlo随机试验的多因素影响地震风险评估修正方法等，并综合了项目最新的地面运动危险性和地表破裂危险性分析方法得到的成果。

（2）GERAS 系统结合最新软件开发和数据库建库技术、RS 与 GIS 技术，研发了项目管理、数据库管理、风险评估基础数据预处理、风险评估、设定地震损失评估、地图操作与专题图制作与发布、系统管理与帮助等功能。

（3）GERAS 系统以空间格网数据形式进行风险评估，便于各种资源的整合，通过分步计算和数据重用，既保证了系统的效率，又保证了空间数据的精度，震后进行快速评估的时效性非常高。

3. 应急测绘航空遥感数据获取关键技术及系列装备研制

面向地震灾害航空遥感数据实时获取与快速处理的应用需求，研究开发了应急航摄遥感数据获取处理技术与系统。根据搭载平台不同，研制完成两套系统：①基于通用飞机平台的应急测绘航空遥感数据实时获取及机上处理技术与系统；②适于直升机平台的便携式航摄遥感技术与系统。

该项成果面向应急测绘航空遥感数据快速获取与处理的需求，突破了机上实时定姿定位数据快速获取与解算技术、影像自动抓取与解压技术，研制了基于控制数据库以及实时定姿定位信息的机上影像快速处理系统，实现飞行过程中边摄影、边处理，实现飞机落地即可获取灾区完整的航空影像图，大大减少了飞机落地后数据整理、控制资料收集、空中三角测量等环节的数据处理时间，可提高效率达 80%。该系统的成功研制尚属国内首创，可以用于应急测绘、灾情监测，以及测绘地理信息数据的快速获取与处理，将成为应急航摄遥感体系的重要补充力量，在灾害救援辅助决策方面发挥了不可替代的作用。

针对直升机救援过程中救援路线无法固定，且无法平稳、规则飞行的特点，研发适于救援直升机的搭载系统，在救援运输的同时第一时间获取地震灾区高分辨率航空遥感数据，以充分利用灾区有限的空域资源实现了直升机救援运输与航空摄影两不误，解决了应急条件下空中救援与灾情监测之间空域冲突的矛盾。

4. 应急测绘地理信息数据库与服务平台构建

按照地震应急对多尺度地理信息数据快速制图的需求，研究应急快速制图关键技术，建立应急快速制图规则库，开发应急制图模板动态生成与匹配技术等；设计开发基础地理数据应急制图的各种功能模块及其数据系统、软件系统的集成应用，实现了基础地理信息及其专题信息的快速查询、调用、制图转换、专题标绘、地图整饰与快速输出等功能。

参照现有的图式规范，建立了不同尺度不同类型应急制图规则库，开发了多尺度、多类型应急制图模板快速制作软件，基于应急基础地理信息数据中的编码属性，与相应规则匹配，进行地形要素的符号化处理及标注，图廓整饰及简单的要素关系协调，快速生成制图模板。

多尺度地理信息快速制图系统具有制图响应速度快、制作地图种类多、制图模板快速定义、制图区域任意选、制图模式可定制、图面整饰自动化、地图打印输出效率高等特点，目前国际上的制图速度还未能到达半小时级的响应速度。其创新性主要体现在制图响应速度快，一幅图在 10 多分钟能制作完成，突出快、准、新的特点，提高了应急制图效率。

5. 地震灾情快速获取技术研究

在进行极重灾区快速判识中，利用了通信、电力网络破坏进行地震高烈度区判识；在面向网络新媒体的地震灾情快速获取技术研究中，通过与新浪微博公司合作，完成了地震微博灾情快速收集系统的研发，在震后第一时间实时动态抓取满足搜索条件的数据并在地图上进行空间显示；同时完成了标准化的地震灾情信息上报系统的开发，可在震后第一时间引导公众规范化、有针对性地上报地震灾情。通过四川芦山地震等案例的检验，结果表明该方法对震后快速确定有感范围和极重灾区范围可以提供参考和支持。应急期多手段灾情汇总与可视化平台系统主要针对多手段上报的各类灾情数据，基于北斗/GPS/Glonass 建筑物位错数据，实现数据获取、汇总分析、智能提取、综合制图以及成果发布等功能。目前该平台可以获取移动通信网络破坏数据、电力网络破坏数据，基于北斗/GPS/Glonass 的建筑物位错数据、网民上报数据、各省份灾情等，实现了灾情数据的快速获取、汇总分析、智能提取、综合制图以及成果发布等，为震后地震灾害等级、规模、范围等灾情信息的快速获取提供了强有力的技术支撑。

此外，该平台系统可实现震后 2 小时内灾情速报信息分析，并在其后每 2—4 小时进行灾情信息的不断修正，为地震后进一步的救援与救助提供了数据保障。

6. 地震灾情服务及应急决策支撑平台研究

我国对于震后各级政府和应急相关部门或团队的应急行为仅有地震应急预案这一项预设的指导性行动方案。地震应急预案重点在于应急管理，其长处在于灾害救援中的管理工作，能较好地协调各部门，明确各部门的职责，但是难以在技术层面上提出针对某一项灾害具体的救援措施或工作流程，具体表现为难以在技术上辅助指挥长指挥决策以及应急救援人员的行动。针对应急预案缺乏针对性、可操作性较差等问题，提出了应急处置方案的概念。地震发生之后，为有效应对地震灾害和指导地震应急救援，针对具体应急事件可以生成具体的应急处置工作方案。

为此构建了不同空间、区域差异情况下的应急处置对策规则库，包括共 5 大类 10 多个规则知识。构建了适用于不同区域、不同震级、灾情发展不同阶段的，针对不同救灾机构、不同救灾部门的应急处置方案模板库，建立了基于灾情的应急事件动态处置关键模型，以及模型的调用组合方法。完成了动态应急处置方案生成技术的研究。地震应急处置方案的生成本质上也是一个专家系统的推理过程，是利用地震应急决策知识在 GIS 等相关信息技术的支持下智能地生成符合一定条件，满足一定特征的地震应急处置对策。

项目最终根据以上研究成果研发了处置方案动态生成技术及软件系统。地震应急处置及处置方案可以为震后不同级别的政府提供具有针对性的、可操作的、详细的应急行动方案，真正做到了落到实处的应急指挥决策技术辅助。

十五、汶川大地震孕育发生的动力学及致灾机理研究取得重大进展

2015 年 12 月 29 日，国家自然科学基金重大项目“汶川大地震孕育、发生的动力学及致灾机理研究”结题验收会议在北京召开。该项目由中国地震局地球物理研究所陈运泰院士团队牵头完成。与会专家一致认为该项目全面完成了任务书规定的内容，通过开展现代地震科学综合研究以揭示汶川大地震的动力学成因、物理过程及致灾机理，发展板内地震物理机制的新理论，探索数值地震预报的途径，为促进我国整体地震科学基础理论研究水平跻身国际先进行列，进一步提升我国防震减灾能力奠定扎实的科学基础。

（一）项目简介

2008 年 5 月 12 日的汶川里氏 8 级大地震造成了惨重的人员伤亡与巨大的经济损失，是继 1976 年唐山大地震以来在我国发生的伤亡最为惨重、经济损失最为重大、社会影响最为强烈的一次大地震。汶川大地震不仅是破坏力巨大的自然灾害，也是一种重要的地球动力学灾变过程，并以其独特的地质构造背景、巨大板内地震能量的复杂释放过程成为地震科学史上一个重要震例。它不仅为我们提供了珍贵的科学观测资料，也为我们提出许多挑战性科学问题，为中国地震科学家乃至

全世界地震科学家进一步探索地震成因及其发生的规律寻求科学上的突破提供了空前的机遇与挑战。

地震的“孕育—发生—致灾”过程是一个在时间、空间尺度上跨度很大的复杂的物理过程，很难直接定量地求解其整个动力学过程。如果将整个的地震动力学系统划分为各自内禀时空尺度跨度适度的“断层系统”“破裂断层的细观系统”“震源-地表震动耦合系统”三个子系统，现代地震科学的主要任务就是要定量地研究这三个系统各自内在动力学演化规律以及彼此间的相互耦合作用，以揭示地震成因及其动力学。因此，不失时机地充分利用汶川大地震获得的各种观测资料，以现代地震科学的视角，从多学科（地震学、地球物理学、地震大地测量学、地震地质学、工程地震学、岩石力学等）以多手段（野外观测实验、实验室样品实验和计算机模拟实验）对汶川大地震开展综合研究，揭示该地震的孕育、发生的动力学及致灾机理，对于提高我国地震科学基础研究的水平、促进防震减灾工作具有重要意义。

本重大项目旨在针对由汶川大地震而提出的重大科学问题，深入开展多学科多手段的综合研究，以期揭示汶川大地震孕育、发生和发展过程的物理机制，解析本次大地震的灾害效应，发展板内地震物理过程的新理论，探索基于坚实物理基础的数值地震预报的途径，促使我国整体地震科学基础理论研究水平跻身国际先进行列，推进地震预测预防事业，为达到防震减灾实效奠定坚实科学基础。

本项目负责人由中国地震局地球物理研究所的陈运泰院士担任，共设置四个课题：①汶川地震序列震源参数的精准测定以及灾害性大地震动力学破裂过程的近实时反演。②汶川地震震源区地壳介质各向异性结构和时间变化及与地震关系的探索研究。③汶川大地震的强地面震动及致灾机理研究。④青藏高原东缘地球动力学、地震危险性及汶川大地震孕育和演化的地震物理学模型。

（二）科技成果主要进展与简介

经过4年的攻关，围绕汶川大地震孕育、发生的动力学及致灾机理研究，该重大项目取得了一系列重大进展和重要研究成果。

（1）基于研究区内的地壳、上地幔精细结构研究，对汶川大地震及地震序列的参数进行精确测定，获取了汶川大地震孕育、发生、发展过程的时间-空间演化特征，并发展了无须对破裂方式、破裂速度和子事件的震源时间函数做任何先验假设的反演方法，对灾害性大地震的动力学破裂过程进行实时反演。

（2）开展研究区 GPS 与 InSAR（合成孔径雷达干涉测量）震后形变观测，综合利用地震资料和大地测量资料联合反演，获得断裂带及岩石圈（特别是下地壳）的流变学结构及应力应变演化特征，认知下地壳流存在的可能性和断裂带转换层在地震孕育过程中所起的作用。

（3）发展了模拟计算非平面的复杂地震断层破裂动力学的新方法，成为目前国际上能够正确模拟任意非平面地震断层动力学问题的三个小组之一，汶川地震破裂动力学模拟就是在新发展的“非平面地震断层破裂动力学模拟方法”基础上开展的，它既是对“构建震源模型”方法的检验，也有助于认识地震破裂动力学物理机制。

十六、废墟搜索与辅助救援系列机器人研发，为提升我国地震灾害救援能力提供高新技术支持

2013 年 4 月 20 日，四川省雅安市芦山县发生里氏 7.0 级地震，三款国产救援救灾机器人首次出现在救援现场协助开展地震救援工作。

在地震现场，可变形搜救机器人和机器人化生命探测仪也同时参与了废墟表面搜索任务，为中国地震应急搜救中心救援队的灾情评估和救援决策提供了必要的数据和图像支持信息；旋翼飞行机器人充分发挥了不要求起降场地、随时随地起落的特点，通过超低空近距离飞行勘察受灾情况、评估灾害损伤、探查生命迹象，并在芦山至宝兴公路疏导中发挥了重要作用。

这三款机器人是国家“863”计划重点项目“救灾救援危险作业机器人技术”研究成果，由中国地震应急搜救中心尚红团队与中国科学院沈阳自动化研究所机器人学国家重点实验室科研团队联合研制。

（一）科技成果简介

2007 年，中国地震应急搜救中心与中国科学院沈阳自动化研究所、上海大学、北京航空航天大学等科研院所联合申请了国家“863”计划先进制造领域重点研发项目“废墟搜索与辅助救援系列机器人”。

本项目针对地震灾害救援的复杂性，研发了具有完全自主知识产权的面向废墟搜救的机器人系统，包括空中旋翼飞行机器人、废墟表面/废墟洞穴/废墟缝隙搜索与辅助救援机器人、废墟内部可伸缩多指机械手，可在不同灾害现场环境协

同开展救援，填补了我国辅助救援机器人装备研发的空白，在模块化配置、标准化接口、无线通信、嵌入式控制等方面实现了技术创新（图35）。

图35　空中搜索探测飞行机器人参与四川雅安地震救援

废墟搜索与辅助救援系列机器人可根据不同的灾害现场环境、废墟结构和搜救任务，既可选用单一种类的机器人，也可选用多种、多台机器人，由指挥中心统一部署、统一指挥，多种、多台机器人相互配合，信息共享，协同行动。

1. 空中搜索探测旋翼飞行机器人

具有自主起降、航迹点跟踪、定点悬停和视频信息实时传输能力，可开展大范围现场灾情探测和搜索作业，实现灾情信息快速获取，也能对重点目标进行详细搜索勘察。

2. 废墟表面搜索与辅助救援机器人

采用履带、摆腿复合移动机构，能够在废墟瓦砾表面上行走，具有通用的搜救载荷接口，可根据需要携带生命探测载荷，实现对瓦砾下受困人员的大范围探测与定位，能够搭载无线多跳中继通信系统，实现现场动态组网、无死角通信。

3. 废墟洞穴搜索与辅助救援机器人

可根据环境和任务变换自身形状呈品字形、一字形、方形和突进形四种构型，能够由狭窄入口进入废墟，并在不稳定瓦砾堆中运动；具有通用的搜救载荷接口，可根据需要携带光学、语音或生命探测载荷，实现对废墟内部图像、声音、体动、呼吸等信息的采集与识别，实现对受困人员的探测与定位。

4. 废墟缝隙搜索与辅助救援机器人

具有自动推进、避障越障功能，可携带微型光学摄像头、力传感器、拾音器、对讲系统等多种传感器，进入小于 5cm 缝隙空间内开展生命探测与定位；能通过辅助救援软管为救援目标提供氧气、饮用水或流质食品；易于单兵携带和操控。

5. 废墟内部可伸缩多指机械手

多指机械手是可搭载多种载荷模块的三指六自由度自适应机械手爪，可搭载多种载荷模块进入废墟中的狭小洞口，实现深入废墟内部探测或传递任务载荷的功能。

项目成果的研制成功极大地提升了我国在地震等灾害救援方面的快速反应和应急处置能力，为我国应急救援工作达到国际先进水平奠定了技术基础。

（二）科技成果主要进展与创新

“废墟搜索与辅助救援系列机器人”具有完全自主知识产权，是国内首批面向废墟搜救应用的机器人系统，主要技术指标达到或超过目前国内先进水平，实用价值显著，具有独创性。

1. 模块化配置技术

针对不同机器人的功能，模块化配置复合移动机构、可变形机构、缝隙内移动机构、关节及连杆单元等，便于进行构造集成和构型变换，以适应不同废墟环境下的多种废墟搜救任务。

2. 标准化接口技术

各类机器人都具有面向地震废墟搜救任务的标准化接口，支持“即插即用”的模块化搜救任务载荷，也可搭载标准化接口的机器人无线多跳通信控制系统，实现现场动态组网和无死角通信。

3. 旋翼飞行机器人控制技术

研制出旋翼飞行机器人控制器和机载自主定位与导航系统以及飞行机器人与搜索探测载荷的集成技术，实现自主起降、超视距自主航迹跟踪飞行、大范围灾情获取和定点侦察等功能。

4. 废墟搜救机器人集成技术

实现了多种机器人在不同废墟环境下开展多样化搜救任务的协同作业，并能与现场和后方指挥中心实现实时的视频信号并行传输和集成显示，建立了多机器人联合行动协调平台系统。

十七、建筑减隔震技术与规范的发展，为提高我国重大建设工程抗震能力提供科技支撑

2018 年 1 月 11 日，住房和城乡建设部就新版国家标准《建筑隔震设计规范（征求意见稿）》进行公开征求意见，该规范是我国隔震减震新技术研究及推广应用进入新阶段以来，由住建部、技术质量监督局联合推进的一部技术上具有前瞻性的国家标准，将进一步提高我国城镇建筑防震减灾安全性。

目前各国和地区抗震设计规范均以“大震不倒，中震可修，小震不坏”为抗震设计原则，以保护结构不遭毁坏和保护生命安全为主要目标。传统抗震结构通过增强结构强度来抵抗地震，同时容许结构构件在地震时进入非弹性状态，具有一定的延性，以结构本身的损坏为代价消耗地震能量，减轻地震反应。

从近十多年的地震震害损失来看，凡是按照抗震规范设计和建造的房屋，基本可以保证大地震发生时，房屋不倒塌。但按照传统抗震方式建造的房屋，在高烈度区常造成建筑构件尺寸过大，影响实际使用空间与建筑功能。另外，在发生超过设防烈度地震时，由于承重构件在地震中的不断损伤，累积到一定程度还会引起房屋倒塌，不能保证房屋在超大地震下的安全。在很多情况下，即使房屋没有倒塌，由于承重构件损伤较重，房屋也很难修复。尽管人员的伤亡大幅减少，但是经济损失较大。因此，单纯强调工程结构在地震下不严重破坏和不倒塌，已不是一种完善的抗震思想，不能适应现代工程结构抗震需求。

为了更有效地保障建筑物安全，国内外学者经过大量研究，提出了建筑隔震技术。建筑隔震技术是在建筑物基础或下部与上部结构之间设置由隔震器（橡胶隔震支座、滑移支座、FPS 摩擦摆滑动支座）、阻尼装置等组成的隔震层，隔离地震能量向上部结构传递，减少输入上部结构的地震能量，同时延长上部结构的自振周期，降低上部结构的地震反应，达到预期的抗震防震要求，使建筑物的安全得到更可靠的保证。国内外大量试验和工程经验表明：隔震技术能有效降低结构的水平地震作用，特别是在罕遇地震作用下隔震效果更好，上部结构的地震反应一般仅相当于不隔震时的 20%～50%。隔震体系能实现建筑结构自身、非结构构件和建筑物内部设施“三保护”，确保震后建筑物无须修复，即可继续使用。

新版《建筑隔震设计规范（征求意见稿）》对基本设防目标进行了重大提升，当遭受相当于本地区设防烈度的设防地震时，隔震建筑基本完好；当遭受罕遇地震时，可能发生损坏，经修复后可继续使用；当遭受极罕遇地震时，不致倒塌或发生危及生命的严重破坏。

未来该标准的施行，将迎来建筑抗震设计的重大变化，未来隔震建筑将更加广泛应用于学校、医院、影剧院等重要公共建筑和高层超高层建筑，也将广泛应用于既有建筑的抗震加固和改造，尤其是历史建筑的保护应用，未来将更加广泛应用于民用住宅，可以极大地提升我国建筑的抗震能力。

该标准是依据大量实验室试验（图 36、图 37）和近 10 年来大量工程实践（图 38）编制的。

该标准牵头编制单位为广州大学，主要起草人为周福霖院士。

图 36　工程抗震研究中心实验室橡胶隔震支座老化试验

图 37　工程抗震研究中心实验室阻尼器性能试验

图 38　工程抗震研究中心实验室完成的各类工程试验模型

砥砺奋进　辉煌业绩

——记汶川特大地震灾区的10年巨变

祝孟仁

习近平总书记在2018年春节前夕视察了汶川8级地震灾区。习总书记高兴地说："看了汶川十年的变化我很欣慰。"

2008年5月12日四川省龙门山地区发生汶川特大地震。在随后的恢复重建中，全国人民全面落实党和国家关于灾后恢复重建的方针政策和工作部署，在全国支援和灾区人民的共同努力下，胜利完成了恢复重建各项任务，取得了灾后恢复重建的全面胜利。充分展示了中国特色社会主义制度的优越性，充分展示了中华民族团结一致、压倒一切、共赴时艰、创造历史的伟大力量。

汶川地震灾区涉及四川、甘肃、陕西、重庆等10个省（自治区、直辖市），417个县（市、区），4667个乡镇，48810个村庄受灾，灾区总面积50万平方千米，其中极重灾区、重灾区面积13万平方千米。受灾人口4625万多人，死亡69227人，失踪17923人，受伤374643人，紧急安置转移1510万人，1万多名重伤病员转送全国20个省份375家医院治疗。同时，大震发生之后，山河移位、满目疮痍，灾区的自然环境遭受巨大破坏。

国家有关部门综合考虑了因地震及地质灾害造成的死亡和失踪人员、倒塌房屋、转移安置人员的数量及比例，以及地震烈度和地质灾害危险度等因素，确定了汶川地震造成的灾害类别及灾害范围的划定原则，建立了划分极重灾区、重灾区、一般灾区和影响区的综合灾情指数体系，确定了包括极重灾区、重灾区和一般灾区三类灾区在内的灾区范围。

汶川特大地震带来了极为严重的灾害，受灾人口多达4625万余人，死亡69227人，失踪17923人，受伤374643人，紧急安置转移1510万人，1万多名重伤病员转送全国20个省份375家医院治疗。同时特大地震引起灾区自然环境的巨大变化，山崩地裂，江河断流，满目疮痍，惨不忍睹。

时光荏苒，岁月如流，汶川特大地震已经过去了10年。对于汶川地震灾区的民众来说，这是他们最难忘的10年，更是他们最自豪、最欣慰、最感恩党和国家以及全国人民的10年。这10年中，他们遭遇巨灾，美好的家园顷刻间化为废墟，幸福的家庭，瞬间毁灭破碎；他们曾经伤心绝望，曾经艰难度日，然而，在全党、全国和各族人民的关怀支持下，汶川灾区的民众众志成城，迎难而上，砥砺奋进。在10年时间里，不仅将特大地震留下的惨不忍睹的满目疮痍一扫而光，更是神奇地创造出一片全新的天地，今天的川西龙门山比10年前更美好、更繁荣，犹如人间桃源，世上仙境！

在汶川特大地震10周年前夕，编者有幸看到了震区的新貌，听到了重建家园的生动事迹，感受到震区人民那种“不忘初心、牢记使命”的坚强信念、无上勇气和伟大实践。这正是编者编写本文的宗旨。限于收集到的资料和文章篇幅，本文旨在通过某些极重灾区和重灾区的砥砺奋进、奋发重建的生动事例，展现震区基层的建设成就和巨变，而不是整个震区建设发展的全貌。

汶川县（四川省阿坝藏族羌族自治州）

汶川是汶川8级地震的10个极重灾区之一，在汶川8级地震中遭受重创，强烈的地面震撼和大面积的山崩滑坡，震后的汶川县几乎是废墟一片。地震造成汶川县15741人死亡，7595人失踪，34583人受伤；仅仅是县城所在的映秀镇死亡高达6566人。汶川县的住房损毁极其严重，造成城乡居民住房损毁570.39万平方米，直接经济损失为28.61亿元，因住房受损造成5.20万户居民失去住所。其中，城镇居民住房损毁360.51万平方米，占城镇居民住房总面积的100%。农村居民住房总损毁10.49万间，占农村居民住房总数的99%。在城乡居民受损的房屋中，倒塌房屋608198间。

然而，在党和国家以及全国各族人民的支持下，汶川人民以大无畏的英雄豪情，擦干眼泪，挺过来了；他们通过用自己的毅力、智慧和双手，在废墟上重建了一个新的汶川，一个比原先汶川更繁荣富裕、更环境舒适、更文明和谐的汶川！

经过10年的奋斗，汶川人民按照“遵循规律、以人为本、趋利避害、优质高效、加快发展”的思路，坚持“遵循规划、科学设防、完善功能、体现特色”的原则，以科学重建为主线，以保障民生为根本，以群众满意为标准，全面推进住房重建、设施重建、城镇重建、产业重建、生态重建、文化重建，全力以赴打好恢复重建决战，取得了重建发展的决定性胜利。受灾群众全部搬入新居；教育、医疗、文化等公共设施及交通、电力、通信等基础设施全面恢复并超过震前水平；城乡面貌和人居环境日新月异。

汶川围绕“发展产业、扩大就业、扶贫帮困”三大任务，加快推进灾后重建项目建设，城乡住房、公共服务设施、基础设施、精神家园等9大类503个灾后重建项目胜利完成，累计完成投资233.6亿元。走进汶川，最漂亮的是民居，最安全的是学校，最现代的是医院，最满意的是群众。全县经济迅速走出低谷并步入持续快速发展轨道，朝着布局科学、产业集聚、生态宜居的川西北高原开放发展高地阔步前进。2010年，全县全年完成地方生产总值33.77亿元，同比增长37.8%，增速全省排名第一。“十一五”期间，累计实现地方生产总值125.92亿元，较“十五”增长33.3%；完成全社会固定资产投资216.0亿元，是“十五”的3.5倍，是1958年至2005年投资总和的2.3倍。经济总量连续5年排名阿坝州第一，实现了再生性跨越。

一是城乡居民住房条件显著改善。汶川县政府坚持把住房重建作为恢复重建的重中之重。震后一年，震损住房修复加固全面完成；震后一年半，农村住房重建全部完成；震后两年，城镇住房重建基本完成。完成农村住房17053户重建、1296户加固维修，完成城镇住房44.94万平方米重建、45.17万平方米加固维修。城乡居民居住条件比震前显著改善，住房布局更加合理，功能更加完备，配套服务更加齐全。

二是公共服务设施水平大幅度提升。汶川县政府坚持以人为本、民生优先，把最安全、最宽敞的地方作为学校、医院等民生项目建设，不仅损毁的学校、医院得到全面恢复重建，一批社会福利院、社区服务中心、村民活动中心、集贸市场也相继落成，学校、医院等的抗震设防标准由7度提高到8度，建筑物更加坚固安全，设施装备也更加完善，基本实现了公共服务的全域覆盖和城乡均等。

三是基础设施保障能力明显提高。交通、能源、水利等基础设施功能全面恢复，一大批关系灾区长远发展的重大基础设施项目相继建成。生态逐渐修复，环境治理力度加大，防灾减灾能力增强。重点重建城镇面貌焕然一新，村庄布局、村落规划结束了散乱无序状况。城镇、乡村的居住点，不仅房子漂亮，还建起了健身设施、文化设施。

四是产业发展实现再生性跨越。按照“稳一转二进三”的产业发展思路，汶川县把产业恢复重建与转变经济发展方式、调整产业结构、优化产业布局结合起来，坚持“新能源、新材料、新医药”的“三新”工业发展方向，工业经济优化升级，新型工业格局初见端倪；坚持“高品质、高产量、高效益”的“三高”农业发展方向，龙头企业带动作用增强，现代农业初显成效；坚持“精品景观、精美村寨、精致农庄”的“三精”旅游发展方向，旅游产业实现振兴，成功创建1个国家5A级旅游景区（汶川特别旅游区）、1个国家4A级旅游景区（大禹文化旅游区），初步形成了集吃、住、行、游、购、娱为一体的旅游新业态。县域经济发展的基础明显夯实，可持续发展能力得到提高，主要经济指标超过震前水平，呈现良好的发展势头。

五是社会保障能力建设明显加强。汶川县政府把扩大就业作为经济社会发展的优先目标，完善就业服务体系，鼓励劳动者自谋职业和自主创业，促进城乡劳动力有序转移就业。加快完善覆盖城乡居民的社会保障体系，养老、医疗、失业、工伤和生育保险制度进一步完善，社会保险统筹层次提高，抗风险能力增强。加大公益性岗位的开发力度，积极探索建立地震灾失土地“双无”农村居民社会养老保险机制。制订实施灾区扶贫开发和就业促进方案，扎实推进社会保障能力建设。

六是精神家园得到了同步重建。在恢复重建过程中，汶川县坚持精神家园和物质家园重建“两手抓”，高度重视人文关怀。大力弘扬伟大的抗震救灾精神，通过实施心理康复工程，完善救助服务体系，建立心理疏导机制，努力引导广大群众自救自立自强、坚定坚强坚韧。通过积极开展“感恩教育、深化发展”“学、唱、树、促、推”等活动，加快推进“三基地一窗口”建设，着力建设学习型机关和学习型社区，灾区干部群众自强不息的精神得到升华，展示出奋发有为的精神风貌，开放意识、创业意识、文明意识得到增强，公民素质和社会文明程度进一步提高。

北川羌族自治县（四川省绵阳市）

北川县是汶川8级大地震的极重灾区之一。由于处于龙门山断裂带，境内多条大断层通过，地质情况恶劣。地震使县城遭到毁灭性破坏，夷为平地，面目全非，受灾特别严重的县城老城区80%以上建筑物垮塌，因王家岩发生大面积山崩，民房和各类建筑一半被深埋，新城区60%以上的建筑物垮塌，曲山、邓家、关内

12个乡镇10余万群众被困孤岛，擂鼓镇房屋瞬间变为废墟，漩平乡房屋被堰塞湖吞没，禹里乡房屋到处是残砖碎瓦。地震造成全县15646人死亡，21个乡镇、16.1万人全部受灾，14.2万人无家可归。城镇居民房屋倒塌13490户、148.40万平方米，其中，倒塌房屋122.72万平方米，严重受损房屋25.68万平方米，严重损毁无法居住的危房占全部房屋的93%以上。

图1　震后新建的北川新县城

同时，北川地震断层的最大同震垂直错位达到9米，为汶川8级地震断层错动之最；唐家山堰塞湖则是这次8级地震中形成的规模最大、对下游民众安全威胁最严重的堰塞湖。

由于受到地形和地理环境等条件的限制，北川县城已经不适合在原址重建，成为汶川8级大地震中唯一异地重建的县城。10年来，经过各方共同努力，北川新县城全面完成了重建任务，规划预期目标顺利实现。“安全、宜居、特色、繁荣、文明、和谐”的北川新县城建成，开启了北川重生跨越，北川人民正昂首阔步、意气风发地走向新时代。

新县城重建规划设计强调“高起点、高标准、高水平”，突出了三个要点：一是坚持开门开放。我国许多著名的城建专家和羌族文化历史专家参与了设计、咨询，并帮助把关。二是突出羌族特色。注重传承和弘扬羌族文化，优先安排羌民俗博物馆、非物质文化遗产保护中心、羌族特色步行街等项目，建筑设施以羌族特色为主要建筑风格，外观普遍融入羌族风韵与现代元素。三是体现低碳理念。构建步行、慢行为主的绿色交通体系，采用地源热泵、雨水收集利用等新技术，推广使用LED节能照明设备，建成全国首家智能电网，等等。

在山东省的倾力支持下，北川县政府确定了“大美羌城、生态强县、小康北川”的宏大目标，遵循“唯一北川”“品牌北川”“畅通北川”“物阜北川”“活力北川”五大发展理念，按照城乡住房、城镇建设、农村建设、公共服务设施建设、基础设施建设、产业发展、生态环境以及防灾减灾等七大方面全面实施，10年的砥砺奋进，取得了光辉的业绩。

抓好北川新县城的建设是震后重建的重要任务。县委、县政府一开始就特别关注新县城建设的重点：要让群众既安居又乐业，把产业发展放在突出位置，发挥好农业科技示范园和农产品交易中心、北川-山东产业园、巴拿恰商业步行街等重建成果效益，培育符合北川实际、具有北川特色的产业，推动新县城发展振兴。围绕“吃、住、行、游、购、娱”，打造特色鲜明的旅游产品，举办世界超模大赛半决赛、四川国际文化旅游节绵阳分会场开幕式、四川卫视“新北川、新希望”慰问演出等重大活动，集聚人气商气。梳理整合北川新县城资产，成立北川禹羌投资公司，推动资源市场化配置。2011年国庆期间，北川新县城接待游客20.1万人次，实现旅游收入2497万元。

北川新城建设的实践经验雄辩地表明，党的坚强领导、社会主义制度的优越和北川县委、县政府“以人为本、民生优先”的执政理念是成功建设新北川县的力量源泉和根本保证。

值得提到的是，在震后重建中北川县还专门注意到了防震减灾的文化传播和科普宣传教育。在国家和省市支持下，在任家坪修建了北川地震纪念馆和防震减灾科普馆，为全省、全国的防震减灾教育发挥了重要的作用。

青川县（四川省广元市）

青川县是汶川8级地震极重灾害的地区之一，地震使青川县遭到有史以来对城乡住房破坏性最强、损失面最大和救灾恢复难度最大的毁灭性灾难，房屋严重损毁，居民流离失所，青川人民经历了一段艰难困苦的岁月。地震中，全县4097

人遇难，124 人失踪，受伤 15469 人，其中重伤 1522 人。城镇居民房屋受损共 22978 户、192. 81 万平方米。其中，倒塌框架结构房屋 30. 91 万平方米，砖木等结构房屋 9. 37 万平方米，砖混结构房屋 81. 98 万平方米，其他结构的房屋 32. 04 万平方米。严重损坏需维修加固的框架结构房屋 8. 99 万平方米，砖木结构等房屋 2. 62 万平方米，砖混结构房屋 20. 26 万平方米，其他结构房屋 6. 68 万平方米。

然而，英勇的青川人民没有被巨大的灾难压倒，没有沮丧消极，他们在党和政府领导下，在举国人民的支持下，万众一心、顽强拼搏、挑战极限、克难攻坚，取得了抗震救灾工作的重大胜利，灾后恢复重建工作得到了顺利进展，取得了辉煌的业绩。

在青川的震后重建过程中，青川县的领导和人民，牢固树立“创新、协调、绿色、开放、共享”五大发展理念，坚持“以人为本、生态立县、绿色崛起、富民强县”发展思路，为把青川建设成为“生态旅游目的地、生态经济先行区、生态文明示范县”和“生态青川、美丽家园”，与全国全省同步全面建成小康社会付出了巨大的努力！

在建设新青川的历史进程中，青川县的各级领导做到了坚持“五个第一”。

第一，坚持以人为本。他们立足于青川得天独厚的自然生态禀赋，正确处理好保护与开发、涵养与利用、当前与长远的关系，着眼于人的主体地位的高度尊重，着力于人的主体作用的充分发挥，本着尊重人、解放人、为了人、依靠人的理念，发挥市场在资源配置中的决定性作用，在加快资源优势向产业优势、经济优势、发展优势转化的过程中，最大限度地提供能够满足人的物质与精神需求的产品与服务、追求与享受，实现好、维护好、发展好人的利益，进而释放更多更好的生态“红利”，创造更丰更厚的生态“福利”，惠及全县百姓，造福青川人民。

第二，坚持生态立县。生态立县是取向。青川的森林覆盖率高达 71. 8%，比全市高出 17. 2 个百分点，比全省高出 36. 5 个百分点，比全国高出 58. 85 个百分点，万人拥有的森林面积达到 91. 98 平方千米，是全国为数不多的 28 个（全省 5 个）有机产品示范认证县之一，绿色、生态、有机是青川的独特优势，绿水青山、碧水蓝天是青川的绝对优势。青川的潜力在生态，希望在生态，后发优势也在生态，青川县干部群众清醒地认识到，生态是立县之本、兴县之基。青川要实现追赶跨越，同步全面小康，就必须避开同质化竞争的怪圈与误区，坚持错位发展，走差别化发展的路径、特色化发展的路子。青川要坚持生态立县的定力不动摇，扬长避短、因势利导，领先一步跨入生态、循环、低碳、高效的发展阶段。发展生态经济富民、改善生态基础惠民、优化生态环境安民，让“绿水青山”变为富民强县的“金山银山”。

第三，坚持绿色崛起。绿色崛起是路径。发展滞后、发展不快、发展不足，仍然是青川的基本县情。千载难逢的“重建”机遇，使青川大地发生了深刻的变化，也为青川的未来发展奠定了坚实的基础。宏观经济“合理区间”的全面“转型调整”，又为微观经济的“高端直入、突飞猛进”提供了良好的契机。青川必须突出优势、突破劣势，举生态旗，打生态牌，走生态路。坚持绿色崛起，选准主打产业，找准主攻方向，定向施策、精准发力，努力实现追赶跨越。绿色崛起，就是要以经济崛起为核心，始终围绕生态这一优势，着力绿色、生态、有机，坚持创新驱动，培育产业，开发产品，发展经济，举一业张百业，兴一产旺多产，盘活存量，激活增量，做大总量，持续不断地把生态优势转化为现实生产力，谋求异军突起。

第四，坚持富民强县。富民强县是目的。富民就是要让老百姓尽快过上富裕幸福的生活，强县就是要做强做大县域经济总量，不断提升软实力、整体竞争力和可持续发展能力。富民强县是一切工作的最终目标，也是协调推进“四个全面”战略布局的核心要义。为了实现这个目标，青川县各级领导认识到必须要有“为官一任、造福一方”的担当，要有“功成不必在我”的使命，要有坚守“一张蓝图绘到底”的韧劲，奋力推进县域经济社会又好又快发展，在建设“生态青川、美丽家园”进程中实现富民强县。

思路决定出路，目标就是方向。为了实现上述目标，青川县委、县政府决心集全民之智，举全县之力，按照“基础先行、三产联动、城乡统筹、改革引领、法治助推、党建保障”的发展举措，真抓实干，扎实推进。正是坚定的信念、正确的政策、科学的举措加上扎实的奋斗，经历了汶川8级地震艰难困苦的青川县，从悲壮走向豪迈，而今赶上了新的时代，已经初步建成了人民富裕、社会和谐、生态环境优美的新的家园！

什邡市、绵竹市（四川省德阳市）

什邡市和绵竹市都是汶川8级地震的极重灾区。地震时绵竹、什邡的山区山崩地裂，山河改变，山体滑坡、崩塌700余处，发生泥石流270余处；山区经济强镇汉旺、红白等7个乡镇房屋被夷为平地，全部被毁；沿龙门山脉的遵道、洛水等沿山乡镇建筑几乎全部倒塌，东汽中学等部分学校坍塌。地震造成绵竹市11117人遇难，37209人受伤，251人失踪，92.8%人无家可归。地震中，绵竹市城镇居民住房受损417.96万平方米，农村住房倒塌受损134.3万间。昔日绵竹这座美丽的“小成都”变成了一座死寂的空城。

地震致使什邡市房屋垮塌，路毁桥折，土石飞滚，烟尘弥漫；地震造成全市死亡5924人，失踪198人，受伤33075人，受灾人数达41.2万人；城镇民房受损破坏91.03万平方米，农村居民住房受损破坏47.59万间，直接经济损失达66.36亿元。

面对严重的地震灾害和惨重的损失，什邡市和绵竹市的领导和人民没有沮丧和等待，他们从悲壮走向豪迈，从废墟上站起来，不忘初心，牢记使命，勇敢地踏上了重建美好家园的征程。10年岁月，转瞬而过，在全国人民和北京市、江苏省的全力支持下，繁荣文明、和谐的新什邡、新绵竹已经拔地而起，屹立于川西大地之上。

例如，在地震中房屋100%倒塌损毁的红白镇，如今灰瓦白墙的民居洁净如初，镇里的人会很自然地说，这里的街道、房屋是北京规划设计的，北京还在这里建设了水厂、学校、医院，“日子很安逸哟。”在北京援建的渔江村里走上一圈，会错以为走进哪个别墅小区，两层的联排小楼，房前屋后栽花种菜，道路干净，还有家规模不小的超市。因为北京为这里设计了“渔”业主题，现在不少什邡人垂钓休闲会想到渔江村。渔江村、马祖村、红豆村……什邡的沿山旅游、乡村旅游恢复了红火，山村旅游展现出灿烂美好的前途，为什邡走进新时代注入了新的活力。

坐落于汉旺镇的东方汽轮机厂是我国从事电站动力设备和新能源领域开发与制造的国有大型骨干企业、我国最大的发电设备制造企业之一和四川省重大技术装备龙头企业。在汶川8级地震中遭遇严重破坏，损失惨重。地震致使东汽职工和家属312人死亡，1400人受伤；工厂的生产和生活用房和设施遭到毁灭性破坏，85%的厂房垮塌或成为危房，生产设施遭到严重破坏，全部围墙倒塌，生活区约30万平方米房屋垮塌或成为危房。地震后，东汽厂大门的大钟还在，指针定格在2008年5月12日14时28分。东汽除了12层的办公大楼、质检大楼等抗震级别较高的建筑尚未倒塌外，整个厂区和生活区的建筑几乎被夷为平地。

东汽的叶片分厂建筑靠山最近，破坏最为惨重。剧烈的抖动伴随着巨大的轰鸣声咆哮而来，分厂办公楼随着震波左右摇晃，很快就整体下陷了一层。分厂厂房的房顶轰然塌落，几十名职工当即被埋。办公楼和80%的厂房倒塌，专家和职工遇难39人，多名职工受伤，多台精密数控设备毁损。数控加工工段是东汽最大的核心车间，设备价值1.9亿元。上千平方米的车间完全垮塌，成为一片废墟。

为了迅速恢复生产，国家决定东汽外迁到德阳重建。经过10年的砥砺奋斗，现今已经成为我国年工业总产值超过200亿元，核心制造能力达2800万瓦的电力设备制造业领军企业。

彭州市（四川省成都市）

彭州市是极重灾区之一。地震造成彭州市死亡952人，受伤5775人，失踪147人。彭州西北部山区地处龙门山断裂带的东南边，与都江堰市、汶川县接壤，距震中映秀直线距离不过20千米。灾难突如其来，正值上班、上课时间，重灾区的不少房屋瞬间倒塌，来不及逃离的人员全部被埋在废墟之中，极重灾区一些场镇（龙门山、磁峰、小鱼洞等）街市地面建筑全部崩裂垮塌。

全市20个镇除濛阳镇外，其余19个镇均有人员死亡，最多的是龙门山镇，死亡455人；全市20个镇均有人员受伤，受伤最多为白鹿镇，伤1124人，最少为三界镇，伤23人。

彭州的城镇居民住房破坏十分严重，受灾严重的小鱼洞、龙门山、通济、白鹿等城镇街市、建筑物等或崩裂垮塌，或呈X状开裂，所有街道尽被残砖碎瓦覆盖，街区面目全非，成为一片废墟。彭州全县城镇民居受损倒毁5万余间，724万余平方米。

汶川8级地震中，彭州多处地震破坏具有典型意义，因而被保留下来成为地震遗址和遗迹，例如，地震中几乎成为废墟的场镇涅槃成为中法风情街，最牛白鹿镇中学教学楼、白鹿镇领报修院（一处法天主教神哲书院，当地民众叫它上书院）、中法桥遗址等。在各方面的大力支持下，彭州市政府和人民，挺起腰杆，奋发图强，在废墟上浴火重生，重建了美好的家园。震后重建的欧洲风情旅游小镇、白鹿镇中学、新建的领报修院都是汶川大地震后重建的亮点。

理县（四川省阿坝藏族羌族自治州）

理县是汶川8级大地震的重灾区。地震造成110人死亡，13人失踪，1642人受伤；还造成大面积的城乡住房的损毁破坏，城镇民居共受损86.34万平方米，农村居民住房受损4.73万间，直接经济损失8.28亿元，给理县人民带来了巨大的灾难和沉重的损失。10年来，在党和国家的关怀和支持下，理县各族人民不忘初心，砥砺奋进，以英勇无畏的革命精神，重建自己的家园，取得了辉煌的成就。理县的各级领导带领各族人民坚定不移地抓好“发展、民生、稳定”三件大事，全县呈现出经济发展、民生改善、社会和谐、民族团结、生态优美的良好局面。

在湖南省的大力帮助下，理县广大民众获得了巨大的实惠。它们包括学校、医院上档升级、三大“中心”（理县文体中心、商贸中心、福利中心）的建成和运转高效、出行条件全面改善、两个“园区”（下孟工业集中区、绿色经济集中区）完成了基础设施建设以及完成了两个重点旅游景区的重建和发展。桃坪羌寨、甘堡藏寨是理县羌族藏族文化的典型代表，是全州藏羌文明走廊上的明珠，更是理县倾力打造的旅游景点。汶川特大地震中，两个寨子均遭受重创。为重塑藏羌文化品牌，重振理县旅游发展信心，投入2.1亿元，按照“修旧如旧”的原则，规划建设了桃坪羌寨新区、修复了甘堡藏寨，并完善了景区内水、电、路等各项配套设施，使桃坪羌寨、甘堡藏寨的旅游接待功能更加完善。2012年，两个寨子同获“中国十大景观村落”殊荣，桃坪—甘堡国家4A级旅游景区成功创建，重建成果效益充分显现，两个寨子旅游接待达到110万人次，比震前提高了两倍。此外，湖南代为设计的古尔沟温泉天寨，现在通过招商引资，正在打造“古尔沟温泉小镇”，一期项目已经建成投运，

图2　现过街楼

图 3　地震前理县通化乡甘溪村老街

图 4　理县文体中心

成为理县全域旅游的重要支撑。

江油市（四川省绵阳市）

江油市是汶川8级地震的重灾区，地震中394人遇难，43人失踪，343人受伤。地震中江油市城镇居民住房受损1252.22万平方米，直接经济损失68.44亿元；农村居民住房受损83.74万间，仅住房损毁的直接经济损失为123.13亿元。

震后，江油市党委和政府把解决老百姓安居问题作为灾后重建的第一要务，严格执行抗震设防标准和工程建设规范，落实工作措施，加大工作力度，加强监督检查，保证质量和进度。在重建中坚持统一规划、分步实施、政府组织、农民自建、因地制宜、统筹兼顾、技术指导、强化质量的原则。由于工作到位，很快建成了新的居民小区，使受灾民众的居住条件大为改善，还远远超过了震前的水平。例如江油市“新发小区”居民肖勇一家3口原来租住在一间12.5平方米的民房内，一家人吃喝拉撒睡都在一个房间里，上小学的女儿肖璐珊一直梦想有一个属于自己的空间。他们住进60平方米两室两厅的经济适用房后，女儿有了自己独立的学习和生活空间，性格变得比原来更开朗，学习更加努力。

图5　江油市文化标志之一的李白塑像在地震中断为三截

在重建过程中，江油市的领导还紧紧抓住江油市的工业交通建设，为江油的长期发展打好基础。江油的工业交通建设坚持“科学重建、科学发展”的理念，围绕“保增长、保民生、保稳定”工作主线，强力推进经济“止滑提速、爬坡上行”。10年的艰苦奋斗，10年的努力实践，江油市的工业交通建设取得了长足的进步。

江油市还特别注意到了农业、林业和畜牧业的建设，这是广大农村人民赖以生存和走向富裕的根本；科教重建是江油市震后建设的重要内容，得到了国内国际各方面的支援，市内中小学校面目都已焕然一新，许多学校建筑物得以新建，教学设施也更加完善。生态修复和非物质文化遗产的修复也是江油市党委和政府震后重建的重头戏。别的不说，就以江油市著名的名胜古迹李白故居和窦圌山云岩寺古建筑群来说，由于各方面的重视和支持，通过多年努力，两处旅游胜地的完善程度早已超过了震前的水平。

图 6　重塑的李白雕像

大邑县（四川省成都市）

汶川 8 级地震给大邑县造成了较大的人员伤亡和财产损失，全县受灾人口 26682 人，死亡 14 人，轻重伤 434 人，房屋、基础设施、三次产业、农业等破坏严重，直接经济损失 69.975 亿元。

图 7　四川汶川 8.0 级大地震中的大邑——大邑县防震减灾局

灾情发生后，大邑县委、县政府立即启动《大邑县地震应急预案》，奋力组

图 8　四川汶川 8.0 级大地震中的大邑——大邑县防震减灾局

织抢险救人，全力安置受灾群众，及时抢修基础设施，竭尽全力维护社会稳定；同时，全力争取各方援建，内蒙古、山东、江西等省（自治区）有关单位发扬“一方有难、八方支援”精神，第一时间组织救援队伍，送来救灾物资，援建过渡安置板房，捐赠援助资金，为灾后重建和大邑经济社会发展打下良好的基础。

大邑县委和政府首先编制完成了《大邑县“5·12”灾后恢复重建总体规划》，以及 14 个恢复重建专项规划，实施“六大工程”（城乡住房恢复重建工程，城镇体系重建工程，基础设施重建工程，公共设施重建工程，产业重建工程，生态环境与防灾减灾重建工程），推进 28 大类灾后恢复重建重大项目，总投资高达 270 亿元。

在重建的实施过程中，严格执行抗震设防标准、严格招投标等工程建设规范，严格重建资金物资的使用和管理；组建了 6 个灾后重建和扩大内需项目建设行政效能督查组，实现了灾后重建项目的全程跟踪，确保又好又快地推进灾后重建工作。围绕争创“科学重建、科学发展样板”目标，坚持用统筹城乡的思路和办法，在发展中重建、在重建中发展，取得了“三年任务两年基本完成”的决定性胜利。2010 年底，全县 498 个灾后重建项目全部开工，完工 474 个，累计完成投资 78.63 亿元，占规划总投资的 97.4%。

10 年来，大邑县通过城乡住房建设、公共服务设施建设、基础设施建设、工农业产业建设、文化教育事业建设和生态环境建设，取得了辉煌的成绩。地震留下的累累伤痕一扫而光，大邑呈现出一派欣欣向荣的景象。大邑人民走上了满怀希望、充满活力、安居乐业的新时代！

旺苍县（四川省广元市）

旺苍县是汶川 8 级地震的重灾区。地震造成 16 人死亡，268 人受伤。地震还致使城镇居民住房受损 180.02 万平方米，乡村民居受损 35.76 万间，加上各类基础设施和工农业生产遭受严重破坏，总共经济损失约为 123.9 亿元。

在全国人民的大力支持下，旺苍县委和县政府带领全县干部群众，齐心协力，勇往直前，开展了旺苍的灾后重建。在评估核实灾情的基础上，把受灾群众的永久性安置、基础设施建设、公益事业发展等作为重点，坚持与新型工业化、新型城镇化、农业现代化及统筹城乡发展、社会主义新农村建设相结合的重建方针。同时，紧密结合旺苍县的实际情况，充分考虑科学性、政策性、前瞻性和可操作性，保证了重建工作的顺利进行。

今天，汶川 8 级大地震匆匆过去了风雨沧桑的 10 年。在党和国家的关怀和全国各族人民的支援下，英勇的灾区人民没有向灾难低头，他们以砥砺奋进的勇气，怀着感恩之心，通过脚踏实地的拼搏，奇迹般的使如同梦魇的地震灾区浴火重生，变成了现代化的人间乐园！我们要牢记地震给我们带来的苦难，更要牢记中国共产党和社会主义祖国给予我们的力量和帮助。让我们在新时代的道路上，不忘初心，牢记使命，永远奋斗，迈向更加美好的明天！

（致谢：本文编写过程中得到四川省地震局震害防御处周伟同志的巨大帮助，在此表示最诚挚的感谢！）

附录：

有关省市对口支援汶川地震灾区恢复重建一览表

2008 年 5 月 12 日汶川 8 级地震后，党和国家给予了高度关怀和有力的支持，决定在地震灾区恢复重建中采取“对口支援”的方针，统一部署对口支援任务，提出“一省帮一重灾县，举全国之力，加快恢复重建”，为此，有19个省市以不低于1%的财力对口支援重灾县市3年。正是实施了这种富有创造性的特殊的政策，有力地帮助灾区的恢复重建，取得了举世瞩目的辉煌成果。

下面是对口支援一览表

1. 山东省———四川省北川县
2. 广东省———四川省汶川县
3. 浙江省———四川省青川县
4. 江苏省———四川省绵竹市
5. 北京市———四川省什邡市
6. 上海市———四川省都江堰市
7. 河北省———四川省平武县
8. 辽宁省———四川省安县
9. 河南省———四川省江油市
10. 福建省———四川省彭州市
11. 山西省———四川省茂县
12. 湖南省———四川省理县
13. 吉林省———四川省黑水县
14. 安徽省———四川省松潘县
15. 江西省———四川省小金县
16. 湖北省———四川省汉源县
17. 重庆市———四川省崇州市
18. 黑龙江省———四川省剑阁县
19. 广东省（主要由深圳市）———甘肃省受灾严重地区
20. 天津市———陕西省受灾严重地区

灾后重建中的文化与建筑思考

金　磊

以建筑与文化的名义纪念汶川“5·12”地震10周年是个大题目，令人联想并思考的问题很多。地震后，使汶川瞬间成为全世界关注的“热点”。如今，面对美丽的新汶川城市建设新貌，每一位参与灾后重建的建筑师、规划师乃至文博专家，都会对此充满敬畏。因此，以建筑与文化的名义纪念汶川“5·12”地震10周年显得十分必要。以物质与非物质的建筑与文化之名对“5·12”灾后重建再审视，用一个新的视角，去认识城市建设防灾减灾安全设计问题，感悟一个个与灾后重建密切相关的“故事”，是本文的主旨。

一、灾害纪念建筑之思考

俄国大作家果戈理有句名言：“建筑是时代的纪念碑”。利用建筑的基本特性塑造空间、形象、跨越时代的可能性便创造了不同形式的纪念建筑，有牌形（碑）、柱形（华表、幢、石柱）、门形（阙、牌楼、凯旋门）、墙形（纪念壁）、墓冢形乃至石兽、雕塑像等纪念性法式。所以说，纪念建筑以技术与物质手段创造着思想与精神文化的产物。鉴于纪念建筑隶属一定的哲学范畴就有古埃及的方尖碑源于对太阳神的崇拜，金字塔将人逝后灵魂永生，所以为保护尸体而建；中国的多种佛塔就将窣堵波缩小为“刹”，作为塔顶。纪念建筑的象征性很重要，需通过象征手法表现纪念主题，纪念建筑尤其要注重主题构思，无论是祭奠性、表彰性、歌颂性乃至记史性的都要清晰有别，如武汉的抗洪纪念塔及哈尔滨的防汛纪念塔都是带有明朗、蓬勃、雄壮的歌颂性类纪念建筑，1986年唐山大地震10周年建成的唐山抗震纪念碑也创造了很好的意境，它使人们在追忆中从心理反应上可搜索思缕，想象到往昔。

2016年7月正值唐山大地震40周年，我有幸在唐山纪念碑前见到了当年唐山抗震纪念碑设计者李拱辰先生。这个占地 5.4 公顷用松柏环绕的抗震纪念碑广场，高达 33 米的纪念碑象征新唐山精神的标志，成为每个造访唐山人的必经之处。据李拱辰先生回忆，50 年前的 1966 年发生了邢台大地震，40 年前的唐山发生了“7・28”大地震，顷刻间毁掉了一座堪称“中国近代工业摇篮”的工业城市，242769 人死亡，164851 人重伤，4200 多名 16 岁以下的儿童成为孤儿，绝户家庭 7218 户……1983 年唐山地市合并后，市委、市政府作出在地震 10 周年时举行大型纪念活动并建立抗震纪念碑的决定。作为纪念碑的总建筑师，如何在这座纪念碑的设计上体现纪念与铭记这场灾难，找到更有价值的心灵印痕……李拱辰深感责任重大。

李拱辰，生于 1936 年，设计唐山抗震纪念碑时 48 岁。但若问对于这座唐山人心灵坐标有多少人知晓，它出自谁手？它又是靠什么理念在劫后再生，奋翅于冀东之沃野上呢？确知之者不多。据李拱辰先生回忆，30 多年前，唐山抗震纪念碑是从 142 个方案中脱颖而出的。

唐山抗震纪念碑建在市中心新华道以南（建设路和文化路之间）纪念碑广场内，由主碑和副碑组成。纪念碑主碑和副碑建在一个大型台基座上，台基四面有四组台阶，踏步均为 4 段，每段 7 步，共 28 步，象征“7・28”这一难忘时刻。

图 1　唐山抗震纪念碑

纪念碑由主碑和副碑组成。主碑碑座高 3 米，碑身高 30 米，由 4 根相互独立的梯形变截面钢筋混凝土碑柱组成，主体上端造型有 4 个收缩口，犹如伸向天际的巨手，象征人定胜天。碑身四周高 1.5 米处，为 8 幅花岗岩浮雕，象征着全国四面八方的支援。浮雕记述了地震灾害和唐山人民在全国支援下抗震救灾、重建家园的英雄业绩。在碑身高 8.5 米处镶有一块长 3.86 米、宽 1.6 米的不锈钢匾额，匾额上的 7 个大字“唐山抗震纪念碑”由胡耀邦同志题写。

李拱辰先生解读，这组构图再现了地震时最悲惨的场景：人们在酣睡中突遭地震，瓦砾堆上，幸存的人们顽强地站起来，以不可折服的精神，向天灾抗争。每组浮雕都是在中央美术学院师生的努力下创作完成的，它让人联想到火中再生飞舞的凤凰。

李拱辰设计的唐山抗震纪念碑于1986年地震10周年之际落成。虽已过30多载，它的设计与用材适度，仍旧让人感到非凡，这里有某种亲切感，当凭吊者一步步缓缓登上台阶时，所见到的浮雕场景可马上联想到苍天，想到树木与花草，立即使人有某种哀思和沉寂之感。4根高耸入云相互分开又相互聚拢的梯形棱柱，既寓意地震给人类带来的天崩地裂的灾害，更象征着全中国四面八方对唐山救援乃至重建的支持。有人说，纪念碑上端造型犹如伸向天际线的巨手，象征着人们不惧灾难的坚韧。李拱辰解读，纪念碑还可让人领悟到，这是一个城市乃至国度的精神，要用顽强的努力，去创造可庇护的城市环境，让人类减少各方灾难的侵扰。

由唐山抗震纪念碑的纪念建筑，自然让我联想起北川抗震纪念园——静思园。

这是一个以自然的方式构筑精神空间的纪念场所。方案的灵感来源于自然元素的启发，设计以水滴的自然形态作为空间设计的载体，场地中央的大水滴是整个园区的核心纪念空间，围绕水院周边可作为大型的集会空间以举行各种纪念仪式；位于场地西北角的小水滴形态的半围闭空间则作为一个小型的缅怀、追思的场所，小小的空间里将被种满鲜花用来寄托人们的哀思，在纪念的重点上不再着重于对伤痛情绪的渲染；而场地中除去少量的铺地和矮墙，整个场地将以种满茂密的大树的方式，展示一种充满感恩与希望的精神诉求与生命寄望。

全国勘察设计大师周恺在谈到他的这个作品时表示，我不愿将这个汶川抗震纪念建筑做成一个高高耸起的纪念碑，而是希望让蒙难者及祭奠者都进入一个可遐思、可回望、可从心灵上与逝者沟通的“静界”。“5·12”汶川特大地震将中国唯一羌族自治县北川的县城夷为平地，遇难人员逾2万，经济遭受巨大损失。地震使北川老县城变为废墟，北川成为唯一异地重建县城。基于这样的背景，旨在以纪念抗震救灾和灾后恢复重建为主题的北川新城抗震纪念园项目，意义非常重大。项目选址位于新县城城市中央景观轴上，主要包括静思园和抗震救灾纪念馆两大部分，共占地5.11公顷，其中静思园占地1.6公顷。基地西侧为羌族特色商业街，同时也是纪念园的主要出入口方向，东面则以羌族民俗博物馆为对景。周恺说：“设计的出发点是将纪念的方式理解为对生命本体的纪念，跳出传统纪念

图 2　建筑师们在北川老县城纪念碑前

碑式的设计框架，以城市公园的概念为市民提供了一个集纪念、休憩、静思、避难于一体的精神场所，力图以更为自然、平和、朴实的设计手法和最少的人工介入，将纪念与城市生活融为一体，将纪念融入每一个北川市民的日常生活之中。”今天，步入静思园的人们，都至少会感悟到。

这是一个对生命关怀建立人本主义的纪念示范。在过往的纪念体系中，由于过度地追求象征意义和形象意义，而忽视了作为纪念者自身对生命价值纪念的心理需求。在纪念的形式上，设计并不刻意强调灾难本身，而更注重设计本身带来的空间感受，引导人们对生命价值的重新思考。例如，穿越中央水池的感恩桥，引导人们先缓缓行至水面下后，又逐渐走出水面之上，在行走过程中，通道侧壁上镌刻的牺牲英雄以及参加救援人员的名字会让人们永远心存感念。而对待灾难本身带来的伤痛，建筑师则以矮墙限定出一个小小的围合空间，用以封藏和纪念。这看似设计构思，实则是讲述了设计大师周恺为北川抗震纪念园的创作“故事”，它本身也是建筑文化与灾难文化交织的普及。当然，在新北川县城中轴线上的北川抗震纪念园中，也有高大的纪念碑矗立在广场上，在“大爱筑羌城——山东对口援建北川纪铭”前，许多人驻足阅读。全国有太多的省份，举全省之力援建北川，3.5 万援建大军从齐鲁大地来到安昌江畔，跋山涉水蹚泥泞，倾力挥汗献真义，北川新县城成为震后异地重建的典范。

此外，纪念建筑既以精神作用为主导功能，就有必要充分对自然环境作出选择，如南京中山陵，选择在紫金山的茅山，富有万古长青的无限活力，山坡向阳展开，一望无垠，空间幽深，富于层次，令人肃然神怡。山地变化万千，有岗、峰、岭、坡、顶、麓等之分，要据纪念性建筑的不同性质，有的需要藏、有的需要露、有的需要静、有的需要富于声色和气冲霄汉。法国著名雕塑家罗丹说过："对于自然，你们要绝对信仰，你们要确信……自然永远不会丑恶，要一心一意地忠于自然。"北川抗震纪念的静思园，恰是迄今国内纪念建筑能与环境完美结合的佳作，其纪念性精神效果用建筑形式恰到好处地体现深刻。

二、灾害纪念建筑让我们想到的应更多

（一）灾害教育与新北川中学的诞生

2013 年 6 月《中国建筑文化遗产 10》发表了笔者《重访汶川，也思雅安》一文，它记录为探寻于 2009 年 5 月 12 日新北川中学在北川县新址开工，2010 年 9 月 1 日正式投入使用的设计经验。笔者一行于 2013 年 3 月 26—28 日对新北川中学进行了全面考察与采访。却不料，2013 年 4 月 20 日四川芦山发生强震，它再次使汶川重灾区人们已灾后重建平静的心揪了起来。记忆的"闸门"不得不打开：作为一名倾注了全部"业余"精力和热忱的防灾减灾科技工作者，笔者曾在 10 多年前国家启动"西部大开发"的 2000 年参与了西部生态与减灾的考察，从风沙掩埋的文明和凄怆破碎的黄土地中感知，关注防灾减灾是西部开发"热"潮中避免重蹈覆辙的重要警示。于是，在中国灾害防御协会的指导下，笔者主编了《西部开发的警示》一书（辽宁科学技术出版社，2000 年 8 月第 1 版）；笔者自 2008 年"5·12"汶川地震后，在对四川、陕西等灾区的多次考察及 2009 年 5 月 12 日在北川县城新址参加新北川中学奠基仪式后的一个特别感受是，灾难的破坏和生命、财产的损失及给人造成的痛苦和动力，会在相似经历的人群中得到舒缓，因此开始较为深入且持久的安全文化教育是可以达到自身的精神砥砺及思想提升的。所以，援建灾区的建设中，不仅有居家及公共空间物质建设，更要注入精神崛起的灾害文化教育的系统内容。

从灾害文化视角思考灾后文化重建问题，始于 20 世纪 80 年代末的苏联切尔诺贝利核电站事故之后，提出了"核安全文化"（Nuclear Safety Culture）、"预防文化"（The Culture of Prevention）。已故中国灾害防御协会原秘书长许厚德主译的《灾害管理手册》（地震出版社，1993 年 9 月第 1 版）较早地将灾害文化及其防灾意识概念引入国内安全减灾界，笔者与原中国劳动保护科学技术学会（现中国职业安全健康协会）副秘书长徐德蜀研究员于 1994 年共同推出国内第一部《中国安

全文化建设——研究与探索》（四川科学技术出版社，1994 年第 1 版），它不仅倡导大安全观、大系统观、大协调观下的防灾减灾的人本思想，更提出了一系列促使国民安全文化养成教育的生产、生活及生存方式，从而从物质与非物质两大层面提升了安全哲学、安全价值、安全行为、安全伦理乃至安全习俗等方面的内容。为了新北川中学的设计，我们从项目前期就融入了安全预防文化的理念，为此，笔者有幸 4 次走进新北川中学，与建筑师一道感悟以设计铭记灾难、以安全设计造福校园。

2009 年 5 月 12 日，新北川中学在北川县新址永昌镇奠基，笔者随主设计师王小工及 BIAD 北川中学项目设计团队参与其中。

图 3　新北川中学开工仪式

2009 年 12 月上旬，为追踪北川中学项目建设进程，笔者带《建筑创作》杂志社报道组造访了工地，并来到尚对外封闭的北川老县城及被摧毁的北川中学旧址。老北川县城处处废墟，河左岸的老城区遗址已被不断发生的泥石流全部掩埋，县委大楼废墟和经大忠县长在地震时大吼一声“让孩子们先走”的县委礼堂已全部被埋，河右岸的县城现已成为地震博物馆，成为悼念者凭吊的地方。当时因基建而挖的一个地下坑成了临时的埋尸坑，现已填平修成纪念碑，那时 BIAD 的建筑师一行手捧鲜花默哀，泪水在眼眶中打转。纪念碑的后面是前曲山学校，地震时山上的乱石滚下将学校掩埋，师生几乎全部罹难，如今只剩下一面五星红旗在乱石堆中冲天怒吼，迎风飘扬。

第三次是 2010 年 3 月末，那时学校的主体已建成，工地正按照主建筑师王小工“细节决定成败”的思路有条不紊地进行，王小工在许多方面不仅对建筑整体风格及羌族文化有总体把握，并在规划设计中借鉴了日本以及我国台湾等

图 4　考察组成员在北川中学合影

校园防灾规划设计的经验，尤其是为北川中学百余名残疾学生充分考虑了无障碍设施。此外，他还大胆探索并解决了绿色生态节能理念与校园智能化等重大问题：其一，为实现新北川中学的可持续发展，校园设计要与教学管理模式及学生学习生活模式相契合；其二，完备功能空间的细节设计很重要，如将灾后残疾学生与正常学生安排在一起是对他们的尊重；其三，营造校园景观场所，使学子能怀有一颗感恩的心；其四，新北川中学是一种平实朴素、明朗向上的建筑风格，它不应在设计上太强调灾难低垂的纪念性；其五，体现了学校可整体避险和救灾流线的规划设计；其六，充分考虑了与校园安全减灾相结合的绿色生态安全理念等。

2013 年 3 月 27 日晚 10 点，踏进北川中学之所以颇具意义，是我们有幸与十几位来自北京西城区的教师志愿者畅谈，谈了对北川中学校舍的印象，谈了对汶川地震 5 周年的联想，谈了作为北川中学教师志愿者的责任及活生生的感受，这是一次极有价值且感人的晚间交流，其意义在于它发生在北川中学，它反映了大家对灾后文化教育重建的共同心声。建筑师王小工作为一代出色的中小学教育建筑设计家，他虽内敛，但他对北川中学重建的执着，尽情体现在他的作品中。在翻阅王小工建筑师为我们提供的资料中，笔者读到 2011 年 5 月 12 日北川中学吴浩

图 5　北川中学教学楼

图 6　新北川中学夜景

同学致王小工的信，它让笔者联想到自 2009 年 5 月至 2011 年末，自己担任主编的《建筑创作》杂志连续每期为北川中学、为这名热爱建筑学的吴浩免费赠阅书刊的事。3 月 28 日清晨，考察组一行用最快的速度用相机掠影了新北川县城的十几栋标志性新建筑，然后在北川中学拜访了刘亚春校长，我们的共同话题已转到校舍之外，集中在如何做才能更好地做到灾后教育重建，如何用北川中学这么好的硬件条件，营造出一个可持续的人才培养的摇篮。

记得在 2006 年，笔者第一次走进建设中的建川博物馆，樊建川先生给我留下的所有记忆中更深刻的是关于灾难的收藏与记忆。樊建川曾说道：为了和平，收藏战争；为了未来，收藏教训；为了安宁，收藏灾难。这些话是何等好的灾难文化的经典语录呀！这个理念已经渗透我们对新北川中学的设计之中，渗透进对北川中学灾难的记忆之中。

（二）胡庆昌大师与绵阳九洲体育馆

汶川地震 10 周年，虽建起了新北川县城，虽在四川住建与文博系统为国家及业内总结了不少好经验，但伤痛难平，岁月历久乃要见真谛，以找到灾后重建的安全对策，或者说找到防灾减灾预防之策是对罹难同胞最好的缅怀。2008 年“5 · 12”汶川地震后，人们一定不会忘记那个在震灾中不倒且“服役”于救援安置受灾群众的绵阳九洲体育馆工程。应该说，该工程的贡献者是全国勘察设计大师、北京市建筑设计研究院顾问、总工程师胡庆昌（1918—2010 年）。2018 年值汶川地震 10 周年，15 年前的 2003 年该项目投入设计，而在胡庆昌大师诞辰百年议及此工程意义特殊。

说到胡庆昌对九洲体育馆之贡献，北京市建筑设计研究院结构高级工程师周笋回忆道：“我与胡总的有幸相识，源于绵阳九洲体育馆。2003 年，我们进行九洲体育馆的设计，这是当年设研院张总建筑师团队中标的项目，为2005年第十三届世界拳击锦标赛筹建的主场馆。2003年，正赶上我院如火如荼进行奥运场馆及配套工程的紧张设计。九洲体育馆面积约2.4万平方米，与奥运工程相比，规模很小，但因为是外地项目，所以确定为院级项目，院级项目都要经过院技委会讨论，由技委会通过后确定结构方案。非常有幸的是，讨论绵阳九洲体育馆结构方案时，胡庆昌、程懋堃、柯长华、齐五辉四代院总都到会讨论、审查，各位老总都提出了宝贵的意见和建议。尤其是让我难以忘怀的是当时胡总虽然已是85岁高龄了，但是他老人家依然坚持来院工作，参加院里主要工程的结构方案把关。”

令周笋没有想到的是，会后过了几天胡总还主动找了她和朱忠义博士，因为通过会议讨论，胡总感觉工程虽然面积不大，但是拱的跨度大、中间支座少，设计还是有不小的难度和容易忽视的地方，因此会后他找了一些设计资料给大家参考，其中包括当时刚刚竣工投入使用的日本2002年世界杯足球赛主体育场仙台利府综合体育场的资料，告诫大跨拱结构一定要解决好大拱支座之间的巨大推力问题。大跨拱结构解决推力的最好的办法是在柱脚之间设置预应力拉杆，预先张拉，平衡掉巨大推力。北京院招标的图纸就是按照胡总建议的这个思路，采用了最直接也最稳妥的预应力拉杆方案。后来，因为建筑物东侧需设置地下室，这样若设置预应力混凝土拉杆会给建筑设计带来很大的困难。另外，从设计到完工仅两年的时间，施工工期很紧，预应力混凝土拉杆贯穿场地，会严重影响场地土回填，影响施工进度，因此只好放弃预应力拉杆方案。这样，周笋和朱博士又去找了胡总，汇报了困难和情况。胡总提醒和告诫他们：“因为我们的拱架结构支座非常少，因此要千万注意地震时的支座变形对结构的不利影响。拱架结构支座非常少的结构，地震时支座随地基的变形有可能导致上部屋盖结构完全崩溃。原来我们采用的预应力拉杆，不仅在静力状态下可以平衡拱脚推力，在地震时尤为重要。地震时预应力拉杆可约束支座的变形，使结构处于自平衡状态，即使地震时两侧地基有变形，结构也能处于安全状态。”现在看来，胡总的提醒真是太重要、太及时了，本来绵阳地区设防烈度是6度，这多少让北京院结构设计团队的神经很放松。北京的工程均是8度设防，抗震问题不可忽视，结构设计的首要任务就是抗震，好不容易赶了个6度区的结构。胡总的提醒让大家警醒，从此北京院结构设计团队心里重新把抗震作为重中之重来对待，故考虑了支座变形对上部屋盖的影响，同时设计基础支座时也对关键构件进行了多方面的验算和校核，确保万无一失。

2008年5月12日汶川地震后，当从报刊得知北京院的九洲体育馆安然无恙时，作为全国著名的抗震专家，他老人家再次高瞻远瞩地提醒了结构工程师们：不管设防烈度是6度还是8度，首要的任务都是抗震。对于6度区的建筑，也不能忽视抗震问题。5月13日，重灾区北川的受灾群众被安置在了九洲体育馆中。周笋打电话向胡总汇报了工程情况，同时向他老人家表达了感激。胡总平静地说，他已经知道了，同时推荐北京院参加即将在他老人家母校天津大学召开的第八届全国现代结构工程学术研讨会，把设计经验和成果向全国同行介绍和推广。《绵阳九洲体育馆结构设计》最终被评为此次研讨会的优秀论文，受到了业内的好评。在汶川大地震及多次余震中，体育馆主体混凝土结构和屋顶大跨度空间结构均完好，成为此次地震最重要的受灾群众安置中心，最多时安置近4万人，场馆在这次应对突发震灾中发挥了作用。全国各大主流媒体均对九洲体育馆进行了一系列报道，新华社官方网站新华网在2008年6月29日最后1400余名受灾群众撤离体育馆、返回家园后，九洲体育馆完成其临时安置点的历史使命时刊发了："新华视点：别了，九洲体育馆！——一个抗震救灾标本的真实记录"，其中写道："大地震突袭四川，这里一度充当了传说中的'诺亚方舟'。"

（三）单霁翔博士的建筑遗产保护情怀

在汶川震灾中，四川省的文化遗产建筑损失惨重，给巴蜀文明及周边羌、藏等少数民族的历史文化以沉重打击，其中包括很多全国、省级文物保护单位。据2009年四川省文物局公布的"四川汶川地震灾后文化遗产抢救保护年度工作报告"所作的统计分析，受损文化遗产建筑中，木结构形式140处，占63.6%；砖石结构形式57处，占25.9%；其他结构形式23处，占10.5%。下表为汶川文化与自然遗产灾后重建一览表，从中可以了解到灾后破坏的总体状况。

汶川"5·12"震灾文化与自然遗产灾后恢复重建一览简表

世界文化自然遗产	修复青城山—都江堰、九寨沟、黄龙、四川大熊猫栖息地
中国世界遗产预备名录	修复三星堆遗址、藏族羌族碉楼与村寨、剑南春酒坊遗址
文物保护单位	修复二王庙、彭州领报修院、江油云岩寺、平武报恩寺、理县桃坪碉楼羌寨、徽县新修白水路摩崖等各级文保单位190处，少数民族物质文化遗产20处
博物馆与文物库房	修复绵阳市博物馆、什邡市博物馆、茂县羌族博物馆、陇南市博物馆、广元市中心库房、汉源县文管所等65处，馆藏文物3473件（套）
非物质文化遗产	修复北川羌族民俗博物馆、剑南春酒酿造技艺专题博物馆、绵竹年画博物馆和传习所等88处

这里特别应提及的是，师从两院院士吴良镛教授获工学博士的单霁翔，时任国家文物局局长，高度重视汶川地震所造成的文化遗产的破坏与损失，仅 2008 年“5・12”地震后，他在一年的时间内就 30 余次赴灾区，与国家文物局、四川省文物局专家组对汶川建筑遗产灾后恢复重建做了大量工作，面对灾害对建筑遗产的多方面威胁，他一再强调：灾害对建筑遗产本身造成直接破坏；灾害对建筑遗产整体性环境造成破坏；灾害对遗产“静态保护”场所（如博物馆）等造成破坏。2008 年 6 月，单霁翔根据《汶川地震灾后恢复条例》的内容分析了多项文化遗产抢救保护的项目，他指出“文化遗产抢救保护也是重建家园”。灾后文化遗产抢救保护是尊重灾区文化需求、保障灾区 4000 万同胞文化权益的重要举措。此次四川汶川地震在造成巨大人员伤亡和财产损失的同时，也对众多珍贵的文化遗产造成了前所未有的破坏。地震发生后，国家文物局及震区各省份文物行政部门均于第一时间紧急召开现场会，部署救灾工作。古建筑维修、文物保护、岩土工程等相关专业的专家赶赴受灾现场进行实地考察评估，提出检查报告、应急措施及灾后文物抢救维修保护的指导性意见。在抗震救灾工作中，国家领导人高度重视文化遗产保护工作，亲临受灾现场视察文物受灾情况，慰问文物博物馆系统干部职工，并多次就地震遗址保护及地震博物馆建设、保护羌族特有的文化遗产及文化遗产保护等作出重要指示。按照中央领导关于文物保护要制订单独规划的要求，文物部门编制完成了《四川省“5・12”汶川大地震文化遗产抢救保护规划大纲》，灾后文物抢救保护将按照批复后的《规划》有序、科学、规范地进行。灾后修复与重建首要任务是第一时间到达受灾地区文物点进行检测、调查，对文物残损的性质及将遇到的险情予以评估。坚持“五个原则”：一是不改变文物原有状态，据受损情况采取必要抢救措施；二是实现最小干预，尽量保持文物原有的人文景观和内涵；三是尽量做到不妨碍即将展开的修复；四是积极做好监测和检查文物受损情况的工作；五是展开有针对性的抢救保护等。

灾后文化遗产抢救保护是尊重文化遗产与当地民众的情感联系、鼓舞重建家园信心的重要举措。文化遗产植根于特定的人文和自然环境，与当地居民有着天然的历史、文化和情感联系，这种联系已经成为文化遗产不可分割的组成部分，也成为当地居民生活不可分割的组成部分。5 月 12 日下午，短短 8 秒钟，在一对新人洁白的婚纱面前，四川彭州市的全国重点文物保护单位领报修院毁为一片废墟，网上流传的这组照片让许多人痛心于地震对文化遗产的破坏。像领报修院前的婚纱照一样，许多当地民众选择文化遗产来见证自己人生最珍贵最美好的时刻，文化遗产已经成为当地民众日常生活的一部分。10个藏羌村寨及520余处碉楼被列入中国世界文化遗产清单，碉楼已经有2000多年的历史，至今仍是当地少数民族同胞的家园。在地震中，理县桃坪羌寨局部垮塌，布瓦黄土碉楼、直波碉楼、丹巴古碉群出现严重险情。世界文化遗产都江堰是两千年前的水利工程，今天仍在发挥无坝引水、分洪减灾、排泄沙石的作用，造福当地百姓，都江堰市也因文化遗产而兴盛。

建筑遗产保护方法有很多，主要体现在：按联合国的标准，可原封不动的保护；对残缺的建筑要谨慎修复；对十分重要的建筑遗产因故被毁要慎重重建；遗产的利用必须以不损坏遗产为前提；保护遗产所在的环境（如历史街区、历史村落等）；保护建筑特色风格（如式样、高度、体量、材质、色彩、布局与周边建筑的关系）等。以羌族灾后重建的立体式文化重建策略为例，单霁翔身体力行投入大量精力，重视地震灾区文化遗产的抢救与保护工作，总体上讲他在专门设立羌族文化生态保护试验区的同时，也将保护和抢救羌族文化放在重要位置。主要涉及保护藏族、羌族的碉楼和村寨、羌族特色设施，保护和重建羌族博物馆、民俗馆乃至濒危的失传文化与传统手工艺技能，即做到在灾后文化重建过程中，不仅要帮助灾区羌族人民改善物质生活条件和恢复原有的精神生活和环境氛围，更重要的是及时有效地抢救在危险中的羌族文化遗产，使之传承下去。2008年7月15日，单霁翔在羌族碉楼与村寨抢救保护工程开工仪式的讲话中说："羌族是一个对中华民族多元一体形成发展产生过重大影响的古老民族，在漫长的历史时期留下了许多杰出的物质和精神创造与发明。""羌族碉楼与村寨"是羌族民众伟大智慧和非凡创造力的杰出代表。"羌族碉楼与村寨"不仅拥有悠久的建造历史和独特的砌筑工艺，富有鲜明的地方建筑原创性，形成了一处又一处融入自然山水极具魅力的文化景观，而且还生动地记录并反映出羌族民众在民族迁徙、文化交流、建筑技艺、生产方式、社会环境、历史事件等方面的各种历史信息，体现出大渡河上游和岷江中上游流域在西南民族交流史上的文化廊道作用。更为重要的是，"羌族碉楼与村寨"不仅为羌族的文明与文化传承提供了特有的珍贵历史见证，它还是羌族民众在漫长的自然和历史演变中形成的坚韧不屈的非凡勇气和伟大民族精神的真实体现。可见，"羌族碉楼与村寨"不仅是羌族民众宝贵的文化传统与财富，同时也是中华民族大家庭里最可珍惜的文化传统与财富之一。

汶川"5·12"特大地震，使羌族民众的生命财产遭受极大损失，也对羌族文化遗产造成前所未有的严重损坏。国家文物局高度重视并迅速开展对羌族文化遗产的抢救保护。文化部、国家民委、国家文物局联合成立了“羌族文化遗产保护工作协调小组”，下设专家委员会和文物保护、非物质文化遗产保护、羌族文化生态保护三个工作小组；确立了“坚持科学发展观，统筹兼顾，合理规划；区分轻重缓急，优先实施灾区羌族文化遗产保护抢险维修工程；坚持‘不改变文物原状’的维修原则，把灾后对文化遗产的抢救保护作为羌族民众重建家园的重要内容”的指导思想，明确了实现灾后不可移动文物和可移动文物的全面保护，以及建立国家级羌族文化生态保护实验区等工作目标。单霁翔还从三个方面强调了羌族文化重建规划设计的重点思路：

其一，灾后羌族文化空间是建立旅游者与羌族文化进行互动体验的文化空间，将旅游地打造成完整的羌族文化感知氛围，重建本土文化与历史；

其二，灾后重建背景下，羌族文化旅游区抓住了此历史机遇，积极整合羌族文化旅游资源，拓展并增加旅游产业链，形成灾后旅游产业的优化重组；

其三，四川的灾后重建贯彻了可持续发展理念，开展原真性文化演艺民间工艺、村寨观光与民俗旅游示范建设，是灾后生态性重建的关键。

时光以令人生畏的速度流逝，无论是十载的汶川“5・12”震灾，还是已经42载的唐山毁城大震，都已经呈现了崛起的灾后城市化建设的新貌，问题是它们能否经历未来大震灾的侵袭。当今世界与中国都需要城市在发展中提质，这就需要在科学审视中吸取历史震灾的教训。由此，我们认为灾害纪念建筑的意义非同小可，它不是要解决一般的灾后生活保障问题，它是要用灾难教训、抗灾精神来永远地抚慰人们的心灵。因为，只有深刻的灾难预防文化，才能从人文关怀的安全教育本质出发，来启迪人类、造福未来。